Freiberufler-Atlas

Das Buch

Die Aufnahme einer freien Tätigkeit ist die unkomplizierteste Art, sich neben- oder hauptberuflich selbständig zu machen. Dieser Freiberufler-Atlas informiert über die vielfältigen steuer-, wirtschafts- und arbeitsrechtlichen Möglichkeiten und nennt 500 Jobideen, mit denen man als Freelancer sofort starten kann, sei es neben dem Studium, parallel zum Hauptjob, zur Überbrückung oder voll hauptberuflich. Hier erfahren Sie, wie Freie Berufe von Gewerbetätigkeiten abgegrenzt werden, welche Chancen »Nichtkatalogberufler« haben, als Freiberufler anerkannt zu werden, wie Freelancer auch als Einzelunternehmer erfolgreich sein können und wie man sich gegen Scheinselbständigkeitsvorwürfe wehren, richtig kalkulieren, finanzieren und sozialversicherungsmäßig absichern kann.

Der Autor

Martin Massow kommt aus der beruflichen Erwachsenenbildung und ist seit vielen Jahren erfolgreicher Fachautor und Karriereberater. Von ihm sind in unserem Hause unter anderem erschienen: »Atlas Neue Werbe- und Kommunikationsberufe«, »Home-Jobbing. Geld verdienen von zu Hause aus«, »Der Weiterbildungsatlas«, »Telearbeit«, »Der Dienstleistungs-Atlas«, »Teilzeit-Atlas. Gut verdienen mit weniger Arbeit«, »So finde ich die richtige Lehrstelle«, »So finde ich den Beruf, der zu mir passt«, »Atlas der kreativen Berufe«, »Karriere-Atlas Europa«, »Jobs und Karriere im Internet«, Atlas Gesundheits- und Wellnessberufe und der »Jobber-Atlas«.

Martin Massow

Freiberufler-Atlas

Schnell und erfolgreich selbständig werden

- EDV und elektronische Medien
- Kultur- und Heilberufe
- Rechts-, Wirtschafts- und Steuerberatung
- Technik und Naturwissenschaft

Econ Taschenbuch

Vorbemerkung:

Alle Berufsbezeichnungen in diesem Buch sind aus Gründen der Einheitlichkeit in der männlichen Form genannt. Selbstverständlich beziehen sich alle Berufsbezeichnungen und sonstigen Angaben ebenso auf Frauen. Verlag und Autor bitten für diese Sprachregelung um Verständnis.

Allgemeine Informationen über Massow-Bücher sind auch über *www.martin-massow.de* oder *www.jobidee.de* zu beziehen.

Econ Taschenbücher erscheinen im Ullstein Taschenbuchverlag, einem Unternehmen der Econ Ullstein List Verlag GmbH & Co. KG, München
Originalausgabe
1. Auflage 2002

Lektorat: Mendlewitsch + Meiser, Düsseldorf
Umschlaggestaltung: Petra Soeltzer, Düsseldorf
Titelabbildung: imagesource

Gesetzt aus der Rotis, Linotype
Satz: KompetenzCenter, Düsseldorf
Druck und Bindearbeiten: Ebner & Spiegel, Ulm
Printed in Germany
ISBN 3-548-70067-5

Inhalt

Vorwort 15

Formen von Freiberuflichkeit 17

Freiberuflichkeit auf dem Vormarsch 17
Acoustic-Blues-Duo – die Freischwebenden 17
Gründungsgründe 18
Wachstumsmotor Freiberufler 20
New-Working – eine Denkart fürs Überleben 22

Als Freelancer schneller und preiswerter in die Selbständigkeit 24

Vorteile freiberuflicher Selbständigkeit 25

Freiberuflichkeit ist nicht gleich Freiberuflichkeit 27
Freiberufler nach EStG 28
Gewerbetreibender 28
Freier Mitarbeiter 29
Freelancer 30
Freiberuflicher Mitarbeiter 30
Honorarkraft 31
Freiberuflicher, freier Mitarbeiter 31
Gewerbetreibender, freier Mitarbeiter 31
Werkvertragsmitarbeiter 31
Subunternehmer 32
Dienstvertragsmitarbeit 33
Haupt- und nebenberufliche Freiberuflichkeit? 33

So werde ich Freiberufler nach EStG 35

Was sind echte freie Berufe? 36
Rechtliche Definitionen 36
Allgemeine Merkmale freiberuflicher Tätigkeit 38

Einstufungskriterium »Katalogberufe« 40

Einstufungskriterium »katalogähnliche Berufe« 42
Prüfungsschema für die Feststellung eines ähnlichen Berufes 43
ABC der katalogähnlichen freien Berufe 44

Einstufungskriterium »Tätigkeitsberufe« 54
Was sind wissenschaftliche Tätigkeiten? 55
Was sind künstlerische Tätigkeiten? 56
Was sind schriftstellerische Tätigkeiten? 56
Was sind unterrichtende Tätigkeiten? 57
Was sind erzieherische Tätigkeiten? 58
Tätigkeitsberufe als Tür zum Freiberuflichkeitsstatus 59

Weitere Kriterien für die Einstufung als freier Beruf 61
Leitende und eigenverantwortliche Tätigkeit 62
Gemischte freiberufliche und gewerbliche Tätigkeit . . 64
Nichttrennbare freiberufliche und gewerbliche Tätigkeiten 65

Standes- und berufsrechtliche Besonderheiten 67
Berufsrechtlich geregelter Zugang 67
Kammerberufe 68
Ohne beruflich gebundene Zugangsregelungen 69

Einstieg in die Freiberuflichkeit 70
Schon die richtige Studien- und Berufswahl kann entscheidend sein 70
Vom Angestellten oder Gewerbetreibenden in die Freiberuflichkeit 70
Die ersten Schritte 71

Freiberufler als Steuerzahler 72
Einkommensteuer 73
Gewinnermittlung nach Einnahme-Überschuss-Rechnung 74
Gewerbesteuerbefreiung 77
Umsatzsteuerpflicht 77
16 620-Euro-UST-Pflichtgrenze 78
UST-Wegfall: Wettbewerbsvorteil oder Kostennachteil? 78
Umsatzsteuersätze 78
UST-Ermäßigungen und Befreiungen 79
Umsatzsteuerermittlung 80

Freiberufler und Mitarbeiter 81

Finanzierung der freiberuflichen Existenz 82

Preisfindung für Freiberufler 82

Soziale Risikovorsorge als Freiberufler 83
Keine Sozialversicherungspflicht für Selbständige . . . 84
Über den Nebenjob eine preiswerte soziale Absicherung 84
Ohne reguläre Absicherung geht es auf Dauer nicht . . 85
Arbeitslosenversicherung bei Selbständigkeit? 85
Gesetzliche Krankenversicherung und Pflegeversicherung I 86
Beitragshöhe für freiwillig Versicherte 87
Private Krankenversicherungen 88
Pflegeversicherung II 89
Rentenversicherung 90
Rentenversicherungspflichtige Selbständige 91
Private Lebensversicherung 92
Berufs- und Erwerbsunfähigkeitsversicherung 93
Unfallversicherung/Berufsgenossenschaft 93

Geschäftsrisiken absichern 94
Gefährdungshaftung 94
Verschuldenshaftung 95

Das Erste Gesetz zur Schuldrechtsänderung 97
Freiberuflerverträge 100

Das Spektrum der freien Berufe 101

So werde ich gewerblicher Freiberufler 141

Abgrenzung Gewerbetreibender und freier Beruf 141
ABC gewerblicher Tätigkeiten 142

Was ist ein Gewerbe? 146
Gewerbeanmeldung 147

Kleingewerbetreibender oder Kaufmann? 148

Rechtsformen des Unternehmens 150

Stehendes und wanderndes Gewerbe 152

Erlaubnispflichtige und erlaubnisfreie Gewerbe 153
Erlaubnispflichtige Gewerbe 154
Erlaubnisfreie, aber überwachungsbedürftige Gewerbe 155
Erlaubnispflichtige Gewerbe mit besonderer Rechtsgrundlage 156

Handwerk mit Meisterpflicht 158

Handwerk ohne Meisterbrief 158
Künstlerisch betriebene Handwerke 162
Gartenbau, Land- und Forstwirtschaftshandwerk . . . 162
Einstellen eines Meisters 163
Handwerklicher Hilfsbetrieb 163
Ehrenamtliches Handwerk 164
Handwerk im Marktverkehr 164
Reisehandwerker 164

Reisegewerbe . . . 166
Wer benötigt eine Reisegewerbekarte? . . . 167
Reisegewerbekartenfreie Tätigkeiten . . . 168

Marktverkehrstreibender . . . 169
Marktveranstalter (Festsetzungsbeantragung) . . . 169

Was bedeutet Gewerbetätigkeit steuerrechtlich? . . . 170
Einkünfte aus Gewerbebetrieb . . . 171
Gewerbesteuer . . . 174
Umsatzsteuer . . . 177
Buchhaltungspflicht der Gewerbetreibenden . . . 179
Einfache Aufzeichnungspflicht für Kleingewerbetreibende . . . 180
Buchhaltungshilfe? . . . 183

Gewerbetreibender und Mitarbeiter . . . 184
Arbeitsrecht . . . 185
Sozialversicherungen – Einzugsstelle Krankenkasse . . . 187
Lohnsteuer abführen . . . 189
Vorsicht bei der Beschäftigung von Aushilfen . . . 189
Scheinselbständigkeitsfalle bei Beschäftigung freier Mitarbeiter . . . 191

So bekommt man die Finanzen in den Griff . . . 193
Angemessen gründen – Geschäftsideen variieren . . . 194
Aufwand-/Leistungsrelation . . . 196
Finanzbedarfsermittlung – Finanzplan . . . 198
Der Finanzplan . . . 199
So erschließt man sich Finanzierungsquellen . . . 205
Eigenkapital . . . 205
Einkommensquellen aktivieren . . . 207
Vorschüsse und Forderungseinzug nutzen . . . 209
Fremdkapital . . . 212
Kreditantrag . . . 217
Inhalt von Kreditverträgen . . . 219
Kreditfallen erkennen und umgehen . . . 221
Kreditsicherheiten . . . 223

Bürgschaften und Bürgschaftsbanken 224
Öffentliche Hilfen für Selbständige und Freiberufler . . 225
Arbeitsamthilfe bei Existenzgründung 227

Preisfindung – Stundensatzkalkulation 229
Allgemeine Stundensatzermittlung 231
Stundenschnellkalkulation 234
Preisfindung 235

Soziale Risikovorsorge als Gewerbetreibender 237

Gewerbebetrieb als Altersvorsorge 238

Geschäftsrisiken als Gewerbetreibender absichern 239

Unternehmensform begrenzt Geschäftsrisiko 240

Welche Hard- und Software für Selbständige? 242
Hardware-Ausstattung 243
Microsoft – Textverarbeitung und Internet-Software . 245
Adobe – grafische und Layout-orientierte Software . . 248
Macromedia Web-Gestaltungs-Software 252
Nachschlagewerke für Freelancer 254

Einstieg als Freier – Verträge bestimmen Status 261

Selbständigkeit als Geistes-, Sozial- und Naturwissenschaftler 261

Freelancer/freier Mitarbeiter 263
Ärzte – Praxisvertretung 264
Dozenten/freie Lehrkräfte 265
Fahrer 269
Familienhelfer 270
Interviewer 270
Freizeitbetreuer (Jugend-, Klinik-, Alten-, Behindertenarbeit) 271

Psychologe 276
Sozialarbeiter und Sozialpädagogen 276
Heilberufe 276
Rechtsanwalt 278
Journalist 278
Steuerberater 279
Software-Spezialist 279
Telearbeiter 280
Telefonberater-/verkäufer 281
Wissenschaftler 282

Dienstleistungsvertrags-Tätigkeit 283

Werkvertragstätigkeit nach Schuldrechtsreform 2002 288
Neue Gewährleistungspflicht, Haftung und Verjährung 289
Kaufrecht statt Werklieferungsvertrag 294
Neue Annahme- und Zahlungspflicht bei Werkverträgen 295
Dienstvertrag oder Werkvertrag abschließen? 301

Urheberrechtsvertrag 305

Lizenzvertrag 307

Freier Handelsvertreter 310
Nebenberuflicher freier Handelsvertreter 311
Freier Handelsvertreter oder Makler? 312
Unterschied Reisender und Handelsvertreter 313
Kein Scheinselbständigkeits-Anfangsverdacht 314
Arbeits- und vertragsrechtliche Aspekte 314
Vertragsregelungen – Gebiet und Provision sichern 316
Wie finde ich eine Vertretung? 326

Händler – Kaufvertrag 328
Neu: zwei Jahre Gewährleistung 332

Freie Versandhändler – FernAbsG 333
Gültigkeitsbereich des Fernabsatzgesetzes (FernAbsG) 334
Unterrichtung des Verbrauchers 335
Widerrufsrecht 337

Heimarbeiter 341

So schütze ich mich gegen Vermutung einer Scheinselbständigkeit 343

Gesetz zur »Förderung der abhängigen Beschäftigung« 343

Kriterien der Scheinselbständigkeit 345
Widerspruch einlegen 347
Sozialgerichtsklage erheben 350
Fälligkeit rückständiger Sozialbeiträge 351
Arbeitnehmerähnliche Selbständige 351
Widerspruch einlegen 353
Befreiung von der Rentenversicherungspflicht 354

Vorbeugen der Vermutung abhängiger Beschäftigung 355
Antragsverfahren zu Statusfeststellung 356
Vermutungskriterien im Einzelnen 358
Der Verfahrensablauf am Beispiel der BfA 363
Umorganisation der Selbständigkeit mit anschließender Statusabklärung 366
Wie man garantiert selbständig wird/bleibt! 370

Job- und Geschäftsideen für Freie und Kleingewerbetreibende 375

Übersicht über die im Buch genannten Job- und Geschäftsideen 375
Sozialer Bereich/Nachbarschaft/Gesundheit/Esoterik . . 376
Body/Fitness/Kosmetik/Erotik 379

Bildung/Wissenschaft/Sprachen/Kommunikation . . . 381
E-Jobs/Computer/Software/Internet 383
Verkauf/Handel/Transport/Verkehr 385
Büro/Service/Vermittlung/Beratung 387
Kreativ-künstlerischer Bereich/Entertainment 389
Handwerk(ähn)liches, Basteln, Reinigung 391
Haus/Sicherheit/Garten/Tier/Natur 394
Food/Party/Freizeit/Touristik 396

Anhang 399

Publikationen 399

Wichtige Adressen/Ansprechpartner 399
Berufsständische Versorgungswerke freier Berufe . . . 400
Freie heilkundliche Berufe 401
Freie rechts- und wirtschaftsberatende Berufe 403
Freie Kulturberufe 404
Freie technische und naturwissenschaftliche Berufe . . 405

Berufsspezifische Internet-Adressen – Kammern etc. 408

Sachregister 413

Vorwort

Die Freiberuflichkeit ist die schnellste und preiswerteste Möglichkeit, sich neben- oder hauptberuflich selbständig zu machen. In diesem Buch erfahren Sie alles über Formen freier Tätigkeiten nach EStG, HGB und GewO, über die Einstufungskriterien für Katalogberufe, ähnliche Berufe und Tätigkeitsberufe, über den Einstieg als gewerblicher Freiberufler im Klein- oder Reisegewerbe, als Marktverkehrstreibender etc. sowie über die vielfältigen Gestaltungsmöglichkeiten vertraglicher Vereinbarungen von freier Mitarbeit, Dienstverträgen, von den Werkverträgen über Urheber- und Lizenzverträge bis hin zu Handelsvertreter- und Kaufverträgen unter Berücksichtigung der Schuldrechtsreform 2002. Zudem erfahren Sie, wie man sich gegen den Verdacht der Scheinselbständigkeit wehrt, die Vermutung einer Beschäftigung widerlegt und vorbeugen kann, seitens der Sozialversicherungsträger unverhofft vom freien zum abhängigen Mitarbeiter umgestuft zu werden. Die Nennung von über 500 Job- und Geschäftsideen mit der Angabe, ob diese freiberuflich, als Gewerbe, in freier Mitarbeit und/oder ausschließlich in abhängiger Beschäftigung ausgeübt werden können, sowie die Adressen aller Freiberufsverbände runden das Werk für den erfolgreichen Einstieg als Einpersonenunternehmer ab.

Formen von Freiberuflichkeit

Freiberuflichkeit auf dem Vormarsch

Acoustic-Blues-Duo – Die Freischwebenden

Man muss schon ein wenig crazy sein, so etwas durchzuziehen, aber es macht auch tierisch Spaß, mit Musik und Kunst anderen Freude zu bereiten, so Annie und Harald gemäß ihrer Lebensdevise: »Das Leben ist eine lange Reise«, was durch die zahlreichen Auftritte bundesweit bei ihnen auch wörtlich zutrifft. »Wir sind keine Freiberufler, sondern wir sind ›Freischwebende‹, denn wir sind weder frei noch irgendwie fest wirtschaftlich verankert, wir schweben also, und trotzdem können wir nicht anders; wir sind froh, dass wir unser Leben selbst gestalten und uns persönlich stetig weiterentwickeln können, auch wenn die Situation wirtschaftlich oft sehr hart ist.«

Als Preis dafür, endlich ein »lebendiges Leben« leben zu dürfen, kündigte Harald Goldhahn Ende der Siebziger seine Postbeamtenstelle auf Lebenszeit. Über den zweiten Bildungsweg machte er Abi, danach startete er sein Studium an der Hochschule für Gestaltung in Offenbach und wagte einen Neuanfang. Die Balletttänzerin Annie Sauerwein, seine Freundin, war schon während ihres Studiums gemeinsam mit Harald nebenbei im musikalischen Kleinkunstmetier tätig und machte aus der Not eine Tugend, nachdem sie durch einen Autounfall, durch den ihr Bein verletzt und alle Karrierehoffnungen als Tänzerin zerstört worden waren. Sie machte die Musik und das Kunst-Management zu ihrem

Lebensinhalt: Mit einem Gips, der bis zur Hüfte reichte, begann Annie Anfang der neunziger Jahre wieder ganz von vorn. Dieses Mal stand sie mit Waschbrett, Schlagzeug und Gesang auf der Bühne. Dies war der hauptberufliche Anfang des Acoustic-Blues-Duos, das besonders von Liebhabern nicht elektronisch verstärkten Blues' geschätzt wird. Gespielt werden der original Mississippi-Delta-Blues der Zwanziger und Dreißiger und Eigenkompositionen auf regionalen und internationalen Kulturveranstaltungen, auf Stadtfesten, Messen und Kongressen sowie in Betrieben. Zugleich haben die in Marktleuthen (Fichtelgebirge) beheimateten Multikünstler ein Platten-Label *(www.ed-coq-au-vin-rec.de)* gegründet, unter dem sie ihre einmaligen Musik-CDs (mittlerweile sechs Scheiben) mit ausgefallenen, originell gestalteten Covern mit Papp-, Porzellan- und Email-Elementen vertreiben. Auch Buch-CDs sind lieferbar. Ein weiteres Standbein des Duos ist das Gestaltungsbüro von Harald Goldhahn, der zudem auch gelegentlich Lehraufträge als Kunstdozent annimmt. Seine Arbeitsschwerpunkte sind: Arbeiten mit Handdruckpressen wie Grafikeditionen mit den dazugehörenden Mappen, Lederdrucktaschen, Auflagendrucke und andere Unikate, aber auch Plakatgestaltung, Etikettendesign, Typographie, Cartoonzeichnung, Magazin- und Buchillustration und vieles mehr.

Darüber hinaus beteiligt sich das Künstlerpaar an Aktionskunstprojekten *(www.ed-coq-au-vin-rec.de)* und organisiert jährlich in Marktleuthen die Blues-, Poetry- und Comedy-Veranstaltung mit international bekannten Musikern, Schriftstellern, Kabarettisten und anderen Künstlern; und das mit großem Engagement, um den Menschen ihres ländlichen Raumes die Kultur der etwas anderen Art zu präsentieren.

Gründungsgründe

Die Gründe, sich für eine freie Existenz zu entscheiden, sind vielfältig. Dazu zählen:

- innere Überzeugung und schicksalsbedingte Veränderungen wie bei Annie und Harald,
- Flexibilität, weil sichere Karrierewege heutzutage nicht mehr planbar sind,
- Familienplanung, da Familie und Beruf so besser unter einen Hut gebracht werden können,
- technische Möglichkeiten, weil die elektronischen Medien regelrecht zum Home-Jobbing einladen,
- Altersgründe oder soziale Motive, weil man als älterer Erwerbstätiger oder Behinderter auf dem Arbeitsmarkt kaum mehr Chancen hat,
- persönliche Erfahrungen, weil z. B. nach einem Mobbingtrauma ein fester Arbeitsplatz unvorstellbar wird,
- Sachorientierung, weil man keine Lust und Kraft hat, in der Konzern-Arbeitswelt die Konkurrenz- und Ränkespielchen, durch die bis zu 60 % der Leistungsenergie draufgehen, mitzuspielen,
- Arbeitslosigkeit, weil man als Absolvent einer Hochschule oder High Potential mangels Stellenangebote sein Schicksal selbst in die Hand nehmen will, statt noch länger zu warten,
- Resignation und Überdruss, weil man keinen Bock mehr hat, sich über die Ochsentour in die Topetagen vorzukämpfen,
  - weil man die Bewerbungsrituale vieler Großunternehmen als völlig übertrieben, entwürdigend und schlichtweg als Zumutung betrachtet,
  - weil man sich nicht irgendwann oder aufgrund kurz- oder längerfristig neu getroffener Managemententscheidungen (Umstrukturierungen, Fusionen, Verlegungen, Schließungen, Outsourcing usw.) erst wie eine Schachfigur herumschieben und später abschießen lassen möchte,
  - weil man keinen Bock mehr hat, jahrelang den Billig-Hiwi für den Prof zu spielen, um anschließend auf der Straße zu stehen.

Aus diesen und vielen anderen Motiven lassen sich immer mehr Menschen auf das Abenteuer ein, ohne Netz und doppelten Boden selbstverantwortlich für ihr Einkommen zu sorgen, geben sogar ihren Beamtenstatus auf wie Harald. Freiberufler sind flexibel. Klappt es nicht im angestammten Berufsfeld, dann weicht man auf Alternativen aus: Statt selbständiger Rechtsanwalt wird der Jurist vielleicht Unternehmensberater für Kanzleien. Die Erzieherin avanciert zur Berufsberaterin und die Lehrerin entscheidet sich für ein wechselvolles Leben als Unternehmenstrainerin. Historiker machen Museums-Public-Relations-Arbeit und Germanisten organisieren womöglich einen Biografieservice. Viele weitere Ideen, die sich realisieren lassen, finden Sie in diesem Buch.

Wachstumsmotor Freiberufler

Auch der Bundesverband der freien Berufe BFB *(www.freie-berufe.de)* ermittelte, dass sich allen Konjunkturschwankungen zum Trotz immer mehr Menschen freiwillig – oder notgedrungen – freiberuflich selbständig machen. Und nicht nur das: Die zunehmende Freiberuflichkeit sei, so der BFB, mittlerweile ein wichtiger Wachstumsmotor der deutschen Wirtschaft. Laut Bundesverband der freien Berufe gab es zu Beginn des Jahres 2001 rund 739 000 selbständige Freiberufler, das waren gegenüber dem Vorjahr 5 % mehr. Dabei hätten den nach wie vor größten Bereich mit knapp 35 % die Vertreter der Heilberufe – also Ärzte, Zahnmediziner, Tierärzte, Apotheker und Therapeuten aller Art – belegt. Die zweitgrößte Freiberufler-Gruppe mit 195 132 Mitgliedern bildeten, so der Bundesverband, die rechts-, wirtschafts- und steuerberatenden Berufe wie Anwälte, Steuerberater, Wirtschaftsprüfer oder Unternehmensberater. Im Bereich der technischen freien Berufe sind die Architekten und beratenden Ingenieure unter den 129 038 Mitgliedern dieser Sektion am stärksten vertreten. Die vierte Gruppe schließlich stellen die rund 154 000 Angehörigen der freien Kulturberufe.

Branchenüberblick »freie Berufe«

Anfang 2001 gab es in Deutschland 739 200 Selbständige in freien Berufen.
In einem detaillierten Branchenüberblick verteilen sich die Freiberufler wie folgt:

freie Kulturberufe (Künstler, Maler, Schriftsteller, Journalisten, Musiker, Schauspieler etc.)	154 000
Ärzte (Allgemeinmediziner, Fachärzte etc. mit Praxis)	120 220
Rechtsanwälte	79 700
freie Heilberufe	55 200
Zahnärzte	53 780
Architekten	53 240
Steuerberater/Steuerbevollmächtigte	48 170
Wirtschaftsberater	39 000
Apotheker	21 850
technische und naturwissenschaftliche freie Berufe	21 500
Unternehmensberater	14 700
Sachverständige	11 900
Tierärzte	10 020
Wirtschaftsprüfer/vereidigte Buchprüfer	10 010
Patentanwälte	1 890
Nur-Notare	1 670

Quelle: BFB und Globus-Infografik 7 253 v. 27. 8. 2001

Die ca. 739 000 selbständigen Freiberufler haben knapp 2 Millionen Mitstreiter, also sozialversicherungspflichtige Angestellte, davon rund 162 000 Auszubildende. Insofern bilden die freien Berufe eine wichtige Säule des Mittelstands. Neben den hauptberuflichen Freiberuflern gibt es noch eine große Zahl freiberuflicher freier Mitarbeiter und nebenberuflich tätiger Freiberufler.

Die Zunahme der Zahl der selbständigen Freiberufler mit einer durchschnittlichen jährlichen Wachstumsrate von ca. 4 % stellt nicht nur eine Verdopplung der Freiberuflerexis-

tenzen zwischen 1978 und 2000 dar, sondern macht einmal mehr den Wandel von der Industrie- zur Dienstleistungswirtschaft deutlich, an dem die freien Berufe einen hohen Anteil haben. So stieg der Anteil der freien Berufe zwischen 1978 und 1999 von 12,8 auf 18 % der Selbständigen. Mittlerweile ist jeder sechste Selbständige bereits Freiberufler.
Da die Ausübung eines freien Berufs vor allem auch an ein entsprechend hohes Ausbildungsniveau gebunden ist, bietet dieser Sektor vor allem Hochschulabsolventen gute Chancen. Allerdings sind die Berufsaussichten recht unterschiedlich und von der jeweiligen Berufsgruppe abhängig. So ist es bekanntermaßen trotz des wachsenden Bedarfs sehr schwierig, sich als Arzt in eigener Praxis niederzulassen, weil es eine ausgeprägte Niederlassungs-Reglementierung gibt.
Zu den echten freien Berufen muss man auch die wachsende Zahl der gewerbebetrieblichen Einzelexistenzgründer zählen. Ihre Gründergruppe ist ca. zehnmal größer als die der freiberuflichen Start-up-Initiatoren, sind doch von den jährlich ca. 500 000 neuen Existenzgründungen über 450 000 Gewerbeanmeldungen. Auf den ersten Blick erkennt der Laie nicht unbedingt, ob der Selbständige nun ein echter Freiberufler oder Gewerbetreibender ist, da viele Kleingewerbetreibende und Einpersonenunternehmer freiberufsähnlich ihre Selbständigkeit organisieren und betreiben. Wer weiß schon, wann ein freier Programmierer freiberuflich und wann er gewerblich tätig ist. Viele Freiberufler führen auch Mischtätigkeiten aus, sind entweder in mehreren freiberuflichen oder in freiberuflichen und gewerblichen oder in verschiedenen gewerblichen Funktionen tätig. Denn zumeist benötigen Freie mehrere Standbeine, um finanziell über die Runden zu kommen.

New-Working – eine Denkart fürs Überleben

Zumeist stellt der Start in die Freiberuflichkeit gegenüber dem Beginn einer entsprechenden Angestellten- oder Beamtenposition ein großes wirtschaftliches Wagnis dar, wobei man mittelfristig als Freier unterm Strich tatsächlich auch erheblich schlechter abschneidet – jedenfalls meistens. Geht es nur um wirtschaftliche Erwägungen, sollte man sogar vor dem Schritt in eine selbständige Existenz warnen. Denn vielen Freiberuflern und Kleingewerbetreibenden geht es nicht sehr gut, manche müssen woanders noch dazuverdienen oder üben einfach mehrere Berufe aus, um über die Runden zu kommen. Dabei kristallisiert sich immer mehr der Trend zu einer Art »Netzwerkwirtschaft« heraus. Die Anhänger dieser neuen Kooperationsform nennen sich New Worker.

»New Working ist die Aneignung einer Geisteshaltung, die auf die selbstverantwortliche Gestaltung eines ganzheitlichen Lebensentwurfes mit dem Ziel der Mehrtätigkeitenexistenz zur Überwindung der starren Grenzen zwischen Erwerbs- und Privatleben sowie Angestellt- und Selbständigsein zielt.« Der New Worker versucht, »seine gesamte wirtschaftliche Existenzsicherung von Anfang an auf mehrere Standbeine selbständiger und abhängiger Jobs oder Einnahmen (z.B. Nebengeschäfte, Zinseinnahmen, Sozialhilfe etc.) zu stellen. Leistungstausch (z.B. Waren- und Dienstleistungstausch) ist in diesem System ein wichtiger Faktor. Auf der Ausgabenseite wird versucht, die Ansprüche auf die wesentlichen Lebens- und Kulturbedürfnisse zu reduzieren, beispielsweise zu versuchen, möglichst preiswert Auto zu fahren und zu wohnen, vielleicht auch besser auf dem Land zu leben. »Reichen soll es, aber man muss nicht reich werden«, lautet die Einkommensdevise von New Workern, die magere und fette Jahre flexibel zu überstehen gelernt haben. Man sieht ihnen aber zumeist weder die fetten noch die mageren Jahre an, weil sie sich aus Statussymbolen wenig machen und immer ein Polster für einkommensschwache Zeiten haben: Wer schon längere Zeit eine Mehrtätigkeitenexistenz führt, hat gelernt:

- sich viele (kleinere) Einkommensquellen gleichzeitig zu erschließen,
- die aus dem Wachstumsdenken herrührende Verdienstsucht erst gar nicht aufkommen zu lassen, um nicht Sklave von Arbeit und Aufträgen zu werden,

- bescheiden zu leben,
- keine Schulden zu machen,
- beizeiten Geld zurückzulegen, um auch in der Not etwas zu haben,
- sich nicht von einem Auftraggeber/Arbeitgeber abhängig zu machen,
- nicht erpressbar zu werden und jederzeit auch sagen zu können: »Nein, diesen Auftrag/Job mache ich nicht!«
- Selbsthilfekontaktnetze aufzubauen.

Als Freelancer schneller und preiswerter in die Selbständigkeit

Trotz wirtschaftlich großem Risiko – eine schnellere und preiswertere Start-up-Möglichkeit als über freiberufliche Tätigkeiten gibt es kaum. Insbesondere, wer als freier Mitarbeiter beginnen kann, hat Glück. Man verdient sofort, monats- oder auftragsweise, ähnlich wie ein Angestellter, ist jedoch dabei relativ unabhängig. Freelancer werden durch die Scheinselbständigkeitsparagrafen praktisch gezwungen, stets mehrere Auftraggeber gleichzeitig zu bedienen, was, um es einmal positiv zu sagen, automatisch zu einer höheren Einkommenssicherheit führt, als das in vielen Angestelltenverhältnissen heute möglich ist. Denn statt von einem Arbeitgeber und seiner wirtschaftlichen Situation abhängig zu sein, verlagert der Freie sein Einkommensrisiko auf mehrere Kundenschultern. Fällt einer aus, kostet ihn das zwar Geld, zumeist aber nicht die Existenz, wie das beim Arbeitsplatzverlust der Fall ist. Viele freiberufliche Tätigen sind daher derzeit besser abgesichert, als die Jobs so manches fest angestellten Bankers, Versicherungsagenten oder Unternehmensberaters im schicken Nadelstreifenanzug.

Da ein Großteil der Freiberufler – wie Webdesigner, Journalisten, Trainer, IT-Spezialisten, Kreative, Multimediafreaks, Berater, Wissenschaftler oder Therapeuten – meist keine nennenswerten Investitionen wie Gewerbegründer benötigen, reichen oftmals schon 500 Euro, um loszulegen. Selbst Freie, die mehr investieren müssten, haben mit einem Sack voller Schulden begonnen und sie haben es trotzdem geschafft, sich selbst aus dem Sumpf herauszuziehen.

Es ist nicht verwunderlich, dass freiberufliche Tätigkeiten insbesondere bei Studenten sehr beliebt sind, weil oft kein abhängiger Studentenjob vermittelt werden konnte. Vor allem: Studenten können in der Selbständigkeit beliebig viele Stunden arbeiten, ohne dass sie die Nebenverdienstgrenzen für Studenten von zwanzig Wochenstunden in abhängiger Tätigkeit verletzen. Denn das Arbeitszeitgesetz und die Sonderregelungen für Studenten beziehen sich nur auf abhängige Beschäftigungen. So bleibt auch die erlaubte 50-Tage- bzw. Zwei-Monats-Jobzeit-Grenze pro Arbeitsjahr für Studenten von Zeiten selbständiger Tätigkeit unberührt. Das heißt: Als freier Mitarbeiter kann man so lange und so viel verdienen, wie man möchte, ohne dass dies angerechnet wird. Nur BAföG-Empfänger müssen aufpassen, nicht über die zulässigen Verdienstgrenzen zu gelangen. Wer professionell vorgeht, weiß, dass sich sein Einkommen um die Unkosten vermindert, da sämtliche arbeitsbedingte Kosten, inklusive Büroausstattung und Auto, von den Einnahmen zur Gewinnermittlung abgezogen werden dürfen.

Vorteile freiberuflicher Selbständigkeit

Eine freiberufliche Selbständigkeit ist gegenüber einer Gewerbetätigkeit vorteilhafter. Denn wer Freiberufler ist, muss:

- kein Gewerbe anmelden und ist dadurch nicht gewerbesteuerpflichtig,
- kein Pflichtmitglied in der IHK werden,

- sich nicht ins Handelsregister eintragen lassen und
- keine doppelte Buchführung betreiben (der Kleinstunternehmer allerdings auch nicht).

So eignet sich für kleine Selbständige mit niedrigen Umsätzen verständlicherweise der Freiberuflerstatus besonders. Aber dennoch darf nicht übersehen werden, dass es in bestimmten Bereichen, vor allem auch auf dem IT-Bereich-Sektor, immer noch recht schwer ist, von den örtlichen Finanzämtern als Freiberufler anerkannt zu werden. Auch vom ehrenwerten Handwerk gibt es mitunter Widerstände gegen die Freiberuflichkeit, beispielsweise wenn manche Innungen für den Betrieb eines Computernotdienstes eine Meisterprüfung fordern, weil sie diese Tätigkeit zum Handwerk erklären wollen. Allerdings ist auch hier schon auch im Hinblick auf Europa einiges in Bewegung geraten – auch beim Finanzamt hinsichtlich der Bewertung von Ausbildung und Tätigkeitsformen. Deshalb der Tipp: Wer heute noch keine Statusanerkennung als Freiberufler erhält, hat gute Chancen es im Folgejahr wieder zu schaffen. Man sollte möglicherweise jedes Jahr von neuem den Antrag stellen, bis es funktioniert. Was Sie dabei berücksichtigen müssen, erfahren Sie in späteren Abschnitten. Sollte es mit der Freiberuflichkeit dennoch nicht klappen, ist das aber kein Beinbruch, denn Kleinunternehmer werden bis zu einer gewissen Jahresgewinn- und Umsatzgrenze fast ähnlich wie Freiberufler behandelt. So können auch Kleingewerbetreibende die vereinfachte »Einnahme-Überschussrechnung« statt einer doppelten Buchführung machen und einen Antrag auf Erlass von Gewerbesteuer stellen. Aus diesem Grund nenne ich die Einzelunternehmer, seien sie nun freiberuflich oder kleingewerbemäßig tätig, im Folgenden Freiberufler.

Freiberuflichkeit ist nicht gleich Freiberuflichkeit

Wenn von Freiberuflichkeit die Rede ist, gehen die Definitionen weit auseinander: Versteht der eine unter freiberuflicher Selbständigkeit eine Tätigkeit in einem freien Beruf oder die Selbständigkeit als Einmannbetrieb, meint der andere vielleicht eher freie Mitarbeit oder Freelancing damit. Als Werkvertragsmitarbeit oder Subunternehmereigenschaft wird der Begriff auch oft verstanden.

Dass jedoch jede der im Alltagsdeutsch so leichtfertig synonym für freie Selbständigkeit gewählten Bezeichnungen rechtlich jeweils eine eigene Relevanz besitzen und zur juristischen Einordnung des Selbständigenstatus mit verschiedenen, voneinander abweichenden arbeits-, steuer- und wirtschaftsrechtlichen Folgen verbunden sind, ist vielen Jobbern, Berufseinsteigern und potenziellen Existenzgründern nicht immer ganz klar. Viele meinen sogar, dass jede freie Mitarbeit eine freiberufliche Tätigkeit sei. Das ist verständlich, da sich die arbeitsrechtlich ungenauen Bezeichnungen längst im allgemeinen Arbeitsleben umgangssprachlich etabliert haben. In der Tat werden freie Mitarbeiter oft als freiberufliche Mitarbeiter bezeichnet, ohne dass sicher ist, ob die Betreffenden überhaupt Angehörige freier Berufe sind.

Um sich über die Begriffsvielfalt einen Überblick zu verschaffen und zu zeigen, dass so gesehen Freiberuflichkeit nicht gleich Freiberuflichkeit ist, sollen im Folgenden die wichtigsten Begriffe kurz definiert und später ausführlich vertieft werden. Die folgenden Abschnitte erläutern die zahlreichen Begriffe, die synonym für freie Selbständigkeit gebraucht werden.

Freiberufler nach EStG

Freiberufler ist ein steuer- und berufsrechtlicher Begriff, mit dem die echten Angehörigen freier Berufe bezeichnet werden. Davon abzugrenzen sind primär arbeits- und sozialversicherungsrechtliche Formeln wie etwa freier Mitarbeiter. So kann ein echter Freiberufler, z. B. ein Arzt, als

- Selbständiger,
- Gesellschafter (in einer Personen- oder Kapitalgesellschaft),
- Angestellter (Beamter) oder
- freier Mitarbeiter

tätig werden, er bleibt immer ein Angehöriger der freien Berufe! Sein Berufsstatus als solcher wird von seiner tatsächlichen Tätigkeit bestimmt, nämlich dass er in eigener Person als Freiberufler selbständig tätig wird, dass er einer Personengesellschaft (z. B. Privatklinik) angehört, dass er abhängig beschäftigt ist als Angestellter (z. B. Betriebsarzt) oder Beamter (z. B. Amtsarzt) oder als freier Mitarbeiter (z. B. Arztpraxis) arbeitet (siehe hierzu freier Mitarbeiter).
Wer einem freiberuflichen Beruf angehört, kann diesen selbständig – auch als Arbeitgeber – in eigener Praxis, in den Räumen eines Auftraggebers, z. B. als freier Mitarbeiter oder als Angestellter/Beamter ausüben. Allerdings zählen zu den in der Tätigkeitsstatistik als Freiberufler genannten Berufstätigen nur die selbständigen Freiberufler. Diese Selbständigengruppe bildet mit über 700 000 Vollexistenzen und rund zwei Millionen sozialversicherungspflichtigen Beschäftigten einen wichtigen Wirtschaftsfaktor. Freie Berufe sind vor allem qualifizierte Dienstleistungsberufe.

Gewerbetreibender

Der Begriff »Gewerbetreibender« ist wie der des Freiberuflers vornehmlich eine Bezeichnung des Steuerrechts und der Gewerbeordnung, die für Gewerbetreibende maßgeblich ist.

Einmannselbständige sind zumeist immer dann Gewerbetreibende, wenn sie nicht zu den Selbständigen der freien Berufe oder sonstigen Selbständigen wie Testamentsvollstrecker, Urheberrechtsinhaber etc. gerechnet werden können. Sie müssen zur Aufnahme ihrer Selbständigkeit ein Gewerbe beim Ordnungsamt anmelden. Selbst wenn ihre Tätigkeit einer freiberuflichen ähnelt, sind sie Gewerbetreibende, so lange sie nicht zu den Katalogberufen, den katalogähnlichen Berufen der freien Berufe zählen oder die Merkmale freiberuflicher Tätigkeiten erfüllen. Zu solchen Berufen gehören beispielsweise Vermögensberater, Handelsvertreter oder Grafiker, aber auch freie Mitarbeiter bzw. Freelancer. Im betrieblichen Alltag werden vielfach freie Mitarbeiter, die vom steuer- und handelsrechtlichen Status Gewerbetreibende sind, als freiberufliche Mitarbeiter tituliert, obwohl dies falsch ist. Im Gegensatz zu den dienstleistungsorientierten freien Berufen gehören zu den Gewerbetätigkeiten neben einfacheren Dienstleistungen der Handel, die Produktion und das Handwerk, wobei man beim Handwerk über die Gewerbeanmeldung hinausgehend noch einen Meisterbrief als Voraussetzung einer Selbständigkeit benötigt.

Freier Mitarbeiter

Freier Mitarbeiter ist ein arbeits- und sozialversicherungsrechtlicher Begriff. So können steuer- und berufsrechtlich betrachtet freie Mitarbeiter sowohl Freiberufler als auch Gewerbetreibende sein. Arbeitsrechtlich erledigen sie als Subunternehmer selbständig Aufträge gegen Honorar. Dabei können sie unter Umständen sogar phasenweise auch in die Organisationsstruktur ihres Auftraggebers integriert sein, z. B. als freier TV-Journalist, der an den Redaktionskonferenzen teilnimmt. Um ihre Selbständigkeit nicht zu gefährden, dürfen sie jedoch nicht arbeitnehmerähnlich in den Betrieb des Auftraggebers eingebunden sein. Sie müssen weisungs- und arbeitszeitungebunden bleiben und mehr als einen Auftraggeber nachweisen.

Freelancer

»Freelancing« ist die englische Bezeichnung für freie Mitarbeit. Diese hat sich vor allem bei Berufsgruppen wie IT- und Computerspezialisten, Multimedia-, Werbe- und Medienprofis, freien Musikern und anderen selbständigen Kreativen durchgesetzt. Ihnen gemeinsam ist, dass sie, wie die meisten anderen freien Mitarbeiter, ihr Know-how projektbezogen am freien Markt vermarkten. Es gibt sowohl freiberufliche Freelancer als auch gewerbetreibende Freelancer, wobei die Grenzen manchmal fließend sind. So kann ein freier Systemanalytiker freiberuflich tätig sein, wenn er ein einschlägiges Hochschulstudium (z. B. Informatik) oder eine dem Ingenieur vergleichbare Berufsausbildung nachweist. Er kann aber auch als Gewerbetreibender arbeiten, etwa dann, wenn er seine Fähigkeiten in einer Lehre (z. B. zum Systemelektroniker oder staatlich geprüften Informatiker) erworben oder sie sich autodidaktisch (über Learning-by-doing, Lehrbücher oder VHS-Kurse) beigebracht hat. Wie die Abgrenzungen zwischen Freiberuflichkeit und Gewerbetätigkeit genau erfolgt, wird in späteren Abschnitten verdeutlicht werden. Erschwerend kommt allerdings der Aspekt der Scheinselbständigkeit hinzu. Freelancerbörsen, wie z. B. *www.freelance.com*, helfen Freelancern und Projektanbietern, Kontakte zu knüpfen.

Freiberuflicher Mitarbeiter

Dies ist ein umgangssprachlicher Ausdruck. Er kann die synonyme Bezeichnung für einen freien Mitarbeiter sein, kann aber auch eine freiberufliche, freie Mitarbeiterschaft bezeichnen. Den Rechtsstatus eines freiberuflichen Mitarbeiters gibt es im juristischen Sinne somit nicht.

Honorarkraft

Der Terminus »Honorarkraft« bezeichnet eine gelegentliche Mitarbeit, entweder als abhängig beschäftigte Aushilfe/Vertretung in arbeits-/steuerrechtlicher Form vom »325-Euro-/bzw. 479-Euro-Job zum Kurzfristigkeits-/Teilzeitjob bis zum gelegentlichen bzw. ganz speziellen freien Mitarbeiter auf der Grundlage eines Dienstvertrags, wobei das Honorar nach Zeit genau oder pauschal und nicht im Sinne eines Werkvertrages aufwands-/angebotsbezogen abgerechnet wird.

Freiberuflicher, freier Mitarbeiter

Wer einen freiberuflichen Beruf ausübt und als freier Mitarbeiter tätig wird, ist arbeits- und steuerrechtlich betrachtet ein »freiberuflicher, freier Mitarbeiter«. Allgemein spricht man allerdings schlicht von freier Mitarbeiterschaft oder freiberuflicher Mitarbeit, sodass nicht erkennbar ist, ob jemand echter Freiberufler oder freiberuflicher Gewerbetreibender ist.

Gewerbetreibender, freier Mitarbeiter

Wer als Einzelkämpfer ein Gewerbe anmelden muss und als freier Mitarbeiter tätig wird, ist arbeits- und steuerrechtlich betrachtet ein »gewerbetreibender, freier Mitarbeiter«. Umgangssprachlich spricht man allerdings schlicht von freier Mitarbeiterschaft oder freiberuflicher Mitarbeit, sodass nicht erkennbar ist, ob jemand echter Freiberufler oder freiberuflicher Gewerbetreibender ist.

Werkvertragsmitarbeiter

Diese Tätigkeitsbezeichnung ist abgeleitet von dem Vertragstypverhältnis, das dem Auftrag/der Zusammenarbeit zugrunde liegt, nämlich vom Werkvertrag (§§ 631–650

BGB). Wird mit freiberuflichen oder gewerbetreibenden freien Mitarbeitern ein Werkvertrag geschlossen, werden sie auch schon mal Werkvertragsmitarbeiter genannt. Auf die Statusfrage »echte Freiberuflichkeit« oder »freiberufliche Gewerbeausübung« hat dies jedoch keinen Einfluss. Die Besonderheit des Werkvertrags gegenüber eines Dienstvertragsverhältnisses ist, dass Werkvertragsauftragnehmer nicht nur eine Leistung, sondern ein genau bezeichnetes Werk (z. B. wissenschaftlich zu verwertende Zeichnung) gegen Honorar erstellen. Dafür liefert der Auftraggeber das Material. Etwa: Das Museum stellt die Spezialpapiere. Von Werkvertragsmitarbeitern spricht man aber auch, wenn der Zusammenarbeit ein Werklieferungsvertrag zugrunde liegt, was der Fall ist, wenn der Auftragnehmer nicht nur die Leistung, sondern auch das Material besorgt und berechnet. In diesem Fall müssen echte Freiberufler aufpassen: Denn wird ein bestimmter Rahmen bei zusätzlichem Materialverkauf überschritten, kann es sein, dass die gesamte selbständige Tätigkeit als Gewerbe eingestuft wird und der Freiberufler somit seinen gegenüber dem Gewerbebetrieb vorteilhafteren Freiberuflerstatus verliert. Werkvertragsmitarbeiter sind in der Regel keine Honorarkräfte, da diese auf der Basis eines Dienstvertrages tätig werden.

Subunternehmer

Ein Subunternehmer ist salopp gesagt ein Unter-Unternehmer, nämlich ein Selbständiger (Freiberufler/Gewerbetreibender), der für einen Hauptauftraggeber (den Unternehmer) selbständig Aufträge ausführt. Jeder freie Mitarbeiter ist ein Subunternehmer, da er nicht selbst Hauptauftragnehmer ist, sondern für Unternehmen selbständig tätig wird. Anders ausgedrückt kennzeichnet die Bezeichnung »Subunternehmer« lediglich die Rangstellung des freiberuflichen oder gewerbetreibenden Selbständigen in Bezug auf einen Hauptauftraggeber. Beispielsweise kann ein freier Layouter/ Multimediaspezialist als Subunternehmer für eine Werbeagentur (Hauptauftragnehmer) arbeiten oder als Subunternehmer für ein Grafikbüro tätig sein, welches seinerseits im Auftrag einer etatverantwortlichen Werbeagentur (Hauptauftragnehmer) die Prospekte für ein Industrieunternehmen (Hauptauftraggeber) herstellt.

Dienstvertragsmitarbeit

Eine Dienstvertragsmitarbeit bezeichnet die arbeitsrechtliche Grundlage, die beispielsweise einem Honorarmitarbeitervertrag zugrunde liegt. Sie ist abgeleitet von dem Vertragstypverhältnis, das dem Arbeitsverhältnis zugrunde liegt, nämlich vom Dienstvertrag (§§ 611–630 BGB). Diese Rechtsgrundlage gilt sowohl für freie als auch für abhängige Beschäftigungen. Im Unterschied zum Werkvertrag verpflichtet sich der freie (Dienstvertrags-)Mitarbeiter, z. B. ein freier Museumspädagoge, nicht zur Herstellung eines bestimmten Werkes, sondern zur Erbringung einer Dienstleistung, z. B. Führung und didaktische Anleitung von Schulklassen/Jugendgruppen durch eine Kunstausstellung innerhalb einer bestimmten Zeit zu einem bestimmten Honorar. Man nennt solche, nicht fest angestellten oder permanent mitarbeitenden freien Mitarbeiter auch Honorarkräfte.

Haupt- und nebenberufliche Freiberuflichkeit?

Nebenberuflichkeit meint nicht nur abhängige Beschäftigungsverhältnisse wie Teilzeit- oder 325-Euro-Jobs, sondern umfasst auch freiberufliche und gewerbetreibende Nebentätigkeiten. Ebenso definiert sich die selbständige Nebentätigkeit analog zum Nebenjob als eine Tätigkeit mit unter einem Drittel der ansonsten üblichen Arbeitszeit (acht Stunden täglich oder 40 Stunden wöchentlich). Da Selbständige bis auf wenige Berufsgruppen nicht der Sozialversicherungspflicht und auch nicht unter das Arbeitszeitgesetz fallen, bietet sich die selbständige Nebentätigkeitsform vor allem an, wenn es gilt, noch nicht bestimmte Arbeitszeitgrenzen (als abhängiger tätiger Nebenberufler) zu überschreiten oder wenn man keine Lust hat, sich über die zweite Lohnsteuerkarte den Hauptanteil seines Nebenverdienstes wegversteuern zu lassen. Nebenberufliche Freiberuflichkeit kann auch eine interessante Steuersparquelle darstellen, wenn beispielsweise absetzbare Kosten wie Fahrzeug, Räumlichkeiten, Anschaffungen etc. zu negativen Einkünften führen, die mit steuerpflichtigem Einkommen verrechnet werden können. Vielfach ist aber das Ausweichen in die selbständige Nebenjobberei für Studenten, Hausfrauen, Früh- und Altersrentner oder Arbeitslose die einzige Möglichkeit überhaupt, eine Nebenverdienstquelle zu finden. Daher gibt es in dieser Gruppe, insbesondere unter Studenten, viele Teilzeit- und Nebenberufs-Freelancer. Ob die Selbständigkeit haupt- oder nebenberuflich betrieben wird, spielt für die – im Prinzip einfachen – Aufzeichnungspflichten (Einnahme-/Überschussrechnung) keine Rolle. Diese muss auf alle Fälle gemacht werden.

So werde ich Freiberufler nach EStG

Dieses Kapitel behandelt die selbständige Tätigkeit als Angehöriger eines im Einkommensteuerrecht und in der Rechtsprechung definierten freien Berufes, die so genannte echte Freiberuflichkeit. Nur die in den Abschnitten dieses Kapitels behandelten Berufsgruppen und Berufe sind als »freie Berufe« anerkannt und in den einschlägigen Freiberufler-Standesorganisationen wie Berufsfachverbänden und ihrer Dachorganisation »Bundesverband der freien Berufe« sowie in Kammern organisiert. Wer einen hier nicht aufgeführten Beruf »freiberuflich« ausübt, ist im Sinne des Gesetzes nicht Freiberufler, sondern Gewerbetreibender. Er kann dieses Kapitel überschlagen und im zweiten Abschnitt »So werde ich gewerbetreibender Freiberufler« weiterlesen.

Im folgenden Kapitel ist alles zusammengefasst, was es beim Einstieg in die echte Freiberuflichkeit zu beachten gilt, wie man als Freiberufler steuerrechtlich anerkannt werden kann und vieles mehr.

Betriebswirtschaftliche Punkte, die sowohl für Freiberufler als auch für Gewerbetreibende gelten wie »So bekommt man die Finanzen in Griff« u. ä. werden im nächsten Kapitel »So werde ich gewerbetreibender Freiberufler« beschrieben. Das übernächste Kapitel »Einstieg als Freelancer« widmet sich dem Vertragswesen, das für Freiberufler und Gewerbetreibende gleichermaßen gilt, was beispielsweise darüber entscheidet, ob sie freie Mitarbeiter oder Werkvertragsnehmer sind.

Was sind echte freie Berufe?

Wie erkenne ich, ob es sich um eine Gewerbetätigkeit oder einen freien Beruf handelt? Äußerlich ist dies manchmal gar nicht zu unterscheiden. Pauschal kann man beispielsweise feststellen, dass bei freiberuflicher Tätigkeit:

- eher der Einsatz persönlicher Arbeitsleistung im Vordergrund steht, bei gewerblicher Tätigkeit dagegen vielfach der Kapitaleinsatz dominiert (z. B. hohe Anfangsinvestition eines Händlers, Franchisenehmers etc.),
- kein Platz für Massenproduktion und Handel ist,
- zumeist eine höhere Bildung, mehr schöpferische Begabung und erheblich mehr persönlicher Mitarbeitseinsatz gefordert wird.

Doch entscheidend sind die rechtlichen Merkmale, wie sie im nächsten Abschnitt generell und dann für die einzelnen Berufsgruppen aufgezeigt werden.

Rechtliche Definitionen

Kennzeichnend für die freien Berufe ist laut Bundesverfassungsgericht »der persönliche Einsatz bei der Berufsausübung, der Charakter des jeweiligen Berufs, wie er sich in der allgemeinrechtlichen und berufsrechtlichen Ausgestaltung und in der Verkehrsanschauung darstellt, die Stellung und Bedeutung des Berufs im Sozialgefüge sowie die Qualität und Länge der erforderlichen Berufsausbildung (BVerfG 46, 224, 241 f.)«. Dennoch sei der freie Beruf kein eindeutiger Rechtsbegriff, sondern ein soziologischer Terminus, ein Begriff also, der von vornherein nicht eindeutig abgrenzbar erscheint, sondern bei dessen definitorischer Bestimmung jeweils auf die Tatbestandsvielfalt der beruflichen Wirklichkeit und auf ihren stetigen Wandel eingegangen werden solle (BVerfG 10, 354, 364).
Aus diesem Grund bestehen bis heute keine umfassend ver-

bindlichen Anwendungs- und Zuordnungsregeln zur Abgrenzung des Begriffes »freie Berufe«, sondern nur Definitionen im Partnerschaftsgesellschaftsgesetz, dem Gesetz, das den Zusammenschluss von Freiberuflern regelt, sowie im Einkommensteuergesetz.

Das Partnerschaftsgesellschaftsgesetz § 1 (2) definiert den freien Beruf nur ganz allgemein: »Die freien Berufe haben im Allgemeinen auf der Grundlage besonderer beruflicher Qualifikation oder schöpferischer Begabung die persönliche, eigenverantwortliche und fachlich unabhängige Erbringung von Dienstleistungen höherer Art im Interesse der Auftraggeber und der Allgemeinheit zum Inhalt.«

Die Definition im *Einkommensteuergesetz* lautet: Die für die Beurteilung einer freiberuflichen bzw. einer gewerblichen Tätigkeit eigentliche Definition (auch Legaldefinition genannt) liefert das Einkommensteuergesetz EStG. In der steuerrechtlichen Einstufung erfolgt die gewerbliche Tätigkeit nach § 15 EStG, während eine freiberufliche Tätigkeit in § 18, Abs. 1, Nr. 1 EStG wie folgt bestimmt wird:

(1) Einkünfte aus selbständiger Arbeit sind

1. Einkünfte aus freiberuflicher Tätigkeit. Zu der freiberuflichen Tätigkeit gehören die selbständig ausgeübten wissenschaftlichen, künstlerischen, schriftstellerischen, unterrichtenden oder erzieherischen Tätigkeiten, die selbständige Berufstätigkeit der Ärzte, Zahnärzte, Tierärzte, Rechtsanwälte, Notare, Patentanwälte, Vermessungsingenieure, Ingenieure, Architekten, Handelschemiker, Wirtschaftsprüfer, Steuerberater, beratenden Volks- und Betriebswirte, vereidigten Buchprüfer (vereidigten Bücherrevisoren), Steuerbevollmächtigten, Heilpraktiker, Dentisten, Krankengymnasten, Journalisten, Bildberichterstatter, Dolmetscher, Übersetzer, Lotsen und ähnliche Berufe. Ein Angehöriger eines freien Berufs im Sinne der Sätze 1 und 2 ist auch dann freiberuflich tätig, wenn er sich der Mithilfe fachlich vorgebildeter Arbeitskräfte bedient; Voraussetzung ist, dass er auf Grund eigener Fachkenntnisse leitend und eigenverantwortlich tätig wird. Eine Vertretung im Fall vorübergehender Verhin-

derung steht der Annahme einer leitenden und eigenverantwortlichen Tätigkeit nicht entgegen.

Dabei unterscheidet § 18 Abs. 1, Nr. 1 EStG drei freiberufliche Tätigkeitsgruppen:

- *Tätigkeitsberufe*, das sind die selbständig ausgeübten wissenschaftlichen, künstlerischen, schriftstellerischen, unterrichtenden oder erzieherischen Tätigkeiten;
- *Katalogberufe*, das sind die im Gesetz so aufgeführten;
- *Katalogähnliche Berufe*, das sind die den Katalogberufen *ähnlichen Berufe*, sie werden auch Analogberufe genannt.

Allgemeine Merkmale freiberuflicher Tätigkeit

Wie gesagt, Freiberufler sind weder Arbeitnehmer noch Gewerbetreibende. Sie arbeiten in der Regel selbständig und gegen Honorar. Neben den Definitionen des Einkommensteuergesetzes und des Partnerschaftsgesetzes gibt es aber noch einige Kriterien, die für die Ausübung eines freien Berufs charakteristisch sind. Mit Hilfe dieser typischen allgemeinen Merkmale lässt sich eine freiberufliche Tätigkeit von anderen Berufs- und Wirtschaftstätigkeiten abgrenzen:

- Freiberufler erbringen ideelle Leistungen und Dienste, auch wenn sie sich dabei materieller Vorleistungen und manueller Verrichtungen bedienen. Es handelt sich um keine Standardleistungen, die man heute kaufen und morgen umtauschen kann.
- Patienten, Klienten oder Mandanten bekommen Lösungen oder Vorschläge, die auf ihr individuelles Problem zugeschnitten sind. Der Freiberufler erbringt seine Leistungen in direktem Kontakt bzw. in Zusammenarbeit mit seinem Auftraggeber. Insofern handelt es sich um persönliche Leistungen im engsten Sinne. Anders als in einem gewerblichen Unternehmen ist die Existenz von Praxen, Kanzleien, Büros, Ateliers etc. direkt an die Person des Freiberuflers gebunden.
- Der Freiberufler muss sich nicht an Weisungen halten. Er ist für sein Handeln allein verantwortlich. Dies ist nicht nur haftungs-

rechtlich von Bedeutung, sondern findet auch in der berufsethischen Grundeinstellung, der Berufsphilosophie, seinen Niederschlag.

- Die Leistungen der freien Berufe beruhen auf hoher Qualifikation und Kompetenz. Sie müssen strengen Leistungsstandards entsprechen, die sich am jeweiligen Stand der wissenschaftlichen Erkenntnis orientieren und überwiegend kooperativ kontrolliert werden. In der Regel haben Freiberufler ihr Fachwissen in einer langen Ausbildung erworben.
- Zwischen dem Freiberufler und seinem Klienten, Patienten oder Mandanten besteht ein besonderes Vertrauensverhältnis. Es kann nur entstehen, wenn jeder Bürger die Möglichkeit hat, sich den Arzt, Rechtsanwalt etc. auszusuchen, zu dem er in fachlicher und persönlicher Hinsicht besonderes Vertrauen hat. In diesem Zusammenhang spielt die berufliche Schweigepflicht bei allen klassischen beratenden und heilkundlichen Berufen eine große Rolle.
- Die Leistungen werden in wirtschaftlicher Selbständigkeit, mindestens in wirtschaftlicher Unabhängigkeit erbracht. Der Freiberufler trägt somit ein unternehmerisches Risiko.

Zusammenfassend hat der Bundesverband der freien Berufe somit definiert, was unter freiberuflicher Tätigkeit zu verstehen ist:
»Angehörige freier Berufe erbringen auf Grund besonderer beruflicher Qualifikation persönlich, eigenverantwortlich und fachlich unabhängig geistig-ideelle Leistungen im Interesse ihrer Auftraggeber und der Allgemeinheit. Ihre Berufsausübung unterliegt in der Regel spezifischen berufsrechtlichen Bindungen nach Maßgabe der staatlichen Gesetzgebung oder des von der jeweiligen Berufsvertretung autonom gesetzten Rechts, welches die Professionalität, Qualität und das zum Auftraggeber bestehende Vertrauensverhältnis gewährleistet und fortentwickelt.«
In folgenden Abschnitten soll nun anhand der einschlägigen Gesetze und Gerichtsurteile gesagt werden, welche Berufe zu den freien Berufen zählen. Entsprechend der Differenzierung des Einkommensteuergesetzes, § 18 Abs. 1, Nr. 1 in »Tätigkeitsberufe«, »Katalogberufe« und »ähnliche« freiberufliche Tätigkeiten werden folgend die freien Berufe

entsprechend gegliedert. Im Abschnitt »Was sind ähnliche Berufe?« finden Sie eine umfangreiche Sammlung freier Berufe, deren Rechtsstatus per Urteile der Finanzgerichte abgesichert ist.
Die darüber hinausgehenden Kriterien, die für die Anerkennung des Rechtsstatus als Freiberufler gelten, finden Sie ab dem Abschnitt »Weitere Kriterien für die Einstufung als freier Beruf«.

Einstufungskriterium »Katalogberufe«

Katalogberufe heißen freien Berufe, die im Einkommensteuergesetz § 18 Abs. 1, Nr. 1 katalogähnlich namentlich aufgezählt werden. Die Katalogberufe sind die freien Berufe, deren Rechtsstatus von vornherein unstrittig ist, selbst, wenn die sonstigen Einstufungsmerkmale, z. B. akademische Ausbildung, wissenschaftlich ausgerichtetes Arbeiten oder Ähnliches, fehlen. Beispielsweise kann kein Finanzamt eine freiberufliche journalistische Tätigkeit als Gewerbe einstufen, da Journalist namentlich als Katalogberuf genannt ist. Selbst wenn der betreffende Journalist alle sonstigen Kriterien eines freien Berufs nicht erfüllen würde, beispielsweise nur eine mangelnde Ausbildung hätte, könnte er nicht zum Gewerbetreibenden gezählt werden.
Katalogberufe können ebenso Gewerbetreibenden, die von der Art der Tätigkeit ein Gewerbe betreiben, helfen, als Freiberufler eingestuft zu werden. Obwohl Unternehmensberater bislang als Gewerbetreibende klassifiziert werden, erhalten sie Freiberuflerstatus, falls sie über einen volkswirtschaftlichen oder betriebswirtschaftlichen Hochschulabschluss verfügen. »Beratende Volks- und Betriebswirte« sind im Katalog freiberuflicher Tätigkeiten explizit genannt. Allerdings kann ein Computerhändler von seinem Status als Gewerbetreibender nicht zum Freiberufler werden, nur weil er über einen Ingenieursabschluss verfügt. Weitere Beispiele zur Abgren-

zung, siehe »ABC der katalogähnlichen freien Berufe« und »ABC Gewerblicher Tätigkeiten«.

Katalogberufe im Überblick nach Berufsgruppen

Zu den Katalogberufen werden nicht nur die im EStG genannten gezählt, sondern auch die im Partnerschaftsgesellschaftsgesetz erwähnten Tätigkeiten. Somit zählen zu den Katalogberufen:

- Heilberufe:
  - Ärzte,
  - Zahnärzte,
  - Tierärzte,
  - Heilpraktiker,
  - Krankengymnasten,
  - Hebammen*,
  - Heilmasseure*,
  - Diplom-Psychologen*.
- Rechts-, steuer- und wirtschaftsberatende Berufe:
  - Rechtsanwälte (bzw. Mitglieder der Rechtsanwaltskammern*),
  - Patentanwälte,
  - Notare,
  - Wirtschaftsprüfer,
  - Steuerberater,
  - Steuerbevollmächtigte,
  - beratende Volks- und Betriebswirte,
  - vereidigte Buchprüfer (vereidigte Buchrevisoren).
- Naturwissenschaftliche/technische Berufe:
  - Vermessungsingenieure,
  - Ingenieure,
  - Handelschemiker,
  - Architekten,
  - Lotsen*,
  - hauptberufliche Sachverständige*.
- Informationsvermittelnde Berufe/Kulturberufe:
  - Journalisten,

- Bildberichterstatter,
- Dolmetscher,
- Übersetzer (und ähnliche Berufe*),
- Wissenschaftler*
- Künstler*,
- Schriftsteller*,
- Lehrer* und Erzieher*.

Quelle: EStG, § 18 Abs. 1, Nr. 1.

* Die mit * gekennzeichneten Berufe sind auch im Partnerschaftsgesellschaftsgesetz § 1 genannt.

Einstufungskriterium »katalogähnliche Berufe«

Selbständige Tätigkeiten, die den Katalogberufen im EStG § 18 Abs. 1, Nr. 1 ähnlich sind und deswegen zu den freien Berufen zählen, sind solche Tätigkeiten, die in allen wesentlichen Punkten die Wesensmerkmale eines genannten Katalogberufs nahezu vollständig aufweisen. Allerdings reicht es nicht, wenn nur die Funktionen übereinstimmen, auch die Ausbildungen müssen vom Niveau her den üblicherweise für Freiberufler hohen Standards entsprechen. Ein Dirigent wird beispielsweise nur dann als Freiberufler eingestuft, wenn seine Ausbildung und Darbietung einen entsprechenden Standard erreicht, was beispielsweise behördlicherseits mittels Sachverständigen überprüft werden kann. Nach dem Bundesfinanzhof wird eine Tätigkeit als ähnlich eingestuft, wenn »das typische Bild einer der dargestellten freiberuflichen Tätigkeiten mit all ihren Merkmalen dem Berufsbild der zu beurteilenden Tätigkeit vergleichbar ist« (BFH-Urteil vom 13. April 1988, BStBl. II, S. 666). In der Praxis wird eine Tätigkeit als den Katalogberufen ähnlicher definiert, wenn sie einem oder mehreren der Katalogberufe in den wesentlichen Merkmalen entspricht. Die Ähnlichkeit wird in Form einer Einzelfallprüfung durch den Vergleich mit einem bestimmten Katalogberuf festgestellt. Für etliche ähnliche Berufe liegen auch gerichtliche Urteile vor, auf die man sich berufen kann.

Prüfungsschema für die Feststellung eines ähnlichen Berufes

Bei der Prüfung, ob es sich um einen den Katalogberufen ähnlichen Beruf handelt, gehen die Steuerprofis nach einem Fragenschema vor. Sie fragen:

1. Steht die persönliche Arbeitsleistung im Vordergrund?
2. Verfügt der Selbständige über eine eventuell für die Ausübung des Berufes erforderliche Berufszulassung?
3. Wurde die in der Regel erforderliche Ausbildung geleistet?
4. Entspricht die tatsächliche Tätigkeit dem allgemeinen Erscheinungsbild des Freiberuflers?

Sollten diese Kriterien der selbständigen Tätigkeit tatsächlich einem Katalogberuf entsprechen, so handelt es sich nach gesicherter Rechtsprechung des Bundesfinanzhofes auch darum.
Alle für den Katalogberuf zur Zulassung oder Erlaubnis geforderten Unterlagen müssen auch für den ähnlichen Beruf beigebracht werden. Ebenso ist die Ausbildung auf höherem Niveau für eine freiberufliche Tätigkeit zwingend notwendig. Kann jedoch die Ausbildung bzw. der Abschluss nicht nachgewiesen werden, kann der Nachweis durch praktische Arbeitserfolge geführt werden, wobei es darauf ankommt, dass die Tätigkeit in jeder Beziehung dem Katalogberuf gleicht und diese den Schwerpunkt der selbständigen Tätigkeit bildet. Eine Spezialisierung ist nur dann möglich, wenn darüber hinaus breite umfangreiche Kenntnisse nachgewiesen werden. Mitunter kann es sinnvoll sein, einen anerkannten Weiterbildungskursus zu belegen, um fehlende Kenntnisse nachweisen zu können. Im Folgenden finden Sie

eine ganze Sammlung von katalogähnlichen Berufen, die gerichtlich als freie Berufe anerkannt wurden.

ABC der katalogähnlichen freien Berufe

Selbständige in folgenden Berufen werden nach aktueller Rechtsprechung wie folgt eingestuft:

- *Aerobiclehrer.* Freiberufliche Tätigkeit.
- *Ambulante Krankenpflege.* Freiberuflich tätig, wenn examinierte Altenpfleger die Leistung persönlich erbringen, (Oberfinanzdirektion Frankfurt a. M., 11. 2. 1998, S 2246, A 23 St II 21), gewerblich tätig, wenn der Pflegedienst wie ein Gewerbebetrieb geführt und kein eigenverantwortliches Tätigwerden des Pflegedienstbetreibers vorliegt. Die Arbeitsleistung muss dann durch die individuelle Handschrift des Pflegedienstbetreibers gekennzeichnet sein. (Bundesfinanzhof 5. 6. 1997, IV R 43/96).
- *Aushilfsmusiker.* Freiberuflich tätig (Finanzgericht Köln, 21. 7. 1981, EFG 1982, S. 345).
- *Bauleiter.* Freiberuflich, sofern ein Architektur- oder Bauingenieursstudium abgeschlossen wurde (BFH 22. 1. 1988, III R 43 – 44/ 85, BStBl. 1988 II, S. 497).
- *Bausachverständiger (Schadensschätzer).* Freiberuflich, sofern ein Architektur- oder Bauingenieursstudium abgeschlossen wurde (BFH 30. 4. 1959, IV 45/58 U, BStBl. 1959 III, S. 267).
- *Baustatiker.* Freiberuflich bei architekt- oder ingenieursähnlicher Ausbildung (BFH 11. 3. 1976, IV R 185/7, BStBl. 1976 II, S. 380).
- *Bergführer.* Freiberuflich, sofern die unterrichtenden Tätigkeitsanteile, z. B. die Schulung über die Techniken des Bergsteigens, dominieren (vgl. Blümich, EStG-KStG-GewStG, Kommentar, Stand Januar 1996, § 18, Anm. 61).
- *Beschäftigungs- und Ausdrucktherapeut (Ergotherapeut).* Gilt als freiberufliche, den Heilberufen ähnliche Tätigkeit (BMF 6. 1. 1978, IV A 3 – S 7170 – 37/77, BStBl. 1978 I, S. 35).
- *Bildhauer.* Künstlerisch-freiberufliche Tätigkeit (BFH 16. 8. 1956, V 68/56, StRK UstG § 4 Ziff. 17 R 9).
- *Blutgruppengutachter.* Freiberuflich, arztähnlich (BFH 7. 2. 1985, IV R 231/82, BFH/NV 1987, S. 368).

- *Bodybuilder.* Freiberufliche Tätigkeit als Trainer/Lehrer.
- *Bodybuildingstudio.* Grundsätzlich gewerblich. Ausnahme: Freiberuflichkeit liegt vor, wenn vornehmlich Schulungsprogramme zur Ausbildung von Instruktoren angeboten oder wenn individuelle Trainingsprogramme für einzelne Kursusteilnehmer entwickelt werden und sich dem Kursus eine Phase intensiver Schulung und Betreuung anschließt (BFH 23. 2. 1995, VR 135/92).
- *Conférencier, Show- und Quizmaster.* Freiberufliche, künstlerische Tätigkeit, wenn eine Verbindung von Sprechen oder Ansage mit einer optischen Darbietung in ausreichender Gestaltungshöhe gegeben ist (BFH, BStBl. II 1977, S. 459, 461/462; FG Berlin, EFG 1990, S. 521/522).
- *Designer.* Freiberufliche, künstlerische Tätigkeit (BFH 23. 8. 1990, IV R 61/89, BStBl. 1991 II, S. 20; BFH 14. 12. 1976, VIII R 76/75, BStBl. 1977 II, S. 474).
- *Dirigent.* Freiberufliche, künstlerische Tätigkeit, wenn die Darbietungen einen bestimmten Qualitätsstandard erreichen (BFH 19. 8. 1982, IV R 64/79, BStBl. 1983 II, S. 7).
- *EDV-Berater.* Üblicherweise eine gewerbliche Tätigkeit. Nur dann freier Beruf, wenn die Tätigkeit ingenieursähnlich ausgeübt wird und eine wissenschaftliche ingenieursähnliche Ausbildung, möglichst im Bereich Systemtechnik, vorliegt. Das heißt: Ein EDV-Berater übt eine ingenieursähnliche Tätigkeit nur im Bereich der Systemtechnik aus, nicht bei der Entwicklung (BFH 7. 11. 1991, IV 17/90, BStBl. 1993 II, S. 324, und BFH vom 7. 12. 1989, BStBl 1990 II S. 337).
- *Elektrotechniker.* Üblicherweise eine gewerbliche Tätigkeit. Nur dann ein freier Beruf, wenn dieser ingenieursähnlich ausgeübt und das Ingenieurwissen auf dem Niveau eines Hochschulabsolventen substanziell nachgewiesen werden kann und durch praktische Arbeitsbeispiele dargelegt wird (FG Rheinland-Pfalz 9. 11. 1994, 1 K 2444/91; der Elektrotechniker wurde in diesem Urteil gewerblich eingestuft).
- *Erfinder.* Freier Beruf, wenn die Tätigkeit mit wissenschaftlichen Methoden ausgeübt wird und die Erfindungen als Resultate geistiger Arbeit mit Merkmalen einer Forschungstätigkeit angesehen werden können (BFH 14. 3. 1985, IV R 8/84, BStBl. 1985 II, S. 425).
- *Ergotherapeut,* (siehe Beschäftigungstherapeut).
- *Erzieher.* Freiberufliche Tätigkeit laut Partnerschaftsgesellschaftsgesetz.

- *Erzprobennehmer.* Freier Beruf bei hauptberuflicher Tätigkeit (hauptberuflicher Sachverständiger), möglichst mit Ausbildung als Geologe, Physiker etc. (BFH 14. 11. 1972, VIII R 18/67, BStBl. 1973 II, S. 183).
- *Fahrlehrer.* Freier Beruf, da es sich um eine unterrichtende Tätigkeit handelt.
- *Fahrschulinhaber.* Freier Beruf, da unterrichtende Tätigkeit und auch nur, wenn diese persönlich und eigenverantwortlich ausgeübt wird: Wenn also der Fahrlehrer in unmittelbarer Beziehung mit seinen Fahrschülern steht (BFH 4. 10. 1966, I 249/63, BStBl. 1966 III, S. 685; BFH 9. 8. 1990, VR 87/85, BFH/NV 1991, S. 849). Bei Fahrschulbetrieb mit mehreren Fahrlehrern liegt Gewerbebetrieb vor.
- *Fernsehansager.* Freiberufliche, künstlerische Tätigkeit (FG Berlin 5. 1. 1967, I 123/63, EFG 1967, S. 432).
- *Film- und Videojournalist.* Freie Tätigkeit (siehe Kameramann).
- *Filmhersteller.* Freier Beruf, wenn die Filme künstlerisch sind (kein Industriefilm) und an allen Vorgängen selbst mitgewirkt wird (BFH 2. 12. 1980, VIII R 32/75, BStBl. 1981 II, S. 171).
- *Fleischbeschauer.* Freier Beruf, wenn er tierärztlich ausgeübt wird (RFH 5. 1. 1938, VI 743/37, RStBl. 198, S. 429).
- *Fotodesigner.* Freie künstlerische Tätigkeit (BFH 14. 12. 1976, VIII R 76/75, BStBl. 1977 II, S. 474).
- *Fotograf.* Eigentlich gewerblich-handwerkliche Tätigkeit mit Meistertitelpflicht und Eintrag in Handwerksrolle. Es gibt aber auch Urteile, die Fotografen den freien künstlerischen Berufen zuordnen (BFH 7. 10. 1971, IV R 139/66, BStBl. 1972 II, S. 335). Das ist der Fall, wenn Fotografie an einer Akademie oder Uni studiert wurde.
- *Frachtenprüfer.* Nur dann freier Beruf, wenn er rechtsanwaltsähnlich ausgeübt wird und eine juristische Hochschulausbildung nachgewiesen wurde (FG Berlin 10. 12. 1969, VI 37/69, EFG 1970, S. 343).
- *Gebäuderestaurator* (siehe Restaurator).
- *Grafiker.* Nur bei künstlerischer Tätigkeit freiberuflich, ansonsten Gewerbe (BFH 11. 7. 1960, V 96/59 S. BStBl. 1960 III, S. 453).
- *Güterbesichtiger.* Freier Beruf, wenn dieser hauptberuflich als Sachverständiger durchgeführt wird; beispielsweise als Gutachter für beschädigte Güter im Auftrag von Versicherungsunternehmen, Speditionen, Import- und Exportfirmen etc. (FG Bremen 11. 11. 1970, II 156/68, EFG 1971, S. 295; FG Bremen 30. 1. 1973, II 130/72, EFG 1973, S. 279).

- *Havariesachverständiger.* Freier Beruf bei hauptberuflicher Tätigkeit als Sachverständiger (BFH 22. 6. 1965, I 347/60 U, BStBl. 1965 III, S. 593).
- *Hebamme.* Freier heilberufsähnliche Tätigkeit (RFH, Urteil vom 5. 1. 1938, RStBl. 1938, S. 429).
- *Heilmasseur.* Freier, heilberufsähnlicher Beruf, ähnlich dem Physiotherapeuten (BFH 26. 11. 1970, IV 60/65, BStBl. 1971 II, S. 249).
- *Hochbautechniker als Bauleiter.* Freier Beruf bei dem Architektenberuf ähnlicher Ausübung und Nachweis der einschlägigen erforderlichen Fachkenntnisse durch langjährige Berufsausübung oder Ausbildung (BFH 12. 10. 1989, IV R 118 - 119/87, BStBl. 1990 II, S. 64).
- *Industriedesigner.* Gewerbliche Tätigkeit, nur dann freiberuflich, wenn die Funktion künstlerisch ausgeübt wird (BFH 14. 12. 1976, VIII R 76/75, BStBl. 1977 II, S. 474).
- *Informationsbegleiter.* Freier Beruf, wenn dieser im Sinne einer unterrichtenden Tätigkeit ausgeübt wird und die Vermittlung von Wissen im Handlungszentrum steht, z. B. die Vermittlung von politischen und/oder wirtschaftlichen Informationen über eine Großstadt (FG Berlin 29. 7. 1976, V 38 – 39/76, EFG 1977, S. 316).
- *Informationsfahrtbegleiter.* Freiberufliche Tätigkeit.
- *Insolvenzverwalter.* Freiberufliche Tätigkeit eines Rechtsanwaltes, Wirtschaftsprüfers oder Steuerberaters (BFH, Urteil vom 1. 8. 1994 - IV R 126/91; ZIP 23/94, S. 1877).
- *Juristischer Informationsdienst.* Dieser kann eine freiberufliche Tätigkeit sein, wenn individuelle Auskünfte, auch schriftlicher Art, gegeben werden und kein gewerblicher Massenversand, z. B. Newsletter etc., vorliegt (BFH 11. 5. 1976, VIII R 111/71).
- *Kameramann.* Freier Beruf als selbständiger, aktueller Berichterstatter (BFH 17. 12. 1964, IV 223/63 U, BStBl. 1965 III, S. 143). Freiberufliche, künstlerische Tätigkeit auch als Mitwirkender bei der Herstellung von Filmen (BFH 7. 3. 1974, IV R 196/72, BStBl. 1974 II, S. 383).
- *Kartograf.* Freiberufliche Tätigkeit, wenn diese künstlerisch umgesetzt wird und wenn keine zusätzliche Aufgabenübernahme im Bereich Herstellung und Vertrieb erfolgt (FG Hamburg 26. 6. 1970, II 80-83/67, VI, EFG 1971, S. 39).
- *Kfz-Sachverständiger.* Freier Beruf, wenn dieser von einem Ingenieur ausgeübt wird (BFH 18. 6. 1980, IR 109/77, BStBl. 1981 II, S. 118). Freier Beruf ohne Ingenieurstudium, wenn er bei der Erstel-

lung von Gutachten über Schadensursachen über die von einem Ingenieur geforderten Fachkenntnisse verfügt und er die Sachverständigertätigkeiten hauptberuflich betreibt (BFH 9. 7. 1992, IV R 116/90, BStBl. 1993 II, S. 100; BFH 10. 11. 1988, IV R 63/86, BStBl. 1989 II, S. 198; BFH 12. 12. 1991, IV R 65-67/89, BFH/NV 1993, S. 238).

- *Kinderheimbetrieb.* Freiberufliche Tätigkeit, wenn die erzieherische Tätigkeit im Vordergrund steht (BFH 9. 4. 1975, IR 107/73, BStBl. 1975 II, S. 610).
- *Klinischer Chemiker.* Freier Beruf laut Schreiben des BMF vom 7. 11. 1980 (BB 1981, S. 960).
- *Kompasskompensierer auf Seeschiffen.* Freier Beruf, wenn dieser ingenieursähnlich ausgeübt wird (BFH 14. 11. 1957, IV 84/57 U, BStBl. 1958 III, S. 3).
- *Konstrukteur.* Freier Beruf, wenn dieser ingenieursähnlich ausgeübt wird (FG München 17. 12. 1996, 16 K 612/92).
- *Krankenschwester.* Selbständige, freiberufliche, heilberufsähnliche Tätigkeit, sofern eine gesetzlich begründete Erlaubnispflicht besteht (FG Niedersachsen 11. 8. 1993, XIII 264/91, EFG 1994, S. 146).
- *Kunsthandwerker.* Nur dann freiberufliche Tätigkeit, wenn sie künstlerisch ausgeübt wird und nur selbst entworfene Gegenstände hergestellt werden (BFH 26. 9. 1968, IV 43/64, BStBl. 1969 II, S. 70). Ansonsten sind Kunsthandwerker gewerbetreibende Handwerker entsprechend ihrer Grundausbildung – beispielsweise zum Schreiner mit Weiterbildung zum Kunstschreiner oder Schlosser mit Weiterbildung zum Kunstschmied etc. Wer Massenware oder Duplikate in einer für ein künstlerisches Werk unüblichen Zahl herstellt, ist in jedem Fall ein Gewerbetreibender.
- *Künstler.* Freiberufliche Tätigkeit (laut EStG).
- *Kunstmaler* (siehe Maler).
- *Kunstsachverständiger.* Freiberufliche Tätigkeit bei Vorliegen eines kunstwissenschaftlichen Studiums oder wenn die Tätigkeit die erforderlichen hohen wissenschaftlichen Standards erfüllt und hauptberuflich ausgeübt wird (BFH 22. 6. 1971, VIII 23/65, BStBl 1971 II, S. 749).
- *Layouter.* Freier Beruf, wenn er künstlerisch ausgeübt wird (FG Hamburg, 24. 9. 1992, I 199/90, EFG 1993, S. 364).
- *Lehrer.* Freier unterrichtender Beruf.
- *Lexikograf, Terminologe.* Freier übersetzerähnlicher Beruf (FG Rheinland-Pfalz 21. 3. 1972, II 241, 386-389/66, EFG 1972, S. 435).

- *Logopäde.* Freier Beruf, der dem Krankengymnasten und Heilpraktiker ähnlich ist. Voraussetzung: Erlaubnis zur Berufsausübung nach dem Logopädengesetz (BFH 1. 9. 1988, VR 195/83, BFH/NV 1989, S. 201).
- *Magier (Zauberkünstler).* Freier darstellender künstlerischer Beruf, wenn genügend Gestaltungshöhe und eine bestimmte Qualität geboten werden (FG Rheinland-Pfalz 13. 12. 1984, 3 K 244/83, EFG 1985, S. 128).
- *Maler.* Freie künstlerische Tätigkeit, wenn er künstlerisch und nicht kunstgewerblich ausgeübt wird und die Bilder einen entsprechenden künstlerischen Wert mit persönlicher Note und selbständiger Qualität besitzen. Abgemalte Werke zählen nicht dazu (FG Berlin 28. 5. 1974, V 67/73, EFG 1974, S. 520; BFH 14. 8. 1980, IV 9/77, BStBl. 1981, S. 21).
- *Marketingberater.* Nur dann eine freiberufliche Tätigkeit, wenn ein universitäres Volks- oder Betriebswirtschaftsstudium abgeschlossen wurde (FG Hessen 22. 10. 1971, IV 73-74/70, EFG 1972, S. 71).
- *Markscheider.* Freier vermessungsingenieursähnlicher Beruf (BFH 24. 10. 1974, IVR 155/71, BStBl. 1975 II, S. 290).
- *Marktforscher.* Freier Beruf, wenn die Tätigkeit auf wissenschaftlichem Niveau geleistet wird oder wenn ein Volks- oder Betriebswirtschaftsstudium an der Universität abgeschlossen wurde (FG Hamburg 15. 4. 1970, II 363/66, EFG 1970, S. 589).
- *Maschinenbautechniker.* Gilt als freier ingenieursähnlicher Beruf, wenn die Aufgaben erkennbar umfangreiche mathematisch-technische Kenntnisse erfordern (FG Hessen 12. 12. 1988, 8K 1819/88; der Kläger wurde hier als Gewerbetreibender eingestuft).
- *Masseur und medizinischer Bademeister* (siehe medizinischer Bademeister).
- *Masseur.* Gilt als heilberufsähnliche Tätigkeit, wenn er auch Fangopackungen ohne Massage verabreicht (BFH, 24. 1. 1985, BStBl 1985 II, S. 676). Medizinisch tätige Masseure, die beispielsweise auf ärztliches Rezept hin arbeiten, sind grundsätzlich freiberuflich tätig. Relax- und Wellnessmasseure sind Gewerbetreibende.
- *Medizinischer Bademeister.* Neue Berufsbezeichnung: Masseur und medizinischer Bademeister. Gewerbetreibender, wenn nicht nur als Angestellter; Bademeister kann dann ein freier Beruf sein, auch wenn die Tätigkeit als Hilfsmaßnahme zu einem freien Beruf geleistet wird, z. B. wenn er auf ärztliche Rezepte hin tätig wird.
- *Medizinisch-technischer Assistent* (MTA). Arztähnliche freiberuf-

liche Tätigkeit (BFH 30.7.1953, IV 459/52 U, BStBl. 1953 III, 269).

- *Modedesigner* (siehe Modeschöpfer).
- *Modeschöpfer.* Freier künstlerischer Beruf (BFH 2.10.1968, I R 1/66, BStBl. 1969 II, S. 138).
- *Musiker.* Freiberufliche, künstlerische Tätigkeit (BFH 19.8.1982, IV R 64/79, BStBl. 1983 II, S. 7).
- *Netzplantechniker.* Freier Beruf, wenn dieser ingenieursähnlich ausgeübt wird (FG Düsseldorf 29.10.1986, VI 54/80 G, U, EFG 1987, S. 368).
- *Orthopist.* Freiberufliche augenheilberufsähnliche Tätigkeit (Oberfinanzdirektion Frankfurt a. M., 15.8.1990, S. 2246 A 19 St II 20).
- *Patentberichterstatter.* Freier Beruf, wenn die Tätigkeit auch Beurteilungen und Wertungen beinhaltet bzw. wenn der Berichterstatter Jurist ist (BFH 2.12.1970, IR 23/67, BStBl. 1971 II S. 233).
- *Physiotherapeut (früher Krankengymnast).* Freier Beruf (siehe Krankengymnast).
- *Planer von Großküchen.* Bei architekts- und ingenieursähnlicher Tätigkeit liegt Freiberuflichkeit vor (FG Hamburg, 20.8.1980, VI 202/77, EFG 1981, S. 154).
- *Prozessagent.* Freiberufliche Tätigkeit (RFH 7.12.1938, VI 718/38, RStBl. 1939, S. 215).
- *Psychoanalytiker.* Freiberufliche Tätigkeit, wenn eine ärztliche Ausbildung vorhanden ist (BFH 17.12.1981, IV R 19/81, BStBl. 1982 II, S. 254).
- *Psychologe und Psychotherapeut.* Freiberufliche Tätigkeit, wenn universitärer Studienabschluss oder eine ärztliche Ausbildung vorliegt (FinMin NW 15.5.1981, S 2246-26-VB 1, BB 1981, S. 956).
- *Rätselhersteller.* Gilt als schriftstellerische Tätigkeit (FG Düsseldorf, 11.12.1970, X 68/69, EFG 1971, S. 229).
- *Raumgestalter.* Gewerbliche Tätigkeit. Freiberuflich kann der Beruf nur ausgeübt werden, wenn eine Architekten-, Innenarchitekten- oder Ingenieursausbildung vorliegt oder die Leistungen mit typischen Architektenleistungen vergleichbar sind (FG Hamburg 13.8.1976, I 55/73 (III), EFG 1977, S. 15).
- *Rechtsbeistand.* Freiberufliche Tätigkeit außer bei Inkassoangelegenheit und wenn es zentral um die Anfertigung von Aktenauszügen für Versicherungsgesellschaften geht (BFH 24.4.1975, VR 35/74, BStBl. 1975 II, S. 593, BFH 18.3.1970, IR 147/67, BStBl. 1970 II, S. 455).

- *Referendar.* Freiberufliche rechtsanwaltsähnliche Tätigkeit bei freier Mitarbeit in einer Rechtsanwaltskanzlei (BFH 20. 4. 1972, IV R 7/72, BStBl. 1972 II, S. 615).
- *Reitlehrer.* Freiberufliche unterrichtende Tätigkeit (Blümlich, EStG – KStG – GewStG, Kommentar, Stand Januar 1996, § 18 Anm. 60). Gewerbliche Tätigkeit, wenn der Reitunterricht im Reiterhof hauptsächlich von Angestellten bzw. freien Mitarbeitern vorgenommen wird (BFH 16. 11. 1978, IV R 191/74).
- *Rentenberater.* Freiberufliche Tätigkeit (BVerwG NJW 1968, S. 908, FG Kiel Rbeistand 1984, S. 223).
- *Restaurator.* Freiberufliche künstlerische Tätigkeit als Gemälderestaurator, Inventar- und Gebäuderestaurator, falls die Arbeit wissenschaftlich gewissenhaft und selbständig ausgeübt wird sowie nicht zu viele Mitarbeiter beschäftigt werden (RFH 21. 6. 1944, VI 94/44, RStBl. 1944, S. 772, FG Düsseldorf DStZ/E 1967, S. 492 und 493; FG Hessen, 21. 10. 1983, 8 V 153/83, EFG 1984, S. 260). Freiberufler sind zudem die Diplom-Restauratoren (FH-Abschluss).
- *Rettungsassistent.* Freiberufliche heilberufsähnliche Tätigkeit (Oberfinanzdirektion Frankfurt a. M., 15. 8. 1990, S. 2246 A 19 St II 20).
- *Rundfunksprecher.* Freiberufliche Tätigkeit bei eigener schöpferischer Leistung, z. B. bei Abfassung eines Skripts oder Hörspiels (BFH 24. 10. 1963, V 52/61 U, BStBl. 1963 III, S. 589).
- *Sachverständiger.* Arbeitet dann als Freiberufler, wenn er über ein Hochschulstudium im Bereich seiner Gutachtertätigkeit verfügt oder aufgrund von nachgewiesenen Erfahrungen und Bestellung durch IHK oder Gerichten eine wissenschaftliche Arbeit garantieren kann (BFH 4. 2. 1954, IV 6/53 U, BStBl. 1954 III, S. 147).
- *Schauspieler.* Freiberufliche künstlerische Tätigkeit. Bei der Mitarbeit bei Werbespots nur, wenn der Einsatz als eigenschöpferische Leistung zu werten ist; zumeist sind Werbetätigkeiten gewerbliche Tätigkeiten (BFH 11. 7. 1991, IV R 33/90, BStBl). Schauspieler müssen hierbei sehr aufpassen und dürfen durch gewerblich erzielte Werbeeinnahmen mittels »Abfärbung« nicht ihren Freiberuflerstatus verlieren.
- *Schiffseichaufnehmer.* Freiberuflich, ohne Nachweis.
- *Schriftsteller.* Freier, künstlerischer Beruf. Tätigkeitsberuf (siehe auch nächsten Abschnitt).
- *Show- und Quizmaster* (siehe Conferéncier).
- *Sicherheitsberater.* Gewerbliche Tätigkeit oder es ist eine freiberuf-

liche Tätigkeit, wenn diese im Sinne einer unterrichtenden Arbeit geleistet wird.

- *Sportlehrer.* Freiberufliche, unterrichtende Tätigkeit.
- *Steinmetz.* Gewerblich handwerkliche Tätigkeit, nur dann freiberufliche Anerkennung, wenn sie rein künstlicher als Steinbildhauer ausgeübt wird.
- *Synchronsprecher.* Freiberuflichkeit ist laut BFH (Urteil vom 12. 10. 1978, BStBl. 1081 II, S. 353) anerkannt.
- *Systemanalytiker.* Nur dann eine freiberufliche Tätigkeit, wenn der Ausübende eine dem Ingenieur vergleichbare Berufsausbildung z. B. als Elektroingenieur oder Diplom-Informatiker (BFH 4. 8. 1983, IV R 6/80, BStBl 1983 II, S. 677) oder als Diplom-Mathematiker nachweisen kann (BFH 19. 7. 1985, III R 175/80, BStBl. 1986 II, S. 15).
- *Tanz- und Unterhaltungsmusiker.* Freiberuflich-künstlerische Tätigkeit, wenn ein bestimmtes Qualitätsniveau erreicht wird (Bundesfinanzhof, Urteil vom 19. 8. 1982, BStBl. 1983 II, S. 7).
- *Tanzlehrer.* Freiberuflich-unterrichtende Tätigkeit (FG Nürnberg 22. 6. 1983, V 453/82, EFG 1984, S. 75).
- *Textilentwerfer.* Freie künstlerische Tätigkeit (BFH, U. v. 7. 11. 1963, BStBl. 1964 III, S. 45; FG Düsseldorf 25. 10. 1966, II 9/65 G, EFG 1967, S. 287).
- *Tonkünstler (-techniker).* Freie künstlerische Tätigkeit (FG Berlin 30. 9. 1986, V 368/85, EFG 1987, S. 244).
- *Trainer.* Freiberufliche, unterrichtende oder erzieherische Tätigkeit (RFH 13. 8. 1941, VI 259/41, RStBl. 1941, S. 678).
- *Trauerredner.* Freiberuflich, wenn die Reden individuell erstellt und die Ansprachen nicht nach Redeschablonen verfasst werden (BFH 29. 7. 1981, IR 183/79, BStBl. 1982 II, S. 22).
- *Treuhänder.* Freiberufliche Tätigkeit, wenn der Treuhänder Rechtsanwalt, Steuerberater oder Wirtschaftsprüfer ist (BFH 9. 7. 1964, IV 427/62 U, BStBl. 1964 III, S. 530; FG Niedersachsen 5. 11. 1987, II 616/85, EFG 1988, S. 470).
- *Unternehmensberater.* Gewerbetreibender. Nur dann freiberufliche Tätigkeit, wenn eine Ausbildung als Dipl.-Volkswirt, Dipl.-Betriebswirt oder Dipl.-Ingenieur abgeschlossen wurde (FG Düsseldorf 20. 5. 1970, VII 89/68 E, EFG 1970, S. 559).
- *Versicherungs- und Wirtschaftsmathematiker.* Freiberufliche, da wissenschaftliche Tätigkeit (Blümich, EStG-KStG-GewStG, Kommentar, Stand Januar 1996, § 18, Anm. 117).

- *Visagist.* Künstlerisch-freiberufliche Tätigkeit (FG Hamburg 19. 8. 1992, III 374/88, EFG 1993, S. 306).
- *Werbefilmdarsteller.* Gewerbliche Tätigkeit (BFH 11. 7. 1991, IV R 33/90, BStBl).
- *Werbefotograf.* Gewerblich-handwerkliche Tätigkeit. Freiberuflich nur dann, wenn die Foto künstlerisch erstellt und eine gewisse eigene Gestaltungshöhe ausweisen (BFH, Urteil v. 14. 12. 1976, BStBl. 1977, S. 474).
- *Werbeschriftsteller.* Freiberuflich-schriftstellerische Tätigkeit, wenn der Inhalt kreativ entwickelt wurde (BFH 14. 5. 1958, IV 278/56 U, BStBl. 1958 III, S. 316).
- *Werbetexter.* Schriftstellerische Tätigkeit (FG Nürnberg 2. 7. 1980, V 193/79, EFG 1980, S. 599).
- *Wirtschaftsberater.* Gewerbliche Tätigkeit. Nur dann freiberufliche Tätigkeit, wenn eine Ausbildung als Dipl.-Volkswirt, Dipl.-Betriebswirt oder Dipl.-Ingenieur abgeschlossen wurde (FG Bremen 10. 8. 1993, 2/92/ 169 K 5, EFG 1994, S. 41).
- *Wissenschaftler.* Freiberufliche Tätigkeit, soweit im jeweils ausgeübten Fachbereich ein einschlägiger Hochschulabschluss vorliegt (siehe EStG und Fach D im PartnerschaftsgesellschaftsGesetz; PartGG 1 690).
- *Zahnpraktiker.* Freiberufliche, zahnarztähnliche Tätigkeit (BFH 19. 10. 1965).
- *Zauberer.* Gewerbliche Tätigkeit. In Einzelfällen kann die Zauberei auch eine künstlerische Tätigkeit sein, wenn eine gewisse eigenkünstlerische Tiefe erreicht wird (FG Rheinland-Pfalz, EFG 1985, S. 128, EFG 1986, S. 256).
- *Zauberkünstler* (siehe Magier).

Gelingt es nicht, dass die selbständige Tätigkeit als katalogähnlicher freier Beruf anerkannt wird, sollte geprüft werden, ob es über die Schiene »Tätigkeitsberufe« möglich ist.

Einstufungskriterium »Tätigkeitsberufe«

Neben den freien Katalogberufen und den ähnlichen Berufen gibt auch so genannte freie Tätigkeitsberufe. Darunter fallen generalisierende Tätigkeitsbezeichnungen wie Erzieher, Künstler, Lehrer, Schriftsteller und Wissenschaftler, unter die jeweils eine ganze Reihe entsprechender freier Fachberufe subsumiert werden kann:
»Zu der freiberuflichen Tätigkeit gehören selbständig ausgeübte Tätigkeiten, wie

- wissenschaftliche,
- künstlerische,
- schriftstellerische,
- unterrichtende oder
- erzieherische

Tätigkeiten« (§ 18 Abs. 1, Nr. 1 EStG).
Beispielsweise steht der freie Beruf »Lehrer« stellvertretend für ganz unterschiedliche Wissensvermittlungsfunktionen. So etwa für: freie Lehrer allgemein bildender Schulen, Privatlehrer, Nachhilfelehrer, freie Handelslehrer und freie Hochschuldozenten, für freie Sport- und Fitnesslehrer, für freie Trainer, Lehrer in der Erwachsenenbildung und freie VHS-Dozenten usw.
Ähnlich wie die Vielzahl der unterschiedlichen freien Lehrertätigkeiten somit steuerrechtlich als freiberufliche Tätigkeit abgedeckt werden, können auch Berufe auf dem erzieherischen, künstlerischen, schriftstellerischen und wissenschaftlichen Sektor den freien Berufen zugerechnet werden.
Doch was in der Theorie eigentlich einfach und plausibel klingt, funktioniert in der Praxis nicht immer so reibungslos. So verändern sich im Lauf der Zeit die Berufsbilder, vor allem im technologischen, juristischen und gesellschaftlichen Bereich, sodass die Art von Tätigkeiten aus der Sicht des Finanzamts nicht immer eindeutig freiberuflichen Cha-

rakter zu haben scheinen. Das hat dazu geführt, dass in vielen einzelnen Fällen die örtlichen Finanzämter und Finanzgerichte darüber entscheiden, ob eine Tätigkeit wirklich freiberuflich ist oder nicht. So ist es sinnvoll, vor Aufnahme einer vermeintlich freiberuflichen Tätigkeit mit dem örtlichen Finanzamt zu sprechen. In Zweifelsfällen kann man sich auch an die Oberfinanzdirektion wenden und eine gutachterliche Einstufung der Tätigkeit erwirken. Hilft dies nicht, bleibt nur noch eine Verwaltungsklage beim Finanzgericht – ggf. durch alle Instanzen.

In folgenden Abschnitten wird gezeigt, worauf es ankommt, damit eine selbständige Tätigkeit als freiberufliche wissenschaftliche, künstlerische, schriftstellerische, unterrichtende bzw. erzieherische Tätigkeit eingestuft wird.

Was sind wissenschaftliche Tätigkeiten?

Der Bundesfinanzhof hat definiert, dass eine Tätigkeit wissenschaftlich ist, wenn sie »grundsätzliche Fragen oder konkrete Vorgänge methodisch nach streng objektiven und sachlichen Gesichtspunkten in ihren Ursachen erforscht, begründet und in einen Verständniszusammenhang bringt« (BFH-Urteil vom 30. 3. 1976, AZ VIII R 137/75, BStBl. II 1976, S. 464). Wissenschaftlich tätig ist jemand, wenn er nicht nur schöpferische und forschende Arbeit leistet, sondern auch das aus der forschenden Tätigkeit ermittelte Wissen konkret anwendet. Es reicht nicht zur Anerkennung als freiberuflicher Wissenschaftler, wenn nur nach wissenschaftlichen Grundsätzen und Methoden gearbeitet wird (BFH 30. 3. 1994 I R 54/93, BStBl. 1994 II, S. 864). Wichtig für den Nachweis, auf wissenschaftlichem Niveau tätig zu sein, ist ein universitärer Hochschulabschluss. Von dieser Forderung wird nur im Einzelfall abgewichen, wenn belegt werden kann, dass trotz fehlenden akademischen Abschlusses wissenschaftlich methodisch einwandfrei gearbeitet wird. Zu den wissenschaftlichen Tätigkeiten kann eine ganze Reihe von Tätigkeiten zählen, etwa nicht nur reine freie

Forschungstätigkeiten, sondern insbesondere auch das freiberufliche Erstellen von Gutachten, die Durchführung von Prüfungs- und Lehrtätigkeiten (auf dem Hochschulsektor) sowie auch die Arbeit des Erfinders, sofern seine Methoden wissenschaftlich anerkannt sind.

Was sind künstlerische Tätigkeiten?

Eine künstlerische Tätigkeit liegt stets vor, wenn eigenschöpferische Leistungen mit einer bestimmten Gestaltungshöhe (BFH AZ. IV R 64/79) erbracht werden, falls es sich also um eine zweckfreie Kunst handelt, die keinem Gebrauchszweck dient (kein Kunstgewerbe oder -handwerk), und worunter folgende Künstlergruppen bzw. Tätigkeitsarten fallen:

- bildende Künstler wie Maler, Designer, Bildhauer usw.;
- Fotodesigner, die rein künstlerisch-gestalterisch arbeiten (ansonsten gehören sie zum Handwerksgewerbe);
- darstellende Künstler wie Schauspieler, Entertainer, Balletttänzerinnen, Showtänzer usw., aber auch Pantomimen und Regisseure;
- Komponisten und Arrangeure;
- Musiker, Sänger, Konzertmeister, Dirigenten usw.

Die Definition des Begriffes »Künstler« im § 18 Abs. 1 EStG weicht von der Definition der Künstlersozialkasse ab. Beispielsweise gilt nach KSK-Definition der »Fachmann für Öffentlichkeitsarbeit oder Werbung« als Künstler, im Sinne des Einkommensteuergesetzes sind PR- und Werbeberater aber Gewerbetreibende.

Was sind schriftstellerische Tätigkeiten?

Eine publizistische (schriftstellerische) Tätigkeit liegt stets vor, wenn eigene Gedanken mit den Mitteln der Sprache schriftlich für die Öffentlichkeit niedergelegt werden, und zwar unabhängig von Qualität und Niveau der Arbeit. Hierunter fallen:

- Schriftsteller, Autoren, Textdichter,
- Übersetzer literarischer Texte,
- Journalisten, Publizisten,
- Online-Journalisten;
- Rätselhersteller (er ist schriftstellerisch tätig laut FG Düsseldorf vom 11. 12. 1970 AZ X 68/69 E),
- Lektoren (ohne Fullservice für Verlage oder Literaturagentur);
- das Schreiben von Softwarelernprogrammen. »Die selbständige Tätigkeit eines Steuerpflichtigen, der eigene Gedanken in der Form eines Softwarelernprogramms für den PC verfasst, ist eine schriftstellerische Tätigkeit, wenn das Lernprogramm für die Öffentlichkeit bestimmt ist. Dies ist dann der Fall, wenn das Programm einem aus der Sicht des Verfassers zahlenmäßig nicht bestimmbaren Personenkreis verfügbar gemacht werden soll.« (BFH-Urteil v. 10. 9. 1998, AZ. IV R 16/97)
- wer als Autor einen juristischen Informationsdienst herausgibt (nicht wer andere Autoren verlegt), Institut für freie Berufe, Nürnberg.

Journalisten und Übersetzer allgemeiner Texte üben einen Katalogberuf gemäß § 18 Abs. 1, Nr. 7 EStG aus und werden – ohne Finanzamtsbegutachtung – sofort den freien Berufen zugeordnet.

Was sind unterrichtende Tätigkeiten?

»Unterricht ist die Vermittlung von Wissen, Fähigkeiten, Fertigkeiten, Handlungsweisen und Einstellungen durch Lehrer an Schüler in organisierter und institutionalisierter Form« (BFH-Urteil vom 13. 1. 1994, AZ IV R 79/92, BStBl. 1994 II S. 362). Zu den unterrichtenden Tätigkeiten zählen unter Umständen auch die erzieherischen Tätigkeiten, dann nämlich, wenn der erzieherische Auftrag mit der Vermittlung von Wissen zusammenfällt, etwa bei Lehrern von minderjährigen Schülern. Freie Privatlehrer sind also in doppel-

ter Weise freiberuflich tätig; zum einen unterrichtend, zum anderen erzieherisch.
Selbst die Gründung und der Betrieb einer eigenen Schule können gemäß § 18 EStG Abs. 1, Nr. 1 eine freiberufliche Tätigkeit darstellen, dann nämlich, wenn der Schulleiter über die notwendigen Fachqualifikationen verfügt und gegenüber seinen Fachmitarbeitern leitend und eigenverantwortlich persönlich tätig ist.
Man trennt dennoch zwischen unterrichtenden und erzieherischen Tätigkeiten, da zum Unterricht nicht nur Schul- und Nachhilfeunterricht zählen, sondern vor allem Tätigkeiten auf dem Sektor der Erwachsenenbildung wie im Sport-, Fitness- oder Gymnastik-, Tanz-, Reit-, Tennis- und Fahrunterricht oder bei Dozententätigkeit an Volkshochschulen, die mit der Durchführung von Seminaren und Trainings, etwa Management- und Persönlichkeitstrainings usw., zu tun haben.

Was sind erzieherische Tätigkeiten?

Wer erzieherisch tätig ist, muss nicht gleichzeitig unterrichtend arbeiten, um als Freiberufler anerkannt zu werden. Bei erzieherischen Tätigkeiten steht nicht die Wissensvermittlung, sondern stärker die Bildung der Persönlichkeit und Schulung des Charakters im Vordergrund, was sich nicht nur auf Minderjährige beziehen muss, sondern auch Erwachsenenpädagogik meinen kann. Beispielsweise ist die Resozialisationshilfe für erwachsene Straffällige eine freiberufliche sozialerzieherische Tätigkeit.
In einem früheren Urteil definierte der Bundesfinanzhof ganz ähnlich: Unterrichtende und erzieherische Tätigkeiten sind laut Bundesfinanzhofurteil alle, die zur geistigen, charakterlichen und körperlichen Formung junger Menschen zu tüchtigen, mündigen Bürgern beitragen (BFH-Urteil vom 21. 11. 1974 AZ. II R 107/68). Hierfür und für unterrichtende Tätigkeiten benötigt man keine besondere Ausbildung, Prüfung oder Erlaubnis. Man kann auch so erzie-

herisch tätig werden (BFH-Urteil vom 25. 4. 1974 AZ. VIII R 166/73).

Für den Freiberuflerstatus, etwa den eines freien Erziehers, ist wichtig, dass die erzieherische Tätigkeit eigenverantwortlich und leitend durchgeführt wird. So kann selbst der Betrieb eines Kinderheims als freiberufliche Tätigkeit eingestuft werden, dann nämlich, wenn die Heimleitung durch ihre erzieherische Tätigkeit der Gesamtleistung des Heims sein Gepräge gibt und die in ihrem Kinderheim untergebrachten Kinder planmäßig körperlich, geistig und charakterlich formt (BFH-Urteil vom 18. 8. 1985, III R 198/81, Bundesfinanzhof/NV 1986, S. 358).

Stehen jedoch die psychische und physische Erholung der jungen Menschen im Vordergrund, wie etwa in einem Kinder-, Jugend- oder Erholungsheim, liegt ein Gewerbebetrieb vor. Als Gewerbebetrieb wird auch ein Internat eingestuft, in dem neben der erzieherischen Tätigkeit (Schule) auch die Beherbergung und Verköstigung der Schüler stattfindet. Schule und Internat werden als Einheit zusammengezogen (BFH-Urteil vom 23. 7. 1957, I 98/54 U, BStBl. 1957 III S. 323).

Tätigkeitsberufe als Tür zum Freiberuflichkeitsstatus

Die »wissenschaftlichen, künstlerischen, schriftstellerischen, unterrichtenden oder erzieherischen Tätigkeiten« gemäß § 18 Abs. 1, Nr. 1 EStG, lassen den größten Raum, auch neue oder eigentlich keine typischen freien Berufe den freien Berufen zuzuordnen. So können Computerfachleute, die nicht über ein Ingenieurs-, Informatik-, Mathe- oder Physikstudium verfügen und bei Selbständigkeit eigentlich ein Gewerbe anmelden müssten, über den Weg der Einstufung als EDV-, Internet- oder IT-Trainer (Lehrer) doch noch als Freiberufler anerkannt werden. Vielfach ist es auch so, dass bei der Klassifizierung von »ähnlichen Berufen« ergänzend nach Tätigkeitsmerkmalen wie »wissenschaftlich, künstlerisch etc.« gesucht wird, falls der Aspekt »ähnliche Tätigkeit wie Katalogberuf« nicht reicht. So etwa bei der

Klassifizierung eines Sachverständigen durch das örtliche Finanzamt: Verfügt der Sachverständige nicht über einen akademischen Abschluss, hat er nur dann eine Chance, dass seine Sachverständigentätigkeit als freiberufliche Arbeit vom Finanzamt anerkannt wird, wenn er nachweist, seine Aufgaben auf allgemein anerkanntem wissenschaftlichen Niveau zu lösen. Am einfachsten wird der Beleg, wenn sich der Sachverständige von seiner Bestellungsbehörde, z. B. IHK oder Gericht (bei gerichtlich bestellten Sachverständigen) eine Bestätigung seiner nach wissenschaftlichem Standard erfolgenden Tätigkeiten ausstellen lassen würde. Eine weitere Möglichkeit wäre, Mitglied in den anerkannten Branchenverbänden zu werden und ggf. mit Verbandshilfe die Freiberuflichkeit durchzusetzen. Wer beispielsweise als freier Betreuer eine einst ehrenamtliche Tätigkeit, freiberuflich arbeiten möchte, stößt bei zahlreichen Wohnsitzfinanzämtern noch auf Widerstand bei der Anerkennung dieser Tätigkeit als freier Beruf. Deswegen sollte man beispielsweise Mitglied im Verband freiberuflicher BetreuerInnen e. V. *(www.sozial.de/vfbhome.de)* werden, weil dies die Durchsetzung der Interessen erleichtert. Der Verband freiberuflicher BetreuerInnen ist seinerseits Mitglied im Bundesverband der freien Berufe. So gesehen gibt es durch die Kombination von »den Katalog ähnlichen« und von »Tätigkeitsberufsmerkmalen« relativ viele Chancen, als Freiberufler anerkannt zu werden. Doch muss man sich realistischer Weise darauf einstellen, bei allen Tätigkeiten, die von vornherein nicht eindeutig freiberufliche Tätigkeiten sind, für die Einstufung als Freiberufler kämpfen zu müssen. Je besser man sein Vorgehen also vorbereitet, desto einfacher und reibungsloser wird dem Wunsch nach Erhalt des Freiberuflerstatus nachgekommen werden können.

Weitere Kriterien für die Einstufung als freier Beruf

Zusammenfassend kann für die Einstufung als freier Beruf gesagt werden, dass sich der Bundesfinanzhof bei der Bestimmung der Freiberuflichkeit neben der Heranziehung der in § 18 EStG Abs. 1, Nr. 1 genannten Katalogberufe und der Prüfung von Kriterien, die auf einen den Katalogberufen ähnlichen Beruf schließen lassen, sich vor allem auf die Tätigkeitsberufe stützt. Es prüft, ob und inwieweit der selbständig ausgeübte Beruf wissenschaftlicher, künstlerischer, schriftstellerischer, unterrichtender oder erzieherischer Art ist. In der Regel ist akademischer Ausbildungsabschluss ein wesentlicher Beleg für die Erfüllung des Kriteriums »wissenschaftliche Tätigkeit«.

Aber das ist noch nicht alles. Denn selbst, wenn anhand dieser ersten Prüfung sich der Beruf als freier Beruf erweisen würde, sagte dies noch nichts über die tatsächliche Ausübung der Tätigkeit aus. Denn auch Freiberufler können ein Gewerbe ausüben, z. B. ein Ingenieur, der über die Planung hinaus mit Fertigbauteilen handelt oder sie herstellen lässt. Die Freiberuflichkeit kann auch gewerbliche Elemente aufweisen oder sowohl freiberuflich als auch gewerblich sein. Zudem hakt der Fiskus bei der Einstufung nach: Hat der vermeintliche Freiberufler denn wirklich das Sagen und die volle persönliche Verantwortung oder hat er diese – wie bei einem Gewerbe häufig üblich – auf andere übertragen? Wie diese Aspekte zeigen, gibt es neben der reinen Berufsprüfung (Katalogberuf, katalogberufsähnlich oder Tätigkeitsberuf) noch eine ganz Reihe weiterer Fragen, die der Fiskus geklärt haben möchte, bevor er den Freiberuflichkeitsstatus anerkennt. Diese weiteren Kriterien zur Bestimmung der Freiberuflichkeit werden im Folgenden behandelt.

Leitende und eigenverantwortliche Tätigkeit

Neben den berufsbezogenen gibt es auch tätigkeitsbezogene Abgrenzungskriterien. Ein solches elementares Abgrenzungsmerkmal einer freiberuflichen gegenüber einer gewerblichen Tätigkeit ist die Frage, ob der Selbständige die Arbeitsleistung persönlich erbringt oder nicht. Denn Freiberufler müssen selbst ihren Beruf ausüben und dürfen nur bedingt für sich arbeiten lassen. In der allgemeinen Rechtsprechung wird immer wieder darauf hingewiesen, dass es für eine freiberufliche Tätigkeit charakteristisch ist, dass der Freiberufler aufgrund seiner speziellen Fachkenntnisse die Arbeitsleistung selbst erledigt. Man spricht hier von »leitender und eigenverantwortlicher Tätigkeit«. Es reicht nicht, dass sich diese leitende und eigenverantwortliche Tätigkeit auf Teilbereiche bezieht, wie dies bei gewerblichen Tätigkeiten häufig der Fall ist, wenn die Aufgaben nach Fachgebieten oder organisatorischen Schwerpunkten aufgeteilt werden. Die eigenverantwortliche, leitende Tätigkeit muss sich nach der Rechtsprechung des Bundesfinanzhofes München auf die Gesamttätigkeit beziehen, also nicht nur Grundzüge für Organisation und die Durchführung der Tätigkeit enthalten, sondern auch die Entscheidung und Überwachung grundsätzlicher Fragen nach festgelegten Kriterien beinhalten. Es muss also sichergestellt sein, dass der Freiberufler die fachliche Verantwortung für jeden einzelnen Auftrag insgesamt übernimmt (BFH-Urteil vom 20. 4. 1989, IV R 299/83, BStBl. II 1989, S. 727; BFH-Urteil vom 21. 3. 1995, XI R 85/93, BStBl. II 1995, S. 732 und 735). Trotz der Eigenarbeitsverpflichtung darf der Freiberufler (z. B. Rechtsanwalt) die Mitarbeit von Gehilfen (z. B. Rechtsanwalts- und Notarfachangestellte) und fachlich Vorgebildeter (z. B. Rechtsreferendar, angestellten oder freiberuflich mitarbeitenden Anwalt) in Anspruch nehmen, solange er die fachliche Leitung der Arbeit dieser Mitarbeiter wahrnimmt. Dies gilt auch für die Berufsausübung in Personengesellschaften, wenn alle Gesellschafter als Freiberufler eingeordnet werden. Für eine gewisse Zeit, etwa während der Ferien oder bei Krankheit,

darf der Freiberufler (der Berufsträger) die Verantwortlichkeit seiner Kanzlei, Praxis bzw. seines Büros auch einem Vertreter oder Geschäftsführer übertragen. Allerdings wird der Begriff der Eigenverantwortlichkeit und der Delegationsfreiheit branchenspezifisch unterschiedlich gehandhabt.
Beispiele gewerblicher Einstufung mangels persönlicher Tätigkeit:

- Ein Selbständiger unterhält ein Übersetzungsbüro, ohne über ausreichende eigene Sprachkenntnisse zu verfügen, auf die sich die Übersetzungstätigkeit erstreckt.
- Ein Autor beschäftigt Journalisten mit dem Verfassen seiner Werke.
- Ein Architekt ist vorwiegend damit beschäftigt, Aufträge zu beschaffen, während er die fachliche Arbeit durch Mitarbeiter ausführen lässt.
- Ein Fahrschulbetreiber besitzt selbst nicht die Fahrlehrererlaubnis.
- Ein Privatschulbetreiber beschäftigt zahlreiche Lehrkräfte, ohne überwiegend eigenverantwortlich eigenen Unterricht halten und den Unterricht der mitarbeitenden Lehrkräfte mitgestalten zu können.
- Ein Reiterhofbetreiber hat nicht die Ausbilderlizenzen und überlässt den Unterricht weitestgehend seinen Mitarbeitern.
- Mit Hilfe fachlich gut vorgebildeter Fachkräfte übt ein Ingenieur eine Beratertätigkeit auf mehreren Fachgebieten aus, die er selbst nicht ausreichend beherrscht und federführend bearbeiten kann.
- Ein Facharzt betreibt neben seiner Arztpraxis noch eine Unfall- und eine Zweigklinik mit insgesamt sieben angestellten Ärzten.
- Ein Facharzt für Labormedizin mit 70 nichtärztlichen Mitarbeitern wurde als Gewerbetreibender eingestuft, da er sich nicht ausreichend Zeit für die persönliche Mitwirkung am einzelnen Untersuchungsauftrag nehmen und jeder einzelnen Arbeitsleistung den »Stempel seiner Persönlichkeit« auftragen konnte (aus: Arzt und Wirtschaft, Nr. 13/90, S. 10).

Lassen Sie sich bei einem Berufsfachverband entsprechend beraten.

Gemischte freiberufliche und gewerbliche Tätigkeit

Ein weiteres Problem hinsichtlich der Abgrenzung bilden die »gemischten Tätigkeiten«, wobei es auch hier Varianten gibt: zum Beispiel die freiberufliche neben der gewerblichen Tätigkeit.

Wird neben einer freiberuflichen eine gewerbliche Tätigkeit ausgeübt, sind die beiden Tätigkeiten steuerlich getrennt zu behandeln, wenn eine Trennung nach der Verkehrsauffassung ohne besondere Schwierigkeit möglich ist. (BFH vom 3. 10. 1985, BStBl 1986 II S. 213). Übt eine natürliche Person nebeneinander sowohl eine freiberufliche als auch eine gewerbliche Tätigkeit aus, ohne dass zwischen ihnen ein Zusammenhang besteht, so sind die Tätigkeiten auch steuerlich getrennt zu handhaben. Dieselbe Person kann also zugleich sowohl freiberuflich als auch gewerbliche Einkünfte haben. (BMF v. 14. 5. 1997, BStBl I, 566, H EstR 1999 »Gemischte Tätigkeiten«)

Für eine getrennte Behandlung spricht:

- getrennte Buchhaltung. Für beide Tätigkeiten müssen die Einnahmen und Ausgaben klar und nachvollziehbar voneinander getrennt aufgezeichnet werden (Konten, Rechnungen, Buchführung),
- getrennte Bankkonten; für jede Selbständigkeit ist ein eigenes Konto einzurichten,
- möglichst getrennte Räumlichkeiten der Betriebe und technische Geräte, z. B. jeweils ein extra PC etc.

Beispiele getrennter Behandlung von Freiberuflichkeit und paralleler Gewerbetätigkeit:

- Der Unternehmensberater ist beratender Betriebswirt und betreibt eine Gaststätte.
- Eine Online-Journalistin hat nebenbei ein Internetantiquariat. Sie schreibt ihre Texte als Freiberuflerin, aber für das Antiquariat muss sie ein Gewerbe anmelden.
- Ein Architekt oder Bauingenieur tätigt gewerbliche Grundstücksverkäufe. Als Architekt und Bauingenieur ist er freiberuflich tätig,

für den Grundstückshandel muss ein Gewerbe angemeldet werden (BFH vom 23. 10. 1975, BStBl 1976 II S. 152).

- Ein Arzt- oder Tierarzt verkauft neben der Heilbehandlung Medikamente.
- Ein Augenarzt verkauft Kontaktlinsen.
- Ist ein Steuerberater für eine Bauherrengemeinschaft als Treuhänder tätig, so können einzelne für die Kunden erbrachte Leistungen, die zu den typischerweise von Steuerberatern ausgeübten Tätigkeiten gehören, als freiberuflich gewertet werden, wenn sie von den gewerblichen Treuhänderleistungen abgrenzbar sind (BFH vom 21. 4. 1994, BStBl II S. 650).

Nichttrennbare freiberufliche und gewerbliche Tätigkeiten

Die Einkünfte aus freiberuflicher und gewerblicher Tätigkeit werden zusammen veranlagt, wenn nichttrennbare, gemischte freiberufliche und gewerbliche Tätigkeiten vorliegen. Das ist dann der Fall, wenn die Merkmale der Aufgaben zu sehr miteinander verflochten sind. Dabei ist nach dem Gesamtbild der beruflichen Situation zu entscheiden, ob die gemischte Tätigkeit insgesamt freiberuflich oder gewerblich ist. Maßstab ist hierbei nicht der Umsatz oder Gewinn, sondern das Gesamtgepräge der Tätigkeit (BFH-Urteil vom 24. 4. 1997, IV R 60/95, BStBl. 1997 II, S. 567). Eine gewerbliche Tätigkeit wird dann angenommen,

1. wenn der Betrieb nach außen hin als eine Einheit auftritt und sich die freiberufliche Tätigkeit als Ausfluss der gewerblichen Tätigkeit darstellt oder
2. wenn ein einheitlicher Erfolg bzw. Leistung geschuldet wird und in der gewerblichen Tätigkeit auch freiberufliche Elemente enthalten sind (BFH-Urteil vom 15. 12. 1971, IR 49/70, BStBl. II 1972, S. 291).

Handelt es sich jedoch bei den gewerblichen Leistungen um untergeordnete Hilfsleistungen im Sinne einer unselbständigen Nebenleistung, so muss von einer insgesamt freibe-

ruflichen Tätigkeit ausgegangen werden, wie beispielsweise beim Arzt- oder Tierarzt, der neben der Heilbehandlung gelegentlich ein Medikament verkauft. Besteht zwischen den Tätigkeiten ein sachlicher und wirtschaftlicher Zusammenhang, so kann eine gemischte einheitliche Tätigkeit anzunehmen und diese insgesamt zu behandeln sein (BMF v. 14. 5. 1997, BStBl I, 566, H EstR 1999 »Gemischte Tätigkeiten«).
Beispiele einheitlich gemischter freiberuflicher und gewerblicher Tätigkeit (Abfärbung):

- Ein Schriftsteller verlegt sein eigenes Buch (insgesamt als gewerblich anzusehen). Seine schriftstellerische Tätigkeit ist freiberuflicher Art. Da aber das Verlegen eines Buches eine gewerbliche Tätigkeit darstellt (Massenproduktion und Vertrieb), die mit dem schriftstellerisch erstellten Produkt untrennbar (ohne Manuskript kein Buch, Einnahmen kommen vor allem durch den Handelsverkauf) verwoben ist, besteht eine Abfärbung der – aus Sicht des Selbstverlegers eigentlich untergeordneten – gewerblichen Verlegertätigkeit gegenüber der freiberuflichen Autorentätigkeit. Folge: Die gesamte Tätigkeit wird als »gewerbliche« eingestuft.
- Ein Lernsoftwarehersteller gilt nur als »Schriftsteller«, solange er seine Software nicht als Massenprodukt vermarktet.
- Ein Ingenieur, der Standardsoftware programmiert und diese in Vervielfältigung vertreibt, ist Gewerbetreibender, obwohl er von seiner Ausbildung her zu den Katalogberufen gehört. Anders wäre es, wenn der Ingenieur individuelle Softwarelösungen entwickelte und lediglich gelegentlich eine bestimmte Standardsoftware zu werbeähnlichen Zwecken abgäbe. In diesem Fall bliebe das Gesamtgepräge der Tätigkeit freiberuflicher Natur.
- Eine getrennte steuerliche Behandlung ist nicht möglich, wenn ein Steuerberater, der einem Vertriebsunternehmen Interessenten an Eigentumswohnungen nachweist oder Verträge über den Erwerb vermittelt, Abnehmer in Bezug auf die Eigentumswohnungen steuerlich berät. Die von dem Vertriebsunternehmen durch Pauschalhonorar mitvergütete Beratung ist Teil der einheitlichen gewerblichen Betätigung (BFH vom 9. 8. 1983, BStBl 1984 II S. 129). Das heißt, die gesamte steuerberatende, an sich als Katalogberuf eine freiberufliche Tätigkeit wird zum Gewerbe eingestuft.

Standes- und berufsrechtliche Besonderheiten

Standes- und berufsrechtliche, sozialversicherungs- sowie ertrags- und umsatzsteuerrechtliche Besonderheiten sind weitere Zugangsmerkmale von freien Berufen.

Berufsrechtlich geregelter Zugang

Die standes- und berufsrechtlichen Zugangsregelungen zu zahlreichen freien Berufen sollen vor allem sicherstellen, dass auch nur ausreichend persönlich und fachlich qualifizierte Anwärter in einen entsprechenden Beruf hineinkommen und diesen gewissenhaft nach bestimmten Qualitätsstandards ausüben.
Gesetzlich geregelt ist der an Ausbildungsstandards gebundene Zugang zu folgenden freien Berufen:

- Ärzte, Zahnärzte, Tierärzte, Apotheker, Hebammen, Krankengymnasten, Masseure und medizinischer Bademeister, Logopäden, Beschäftigungs- und Arbeitstherapeuten (Ergotherapeuten), Orthopisten, medizinische Fußpfleger (Podologengesetz – PodG in Vorbereitung).
- Psychotherapeuten (Psychotherapeutengesetz) – mit Wirkung zum 1. 1. 1999 wurde der eigenständige geschützte Beruf »Psychotherapeut« geschaffen.
- Heilpraktiker. Der Berufszugang hängt ab vom Ergebnis der Überprüfung des Gesundheitsamtes, ob keine Gefahr für die Volksgesundheit besteht.
- Steuerberater, Steuerbevollmächtigte, vereidigte Buchprüfer, Rechtsanwälte, Notare, Patentanwälte und Wirtschaftsprüfer.
- Architekten, Umweltgutachter, Lotsen und beratende Ingenieure.
- Öffentlich bestellte und vereidigte Sachverständige. Diese werden allerdings nach § 36 Gewerbeordnung, der Berufsordnung der Gewerbetreibenden, zugelassen.

Allgemeingesellschaftlich betrachtet, gewährleisten die strengen berufsrechtlichen Regelungen die medizinische

Versorgung, die Rechtspflege, steuerrechtliche und wirtschaftliche Beratung sowie naturwissenschaftliche und technische Dienstleistungen auf hohem Niveau.
So wird zahlreichen freien Berufen eine ordnungspolitische Bedeutung zugeschrieben, die die staatlichen Aufgaben ergänzt. Hierzu zählen insbesondere Rechtsanwälte, Notare, Steuerberater, Wirtschaftsprüfer, Buchprüfer sowie öffentlich bestellte Sachverständige.

Kammerberufe

Unter den freien Berufen mit standes- und berufsrechtlicher Zugangsregelung sind die so genannten Kammerberufe die am strengsten geregelten und angesehensten. Die Berufskammern besitzen öffentlich-rechtlichen Status. Zu den kammerfähigen freien Berufen zählen:

- Ärzte, Zahnärzte, Tierärzte, Apotheker,
- Notare, Rechtsanwälte, Patentanwälte,
- Steuerberater, Wirtschaftsprüfer,
- Architekten und beratende Ingenieure

Pflichtmitgliedschaft

Mit der Zulassung zu einem dieser genannten freien Berufe ist eine Pflichtmitgliedschaft der regional zuständigen Kammer verbunden. Die Kammern wachen neben den Berufsverbänden über die Ausbildung, die Weiterentwicklung der Ausbildung sowie über das Weiterbildungswesen.

Werbeverbote

Große Werbeeinschränkungen bestehen besonders bei den berufsrechtlich besonders geregelten Kammerberufen. In Regelwerken, wie in der »Berufsordnung der Steuerberater und Steuerbevollmächtigten« der Bundessteuerberaterkammern, wird in § 10 ff. genau festgelegt, was »zulässige und berufswidrige Werbung« ist. Berufsangehörige müssen sich strikt daran halten, ansonsten werden sie abgemahnt. Wei-

gern sie sich hartnäckig, die – zum Teil – durchaus antiquierten Vorschriften zu befolgen, kann das im Extremfall bis zum Berufsausschluss führen.
Allerdings lockern immer mehr Berufskammern in Anbetracht der wachsenden elektronischen Werbemöglichkeiten die Werberegelungen. Informieren Sie sich branchenspezifisch mittels Berufsordnungen und Regelungen der Berufsverbände über den aktuellen Stand und fragen Sie nach, was erlaubt ist und was nicht.

Infos!
Die Adressen der Kammern finden Sie im Anhang, Seite 399 ff.

Ohne beruflich gebundene Zugangsregelungen

Keine bestimmten, an Berufsausbildungen gebundenen Zugangsregeln gibt es bei den so genannten Kulturberufen, zu denen auch die Berufe Krankenschwester und Krankenpfleger und Betreuer gezählt werden.

- *Krankenschwester/Krankenpfleger.* Zwar ist die Berufsausbildung im Krankenpflegegesetz geregelt, jedoch gibt es keine bestimmten Examina, die Voraussetzung für die freie Pflegetätigkeit wären.
- *Berufsbetreuer.* Zwar ist die Zulassung vom Vormundschaftsgericht (im Amtsgericht) abhängig, denn eine bestimmte Berufsausbildung als Zugangsvoraussetzung wie etwa bei Juristen etc. gibt es nicht.
- *Journalisten.* Hier gibt es weder eine einheitliche Ausbildungsordnung noch Zugangskriterien, obwohl in der Praxis ein Hochschulstudium, ein Volontariat usw. verlangt werden.
- *Künstler.* Einerseits ist der Zugang in dieser Berufsgruppe am einfachsten, da sich praktisch jeder Künstler nennen kann, andererseits kann sich bei fehlendem Abschluss einer Kunsthochschule, Kunstakademie oder eines Designstudiums das Finanzamt eine fachliche Überprüfung hinsichtlich des künstlerischen Wertes des Schaffens stattfinden. Nur wenn die Sachverständigen der Behörde ein ernsthaftes künstlerisches Schaffen bestätigen, erhält der Künstler den Freiberuflerstatus. Ansonsten muss er bei berufs-

mäßiger Ausübung ein Gewerbe anmelden. Stellen die Sachverständigen fest, dass die Kunst nicht berufsmäßig betrieben wird und auf Dauer ohnehin nur Kosten verursacht, wird der Gewerbestatus aberkannt und die Tätigkeit als Hobby bzw. Liebhaberei eingestuft.

Infos!
Über Umfang des Berufsrechtes informieren die Berufsverbände; siehe im Anhang, Seite 399 ff.

Einstieg in die Freiberuflichkeit

Schon die richtige Studien- und Berufswahl kann entscheidend sein

Wer die Einstufungskriterien zur Anerkennung des Freiberuflerstatus kennt, kann eine Freiberuflerlaufbahn schon von langer Hand vorbereiten, am besten schon mit der richtigen Studien- und Berufswahl. Wer einen Blick auf die Katalogberufe, auf die ihnen ähnlichen Tätigkeiten und auf die Tätigkeitsberufe wirft, kann ganz gezielt auf die Studien- und Ausbildungsgänge setzen, mit denen diese freien Berufe ausgeübt werden dürfen. Um ganz genau die jeweils beruflichen Ausbildungswege und benötigten Abschlüsse nachzuvollziehen, kann man sich auch schon als Schüler direkt an die entsprechenden Berufsverbände und Kammern wenden (Adressen siehe im Anhang).

Vom Angestellten oder Gewerbetreibenden in die Freiberuflichkeit

Wer nun keine für die freien Berufe typische Ausbildung hat und Freiberufler werden möchte, kann dies unter Umständen auch, indem er

- nach freien Berufen ohne Zugangsbeschränkung schaut; (siehe Abschnitt »Ohne beruflich gebundene Zugangsregelungen«, Seite 69),
- überlegt, ob er den derzeit ausgeübten Beruf als Angestellter oder Gewerbetreibender durch entsprechende Weiter- oder Umorientierung auch nach freiberuflichen Kriterien bewältigen kann; beispielsweise ob er ihn als Tätigkeitsberuf »wissenschaftlich, unterrichtend, erzieherisch, schriftstellerisch oder künstlerisch« weiterbetreiben kann,
- anhand seiner bisherigen Berufserfahrung und täglichen Arbeit Belege sammelt, mit denen er nachweist, dass seine Tätigkeit in Tiefe und Breite überdurchschnittlich ist und den für freie Berufe verlangten Qualitätsstandard erfüllt,
- sich erkundigt, ob durch eine Weiterbildung die noch fehlenden Qualifikationen nachträglich erworben werden können,
- versucht, in einen entsprechenden Berufsverband, der Mitglied im Bundesverband der freien Berufe ist, aufgenommen zu werden. Die Mitgliedschaft in einem »Freiberuflerverband« ist ein wichtiges Indiz für die Anerkennung,
- parallel zur derzeitigen Angestellten- oder Gewerbetätigkeit eine von den bisherigen Tätigkeiten getrennte Freiberuflichkeit startet.

Zunächst als Angestellter im Freiberuflerberuf

Bevor man sich hauptberuflich als Freiberufler selbständig macht, sollte man als Angestellter oder freier Mitarbeiter genügend Praxiserfahrungen gesammelt haben, um der selbständigen Ausübung des Berufs gewachsen zu sein. Man sollte sich nur dann selbständig machen, wenn man sich wirklich sicher fühlt und sich diesen Schritt zutraut.

Die ersten Schritte

Ob Sie sich haupt- oder nebenberuflich in einem freien Beruf selbständig machen möchten, hat hinsichtlich der ersten formellen Schritte beim Start in die Freiberuflichkeit kaum Auswirkungen. Man sollte im Vorfeld oder innerhalb des ersten Monats nach Aufnahme der freiberuflichen Tätigkeit das örtliche Finanzamt benachrichtigen.

Entweder teilen Sie hierzu dem Finanzamt mit einem formlosen Schreiben mit: »Ich habe am... ein Ingenieurbüro eröffnet«, oder verwenden Sie den Vordruck zur Aufnahme einer freiberuflichen Tätigkeit. Zuständig ist das Finanzamt an ihrem Wohnsitz. Ist zur Aufnahme eines freien Berufes eine Zulassung oder Bestallung erforderlich, unterrichtet das Finanzamt die zuständige Berufskammer (z. B. Rechtsanwalts-, Ärzte-, Tierärzte-, Zahnärzte-, Architekten- oder Steuerberaterkammer).

Wer seiner Anmeldepflicht nicht nachkommt, muss damit rechnen, dass das Finanzamt ein Zwangsgeld gegen ihn festsetzt. Eine Meldepflicht besteht auch, wenn die Freiberuflichkeit in einer anderen Stadt ausgeübt oder ein Gewerbebetrieb verlegt wird.

Falls das Finanzamt die Selbständigkeit nicht als freiberufliche Tätigkeit gemäß § 18 EStG anerkennt, muss man ein Gewerbe anmelden.

Freiberufler als Steuerzahler

Freiberufler genießen gegenüber Gewerbetreibenden vor allem im Steuerrecht Vorteile. Dazu gehören beispielsweise:

- vereinfachte Aufzeichnungspflichten (keine doppelte Buchhaltung),
- leichtere Gewinnermittlungsmöglichkeiten (Zufluss-/Abflussprinzip), womit Sie Zeit und Geld sparen,
- Gewerbesteuerfreiheit,
- verschiedene UST-Ermäßigungen und -befreiungen.

Anders als der Gewerbetreibende müssen Freiberufler kein Gewerbe anmelden, sondern lediglich das Finanzamt über die Aufnahme der freiberuflichen Tätigkeit informieren.

Einkommensteuer

Freiberufler bezahlen Steuern nach »Einkünften aus selbständiger Arbeit« (§ 2 Abs. 1, Nr. 3). Dabei wird die Einkommensteuer nach dem Einkommensteuertarif gemäß § 32 a EStG ermittelt. Die zu versteuernden Gewinneinkünfte ergeben sich gemäß § 2 Abs. 3 bis 5 EStG.

Anhand der eigenen Meldung der aufgenommenen Selbständigkeit teilt das Finanzamt dem Selbständigen eine Steuernummer zu und trifft anhand der gemachten Angaben zur beabsichtigten Tätigkeit die Entscheidung, ob eine gewerbliche oder freiberufliche Tätigkeit vorliegt. Hier erfolgt die Frage der Einstufung. Gegen diese Entscheidung kann man ggf. Rechtsmittel einlegen, also Widerspruch erheben, und am Finanzgericht klagen.

Die ersten Angaben zur Selbständigkeit dienen zur Festlegung, welche Steuererklärungen der Freiberufler zukünftig abzugeben hat, ob er auch noch Einnahmen aus nichtselbständiger Tätigkeit, aus Vermietung und Verpachtung etc. verzeichnet.

Man muss auch den voraussichtlichen Umsatz und Gewinn für das laufende Steuerjahr angeben. Denn diese zunächst geschätzten Umsatz- und Gewinnangaben dienen als Grundlage für die vierteljährlichen Vorauszahlungen auf die Einkommensteuer (ESt), Kirchensteuer (KiSt) und den Solidaritätszuschlag (SolZ). Wer Umsatz und Gewinn realistisch einschätzt, vermeidet eventuelle Steuernachzahlungen. Allerdings sollte man sich am Anfang nicht zu optimistisch einschätzen, um sich nicht unnötig Liquidität in Form von Einkommensteuervorauszahlungen zu entziehen. Die Steuervorauszahlungen werden bei der Einkommensteuerveranlagung anhand der Einkommenssteuererklärung im Folgejahr (Abgabe bis 31. Mai) auf die zu bezahlende Einkommensteuer angerechnet. Überzahlungen werden zurückerstattet oder zu wenig bezahlte Einkommensteuer nachgefordert.

Eine große Gefahrenquelle für den Jungunternehmer liegt darin, zu versäumen, rechtzeitig Beträge für die Steuerzahlung zurückzulegen. Vielfach wird mit der Selbständigkeit einfach angefangen, ohne Steuervorauszahlungen und ohne Umsatzsteuervoranmeldungen (und Abführung der eingenommenen UST). Dies kann ein bis zwei Jahre so laufen, bis sich der Fiskus meldet und die Abgabe der Steuererklärungen fordert, mit der Folge, dass die aufgelaufenen Rückstände beim Finanzamt sofort fällig werden.

Gewinnermittlung nach Einnahme-Überschuss-Rechnung

Für die Erfassung der Einkünfte aus einer freiberuflichen Tätigkeit besteht grundsätzlich keine Buchführungspflicht. Denn Freiberufler gelten nicht wie Gewerbetreibende als Kaufleute (Ausnahme: Personenhandelsgesellschaften). Allerdings können Freiberufler auch eine reguläre Buchführung anlegen. Denn sie haben das Wahlrecht zwischen Bilanzierung gemäß § 4 Abs. 1 EStG (bei Gewerbetätigkeiten Pflicht) und der Einnahme-Überschuss-Rechnung gemäß § 4 Abs. 3 EStG. Die Entscheidung sollte sehr sorgfältig überlegt werden, da die Gewinnermittlungsart nicht rückwirkend gewechselt werden kann. Kleinunternehmer und Personengesellschaften haben bis zum Umsatz von 24 500 Euro ebenfalls das Wahlrecht.

Neben der Vereinfachung der Aufzeichnungspflichten hat die Einnahme-Überschuss-Rechnung den Vorteil, dass die Einnahmen nach dem Zufluss- und Abflussprinzip behandelt werden, also beispielsweise Umsatzsteuerbeträge erst bei tatsächlichem Geldeingang und nicht schon nach buchhalterischer Erfassung als Forderungsposten bei Rechnungsstellung bezahlt werden müssen, wie das bei Gewerbebetrieben mit Buchhaltung üblich ist. Das bedeutet aber auch, dass die Betriebseinnahmen wie Honorare erst in dem Kalenderjahr versteuert werden müssen, in dem sie eingehen und nicht in dem Jahr, in dem die Einkünfte als Forderung positiv in der Bilanz stehen.

Erleichterung gibt es auch für Freiberufler gegenüber Gewerbetreibenden, dass sie weder eine Kasse noch Bestandskonten führen oder Jahresinventuren veranstalten müssen. Freiberufler müssen auch nicht wie Gewerbetreibende alle Wareneingänge und -ausgänge aufzeichnen.

Die Einnahme-Überschuss-Rechnung hat den Vorteil, dass die Einnahmen und Ausgaben nicht verbucht, sondern nur aufgezeichnet (also hintereinander aufgeschrieben) werden müssen. Es reicht, wenn die Belege einfach gesammelt, nach Hauptkostengruppen und Datum gesammelt und hinter das Ausgabenblatt der entsprechenden Kostenart (z. B. Büroaufwand) geheftet werden.

Einnahme-Überschuss-Rechnung geht einfacher, kostet weniger Zeit und ist dadurch wirtschaftlicher gegenüber dem Aufwand der Buchhaltung.

Beispiel einer Einnahme-Überschuss-Rechnung

Summe aller Einnahmen (der Geldzufluss wird inklusiv der gesetzlichen MwSt. erfasst)		Summe aller Ausgaben (der Geldzufluss wird inklusiv der gesetzlichen MwSt./Vorsteuer erfasst)	
Honorare für Artikel	Euro		Euro
(Bar) erhaltener Auslagenersatz		Kosten für Büro/Arbeitszimmer/Archivräume/Fotolabor (anteilige Miete/Hausabschreibung)	
Erstattete Kosten		Arbeitsmaterial (Schere bis Diskette)	
Einnahmen aus Vorträgen, Archivlieferungen		Film-, Foto-, Laborkosten	
Veräußerung und Entnahme von Gegenständen des Betriebsvermögens (erzielter Wert bzw. Zeitwert)		Telefon-/Telefax-/Btx-/Mailbox-/E-Mail-/Internet-Kosten	
Ermittelter Anteil der Privatnutzung von Kfz (Fahrtenbuch) und Telefon		Postgebühren/Porto/Paketgebühr	

Honorare für Artikel	Euro		Euro
Erhaltene Umsatzsteuer (in Monaten mit größeren Ausgaben als Einnahme)		Beiträge Berufsvereinigungen	
Vereinnahmte Rückerstattung früherer Ausgaben		Kosten für Beratung (rechtliche und steuerliche)	
		Kosten für den selbstgenutzten Pkw	
		Reisekosten (Taxi, Mietwagen, Bahn, Flüge)	
		Personalkosten	
		Bewirtungskosten	
		Geschenke	
		Anteilige Jahresabschreibung auf Inventar	
		Sofortabschreibung geringwertige Wirtschaftsgüter	
		Kosten für EDV-Programme/-Beratung/-Service	
		Gezahlte/nachgezahlte Umsatzsteuer	
Summe aller Einnahmen		Summe aller Ausgaben	

Saldieren – die Ermittlung des Ergebnisses			
Einnahmen			
abzüglich Ausgaben			
Saldo Überschuss/Verlust			

Gewerbesteuerbefreiung

Freiberufler sind gemäß § 2 Abs. 1 GewStG von der Gewerbesteuer befreit.

Umsatzsteuerpflicht

Die Umsatzsteuer (USt), umgangssprachlich auch Mehrwertsteuer (MwSt.) genannt, gilt als Verbrauchssteuer. Sie wird nicht vom Unternehmer (Freiberufler/Gewerbetreibenden) getragen, sondern ist ein Preisbestandteil, der auf den Endverbraucher abgewälzt wird. Auch für Freiberufler besteht die Pflicht zur Berechnung und Abführung der USt. Der Vorteil für Freiberufler und Kleinunternehmer (bis 24 500 Euro Jahresgewinn): Wer nach der Einnahmen-Überschuss-Rechnung seine Gewinne ermittelt und dadurch dem Zufluss- und Abfluss-Prinzip von Einnahmen und Kosten unterliegt, braucht erst beim tatsächlichen Geldeingang die auf die Produkte/Leistungen aufgeschlagene Umsatzsteuer an das Finanzamt abzuführen. Gewerbebetriebe müssen dies bereits bei Rechnungsausgang bzw. Verbuchung der Forderung, was bedeutet, dass sie für den Fiskus in Vorkasse treten müssen.
Besteuert wird der Umsatz (sofern nicht eine Steuerbefreiung greift); dazu zählen Lieferungen (z. B. Warenverkäufe), sonstige Leistungen (z. B. Beratungsleistungen), innergemeinschaftliche Erwerbe (z. B. Warenbezug aus EU-Staaten) und der Eigenverbrauch.
Zur Umsatzsteuerabgabe sind aber nur Selbständige verpflichtet, die eine bestimmte Mindestumsatzgrenze überschreiten. Das bedeutet, das viele neben- oder dazuverdienende Freiberufler und Kleingewerbetreibende gar nicht umsatzsteuerpflichtig werden.

16 620-Euro-UST-Pflichtgrenze

Die Umsatzsteuerpflicht entfällt, wenn der Umsatz (Nettoumsatz zuzüglich der Umsatzsteuer) eines Freiberuflers bzw. eines Gewerbetreibenden im Eröffnungsjahr 16 620 Euro und im laufenden Geschäftsjahr 50 000 Euro nicht übersteigt.

UST-Wegfall: Wettbewerbsvorteil oder Kostennachteil?

Wer nicht umsatzsteuerpflichtig ist, wer also seine Dienstleistungen nicht durch den UST-Aufschlag von beispielsweise 16 % verteuern muss, hat gewisse Wettbewerbsvorteile, insbesondere, wenn er mit Einrichtungen arbeitet, die sich ihrerseits die bezahlte Umsatzsteuer nicht als Vorsteuer vom Fiskus wieder zurückholen können (z. B. Behörden, etliche kirchliche und soziale Einrichtungen sowie Bildungseinrichtungen).
Zudem kann er sich auch nicht die Vorsteuer, die er beim Kauf von Waren bezahlt, vom Finanzamt zurückholen. Ab einem Jahres-Umsatz von 3 000 Euro darf man sich freiwillig zur Abführung von Umsatzsteuer entscheiden und hat damit das Recht, sich die Vorsteuer, die auf den Geschäftsausgaben lastet, zurückzuholen.

Umsatzsteuersätze

Derzeit unterscheidet das Umsatzsteuergesetz zwei Steuersätze, nämlich den allgemeinen Umsatzsteuersatz von 16 % und einen ermäßigten von 7 %. Dieser ermäßigte Steuersatz gilt insbesondere für Lieferungen und den Kauf beinahe aller Lebensmittel außer Getränken. Ferner für Bücher, Zeitungen und andere Druckerzeugnisse.
Wichtig ist für Freiberufler darauf zu achten, dass ab einem Rechnungsbetrag von 100 Euro der Steuersatz auf Rechnungen und Quittungen gesondert ausgewiesen wird, da es

ihnen ansonsten passieren kann, dass ihre Vorsteuer nicht anerkannt oder sie Umsatzsteuer von einem die UST bereits enthaltenen Bruttobetrag als Bemessungsbetrag bezahlen müssen.

UST-Ermäßigungen und Befreiungen

UST-Ermäßigungen

Nach § 12 UStG gilt ein ermäßigter Umsatzsteuersatz von 7 % (statt 16 %) auf:

- Bücher und Zeitungen des grafischen Gewerbes, wovon Schriftwerkschaffende wie freie Journalisten, Autoren usw. profitieren.
- Einräumung, Übertragung und Wahrnehmung von Rechten, die sich aus dem Urhebervertrag ergeben.
- Überlassung von Filmen sowie für die Filmvorführung (§ 12 Abs. 2 Nr. 7 b UStG).
- Lieferung und Vermietung sowie Eigenverbrauch und Einfuhr von Kunstgegenständen sowie von Sammlungsstücken gemäß § 12 Abs. 2 Nr. 1 und 2 UStG.

Umsatzsteuerbefreiung bestimmter Tätigkeiten

Gemäß § 4 UStG sind von der Umsatzsteuer befreit:

- die Umsätze der Tätigkeit als Arzt, Zahnarzt, Heilpraktiker, Krankengymnast und Hebamme oder ähnlicher heilberuflicher Tätigkeiten (§ 4 Nr. 14 UStG).
- Leistungen, die unmittelbar dem Schul- und Bildungszweck dienen, sowie Leistungen privater Schulen und anderer allgemein bildender Einrichtungen (§ 4 Nr. 21 UStG).
- Ehrenamtliche Tätigkeiten, die für juristische Personen des öffentlichen Rechts ausgeübt werden oder deren Entgelt lediglich in einem Auslagenersatz und einer angemessenen Entschädigung für Zeitversäumnisse besteht; dies gilt vor allem für Freiberufler mit ehrenamtlichen Tätigkeiten (§ 4 Nr. 26 UStG).
- Vorträge, Kurse und andere Veranstaltungen wissenschaftlicher oder belebender Art sowie kulturelle und sportliche Veranstaltungen, die von juristischen Personen des öffentlichen Rechts, von

Verwaltungs- und Wirtschaftsakademien, von Volkshochschulen oder von Einrichtungen, die gemeinnützigen Zwecken oder dem Zweck eines Berufsverbandes dienen, wenn die Einnahmen überwiegend zur Deckung der Unkosten verwendet werden (§ 4 Nr. 22 a und b UStG).

Während die Leistungen einer freiberuflich tätigen Krankenschwester umsatzsteuerfrei sind, sind die Behandlungsleistungen eines als Gewerbe eingestuften ambulanten Pflegedienstes nicht von der Umsatzsteuer befreit (BFH-Urteil v. 5. 6. 1997, IV R 43/96 und FG Berlin v. 29. 11. 1994, V 70/94).

Umsatzsteuerermittlung

Die an das Finanzamt abzuführende Umsatzsteuer ergibt sich, indem Sie die Ihren Kunden berechnete Umsatzsteuer entsprechend der Umsätze Ihres individuellen Ermittlungszeitrahmens (z. B. monatliche oder vierteljährliche UST-Voranmeldungen) zusammenrechnen. Von dieser Gesamt-UST werden dann die Vorsteuerbeträge abgezogen, die Sie etwa beim Kauf von betriebsnotwendigen Gegenständen oder Dienstleistungen an Ihre Lieferanten bezahlt haben. Wer sich an das Formular des Finanzamtes hält, kann nichts falsch machen.
Das Umsatzsteuerverfahren, z. B. wann Umsatzsteuererklärungen auf Vordrucken an das Finanzamt eingereicht und die Zahllast entrichtet werden muss, regelt § 18 Umsatzsteuergesetz (§ 18 UStG Abs. 2). Hiernach gilt: Wenn die ermittelte Jahressteuer für das vorangegangene Kalenderjahr:

- über 6 136 Euro betragen hat, muss eine monatliche UST-Voranmeldung gemacht werden,
- unter 6 136 Euro betragen hat, muss eine vierteljährliche Voranmeldung erfolgen,
- unter 512 Euro betragen hat, muss keine Umsatzsteuer-Voranmeldung, sondern nur die Umsatzsteuer-Jahreserklärung ausgeführt werden. Diese wird zusammen mit der Einkommensteuererklärung bis zum 31. Mai des Folgejahres abgegeben.

Zur Umsatzsteuererklärung muss man beim örtlichen Finanzamt entsprechende Formulare anfordern oder sich entsprechende Seiten aus dem Internet herunterladen (denn immer mehr Finanzämter gehen ans Netz).
Weitere Infos erhalten Sie bei der Umsatzsteuerstelle des Wohnsitzfinanzamtes.

Freiberufler und Mitarbeiter

Wollen Freiberufler nicht ihren Status verlieren und in ein Gewerbe umgestuft werden, dürfen sie nur begrenzt fachlich vorgebildete Mitarbeiter einstellen. Aushilfen können unbegrenzt engagiert werden. Wie viele fachlich gebildete Mitarbeiter angestellt oder freiberuflich beschäftigt werden dürfen, ist branchenmäßig unterschiedlich. Wie im Abschnitt »Leitende und eigenverantwortliche Tätigkeit«, Seite 123, anhand von Beispielen dargelegt, geht es im Kern stets um die Frage, ob der Freiberufler trotz Mitarbeiter weiterhin persönlich und leitend seine Aufgaben erfüllt. So kann ein Freiberufler wie ein Laborarzt die Zahl der Aufträge und der angestellten Mitarbeiter nicht beliebig vergrößern, ohne dass seine Freiberuflichkeit in Frage gestellt wird. Seiner Leistungsfähigkeit sind, so die Bundesfinanzrichter, menschliche Grenzen gesetzt, weswegen er ab einer bestimmten Arbeitsbelastung automatisch immer mehr – auch verantwortliche Aufgaben – auf andere überträgt, wodurch er aber zunehmend seine Freiberuflichkeit gefährdet.
Publizisten, Journalisten, Autoren, bildende und darstellende Künstler dürfen gar keinen gleichwertigen Mitarbeiter einstellen, sondern lediglich Aushilfskräfte, wollen sie nicht ihre günstige Sozialversicherungsmöglichkeit bei der Künstler-Sozialkasse (KSK) einbüßen.
Ansonsten gilt bei der Beschäftigung von Aushilfen arbeitsrechtlich und hinsichtlich der sozialversicherungs- und steuerrechtlichen Meldepflichten das Gleiche wie für einen

Gewerbetreibenden, der Personal einstellt. Siehe hierzu im Kapitel »Gewerbetreibender und Mitarbeiter«, Seite 184.

Finanzierung der freiberuflichen Existenz

Zahlreiche freiberufliche Tätigkeiten finanzieren sich praktisch aus sich selbst heraus, da statt Ware Dienstleistungen und Produkte geistiger Arbeit verkauft werden. Das heißt: Bis auf PC, Telefon und eventuell Pkw sind praktisch keine großen Investitionen nötig, um anzufangen. Selbst Visitenkarten und Briefbögen lassen sich nach Bedarf direkt im PC erstellen. So kann vielfach in der Regel sofort von Hause aus oder in den Räumen eines Kunden begonnen werden.
Allerdings gibt es auch eine Reihe freier Berufe, bei denen, wie im heilberuflichen Bereich, größere Investitionen, etwa die Einrichtung einer Praxis, erforderlich sind. Hierfür gelten dann die selben Finanzierungsüberlegungen wie für die Finanzierung einer jeden Gewerbetätigkeit.

Preisfindung für Freiberufler

Es ist ein erheblicher Unterschied, ob man als abhängig beschäftigter Angehöriger eines freien Berufes bei einem Vorstellungsgespräch die Gehaltsfrage im Rahmen des Bundesangestelltentarifvertrags (BAT) diskutiert oder bei Selbständigkeit für jede Leistung neu das Entgelt aushandeln muss.
Gut, wer da als Freiberufler einer Berufsgruppe angehört, die auf eine Gebührenordnung zurückgreifen kann. Hierzu zählen beispielsweise:

- Rechtsanwälte,
- Notare,
- Steuerberater,
- Ärzte,
- Zahnärzte
- sowie zahlreiche Angehörige von Heilberufen, die, wie z. B. Physiotherapeuten entsprechend festgelegte Krankenkassensätze für die ärztlich verschriebenen Behandlungen erhalten.

Alle anderen selbständigen Freiberufler müssen wie jeder Gewerbetreibende auch den Preis individuell im Rahmen des Marktüblichen finden. Siehe hierzu den gleichermaßen auch für die freien Berufe geltenden Abschnitt zum Thema: »Preisfindung – Stundensatzkalkulation«, Seiten 229–237.

Soziale Risikovorsorge als Freiberufler

Ob Freiberufler oder Gewerbetreibender – hauptberuflich Selbständige sind bei ihrer sozialen Risikovorsorge völlig auf sich selbst gestellt, abgesehen von einigen Ausnahmen, den gesetzlich pflichtversicherten »Künstlern und Publizisten« *(www.kuenstlersozialkasse.de)* und den so genannten rentenversicherungspflichtigen Selbständigen gemäß § 2 Nr. 1 bis 9, SGB VI.
Das heißt: Wenn Sie nicht durch eine z. B. halbtägige abhängige Beschäftigung schon sozial versichert sind, tragen Sie die eigenverantwortliche Absicherung für alle Risiken aus ihrer beruflichen Tätigkeit und den Lebensumständen völlig allein. Zur persönlichen Absicherung gehören die Sozialversicherungen und die privaten Haftpflichtversicherungen.

Keine Sozialversicherungspflicht für Selbständige

Da Selbständige nicht sozialversicherungspflichtig sind, haben sie grundsätzlich die Möglichkeit, auf den Abschluss von Kranken-, Pflege- und Rentenversicherung zu verzichten. Das wäre aber sehr riskant, bedenkt man, dass ein Krankenhaustag nicht unter 500 Euro kostet, ganz abgesehen von den privat zu tragenden Arzt- und Medikamentenkosten im Fall von Krankheit und einer fehlenden Berufs- und Altersabsicherung – es sei denn, man kann privat rasch beträchtliche Rücklagen bilden, um beispielsweise eine medizinische Behandlung privat zu bezahlen. Das kann für diejenigen, die praktisch nie krank werden, erheblich preiswerter sein. Aber wer wollte schon ausschließen, sich weder jemals anzustecken noch je einem Unfall ausgesetzt zu sein.
Da jedoch viele Freiberufler aufpassen müssen, überhaupt über die Runden zu kommen, dürfte eine soziale Absicherung unerlässlich sein.

Über den Nebenjob eine preiswerte soziale Absicherung

Wer noch Student ist, kann sich vielleicht ein paar Jahre durch Mitgliedschaft in der preiswerten Studentenversicherung vor teuren Sozialversicherungsbeiträgen drücken, aber spätestens mit dem 30. Lebensjahr ist auch diese Möglichkeit erschöpft. Außer dieser begrenzten Beitragssparmöglichkeit liegt derzeit die billigste Art der sozialen Absicherung darin, sich eine abhängige Minibeschäftigung mit einem Verdienst knapp über der Geringfügigkeitsgrenze von monatlich 325-Euro zu besorgen, also ab einem Monatsverdienst von 326 Euro. In diesem Fall werden Sie automatisch in allen Zweigen der gesetzlichen Sozialversicherung pflichtversichert. Im Fall der Arbeitslosenversicherung erwerben Sie jedoch nur dann Anwartschaften auf Arbeitslosengeld und -hilfe, wenn Ihre Arbeitszeit mindestens 18 Wochenstunden beträgt.

Ohne reguläre Absicherung geht es auf Dauer nicht

Doch dieser Kniff mit der günstigen Sozialversicherungsmöglichkeit scheitert oftmals am Arbeitspensum der ersten Jahre der Selbständigkeit und kann auch keine Dauerlösung sein. Es sei denn, man plant lediglich eine Teilzeitfreiberuflichkeit.

Hauptberuflich Selbständige, Freiberufler wie Gewerbetreibende, tragen sowohl in der Kranken- als auch in der Rentenversicherung die Beiträge in voller Höhe – im Gegensatz zum Angestellten, dessen Beiträge zur Hälfte der Arbeitgeber übernimmt, oder bei Beamten, die praktisch gar keine Sozialabgaben berappen müssen.

Bekanntermaßen gehören zu den Sozialversicherungen: die Krankenkasse, die Pflegeversicherung, die Rentenversicherung und Arbeitslosenversicherung.

Arbeitslosenversicherung bei Selbständigkeit?

Selbständige sind nicht arbeitslosenversicherungspflichtig. Sie können sich auch nicht freiwillig versichern und für den Fall von Arbeitslosigkeit schützen. Ob sich am Ausschluss Selbständiger von der Arbeitslosenversicherung etwas ändert, bleibt abzuwarten. So haben die »Grünen« einen Entwurf in der Pipeline, wonach Kleinselbständigen die Möglichkeit der freiwilligen Versicherung bei der Bundesanstalt für Arbeit eingeräumt werden soll. Aber es bleibt abzuwarten, ob so eine Regelung durchsetzbar ist.

Nur wer schon Leistungsberechtigter ist und Anspruch auf Arbeitslosengeld hat und sich selbständig machen möchte, wird unter Umständen gefördert.

Gesetzliche Krankenversicherung und Pflegeversicherung I

Seit die Gesundheitsreform in Kraft getreten ist, haben Selbständige grundsätzlich keine Möglichkeit mehr, Mitglied in der gesetzlichen Krankenversicherung zu werden, es sei denn, sie sind zusätzlich noch sozialversicherungspflichtig beschäftigt.
Darüber hinausgehend ist eine Mitgliedschaft für Selbständige nur im Rahmen einer freiwilligen Weiterversicherung im Anschluss an eine vorherige Versicherungszeit (Beschäftigtenverhältnis und Anrechnungszeiten) sinnvoll. Voraussetzung ist eine Versicherungszeit von:

- ununterbrochen mindestens zwölf Monaten unmittelbar vor Beendigung der Versicherungspflicht oder
- mindestens 24 Monaten während der letzten fünf Jahre vor Beendigung der Versicherungspflicht.

Als Versicherungszeit werden angerechnet: Zeiten als Pflichtversicherter, Familienversicherter oder als freiwillig Versicherter. Das heißt, das auch Versicherungszeiten aufgrund des Bezugs von Arbeitslosengeld, Arbeitslosenhilfe und Unterhaltsgeld nach dem Arbeitsförderungsgesetz sowie Zeiten einer studentischen Krankenversicherungspflicht berücksichtigt werden.

Hinweis an Studenten!
Wer über die Immatrikulation das Krankenversicherungsproblem lösen möchte, sollte wissen, dass die Krankenversicherungspflicht für Studenten nicht nur mit der Exmatrikulation (Beendigung des Studiums), sondern mit Ablauf des 14. Semesters bzw. mit Vollendung des 30. Lebensjahres endet. Danach ist nur noch eine freiwillige Weiterversicherung möglich, wenn diese Absicht spätestens innerhalb von drei Monaten (Posteingang bei der Krankenkasse, nicht der Poststempel zählt zur Termineinhaltung) nach Beendigung der Mitgliedschaft angezeigt wird. Eine verspätete Anzeige führt zum Verlust der Möglichkeit auf freiwillige Weiterversicherung.

Beitragshöhe für freiwillig Versicherte

Bei den gesetzlichen Krankenkassen berechnet sich die Beitragshöhe Selbständiger aus dem Beitragssatz und dem individuellen Einkommen. Wie gesagt, Selbständige müssen den gesamten Sozialversicherungsbeitrag bezahlen, der bei Krankenkassen derzeit zwischen 12 und 15 % liegt, was abhängig von der jeweiligen Satzung der Krankenkasse ist. Freiwillig Versicherte müssen nicht ihrer Krankenkasse treu bleiben. Sie haben die Wahl zwischen:

- den regionalen Ortskrankenkassen (AOK, *www.aok.de*),
- allen Ersatzkassen (z. B. BEK, *www.bek.de*),
- vielen Betriebskrankenkassen (BBK, *www.bbk.de*).

Da die Verdiensthöhe insbesondere in den Anfangsjahren schwankt und im Startjahr überhaupt nur geschätzt werden kann, gilt nach Inkrafttreten des Gesundheitsstrukturgesetzes für Selbständige, dass ihnen fiktive Einnahmen zugerechnet werden, die oberhalb der Beitragsbemessungsgrenze liegen. Aus diesem Grund müssen Selbständige Höchstbeiträge bezahlen. Selbst bei nachgewiesenen niedrigeren Einnahmen wird in jedem Fall eine Mindesteinnahme von 75 % der monatlichen Bezugsgröße (das ist das Durchschnittsentgelt aller Sozialversicherten) angesetzt.

Bezugsgrößen für die KV 2002

West		Ost	
monatlich 2 345 Euro	jährlich 28 140 Euro	monatlich 1 960 Euro	jährlich 23 500 Euro (Ost)

Beitragsbemessungsgrenzen KV 2002

West		Ost	
monatlich 3 375 Euro	jährlich 40 500 Euro	monatlich 3 375 Euro	jährlich 40 500 Euro (Ost)

Die Bemessungsgrenze zur Abführung von Pflicht- bzw. freiwilligen Beiträgen in die gesetzliche Krankenversicherung wird nur für Einkommen bis zur Höhe der jährlich sich verändernden Beitragsbemessungsgrenzen erhoben. Das darüber hinausgehende Einkommen ist sozialversicherungsfrei.
Die Entscheidung, ob eine Versicherung in einer gesetzlichen Krankenkasse sinnvoller ist als eine Absicherung in einer privaten Krankenkasse, muss man individuell prüfen. Ein Vorteil der jedoch für jüngere Menschen erheblich teureren gesetzlichen Krankenkassen ist, dass sie ihre Mitglieder (etwa nach langer schwerer, eventuell chronischer Krankheit) nicht ausschließen dürfen, die Familienversicherung (kostenlose Mitversicherung vom nicht verdienenden Partner und Kindern) sowie die Beiträge können nicht willkürlich mit zunehmendem Alter angehoben werden. Aber angesichts der Krise im Krankenversicherungssystem dürften die bisherigen Leistungskataloge noch mehr reduziert werden und heutige Vorteile eventuell dann entfallen.

Private Krankenversicherungen

Selbständige ohne die Möglichkeit einer freiwilligen Weiterversicherung in der gesetzlichen Krankenkasse können sich nur bei einer privaten Krankenversicherung krankenversichern. Die Beiträge hierfür müssen in voller Höhe aus eigener Tasche bezahlt werden. Da die Tarife der einzelnen Versicherungsunternehmen sehr schwanken können und vor allem auch von der Leistung abhängen, sollte man vor Vertragsabschluss ganz genau das Preis-/Leistungsverhältnis prüfen, beispielsweise genau schauen, welche Risiken zu welchen Preisen versichert werden können.
Zwar sind die privaten Krankenversicherungen auf den ersten Blick preiswerter. Wer aber Familie hat, muss jedes einzelne Familienmitglied gesondert versichern, da es keine kostenfreie Familienversicherung gibt. Frauen zahlen aufgrund des Schwangerschaftsrisikos zudem mehr als Männer.

Besonders nachteilig kann eine private Krankenversicherung sein, wenn der potenzielle Versicherungsnehmer Vorerkrankungen hatte, chronisch krank oder behindert ist, da für all diese »erhöhten Risiken« Sonderzuschläge bezahlt werden müssen. Zudem erhöhen sich die Beiträge mit zunehmendem Alter, wobei das gesamte Einkommen, also auch Mieterträge etc., als Bemessungsgrundlage herangezogen wird.
Erkundigen Sie sich bei den Verbraucherberatungsstellen. Private Krankenkassen finden Sie über: Verband der privaten Krankenversicherungen *(www.pkv.de)*.

Pflegeversicherung II

Wer in einer gesetzlichen Krankenversicherung versichert ist, ist auch automatisch über seine Krankenkasse Mitglied in der Pflegekasse. Hierfür muss der Selbständige allein den Beitrag von 1,7 % seines Einkommens aufbringen (Bemessung der Einkommensbezugsgröße) und gemeinsam mit dem Krankenversicherungsbeitrag an die Krankenkasse abführen.
Wer in einer privaten Krankenkasse versichert ist, muss bei der privaten Krankenversicherung einen Pflegeversicherungsvertrag abschließen. Dieser Vertrag muss Leistungen garantieren, die denen der sozialen Pflegeversicherung entsprechen. Die Beiträge dürfen nicht höher als die für die gesetzlichen Pflegekassen liegen.
Selbständige, die weder in der gesetzlichen noch in der privaten Krankenkasse krankenversichert sind, sind auch nicht Pflichtmitglied in einer Pflegekasse oder müssen auch nicht einen Pflegeversicherungsvertrag abschließen.
Unabhängig von der Regelung ihrer Krankenkassenfrage können Selbständige jedoch Mitglied in einer privaten Pflegeversicherung werden.

Rentenversicherung

Grundsätzlich sind Selbständige – bis auf die Ausnahmen – nicht rentenversicherungspflichtig. Doch auch Selbständige müssen für ihr Alter vorsorgen und stehen vor der Frage, ob sie lieber in eine private Lebensversicherung oder in die gesetzliche Rentenversicherung einbezahlen wollen.
Seit Inkrafttreten des Rentenreformgesetzes haben auch Selbständige die Möglichkeit, sich per Antrag versicherungspflichtig zu versichern. Diese Variante ist gegenüber der nach wie vor bestehenden Möglichkeit der freiwilligen Versicherung günstiger, und zwar im Hinblick auf die Anrechnung von Ersatz- und Anrechnungszeiten wie Schwangerschaft, Mutterschaft und Zeiten von krankheitsbedingter Arbeitsunfähigkeit sowie beim Arbeitsamt gemeldeter Arbeitslosigkeit etc.
Der Antrag auf Pflichtversicherungsmitgliedschaft muss innerhalb von fünf Jahren nach Aufnahme der selbständigen Tätigkeit oder dem Ende einer Versicherungspflicht aufgrund dieser Tätigkeit bei der Bundesanstalt für Angestellte (BfA) oder der Landesversicherungsanstalt (LVA) beantragt werden. War der Selbständige bisher nicht versichert, ist automatisch die BfA zuständig.
Die Beiträge werden in Höhe von 19,1 % (2002) anhand der jährlich neu festgelegten Bezugsgröße (das ist das Durchschnittsentgelt aller Sozialversicherten) berechnet.

Bezugsgrößen für die RV 2002

West		Ost	
monatlich 2 345 Euro	jährlich 28 140 Euro	monatlich 1 960 Euro	jährlich 23 500 Euro (Ost)

Auf Antrag kann der Selbständige bei entsprechendem Nachweis Rentenversicherungsbeiträge auf der Grundlage seines tatsächlichen Einkommens bezahlen, das entweder unterhalb oder oberhalb der Bezugsgrößen liegt, sich jedoch nicht über den monatlichen Beitragsbemessungsgrenzen bewegen darf.

Beitragsbemessungsgrenzen RV 2002

West		Ost	
monatlich 4 500 Euro	jährlich 54 000 Euro	monatlich 3 750 Euro	jährlich 45 000 Euro (Ost)

Bis zu diesem Einkommen können Pflicht- bzw. freiwillige Beiträge in die gesetzliche Rentenversicherung einbezahlt werden.

Rentenversicherungspflichtige Selbständige

Obwohl Selbständige versicherungsfrei sind, gibt es Selbständigengruppen, die in der gesetzlichen Rentenversicherung versicherungspflichtig sind. Geregelt ist das in § 2 Nr. 1 bis 9, SGB VI. Demnach sind folgende freiberuflich und gewerblich Selbständige in der gesetzlichen Rentenversicherung versicherungspflichtig:

- *Lehrer und Erzieher,* die im Zusammenhang mit ihrer selbständigen Tätigkeit keinen versicherungspflichtigen Arbeitnehmer beschäftigen.
- *Pflegepersonen,* die in der Kranken-, Wochen-, Säuglings- oder Kinderpflege tätig sind und im Zusammenhang mit ihrer selbständigen Tätigkeit keinen versicherungspflichtigen Arbeitnehmer beschäftigen.
- *Hebammen und Entbindungspfleger.*
- *Seelotsen* der Reviere im Sinne des Gesetzes über das Seelotsenwesen.
- *Künstler und Publizisten* nach näherer Bestimmung des Künstlersozialversicherungsgesetzes.
- *Hausgewerbetreibende.*
- *Küstenschiffer und Küstenfischer,* die zur Besatzung ihres Fahrzeu-

ges gehören oder als Küstenfischer ohne Fahrzeug fischen und regelmäßig nicht mehr als vier versicherungspflichtige Arbeitnehmer beschäftigen.

- *Handwerker*, die in die Handwerksrolle eingetragen sind, wobei Eintragungen aufgrund der Führung eines Handwerksbetriebs nach den §§ 2 bis 4 der Handwerksordnung außer Betracht bleiben; ist eine Personengesellschaft in die Handwerksrolle eingetragen, gilt als Handwerker, wer als Gesellschafter in seiner Person die Voraussetzungen für die Eintragung in die Handwerksrolle erfüllt.
- *Personen*, die im Zusammenhang mit ihrer selbständigen Tätigkeit mit Ausnahme von Familienangehörigen (§ 7 Abs. 4 Satz 3 SGB IV) keinen versicherungspflichtigen Arbeitnehmer beschäftigen sowie regelmäßig und im Wesentlichen nur für einen Auftraggeber tätig sind.
- Durch Punkt 9 werden zahlreiche in Punkt 1 bis 8 noch nicht berücksichtigte freie Mitarbeiter zu arbeitnehmerähnlichen Selbständigen und daher rentenversicherungspflichtig. Das heißt, zahlreiche freiberufliche und gewerbetreibende freie Mitarbeiter sind aufgrund ihrer arbeitnehmerähnlichen Situation in der Rentenversicherung pflichtversichert.

Private Lebensversicherung

In den letzten Jahren hat sich die Meinung durchgesetzt, besser eine private Lebensversicherung abzuschließen als in das marode staatliche Rentensystem zu investieren. Aber der Herbst 2001 hat gezeigt, dass auch die privaten Versicherungsträger nicht zaubern können. Mehr noch: Die Schwankungen auf den Aktien- und Kapitalmärkten sind unmittelbar spürbar. Außerdem können so Rücklagen ganz gewaltig schrumpfen. So senkte beispielsweise die Hannoversche Allgemeine Versicherung, die ansonsten immer Testrenditesieger war, ihre Rendite bei Lebensversicherungen von 7 % 1999 im Jahr 2000 schon auf 5,5 % herab, was bedeutete, dass eine Lebensversicherung mit ca. 160 000 DM Auszahlungssumme plötzlich 23 000 DM weniger wert war, wie das ZDF-Wirtschaftsmagazin WISO im Oktober vorrechnete.

Kurzum: So sicher sind die Lebensversicherungen also auch nicht, weswegen man meines Erachtens die staatliche Rentenversicherung nicht aus den Augen lassen, sondern sich, wenn möglich, dort noch ein Standbein der Versorgung halten sollte.
So dürfte für Selbständige die private Lebens- und Risiko-Lebensversicherung zur Familien- und Altersabsicherung nach wie vor das Hauptstandbein bilden. Die Lebensversicherung kann beispielsweise als Risiko-Lebensversicherung und als (statische oder dynamische) Kapital-Lebensversicherung abgeschlossen werden. Über die Unterschiede, Vor- und Nachteile, Laufzeiten, Umwandlungsmöglichkeiten informieren die Versicherer und Verbraucherinstitute.

Berufs- und Erwerbsunfähigkeitsversicherung

Besonders wichtig sind für Selbständige Berufsunfähigkeits- bzw. Erwerbsunfähigkeits-Versicherungen. Das Risiko, nach einem Unfall oder einer Krankheit seinen Beruf dauerhaft nicht mehr ausüben zu können, sollte gerade jedem Selbständigen bewusst sein. Auch hierzu bieten die Versicherer Varianten der Risikovorsorge an, als:

- separate Berufsunfähigkeitsversicherung,
- Zusatz zur Risiko-Lebensversicherung,
- Zusatz zur Kapital-Lebensversicherung.

Unfallversicherung/Berufsgenossenschaft

Mit Beendigung eines Angestelltenverhältnisses endet auch die Pflichtmitgliedschaft in der Berufsgenossenschaft – und damit der gesetzlichen Unfallversicherung für Unfälle am Arbeitsplatz und auf dem Weg von und zur Arbeit sowie bei Berufskrankheiten.
Ob Sie eine freiwillige (ebenfalls statisch oder dynamisch möglich) Unfallversicherung abschließen, müssen Sie an-

hand Ihrer individuellen Bedürfnisse entscheiden. Wenn Sie als freiberuflicher Arbeitgeber Arbeitnehmer beschäftigen, müssen Sie diese der Berufsgenossenschaft melden, damit Ihre Mitarbeiter gegen Unfall versichert sind.

Info!
Versicherungsvergleichsrechner: *www.tarifblitz.de*

Geschäftsrisiken absichern

Anders als Angestellte, die nur beschränkt für berufliche Fehler haften, tragen Selbständige das volle Unternehmerrisiko, das sich im Rahmen der Schuldrechtsreform 2002 in Teilbereichen (z. B. Verlängerung der gesetzlichen Gewährleistungsfristen von sechs Monaten auf zwei Jahre) verschärft hat. Siehe »Das Erste Gesetz zur Schuldrechtsänderung«, Seite 97. Zu unterscheiden ist zwischen den beiden Haupthaftungsarten, der so genannten Gefährdungshaftung und der Verschuldenshaftung.

Gefährdungshaftung

Bei der Gefährdungshaftung handelt es sich um eine gesetzliche Haftungsverpflichtung, die sich allein daraus ergibt, dass der Gesetzgeber jedem Bürger unterstellt, allein durch seine bloße Existenz und gesellschaftliche Partizipation (z. B. Teilnahme am Straßenverkehr, Nutzung von Öltanks etc.) eine gewisse Gefahr darzustellen.

- *Umwelthaftung.* Im Bereich Gefährdungshaftung hat in den vergangenen zehn Jahren besonders die Umwelthaftung an Bedeutung gewonnen. Hierzu gehören beispielsweise: Wasserhaushaltsgesetz, Immissionsschutz, Umwelthaftungsgesetz und Störfallverordnung. Selbst wenn man nur einen Bürobetrieb unterhält, kann es wichtig sein, eine Umweltbasisdeckungs-Versicherung abzuschließen. Denn all die möglichen Umweltschäden, die im beruflichen Bereich erfolgen, sind nicht durch private Umwelthaftpflichtversicherungen abgedeckt.

- *Kraftfahrzeughaftpflicht.* Angesichts möglicher Unfallszenarien (Crash im Tunnel etc.) empfiehlt es sich, die Kfz-Haftpflicht mit einer unbegrenzten Deckung abzuschließen. Diese ist nur um zirka 5 % teurer als eine begrenzte Deckungssumme.
- *Produkthaftung.* Obwohl Sie als Freiberufler weniger Produkte herstellen, sondern eher Dienstleistungen verkaufen, sollten Sie genau prüfen, ob Ihre geschäftlichen Leistungen unter die Produkthaftung fallen. Denn wer Produkte herstellt oder in Verkehr bringt, haftet für Personen- und Sachschäden, die fehlerhafte Produkte möglicherweise verursachen.
  Beispielsweise kann Ihre Software von Ihrem Kunden weitergegeben worden sein und verursacht dann einen Schaden. Obwohl Sie mit dem Geschäftspartner Ihres Kunden in keinerlei Vertragsverhältnis stehen, befinden Sie sich unter Umständen in der Haftungskette.
- *Dienstleistungshaftung.* Ähnlich wie die Produkthaftung wird es demnächst auch eine Dienstleistungshaftung geben. In der EU wurde bereits eine Richtlinie vorbereitet.

Verschuldenshaftung

Bei der Verschuldenshaftung handelt es sich um eine zivilrechtliche Haftung aufgrund eingegangener vertraglicher Verpflichtungen. Die Verschuldenshaftung kann für Personen-, Sach- und Vermögensschäden infrage kommen.

- *Vermögensschäden.* Während Privatleute relativ wenige Möglichkeiten haben, einen Vermögensschaden anzurichten, kann dies im Beruf schneller der Fall sein, als man denkt. Die Haftung für Vermögensschäden steht dabei im Vordergrund. Die falsche Beratung kann zu großen Schäden führen. Eine Absicherung gegen möglicherweise verursachte Vermögensschäden ist für die Freiberuflertätigkeit sogar Voraussetzung zur Berufsausübung. Beispielsweise müssen Rechtsanwälte und Steuerberater zwingend eine Berufshaftpflichtversicherung abschließen, um überhaupt tätig werden zu dürfen. Anwälte, die ihre nicht gerade billige Berufshaftpflicht von monatlich ab 250 Euro aufwärts nicht mehr bezahlen können, müssen ihre Zulassung zurückgeben. Jeder Berater, insbesondere auch Finanz- und Vermögensberater, sollten sich also dringend gegen die Folgen von Beratungsfehlern absichern.

- Bei Sachschäden. Diese kommen am häufigsten vor und können schnell verursacht werden. Beispielsweise wenn man in der Teeküche das Wasser laufen lässt und im gemieteten Büro ein Wasserschaden entsteht.
- Bei der Software-Installation beim Kunden (z. B. Programmbeschädigungen, Dateischäden oder -vernichtung, Festplattenprobleme etc.).
- Wenn eine Besucherin im Grafikbüro versehentlich Tusche aufs Seidenkleid bekommt.

- *Personenschäden:* Diese Schäden betreffen Menschen. Hierzu können beispielsweise folgende Fälle zählen:

  - als Fahrradkurier fahren Sie jemanden an,
  - eine Kanne heißen Kaffees rutscht aus Versehen vom Tablett und ergießt sich über den Schoß eines Besuchers,
  - einer Büroumräumhilfe fällt ein Karton auf den Fuß,
  - ein Kunde stößt sich unglücklich am Tischbein usw.

Was tun?

Prüfen Sie folgende Versicherungen und überlegen Sie, ob diese für Ihr Geschäft infrage kommen!

Versicherungsart		
Berufshaftpflicht in Ihrer Branche		
Montage		
Maschinenbruch		
Warentransporte		
Betriebshaftpflicht		

Versicherungsart		
Umwelthaftpflicht		
Produkthaftpflicht		
Vermögensschadenhaftpflicht		
Betriebsunterbrechung bei Feuer		
Betriebsunterbrechung bei Energieausfall		
Betriebsunterbrechung bei Verseuchung		
Betriebsunterbrechung bei Computerausfall		
Kraftfahrzeugteilkasko		
Kraftfahrzeugvollkasko		
Firmenrechtsschutz		
Beraubung, Sabotage, Unterschlagung		
Forderungsausfall		
Auslandsrisiken		
Feuer, Explosion		
Sturm		
Wasser		
Einbruchdiebstahl		

Um sich individuell abzusichern, ist dringend eine Beratung in der jeweiligen Berufskammer, beim Berufsverband oder bei der Industrie- und Handelskammer zu empfehlen.

Das Erste Gesetz zur Schuldrechtsänderung

Zum 1. Januar 2002 trat das Schuldrechtsmodernisierungsgesetz in Kraft. Es bringt grundlegende Veränderungen des Verjährungs-, des Leistungsstörungs- sowie des Kauf- und

Werkvertragsrechts, was enorme Auswirkungen hat sowohl auf die Haftung des Selbständigen gegenüber seinen Kunden und umgekehrt hinsichtlich möglicher Schadensersatzansprüche gegenüber Auftraggebern und Lieferanten. Die Schuldrechtsreform 2002 ist eine der umfangreichsten Gesetzesänderungsvorhaben im Bürgerlichen Gesetzbuch. So werden nicht nur etliche Paragrafen entsprechend der gängigen Rechtsprechung und EU-Rechtsvorgaben modernisiert, sondern beispielsweise auch Gesetze wie das AGB-Gesetz (Allgemeine-Geschäftsbedingungen-Gesetz), das Haustürwiderrufsgesetz, Fernabsatzgesetz im BGB integriert sowie E-Commerce-Richtlinien und andere Gesetze. Außerdem werden die Verbraucherschutzgesetze in das BGB eingegliedert.
Im Folgenden wird ein Überblick gegeben, in welchen zentralen Teilen des BGB die Schuldrechtsreform Eingang gefunden hat.

- *Teil I: §§ 121–124, 194–240 BGB:* (Anfechtungsfristen, Verjährung).
- *Teil II: §§ 241–310 BGB:* (allgemeine Leistungsstörungen; Basiszinssatz; Unmöglichkeit; Verschuldensdefinition; positive Vertragsverletzung [PVV] im BGB normiert; Begriff und Folgen der Pflichtverletzung; Verzug; höherer Unternehmerverzugszins; AGB-Gesetz ins BGB integriert).
- *Teil III: §§ 311–432 BGB:* (»culpa in contrahendo« [sic] im BGB normiert; anfängliche Unmöglichkeit lässt Vertrag bestehen; Haustürwiderrufsgesetz ins BGB integriert; Fernabsatzgesetz ins BGB integriert; E-Commerce-Richtlinie; Wegfall der Geschäftsgrundlage [WGG] im BGB normiert; zentrales Widerrufs- und Rückgaberecht mit neuen Fristen; Aufrechnung nach Nichterfüllung auch im gesetzlichen Rücktrittsrecht).
- *Teil IV: §§ 433–480 BGB:* (neue Sachmangeldefinition; neue Rechtsmangeldefinition; Haftung des Grundstücksverkäufers für Erschließungsbeiträge; auch grob fahrlässige Unkenntnis des Käufers von Sach- oder Rechtsmängeln schließt Verkäuferhaftung aus; Garantieanspruch; Gefahrübergang bei Annahmeverzug; Verjährung der Mängelansprüche [Gewährleistungsverlängerung auf zwei Jahre]; Verbrauchsgüterkaufsrichtlinie; Begriff des Verbrauchsgüterkaufs).

- *Teil V: §§ 481–610 BGB:* (Teilzeit-Wohnrechte und Verbraucherkreditgesetz ins BGB integriert; Kündigungsrecht von Darlehen; neuer Verzugszins bei grundpfandrechtlich gesicherten Darlehen; Begriff der Finanzierungshilfe; Rückgabeverjährungsbeginn bei Leihe ab Rückforderung; Sachdarlehen).
- *Teil VI: §§ 611–853 BGB:* (Werkvertrag: tief greifende Änderungen der Gewährleistung und der Gewährleistungsverjährung – Verjährung jetzt zwei bzw. drei Jahre [Bauwerke nach wie vor fünf Jahre]; Nacherfüllungsrecht; Kostenvoranschlag im Zweifel kostenlos; Werklieferung nach Kaufrecht; Rückgabeverjährungsbeginn bei Verwahrung ab Rückforderung; Verjährung bei unerlaubter Handlung).
- *Teil VII: Bücher 3 bis 5:* überwiegen rein redaktionelle Änderungen in §§ 941–943; § 1002; §§ 1012–1017; § 1098; § 1170; § 1317; § 1615 L; § 1762; § 1903; § 1954; § 1997; § 2082; § 2171; § 2182; § 2183; § 2283; § 2376 BGB (Ersitzungsfristen; Erbbaurecht aufgehoben; im Übrigen redaktionelle Folgeanpassungen an das geänderte Schuldrecht).

Kein freiberuflicher oder gewerbetreibender Selbständiger kommt umhin, sich in die neue juristische Materie ein wenig einzuarbeiten, weil es bei jeder selbständigen Tätigkeit entsprechende Berührungspunkte zu vielen rechtlichen Punkten der neuen Regelungen gibt, angefangen von den Verjährungsfristen (z. B. bei Forderungen) über Allgemeine Geschäftsbedingungen bis hin zum Vertragsrechtsrecht und den Rechten und Pflichten daraus. Deshalb ist es empfehlenswert, entsprechende Einführungsseminare in Wirtschaftsakademien, bei der IHK oder bei den Berufsverbänden zu belegen.
Darüber hinaus sei empfohlen, sich bei der Gestaltung von Geschäftsbedingungen und beim Formulieren von Vertragstexten etc. anwaltlich beraten zu lassen. Die Kosten hierfür können sehr gut investiert sein.

!

Buchtipps!
Marx, I./Wenglorz, P.: Schuldrechtsreform 2002. Das neue Vertragsrecht. Freiburg 2001. (Dieser praxisbezogene Ratgeber ist auch für Laien gut verständlich geschrieben)

Palandt, S.: Bürgerliches Gesetzbuch und Ergänzungsband: Gesetz zur Modernisierung des Schuldrechts (SMG), 61. Auflage, München 2002 (hierbei handelt es sich um den bedeutendsten allgemeinen Kommentar zum Bürgerlichen Gesetzbuch, Zielgruppe: Juristen bzw. juristisch vorgebildete Leser).

Freiberuflerverträge

Die Schuldrechtsreform 2002 berührt vor allem auch die Gestaltung von Werkverträgen zwischen Freiberuflern und Auftraggebern. Statt eines Arbeitsvertrags schließen Freiberufler mit ihren Auftraggebern freie, nicht den vielfältigen Arbeitsrechtsregelungen unterliegende Verträge über die zu erbringende Leistung und das dafür zu bezahlende Honorar ab.
Man muss dabei zwischen den beiden wichtigsten Vertragsformen mit unterschiedlichen Rechtsfolgen unterscheiden, nämlich zwischen dem Werk- und dem Dienstvertrag.
Dienstverträge werden beispielsweise abgeschlossen im Falle reiner Dienstleistungserbringung wie etwa die von Ärzten, Anwälten, Steuerberatern, Logopäden, Trainern usw. Bei bestimmten Vertrauensbeziehungen zwischen Arzt bzw. Angehörigen heilberuflich ähnlicher Tätigkeiten einerseits und Patienten andererseits entstehen dabei zumeist stillschweigend zustande gekommene Dienstverträge, zumeist mit der Besonderheit, dass ein Dritter, nämlich die gesetzlichen und/oder die Krankenkassen bzw. die Beihilfestellen (im Öffentlichen Dienst) die Kosten tragen. Darüber hinaus sind alle Mitarbeiterverträge für Freie Dienstverträge zwischen Auftraggeber und arbeitnehmerähnlichem Selbständigen.
Werkverträge hingegen werden stets vereinbart, wenn bestimmte sachbezogene Dienstleistungen, Werkstücke und/oder Produkte entstehen, verändert oder optimiert werden sollen. Beispielsweise schließen Autoren, die ein Manuskript liefern, Grafiker, die einen Prospekt entwerfen, Restauratoren, die ein Bild wiederherstellen oder Bildhauer, die eine Auftragsskulptur fertigen, Werkverträge ab.

Das Spektrum der freien Berufe

Das Spektrum der freien Berufe ist breit gefächert. Die in den folgenden Abschnitten nach verschiedenen Tätigkeitssektoren genannten Berufe können sowohl im Angestelltenverhältnis als auch in freiberuflicher Selbständigkeit in eigener Praxis oder als freier Mitarbeiter ausgeübt werden. Die Listen sind nicht vollständig, nennen aber bei jedem Beruf das Zuordnungskriterium der Freiberuflichkeit wie »Katalogberuf«, »katalogähnlich« oder »Tätigkeitsberuf«. Das vorliegende Kapitel will Ihnen einen ersten systematisierten Überblick geben und somit ein wenig helfen, Berufsideen und Tätigkeitswünsche erwerbsstatusrechtlich richtig einzuordnen, um entsprechend planen zu können. Zudem werden jeweils berufs-, ausbildungs- und zulassungsrechtliche Besonderheiten genannt, sodass Sie sich bei Interesse ganz gezielt bei den jeweiligen Berufsverbänden und Kammern weiter informieren können. Die wichtigsten Berufsverbände der freien Berufe werden im Anhang genannt. Sollten Sie Ihren vermeintlichen freien Beruf in den nach Branchen geordneten Listen nicht finden, könnte es sein, dass es sich bei der gesuchten Tätigkeit um ein Gewerbe handelt. Mehrere hundert Gewerbetätigkeiten (rechtlich abgeklärte Zweifelsfälle) finden Sie zum einen im Abschnitt »ABC Gewerblicher Tätigkeiten«, Seite 142, sowie – nach Branchen geordnet – in diesem Kapitel.

Heilkundliche Berufe und Gesundheitsberufe

Tätigkeiten	*Zugang/Besonderheit*	*Katalog*	*Katalog-ähnlich*	*Tätig-keitsberuf*
Aerobic-lehrer	Zugangsfrei, Aerobicausbildung			ja
Ambulante Kranken-pflege	Nur bei Examinierung oder Studium zum Diplompfleger, Pflege-fachmann		ja	
Alten-pflege	Das derzeit vor Inkrafttreten auf Eis gelegte Altenpflegegesetz (AltPflG) wird die Ausbildung einheitlich regeln. Die derzeitige Examinierung entspricht länderspezifischer Ausbildungsrichtlinien		ja	
Arzt (über 50 Fachrichtungen)	Studium der Humanmedizin (Regelstudienzeit sechs Jahre) entsprechend Approbationsordnung, Approbation, praktische Ausbildung »Arzt im Praktikum« (AiP), parallel Promotion, anschließend Möglichkeit zur Facharztausbildung entsprechend der Weiterbildungsordnung der Landesärztekammer mit Prüfung vor der Kammer. Praxisniederlassung wird durch Kammern reglementiert	ja		
Bademeister (medizinischer)	Kann dann freier Beruf sein, wenn die Tätigkeit als Hilfsmaßnahme zu einem freien Beruf geleistet wird, z. B. wenn er auf ärztliche Rezepte hin tätig wird		ja	
Blut-gruppen-gutachter	Nur mit laborfachlicher, biochemischer oder ärztlicher Ausbildung, z. B. MTA-Abschluss		ja	

Tätigkeiten	*Zugang/Besonderheit*	*Katalog*	*Katalog-ähnlich*	*Tätig-keitsberuf*
Bodybuil-dingstudio	Freiberuflich, wenn Besitzer in Lehrerfunktion selbst die Kurse durchführt, ansonsten gewerblich			ja
Body-builder	Freiberuflich nur in Lehrerfunktion			ja
Diät-assistent	Dreijährige Ausbildung zum Diät-assistenten, bundeseinheitlich geregelt gemäß Gesetz über den Beruf der Diätassistentin und des Diätassistenten (Diätassistenten-gesetz – DiätAssG) und zur Änderung verschiedener Gesetze über den Zugang zu anderen Heil-berufen (Heilberufsänderungs-gesetz – HeilBÄndG) vom 8. 3. 94 (BGBL S. 446), zuletzt geändert am 21. 9. 97 (BGBL S. 2 390)		ja	
Diplom-Psycho-loge	Wissenschaftliches Hochschul-studium der Psychologie führt zur ersten Berufsqualifikation	ja		
Ergo-therapeut	Siehe Abschnitt »Sozialberufe«		ja	
Ernäh-rungs-berater	Fortbildung, aufbauend auf Diät-assistent oder Ökotrophologe (Fachschule, FH oder Uni). Anerkennung der Freiberuflichkeit am einfachsten mit Hochschulab-schluss als Ökotrophologe		ja	
Hebamme/ Entbin-dungs-pfleger	Bundeseinheitlich geregelte drei-jährige schulische Ausbildung	ja		

Tätigkeiten	*Zugang/Besonderheit*	*Katalog*	*Katalogähnlich*	*Tätigkeitsberuf*
Heilpraktiker	Offener Zugang entsprechend des Gesetzes über die berufsmäßige Ausübung der Heilkunde ohne Bestallung (Heilpraktikergesetz). Vorbereitungskurse drei Jahre bereiten auf die Prüfung vor dem Gesundheitsamt vor	ja		
Homöopath (Heilpraktiker, die sich auf Homöopathie spezialisiert haben)	Ausbildung als Arzt oder Heilpraktiker		ja	
Krankengymnast	Siehe »Physiotherapeut«	ja		
Krankenschwester/ -pfleger, selbständig	Heilberufsähnliche Tätigkeit, sofern gesetzlich begründete Erlaubnispflicht besteht (FG Niedersachsen 11. 8. 1993, XIII 264/ 91, EFG 1994, S. 146)		ja	
Logopäde	Bei Examinierung entsprechend dem Gesetz über den Beruf des Logopäden vom 7. 5. 80 (BGBL I S. 529), zuletzt geändert durch Gesetz vom 8. 3. 94 (BGBL I S. 446) *Fundstelle*: 1980 (BGBL I S. 529), 1994 (BGBL I S. 446)		ja	
Masseure und medizinische Bademeister	Bundeseinheitlich geregelte zweieinhalbjährige schulische Ausbildung an der Berufsfachschule mit Abschluss entsprechend des Gesetzes über die	ja		

Tätigkeiten	*Zugang/Besonderheit*	*Katalog*	*Katalog-ähnlich*	*Tätig-keitsberuf*
	Berufe in der Physiotherapie (Masseur- und Physiotherapeutengesetz – MPhG) vom 26. 5. 94 (BGBL I S. 1 084), zuletzt geändert durch Verordnung vom 21. 9. 97 (BGBL I S. 2 390)			
Medizinisch technischer Assistent	Arztähnliche freiberufliche Tätigkeit		ja	
Motopäden	Nur bei Examinierung entsprechend unterschiedlicher Länderregelungen oder Universitätsabschluss zum Diplom-Motopäden		ja	
Naturheilkundearzt	Ausbildung zum Allgemeinmediziner, mit Zusatzausbildung in Naturheilkunde, reglementierte Kammerzulassung	ja		
Ocularisten (Augenprotetiker)	Einschlägige Ausbildung		ja	
Orthopist	Freiberufliche augenheilberufsähnliche Tätigkeit mit einschlägiger Fachschulausbildung entsprechend des Gesetzes über den Beruf der Orthoptistin und des Orthoptisten (Orthoptistengesetz – OrthoptG) vom 28. 11. 89 (BGBL S. 2 061), zuletzt geändert durch VO vom 21. 9. 97 (BGBL S. 2 390)		ja	

Tätigkeiten	*Zugang/Besonderheit*	*Katalog*	*Katalog-ähnlich*	*Tätig-keitsberuf*
Physio-therapeut, Bobath-, Hippo- und Vojta-therapeut	Nur mit anerkannter Ausbildung bzw. FH-Studium entsprechend des Gesetzes über die Berufe in der Physiotherapie (Masseur- und Physiotherapeutengesetz – MPhG) vom 26. 5. 94 (BGBL I S. 1 084), zuletzt geändert durch Verordnung vom 21. 9. 97 (BGBL I S. 2 390)		ja	
Podologe	Siehe »Med. Fußpfleger«		ja	
Psycho-analytiker	Wenn Ausbildung nach Psycho-therapeutengesetz 1999 oder eine ärztliche Ausbildung vorhanden ist, BFH 17. 12. 1981, IV R 19/81, BStBl. 1982 II, S. 254		ja	
Psycho-loge und Psycho-therapeut	Abgeschlossenes wissenschaftliches Psychologie- bzw. Medizin-studium mit fünfjähriger Zusatz-ausbildung sowie Approbation nach neuem Psychotherapeuten-gesetz		ja	
Rettungs-assistent	Freiberufliche heilberufsähnliche Tätigkeit, (Oberfinanzdirektion Frankfurt a. M., 15. 8. 1990, S. 2 246 A 19 St II 20)		ja	
Sport-lehrer	Offener Zugang auch für Autodidakten und Sportskanonen möglich; in der Regel Fachausbildung oder Sportstudium			ja
Tierarzt	Universitätsabschluss entsprechend der Bundestierärzteordnung in der Fassung vom 20. 11. 81 (BGBL S. 1193), zuletzt	ja		

Tätigkeiten	*Zugang/Besonderheit*	*Katalog*	*Katalog-ähnlich*	*Tätig-keitsberuf*
	geändert durch Gesetz vom 27. 9. 93 (BGBL S. 1 666) in Verbindung mit Bekanntmachung vom 16. 12. 93 (BGBL S. 2 436), Approbationsordnung für Tierärzte und der Berufsordnungen der einzelnen Landestierärztekammern			
Zahnarzt	Studium der Zahnmedizin (Gesetz über die Ausübung der Zahnheilkunde vom 16. 4. 87 (BGBl I 1987, S. 1 225), zuletzt geändert durch Gesetz vom 27. 9. 93 in Verbindung mit der Bekanntmachung vom 16. 12. 93 (BGBl I 1993, S. 2 436) und Approbationsordnung für Zahnärzte sowie Kammergesetz für Heilberufe (HKG) der Länder	ja		

Die Beschreibung und Nennung weiterer Berufsbilder aus Medizin, Ernährung, Fitness, Freizeit, Schönheit und Pflege in: Martin Massow: Atlas Gesundheits- und Wellnessberufe. Neue Chancen in der Zukunftsbranche. München 2001.

Sozialberufe

Tätigkeiten	*Zugang/Besonderheit*	*Katalog*	*Katalog-ähnlich*	*Tätig-keitsberuf*
Atem-, Sprech- und Stimm-lehrer	Hilfsmedizinische Grundausbildung oder medizinisches bzw. sozialorientiertes Studium plus Zusatzausbildung			ja

Tätigkeiten	*Zugang/Besonderheit*	*Katalog*	*Katalog-ähnlich*	*Tätig-keitsberuf*
Beschäftigungs- und Ausdruckstherapeut	Ergotherapeut nach § 1836 (2) BGB		ja	
Betreuer	Fachliche Eignung durch gerichtliche Bestellung, Berufsvormündervergütungsgesetz (BVormVG) vom 25. Juni 1998 (BGBl I S. 1 580, 1 586) oder Nachqualifizierung für Berufsbetreuer nach Art. 6 des Gesetzes zur Ausführung des Betreuungsgesetzes in Bayern und anderen Bundesländern		ja	
Ergotherapeut	Examinierung als Ergotherapeut Ergotherapeuten-Ausbildungs- und Prüfungsverordnung – ErgThAPrV) vom 2. 8. 99 (BGBl. I S. 1 731) Gesetz über den Beruf des Beschäftigungs- und Arbeitstherapeuten/der Beschäftigungs- und Arbeitstherapeutin (BeArbThG) vom 25. 5. 76 (BGBL I S. 1 246); Bezeichnung geändert in Gesetz über den Beruf der Ergotherapeutin und des Ergotherapeuten (ErgThG) und geändert am 16. 6. 98 (BGBL I S. 1 311)		ja	
Erzieher	Freiberuflich nur mit Abschluss als Erzieher oder Diplom-Pädagoge			ja
Freizeitsportleiter	Fachschulausbildung zum staatlich geprüften Freizeitsportlehrer, die gleichzeitig zur Hochschulreife führt			ja

Tätigkeiten	*Zugang/Besonderheit*	*Katalog*	*Katalog-ähnlich*	*Tätig-keitsberuf*
Gebärden-sprachdol-metscher	Entweder Studium entsprechend Hochschulrahmengesetz (HRG) in der Fassung der Bekanntmachung vom 19. 1. 99 (BGBl. I S. 18), zuletzt geändert am 30. 11. 00 (BGBl. S. 1 638) oder Ausbildung gemäß Regelung der IHK Düssel-dorf zum geprüften Gebärden-sprachdolmetscher vom 22. 2. 00		ja	
Gym-nastik-lehrer	Fundierte Ausbildung, aber auch offener Zugang, Learning by doing			ja
Heilerzie-hungs-pfleger	Fachschulausbildung mit Examen			ja
Heil-pädagoge	Ausbildung an Fachschulen, an der Fachakademie oder auf Hoch-schulebene			ja
Kinder-heim-betrieb	Nur unter gewissen Vorausset-zungen (siehe »Was sind erziehe-rische Tätigkeiten«, Seite 54)			ja
Kunst-therapeut	Abschluss: Dipl.-Kunsttherapeut/in (FH)		ja	
Pädagoge	Hochschulstudium, Diplom-Päd-agoge			ja
Philosoph, beratender	Hochschulabschluss des Faches Philosophie			ja
Psycho-analytiker	Siehe unter »Heilkundliche und Gesundheitsberufe«		ja	
Psycho-therapeut	Siehe unter »Heilkundliche und Gesundheitsberufe«		ja	

Tätigkeiten	*Zugang/Besonderheit*	*Katalog*	*Katalog-ähnlich*	*Tätig-keitsberuf*
Psycho-logen	Siehe unter »Heilkundliche und Gesundheitsberufe«		ja	
Religions-pädagoge	Fachhochschulabschluss: Dipl.-Religionspädagoge (FH)		ja	
Renten-berater	Ausbildung/Facherfahrung gemäß Art. 1 § 1 Abs. 1, Satz 2 Nr. 1 Rentenberatungsgesetz i. V. m. 2. AVO RBerG. Freiberufliche Tätigkeit (BVerwG NJW 1968, 908, FG Kiel RBeitstand 1984, 223). Zulassung zur Rechtsberatung durch Präsident des Landgerichts		ja	
Sozial-arbeiter	Fachhochschulabschluss: Dipl.-Sozialarbeiter (FH)		ja	
Sozial-betreuer	Schulische Ausbildung nach Landesrecht		ja	
Sozial-pädagoge	Fachhochschulabschluss: Dipl.-Sozialpädagoge (FH)		ja	
Soziologe	Uniabschluss in Soziologie			ja
Tanzthera-peut, Tanz-lehrer, im Behinder-ten- und Rehasport sowie Heil-pädagogik	Tanzlehrerausbildung mit reha- bzw. heiltherapeutischer Zusatzausbildung oder physiotherapeutische, soziale bzw. heilpädagogische Ausbildung/Studium plus Tanzlehrer-/Gymnastiklehrerfortbildung			ja
Tanzlehrer	Fundierte, berufsverbandgeregelte Ausbildung zum Tanzlehrerassistent, Tanzlehrer oder Tanzsporttrainer			ja

Technische, IT- und naturwissenschaftliche Berufe

Tätigkeiten	*Zugang/Besonderheit*	*Katalog*	*Katalog-ähnlich*	*Tätig-keitsberuf*
Architekten (Bauingenieurstudium allgemein, Fachrichtung Bauwesen, Wasserbau, Kulturtechnik, Hochbau, Stahlbau, Verkehr, Bau-Chemie, Städtebau, Infrastruktur und Umwelt sowie Raumplanung)	Fachhochschulstudium (Diplom-Architekt) oder Universitätsstudium als Bauingenieur entsprechend der Gesetze über den Schutz der Berufsbezeichnung »Beratende(r) Ingenieur(in)« und Ingenieurkammergesetze der einzelnen Bundesländer. Architekt, Innenarchitekt, Garten- und Landschaftsarchitekt, Stadtplaner darf sich nur derjenige nennen, der in die Architektenliste eines Bundeslandes eingetragen ist. Diese Berufsbezeichnungen sind durch Architektengesetze geschützt und dienen zugleich durch die Kontrolle der Qualifikation dem Verbraucherschutz	ja		
Innenarchitekt	Siehe »Architekt«	ja		
Ingenieure	Siehe »Ingenieurstätigkeiten«	ja		
Vereidigte Sachverständige, hauptberufliche in über 400 Tätigkeitsfeldern	Ausbildung, möglichst Studienabschluss und umfangreiche Praxiserfahrungen im entsprechenden Fachgebiet sowie öffentliche Bestellung und Vereidigung sind Voraussetzung für Freiberuflichkeit	ja		

Tätigkeiten	*Zugang/Besonderheit*	*Katalog*	*Katalog-ähnlich*	*Tätig-keitsberuf*
Lotsen, See-/Hafen-lotsen	Ausbildung und Tätigkeit gemäß des Gesetzes über das Seelotswesen in der Fassung vom 25. 4. 1984 (BGBL S. 1 213), zuletzt geändert am 17. 7. 97 (BGBL S. 1 832)	ja		
Chemiker	Siehe »Naturwissenschaftler«	ja		
Biologen	Siehe »Naturwissenschaftler«		ja	ja
Geophysi-ker/Mine-ralogen	Siehe »Naturwissenschaftler«	ja		
Software-Entwickler	Nur bei Hochschulabschluss als Ingenieur, Informatiker, Mathematiker etc., wenn keine Massensoftware hergestellt wird			ja
Informa-tiker	Bei Studienabschluss als Diplom-Informatiker, Diplom-Ingenieur u. ä.			ja
Erfinder	Freier Beruf, wenn die Tätigkeit mit wissenschaftlichen Methoden ausgeübt wird und die Erfindungen als Resultate geistiger Arbeit mit Merkmalen einer Forschungstätigkeit angesehen werden können; (BFH 14. 3. 1985, IV R 8/84, BStBl. 1985 II, S. 425)			ja
Vermes-sungs-ingenieur	Abschluss zum Diplom-Ingenieur/in – Vermessungswesen (FH) oder (Uni)	ja		
EDV-Berater	Üblicherweise gewerbliche Tätigkeit. Nur dann freier Beruf, wenn der Beruf ingenieursähnlich ausgeübt wird und eine wissen-		ja	

Tätigkeiten	*Zugang/Besonderheit*	*Katalog*	*Katalog-ähnlich*	*Tätig-keitsberuf*
	schaftliche, ingenieursähnliche Ausbildung, möglichst im Bereich Systemtechnik, vorliegt (BFH 7. 11. 1991, IV 17/90, BStBl. 1993 II, S. 324)			
Elektro-techniker	Nur dann freier Beruf, wenn der Beruf ingenieursähnlich ausgeübt und die Breite und Tiefe des Inge-nieurwissens auf dem Niveau eines Hochschulabsolventen nachgewiesen und durch prakti-sche Arbeitsbeispiele dargelegt wird. – (FG Rheinland-Pfalz 9. 11. 1994, 1 K 2 444/91 – der Elektrotechniker wurde in diesem Urteil gewerblich eingestuft)		ja	
Bauleiter	Freiberuflich, sofern ein Architek-tur- oder Bauingenieursstudium abgeschlossen wurde (BFH 22. 1. 1988, III R 43 – 44/85, BStBl. 1988 II, S. 497)		ja	
Bausach-verständi-ger (Scha-dens-schätzer)	Sofern ein Architektur- oder Bau-ingenieursstudium abgeschlossen wurde (BFH 30. 4. 1959, IV 45/58 U, BStBl. 1959 III, S. 267; (aner-kannt)		ja	
Bau-statiker	Freiberuflich bei architekts- oder ingenieursähnlicher Ausbildung (BFH 11. 3. 1976, IV R 185/7, BStBl. 1976 II, S. 380)		ja	
Erz-proben-nehmer	Möglichst Ausbildung als Geologe, Physiker etc. (BFH 14. 11. 1972, VIII R 18/67, BStBl. 1973 II, S. 183)			ja

Tätigkeiten	*Zugang/Besonderheit*	*Katalog*	*Katalog-ähnlich*	*Tätig-keitsberuf*
Hochbau-techniker als Bau-leiter	Freier Beruf bei architektenähnlicher Ausübung und Nachweis der einschlägigen erforderlichen Fachkenntnisse durch langjährige Berufsausübung oder Ausbildung (BFH 12. 10. 1989, IV R 118 – 119/87, BStBl. 1990 II, S. 64)		ja	
Kfz-Sach-verstän-diger	Bei Ingenieursausbildung		ja	
Klinischer Chemiker	Bei Chemiestudium		ja	
Kompass-kompen-sierer auf Seeschif-fen	Bei Ingenieursausbildung		ja	
Konstruk-teur	Bei Ingenieursausbildung oder ingenieursähnlicher Ausübung		ja	
Mark-scheider	Freier vermessungsingenieursähnlicher Beruf (BFH 24. 10. 1974, IVR 155/71, BStBl. 1975 II, S. 290)		ja	
Maschi-nenbau-techniker	Nur bei ingenieursähnlicher Berufsausübung, ansonsten Gewerbe		ja	
Netzplan-techniker	Freier Beruf, wenn dieser ingenieursähnlich ausgeübt wird (FG Düsseldorf 29. 10. 1986, VI 54/80 G, U, EFG 1987, S. 368)		ja	
Planer von Groß-küchen	Bei architekts- und ingenieursähnlicher Tätigkeit liegt Freiberuflichkeit vor (FG Hamburg, 20. 8. 1980, VI 202/77, EFG 1981, S. 154)		ja	

Tätigkeiten	*Zugang/Besonderheit*	*Katalog*	*Katalog-ähnlich*	*Tätig-keitsberuf*
Raum-gestalter	Bei Abschluss eines Architektur-studiums		ja	
Sachver-ständiger	Arbeitet dann als Freiberufler, wenn er über ein Hochschulstudium im Bereich seiner Gutachtertätigkeit verfügt oder aufgrund von nachgewiesenen Erfahrungen und Bestellung durch IHK oder Gerichten eine wissenschaftliche Arbeit garantieren kann (BFH 4. 2. 1954, IV 6/53 U, BStBl. 1954 III, S. 147)		ja	
Schiffs-eichauf-nehmer	Freiberuflich, ohne Nachweis		ja	
Sicher-heits-berater	Freiberufliche Tätigkeit nur, wenn die Beratung im Sinne einer unterrichtenden Arbeit geleistet wird, ansonsten Gewerbeanmeldung für Selbständigkeit nötig			ja
System-analytiker	Nur dann eine freiberufliche Tätigkeit, wenn der Ausübende eine dem Ingenieur vergleichbare Berufsausbildung, z. B. als Elektroingenieur oder Diplom-Informatiker (BFH 4. 8. 1983, IV R 6/80, BStBl 1983 II, S. 677), oder Diplom-Mathematiker nachweisen kann, BFH 19. 7. 1985, III R 175/80, BStBl. 1986 II, S. 15)		ja	
Versiche-rungs- und Wirt-schaftsma-thematiker	Freiberufliche, da wissenschaftliche Tätigkeit (Blümich, EStG – KStG – GewStG, Kommentar, Stand Januar 1996, § 18, Anm. 117)			ja

Tätigkeiten	*Zugang/Besonderheit*	*Katalog*	*Katalog-ähnlich*	*Tätig-keitsberuf*
Wissen-schaftler	Bei Hochschulabschluss (siehe »Naturwissenschaftler«)			ja
IT-Service-mann	Nur freiberuflich bei Ingenieursstudium, z. B. Serviceingenieur (Automatisierungstechnik, elektrische Energietechnik) oder Informatikstudium, Wirtschaftsinformatiker		ja	

Naturwissenschaftler

Tätigkeiten	*Zugang/Besonderheit*	*Katalog*	*Katalog-ähnlich*	*Tätig-keitsberuf*
Archäo-loge	Hochschulabschluss in den entsprechenden Fachrichtungen			ja
Astrologe	gewerbliche Tätigkeit, da nicht als Wissenschaft anerkannt			
Astronom	Hochschulabschluss in den entsprechenden Fachrichtungen			ja
Atom-physiker	Hochschulabschluss in den entsprechenden Fachrichtungen			ja
Bio-chemiker	Hochschulabschluss in den entsprechenden Fachrichtungen			ja
Biologe	Hochschulabschluss in den entsprechenden Fachrichtungen			ja
Chemiker (siehe auch: Chemiein-genieure)	Hochschulabschluss in den entsprechenden Fachrichtungen	ja		
Geograph	Hochschulabschluss in den entsprechenden Fachrichtungen			ja

Tätigkeiten	*Zugang/Besonderheit*	*Katalog*	*Katalog-ähnlich*	*Tätig-keitsberuf*
Geo-wissen-schaftler	Hochschulabschluss in den entsprechenden Fachrichtungen			ja
Mathe-matiker	Hochschulabschluss in den entsprechenden Fachrichtungen			ja
Meteoro-loge	Hochschulabschluss in den entsprechenden Fachrichtungen			ja
Öko-trophologe	Hochschulabschluss in den entsprechenden Fachrichtungen			ja
Pharma-kologe	Hochschulabschluss in den entsprechenden Fachrichtungen	ja bei Apo-theker-tätigkeit		ja
Physiker (siehe auch: Physik-Ingenieur)	Hochschulabschluss in den entsprechenden Fachrichtungen			ja
Mediziner und Apo-theker ohne Apotheke	siehe »Heilkundliche und Gesundheitsberufe«, Seite 102	ja		

Ingenieurstätigkeiten

Tätigkeiten	*Zugang/Besonderheit*	*Katalog*	*Katalog-ähnlich*	*Tätig-keitsberuf*
Ingenieu-re, über 230 Inge-nieursbe-rufe	Bei Hochschulabschluss (FH, Uni, Gesamthochschule)	ja		

Tätigkeiten	*Zugang/Besonderheit*	*Katalog*	*Katalog-ähnlich*	*Tätig-keitsberuf*
Agrar-Ingenieure inkl. Gartenbau- und Forstingenieure	Studium in den entsprechenden Fachrichtungen	ja		
Bauingenieure, Architekten, Vermessungsingenieure	Studium in den entsprechenden Fachrichtungen	ja		
Chemieingenieure, Phytomedizin, Pharmatechnik, Pharmazeutische Chemie, Biotechnologie, Werkstofftechnik	Studium in den entsprechenden Fachrichtungen	ja		
Ingenieure für Lebensmittelchemie	Studium in den entsprechenden Fachrichtungen	ja		
Elektroingenieure, Elektronik, Elektrotechnik,	Studium in den entsprechenden Fachrichtungen	ja		

Tätigkeiten	*Zugang/Besonderheit*	*Katalog*	*Katalog-ähnlich*	*Tätig-keitsberuf*
Mikroelektronik, Fernmeldetechnik, Ingenieurinformatik, Optotechnik, Lichttechnik				
Maschinenbauingenieure (Betriebs-, Energie-, Förder-, Konstruktions-, Kunststoff-, Produktions- und Verfahrenstechnik, Mechatronik)	Studium in den entsprechenden Fachrichtungen	ja		
Physik-Ingenieure	Studium in den entsprechenden Fachrichtungen	ja		
Wirtschaftsingenieure	Studium in den entsprechenden Fachrichtungen	ja		
Ingenieur für Medientechnik	Studium in den entsprechenden Fachrichtungen	ja		

Tätigkeiten	*Zugang/Besonderheit*	*Katalog*	*Katalog-ähnlich*	*Tätig-keitsberuf*
Gesund-heitsinge-nieure	Studium in den entsprechenden Fachrichtungen	ja		
Umwelt-schutzin-genieure	Studium in den entsprechenden Fachrichtungen	ja		
Sicher-heitstech-nik-Inge-nieure	Studium in den entsprechenden Fachrichtungen	ja		

Umweltberufe

Tätigkeiten	*Zugang/Besonderheit*	*Katalog*	*Katalog-ähnlich*	*Tätig-keitsberuf*
Agrar-ingenieur	Unistudium »Agrarwesen« oder »Agrarwirtschaft (Gartenbau)«, FH-Studium Agrarwirtschaft, Gartenbau, Landbau, Weinbau	ja		
Bio-chemiker	Studium der Biochemie oder Chemie mit Aufbaustudiengang	ja		
Biologen	Studium der Biologie, Mikrobiologie, Agrarbiologie, Genetik			ja
Garten-bauinge-nieur	FH-Studium Gartenbau oder Unistudium »Agrarwirtschaft (Gartenbau)«	ja		
Geologen	Studium der Geologie und Diplom-Abschluss			ja
Geophysi-ker/Mine-raloge	Studium der Geophysik und Mineralogie mit Diplom-Abschluss			ja

Tätigkeiten	*Zugang/Besonderheit*	*Katalog*	*Katalog-ähnlich*	*Tätig-keitsberuf*
Hydrologe, Dipl.-Ing.	Bauingenieurstudium mit Schwerpunkt Wasserwirtschaft/ Wasserbau		ja	
Ingenieur für Forst-wirtschaft	Fachhochschul- oder Unistudium der Forstwirtschaft	ja		
Ingenieur für Geo-däsie	Studium Vermessungsingenieur-wesen	ja		
Ingenieur für Geo-wissen-schaften	Studium der Geowissenschaften	ja		
Ingenieur für Land-schafts-pflege	Studium der Landschaftspflege	ja		
Ingenieur für techni-schen Um-weltschutz	Studium Umweltschutz bzw. Geowissenschaft	ja		
Ingenieur für Um-weltschutz	Studium im Bereich Abfalltechnik, Umweltschutz, Verfahrenstechnik und technischer Umweltschutz	ja		
Land-schaftsar-chitekten	Nur mit Architekturstudium oder Nachweis vergleichbaren Tätig-keitsniveaus		ja	
Pflanzen-arzt	Universitätsstudium in den Berei-chen Agrarwirtschaft, Forstwirt-schaft, Gartenbau, Landespflege, Agrarbiologie oder Biologie. Pro-motions-/Aufbaustudium der Phytomedizin			ja

Tätigkeiten	*Zugang/Besonderheit*	*Katalog*	*Katalog-ähnlich*	*Tätig-keitsberuf*
Recycling-ingenieur	Fachhochschulstudiengang zum Diplom-Ingenieur (FH) – Recycling, aber auch über Studium im Bereich Abfalltechnik, Umweltschutz, Verfahrenstechnik und technischer Umweltschutz	ja		
Umwelt-gutachter/-auditor	Möglichst Studium als Umwelt(schutz)ingenieur, aber auch der Wirtschafts-, Rechts-, Verwaltungs-, Natur-, Bio- oder Ingenieurswissenschaften. Zulassung nach der Öko-Audit-Verordnung		ja	
Umwelt-jurist	Jurastudium, zwei Staatsexamen und Zulassung als Rechtsanwalt		ja	
Umwelt-sachverständiger, vereidigter	Siehe Umweltgutachter			ja
Wein-analytiker	Ausbildung als Winzer bzw. Studium in Weinbau und Kellerwirtschaft (Önologie), Bio- oder Lebensmittelchemie		ja	

Rechts-, steuer- und wirtschaftsberatende Berufe

Tätigkeiten	*Zugang/Besonderheit*	*Katalog*	*Katalog-ähnlich*	*Tätig-keitsberuf*
Buch-prüfer, vereidigter	Berufliche Fortbildung bzw. Zusatzqualifizierung für Steuerberater und Rechtsanwälte, die mit einer staatlichen Prüfung endet		ja	

Tätigkeiten	*Zugang/Besonderheit*	*Katalog*	*Katalog-ähnlich*	*Tätig-keitsberuf*
Frachten-prüfer	Nur dann freier Beruf, wenn er rechtsanwaltsähnlich ausgeübt und eine juristische Hochschulausbildung nachgewiesen wird (FG Berlin 10. 12. 1969, VI 37/69, EFG 1970, S. 343)		ja	
Güter-besichtiger	Freier Beruf, wenn dieser hauptberuflich als Sachverständiger unter Anwendung wissenschaftlich abgesicherter Methoden durchgeführt wird. (FG Bremen 11. 11. 1970, II 156/68, EFG 1971, S. 295; FG Bremen 30. 1. 1973, II 130/72, EFG 1973, S. 279)		ja	
Havarie-sachver-ständiger	Freier Beruf bei hauptberuflicher Tätigkeit als Sachverständiger (BFH 22. 6. 1965, I 347/60 U, BStBl. 1965 III, S. 593)		ja	
Insolvenz-verwalter	Freiberufliche Tätigkeit eines Rechtsanwaltes, Wirtschaftsprüfers oder Steuerberaters (BFH, Urteil vom 1. 8. 1994 – IV R 126/91; ZIP 23/94, S. 1 877)		ja	
Kunst-sachver-ständiger	Tätigkeit bei Vorliegen eines kunstwissenschaftlichen Studiums oder wenn die Tätigkeit die erforderlichen hohen wissenschaftlichen Standards erfüllt und hauptberuflich ausgeübt wird (BFH 22. 6. 1971, VIII 23/65, BStBl. 1971 II, S. 749)			ja
Marke-tingberater	Nur dann eine freiberufliche Tätigkeit, wenn ein universitäres		ja	

Tätigkeiten	*Zugang/Besonderheit*	*Katalog*	*Katalog-ähnlich*	*Tätig-keitsberuf*
	Volks- oder Betriebswirtschafts-studium abgeschlossen wurde (FG Hessen 22. 10. 1971, IV 73-74/70, EFG 1972, S. 71)			
Markt-forscher	Wenn ein universitäres Volks- oder Betriebswirtschaftsstudium abgeschlossen wurde (FG Hamburg 15. 4. 1970, II 363/66, EFG 1970, S. 589)		ja	
Notar	Zweites juristisches Staatsexamen (Befähigung zum Richteramt) und Kammerzulassung entsprechend Bundesnotarordnung (BNotO) vom 24. 2. 61 (BGBL S. 97), zuletzt geändert am 9. 7. 01 (BGBL S. 1 510)	ja		
Patent-anwalt	Zweites juristisches Staatsexamen und Kammerzulassung	ja		
Patent-bericht-erstatter	Freier Beruf, wenn die Tätigkeit auch Beurteilungen und Wertungen beinhaltet bzw. wenn der Berichterstatter Jurist ist (BFH 2. 12. 1970, IR 23/67, BStBl. 1971 II S. 233)		ja	
Prozess-agent	Freiberufliche Tätigkeit (RFH 7. 12. 1938, VI 718/38, RStBl. 1939, S. 215)		ja	
Rechts-anwalt	Zweites juristisches Staatsexamen und Kammerzulassung	ja		
Rechtsbei-stand, z. B. als freier	Freiberufliche Tätigkeit außer bei Inkasso-Angelegenheit und wenn es zentral um die Anfertigung von		ja	

Tätigkeiten	*Zugang/Besonderheit*	*Katalog*	*Katalog-ähnlich*	*Tätig-keitsberuf*
	Aktenauszügen für Versicherungsgesellschaften geht. (BFH 24. 4. 1975, VR 35/74, BStBl. 1975 II, S. 593, BFH 18. 3. 1970, IR 147/67, BStBl. 1970 II, S. 455)			
Referendar	Freiberufliche rechtsanwaltsähnliche Tätigkeit bei freier Mitarbeit in einer Rechtsanwaltskanzlei (BFH 20. 4. 1972, IV R 7/72, BStBl. 1972 II, S. 615)		ja	
Rentenberater, Betreuer	Freiberufliche Tätigkeit (BVerwG NJW 1968, S. 908, FG Kiel Rechtsbeistand 1984, S. 223)		ja	
Steuerberater	Bundesweit durch Verordnung geregelte berufliche Fortbildung im Anschluss an ein wirtschaftswissenschaftliches oder rechtswissenschaftliches Hochschulstudium bzw. an eine fünfjährige Berufstätigkeit als Sachgebietsleiter in der Finanzverwaltung oder an eine zehnjährige Tätigkeit als Steuerbevollmächtigter oder in einem wirtschafts- und steuerberatenden Ausbildungsberuf (Kammerzulassung)	ja		
Treuhänder	Nur bei Zulassung als Rechtsanwalt, Notar, Steuerberater oder mit Studium zum Diplomvolkswirt/-betriebswirt (Uni)		ja	
Unternehmensberater	Nur mit entsprechendem Hochschulabschluss als beratender Volks- und Betriebswirt, ansonsten Gewerbetreibender	ja		

Tätigkeiten	*Zugang/Besonderheit*	*Katalog*	*Katalog-ähnlich*	*Tätig-keitsberuf*
Unter-nehmens-berater	Nur dann freiberufliche Tätigkeit, wenn eine Ausbildung als Diplomvolkswirt, Diplombetriebs-wirt oder Diplomingenieur abge-schlossen wurde (FG Düsseldorf 20. 5. 1970, VII 89/68 E, EFG 1970, S. 559)		ja	
Wirt-schafts-prüfer	Bei der Ausbildung zum Wirt-schaftsprüfer handelt es sich um eine berufliche Fortbildung, in der Regel im Anschluss an ein betriebswirtschaftliches, volks-wirtschaftliches, juristisches, technisches oder landwirtschaft-liches Universitätsstudium	ja		
Wirt-schafts-berater	Nur mit entsprechendem Hoch-schulabschluss als beratender Volks- und Betriebswirt, ansons-ten Gewerbetreibender	ja		
Wirt-schafts-berater	Nur dann freiberufliche Tätigkeit, wenn eine Ausbildung als Diplomvolkswirt, Diplombetriebs-wirt oder Diplomingenieur abge-schlossen wurde. (FG Bremen 10. 8. 1993, 2/92/ 169 K 5, EFG 1994, S. 41)		ja	

Kulturberufe

Tätigkeiten	*Zugang/Besonderheit*	*Katalog*	*Katalog-ähnlich*	*Tätig-keitsberuf*
Designer	Wenn Tätigkeit künstlerisch ausgeübt wird. Empfehlung: Studienabschluss einer FH oder Uni, Fachbereich Design, Gestaltung			ja
Dolmetscher	Ausbildung entsprechend der Verordnung über das Eignungsfeststellungsverfahren für Dolmetscher und Übersetzer (Dolmetschereignungsfeststellungsverordnung – DolmVO M-V) vom 30. 1. 96	ja		
Gebärdensprachdolmetscher	Siehe »Sozialberufe«, Seite 107		ja	
Gebäude-Restaurator	Wie Restaurator			
Geisteswissenschaftliche Berufe	Voraussetzung: Studienabschluss			ja
Kulturpädagoge	Kulturwissenschaftliches Studium, z. B. Kunstgeschichte mit Ergänzungsstudium in Erziehungswissenschaft, Pädagogikstudium mit Schwerpunkt Kultur. Nach Sonderausbildungen und Studiengängen fragen			ja
Künstler	Siehe »als Künstler selbständig«, Seite 56 u. 133			ja
Lehrer	Siehe »Lehrer, Trainer und Dozenten«, Seite 57 u. 130	ja		ja

Tätigkeiten	*Zugang/Besonderheit*	*Katalog*	*Katalog-ähnlich*	*Tätig-keitsberuf*
Medien-pädagoge	Pädagogikstudium mit medienspezifischer Zusatzqualifikation oder Studium der Kommunikations- oder Sozialwissenschaft plus Pädagogikergänzungsstudium			ja
Museums-pädagoge	Fachhochschulstudium im Bereich Erziehungswissenschaften/Pädagogik oder Museologie, aber auch Geschichtswissenschaft, Archäologie, Völkerkunde oder Ethnologie mit pädagogischer Zusatzausbildung			ja
Restau-rator	Bislang, mit Weiterbildungsausbildung, aufbauend auf Handwerksberuf oder Studium zum Diplom-Restaurator. Ab 2002 nur noch mit FH-Studium zum Diplomrestaurator entsprechend der Zugangsordnung des Fachverbandes möglich			ja
Tanzlehrer, allgemein, mit allen denkbaren Schwer-punkten	Fundierte, berufsverbandsgeregelte Ausbildung zum Tanzlehrer-Assistent, Tanzlehrer oder Tanzsporttrainer. Siehe auch »Tanztherapeut«			ja
Theater-berufe	Siehe »darstellende Künstler«			ja
Theater-pädagoge	Wie Medienpädagogen mit dramaturgischer Zusatzausbildung			ja
Ton-künstler	Wenn Tätigkeit künstlerisch ausgeübt wird			ja

Tätigkeiten	*Zugang/Besonderheit*	*Katalog*	*Katalog-ähnlich*	*Tätig-keitsberuf*
Trauer-redner	Freiberuflich, wenn die Reden individuell erstellt werden und die Ansprachen nicht nach Rede-schablonen verfasst werden (BFH 29. 7. 1981, IR 183/79, BStBl. 1982 II, S. 22)			ja
Übersetzer	Ausbildung entsprechend der Richtlinie zur Durchführung und Anerkennung von Prüfungen für Übersetzer und Dolmetscher/ Übersetzerinnen und Dolmet-scherinnen, Beschluss der Kultus-ministerkonferenz vom 5. 11. 54 in der Fassung vom 24. 11. 98	ja		

Geisteswissenschaftliche Berufe

Tätigkeiten	*Zugang/Besonderheit*	*Katalog*	*Katalog-ähnlich*	*Tätig-keitsberuf*
Soziologe	Uniabschluss der Sozialwissen-schaften			ja
Ethnologe	Universitätsstudium im FB Ethno-logie oder Völkerkunde, aber auch im Bereich Sozial- bzw. Regional-wissenschaft			ja
Germanist	Magister- oder Diplomabschluss in Germanistik, auch als Bachelor-Abschluss möglich			ja
Historiker	Uniabschluss in einer Geschichts-wissenschaft (diverse Fachrich-tungen), Ethnologie, Kunstge-schichte oder auch Archäologie			ja

Tätigkeiten	*Zugang/Besonderheit*	*Katalog*	*Katalog-ähnlich*	*Tätig-keitsberuf*
Pädagoge über 60 pädagogische Berufe zur Auswahl	Fachschulorientierte Ausbildungen, z. B. Fachlehrerin an Sonderschulen oder Studium an Fachhochschulen und Universitäten (Pädagogischen Hochschulen), führen zum entsprechenden Abschluss im jeweiligen Bereich			ja
Philosoph	Philosophischer Berater: Uniabschluss in Philosophie. Freier Philosophielehrer kann sich jeder nennen, daher offener Zugang			ja
Politologe	Studienabschluss (Magister, auch als Bachelor) der Politologie bzw. Politikwissenschaft			ja

Lehrer, Trainer und Dozenten

Tätigkeiten	*Zugang/Besonderheit*	*Katalog*	*Katalog-ähnlich*	*Tätig-keitsberuf*
Behindertenpädagoge (FH)	Fachhochschulstudium			ja
Betreuungslehrer (Unterstützung von Referendaren etc.)	Lehrerbefähigung, langjährige Erfahrung			ja
Dozent Musikberufe	Im Prinzip freier Zugang. Ausbildung in Gesang bzw. als Instrumentalmusiker an Musikfach-			ja

Tätigkeiten	*Zugang/Besonderheit*	*Katalog*	*Katalog-ähnlich*	*Tätig-keitsberuf*
Gesangs-pädagogik oder Instru-mental	schule, Akademie oder im Rahmen eines Musikhochschulstudiums. Pädagogische Zusatzqualifikation oder Studium auf Lehramt zur Musikerzieherin an Gymnasien, Realschulen oder Sonderpädagogik			
Dozent	Siehe »Erwachsenenbildner«			
Erwachsenenbildner, in 600 Bereichen	Offener Zugang, zumeist unterrichten praxiserfahrene Experten in ihrem Fachbereich, z. B. an Volkshochschulen, IHK-Akademien, Weiterbildungseinrichtungen. Aber auch Lehrer und Hochschullehrer üben oftmals eine entsprechende freiberufliche Nebentätigkeit aus			ja
Fachlehrer an allgemeinbildenden Schulen	Auch nichtakademische Ausbildung der Lehrer für Fachpraxis an Berufsschulen, Berufsfachschulen, Fachschulen, Fachoberschulen oder Fach- und Beruflichen Gymnasien in den Bereichen: Wirtschaft und Verwaltung Metalltechnik Elektrotechnik Bautechnik Holztechnik Textiltechnik und Bekleidung Chemie, Physik und Biologie Drucktechnik Farbtechnik und Raumgestaltung Gesundheit Körperpflege			ja

Tätigkeiten	*Zugang/Besonderheit*	*Katalog*	*Katalog-ähnlich*	*Tätig-keitsberuf*
	Ernährung und Hauswirtschaft Agrarwirtschaft (inwieweit freiberufliche Tätigkeit möglich ist, richtet sich nach Vertrag und Anzahl der Auftragsschulen)			
Fahrlehrer	Fahrlehrerbefähigungsnachweis			ja
Fahrschulinhaber	Nur freiberuflich, wenn die Unterrichtstätigkeit eigenpersönlich und eigenverantwortlich ausgeübt wird, wenn der Fahrlehrer in unmittelbarer Beziehung mit seinen Fahrschülern steht (BFH 4. 10. 1966, I 249/63, BStBl. 1966 III, S. 685; BFH 9. 8. 1990, VR 87/85, BFH/NV 1991, S. 849.) Bei Fahrschulbetrieb mit mehreren Fahrlehrern liegt Gewerbebetrieb vor			ja
Informationsbegleiter	Nur freier Beruf, wenn dieser im Sinne einer unterrichtenden Tätigkeit ausgeübt und die Vermittlung von Wissen im Handlungszentrum steht, z. B. Vermittlung von politischen und/oder wirtschaftlichen Informationen über eine Großstadt (FG Berlin 29. 7. 1976, V 38 – 39/76, EFG 1977, S. 316)			ja
Kunstdozent	Im Prinzip freier Zugang. Ausbildung in bildender Kunst (Malerei oder Gestaltung) an Fachschulen, Akademien oder Hochschulen oder Ausbildung im Lehramt als Kunsterzieher in den unterschiedlichen Schultypen oder Hochschullehrerlaufbahn			ja

Tätigkeiten	*Zugang/Besonderheit*	*Katalog*	*Katalog-ähnlich*	*Tätig-keitsberuf*
Lehrkraft – Fußpflege	Einschlägige Erfahrung als Medizinischer Fußpfleger und Beauftragung als Lehrkraft			ja
Seminar-leiter	Offener Zugang, aber nur freiberuflich, wenn die Tätigkeit nicht nur organisatorisch, sondern als Fachseminarleiter im entsprechenden Themenbereich persönlich durchgeführt wird			ja
Trainer in über 100 Bereichen	Offener Zugang. Trainertätigkeit reicht vom Sport über Wirtschaftsseminare bis zum Persönlichkeitsbildungs-Seminar			ja

Darstellende Künstler

Tätigkeiten	*Zugang/Besonderheit*	*Katalog*	*Katalog-ähnlich*	*Tätig-keitsberuf*
Aushilfs-musiker	Offener Zugang			ja
Choreo-graph	Offener Zugang, z. B. bei Choreographie von Laiengruppen, Popauftritten, fundierte Ausbildung bei professioneller Betreuung von Ballett- und Tanztheateraufführungen. Studium in Tanz, Dramaturgie etc. oder zum Diplom-Choreograph			ja
Confé-rencier	Offener Zugang für Naturtalente, oftmals Schauspielausbildung			ja
Dirigent	Offener Zugang, z. B. als Leiter eines Kirchen- oder sonstigen Laienchors, ansonsten Orchesterausbildung, zumeist Musikstudium			ja

Tätigkeiten	*Zugang/Besonderheit*	*Katalog*	*Katalog-ähnlich*	*Tätig-keitsberuf*
Magier (Zauber-künstler)	Freier darstellender künstlerischer Beruf, wenn genügend Gestaltungshöhe und eine bestimmte Qualität geboten werden (FG Rheinland-Pfalz 13. 12. 1984, 3 K 244/83, EFG 1985, S. 128)			ja
Mario-netten-spieler	Hochschulausbildung zum Diplom-Puppenspieler oder zum Diplom-Figurenspieler			ja
Musical-Darsteller	Wie Tänzer bzw. Sänger, jedoch können gesonderte Studiengänge belegt oder spezielle Ausbildungen bei Musicalanbietern belegt werden			ja
Parodist	Offener Zugang, Naturtalent reicht, vielfach besteht aber eine journalistische oder schauspielerische Ausbildung			ja
Regisseur	Offener Zugang. Volontariat oder Belegung von Bildungsangeboten an Theatern bzw. bei Produktionsfirma. Regie-Studiengänge im Rahmen der Theater- und Musikwissenschaft oder an Fernsehhochschulen			ja
Sänger/ Chor-sänger	Offener Zugang, Gesangsausbildung von Privat über Fachschule/ Akademie bis zur Hochschulausbildung denkbar			ja
Schau-spieler	Offener Zugang, vom Autodidakten bis zum Abschluss einer Schauspielschule			ja

Tätigkeiten	*Zugang/Besonderheit*	*Katalog*	*Katalog-ähnlich*	*Tätig-keitsberuf*
Show- und Quizmaster	Siehe »Conférencier«			ja
Souffleur	Offener Zugang, zumeist von älteren Schauspielern, Sängern oder Tänzern übernommen			ja
Synchron-sprecher	Freiberuflichkeit (BFH, Urteil vom 12. 10. 1978, BStBl. 1 081 II, S. 353).			ja
Tanz- und Unter-haltungs-musiker	Freiberuflich künstlerische Tätigkeit, wenn ein bestimmtes Qualitätsniveau erreicht wird (Bundesfinanzhof, Urteil vom 19. 8. 1982, BStBl. 1983 II, S. 7)			ja
Tänzer: Solo- oder Gruppen-tänzer, Klassik, Show, Folk-lore, Bal-lettmeister	Fundierte Ausbildung an Theater und Ballettschule, auch Hochschulstudium entspricht gewählter Fachrichtung			ja
Tonkünst-ler (-tech-niker)	Freie künstlerische Tätigkeit (FG Berlin 30. 9. 1986, V 368/85, EFG 1987, S. 244)			ja
Visagist	Künstlerisch, freiberufliche Tätigkeit (FG Hamburg 19. 8. 1992, III 374/88, EFG 1993, S. 306)			ja

! **Buchtipp!**

Martin Massow: Atlas der kreativen Berufe. Über 180 Berufsporträts aus Mode, Design, Kunst, Film, Funk, Fernsehen, Theater, Musik. München 2000. Enthält die Berufsbildbeschreibungen und viele Adressen, u. a. der Phonowirtschaft.

Bildende Künstler

Tätigkeiten	*Zugang/Besonderheit*	*Katalog*	*Katalog-ähnlich*	*Tätig-keitsberuf*
Bildhauer	Offener Zugang. Künstlerische Tiefe muss ggf. nachgewiesen werden oder Abschluss spezieller Bildhauerausbildungen an Berufsfachschulen, Fachschulen oder Hochschulen (Uni, Kunst- und Fachhochschulen)			ja
Designer	Offener Zugang. Allerdings erfolgt Anerkennung als Freiberufler nur bei Leistungsnachweis: Fachschulausbildung als staatlich gepr. Designer in Farbe, Gestaltung und Werbung, Foto, Gerät und Schmuck, Grafik, Kommunikationsdesign, Mode, Informationsdesign. Studienmöglichkeiten an FH und Uni mit Schwerpunkten Industrie, Grafik, Mode, Schmuck, Edelstein, Textil, Gestalter-Medien, Webdesign			ja
Gestalter	Offener Zugang. Ansonsten Fortbildungsberuf an Fachschulen mit Schwerpunkten: Bekleidung, Mode, Edelmetallgestaltung, Edelstein und Schmuck, Glas, Handwerk, Keramik, Schmuck und Gerät, Spielzeug, Stein			ja
Grafiker	Offener Zugang. Keine Anerkennungsprobleme bei Fach-, FH- oder Hochschulabschluss			ja
Grafischer Zeichner	Kein freier Beruf mehr, da es 1974 im Berufsbild »Druckvorlagenhersteller« aufging			ja

Tätigkeiten	*Zugang/Besonderheit*	*Katalog*	*Katalog-ähnlich*	*Tätig-keitsberuf*
Industrie-designer	Nur freiberuflich, wenn der Beruf künstlerisch ausgeübt wird			ja
Kunst-hand-werker	Nur dann freiberufliche Tätigkeit, wenn er künstlerisch ausgeübt wird und nur selbst entworfene Gegenstände hergestellt werden (BFH 26. 9. 1968, IV 43/64, BStBl. 1969 II, S. 70). Ansonsten sind Kunsthandwerker gewerbetreibende Handwerker entsprechend ihrer Grundausbildung, beispielsweise zum Schreiner mit Weiterbildung zum Kunstschreiner, oder Schlosser mit Weiterbildung zum Kunstschmied etc. Wer Massenware oder Duplikate in einer für ein künstlerisches Werk unüblichen Zahl herstellt, ist in jedem Fall Gewerbetreibender			ja
Kunst-maler/ Kunst-zeichner	Offener Zugang. Schulische Ausbildung an Akademien und Kunstschulen. Auch Hochschulstudium »Bildende Kunst« möglich. Nur anerkannt als freie künstlerische Tätigkeit, wenn er künstlerisch und nicht kunstgewerblich ausgeübt wird und die Bilder einen entsprechenden künstlerischen Wert mit persönlicher Note und selbständiger Qualität besitzen			ja
Layouter	Freier Beruf, wenn er künstlerisch ausgeübt wird (FG Hamburg, 24. 9. 1992, I 199/90, EFG 1993, S. 364)			ja

Tätigkeiten	*Zugang/Besonderheit*	*Katalog*	*Katalog-ähnlich*	*Tätig-keitsberuf*
Restaurator	Freiberufliche künstlerische Tätigkeit als Gemälderestaurator, Inventar- und Gebäuderestaurator, wenn die Arbeit wissenschaftlich gewissenhaft selbständig ausgeübt wird und nicht zu viele Mitarbeiter beschäftigt werden (RFH 21.6. 1944, VI 94/44, RStBl. 1944, S. 772, FG Düsseldorf DStZ/E 1967, S. 492 und 493; FG Hessen, 21.10. 1983, 8 V 153/83, EFG 1984, S. 260). Freiberufler sind zudem die Diplom-Restauratoren (FH-Abschluss)			ja
Textil-entwerfer	Freie künstlerische Tätigkeit (BFH, U. v. 7. 11. 1963, BStBl. 1964 III, S. 45; FG Düsseldorf 25. 10. 1966, II 9/65 G, EFG 1967, S. 287)			ja

Publizisten, Medien-, Bild- und Filmschaffende

Tätigkeiten	*Zugang/Besonderheit*	*Katalog*	*Katalog-ähnlich*	*Tätig-keitsberuf*
Autor	Offener Zugang			ja
Fernseh-ansager				ja
Film- und Video-journalist			ja	
Film-hersteller	Nur freier Beruf, wenn die Filme künstlerisch sind (kein Industriefilm) und an allen Tätigkeiten selbst mitgewirkt wird. (BFH 2.12. 1980, VIII R 32/75, BStBl. 1981 II, S. 171)			ja

Tätigkeiten	*Zugang/Besonderheit*	*Katalog*	*Katalog-ähnlich*	*Tätig-keitsberuf*
Foto-designer	Offener Zugang auch für Autodidakten, künstlerische Tätigkeit, allerdings muss ggfs. die künstlerische Tiefe der Produktionen nachgewiesen werden. Keine Anerkennungsprobleme bei Abschluss einer Fotoakademie oder eines Fachhochschulstudiums			ja
Fotograf	Eigentlich gewerblich-handwerkliche Tätigkeit mit Meistertitelpflicht und Eintrag in Handwerksrolle. Es gibt aber auch Urteile, die Fotografen den freien künstlerischen Berufen zuordnen (BFH 7.10.1971, IV R 139/66, BStBl. 1972 II, S. 335). Das ist der Fall, wenn Fotografie auf einer Akademie oder Uni studiert wurde			ja
Journalist	Offener Zugang	ja		
Lexiko-graph	Freier, übersetzerähnlicher Beruf (FG Rheinland-Pfalz 21.3.1972, II 241, 386-389/66, EFG 1972, S. 435)			ja
Online-Journalist	Offener Zugang	ja		
Schrift-steller	Freier, künstlerischer Beruf, Tätigkeitsberuf (siehe auch nächsten Abschnitt)			ja
Werbe-fotograf	Gewerblich, handwerkliche Tätigkeit. Freiberuflich nur dann, wenn die Fotos künstlerisch erstellt werden und eine gewisse eigene Gestaltungshöhe aufweisen (BFH, Urteil v. 14.12.1976, BStBl. 1977, S. 474)			ja

Tätigkeiten	*Zugang/Besonderheit*	*Katalog*	*Katalog-ähnlich*	*Tätig-keitsberuf*
Werbe-schrift-steller	Freiberufliche, schriftstellerische Tätigkeit bei eigenverantwortlichem Inhalt (BFH 14. 5. 1958, IV 278/56 U, BStBl. 1958 III, S. 316)			ja
Werbetex-ter	Schriftstellerische Tätigkeit (FG Nürnberg 2. 7. 1980, V 193/79, EFG 1980, S. 599)			ja

Buchtipp!
Martin Massow: Atlas Neue Werbe- und Kommunikationsberufe. Über 180 Berufsporträts. Einstieg, Aus- und Weiterbildung. Über 700 Adressen, 2. Aufl. München 2000.

So werde ich gewerblicher Freiberufler

Der Begriff gewerblicher Freiberufler bezeichnet Selbständige, die zwar wie Freiberufler arbeiten, jedoch steuer-, gewerbe- und handelsrechtlich Gewerbetreibende sind und beim Ordnungsamt ein Gewerbe anmelden müssen. Was es bei der Gründung als Gewerbetreibender zu beachten gilt, ist in diesem Abschnitt zusammengefasst. Darüber hinaus werden wichtige betriebswirtschaftliche Aspekte behandelt, die sowohl für Freiberufler als auch für Gewerbetreibende gelten, wie z. B.: »So bekommt man die Finanzen in Griff« u. ä. Das nächste Kapitel »Einstieg als Freelancer« widmet sich dem Vertragswesen, das sowohl für Freiberufler als auch für Gewerbetreibende gleichermaßen gültig ist und beispielsweise darüber entscheidet, ob sie freie Mitarbeiter oder Werksvertragsnehmer sind.

Abgrenzung Gewerbetreibender und freier Beruf

Die Abgrenzung zwischen freier Beruf und Gewerbetreibender ist oftmals schwierig. Denn wie der gewerblichen Tätigkeit fehlt auch der freiberuflichen Selbständigkeit nicht die Erwerbs- und Gewinnabsicht. Dadurch haben zahlreiche Tätigkeiten sowohl Merkmale der freiberuflichen Tätigkeit als auch des Gewerbes, wie dies besonders beim Beispiel EDV-Berater deutlich wird. Da in diesen Zweifelsfällen bei einer freien Tätigkeit die geistige, schöpferische und wissenschaftlich orientierte Arbeit als ausschlaggebendes Kriterium im Vordergrund steht, kann davon ausgegangen werden, dass bei Fehlen dieser Aspekte ein Gewerbe angenommen wird.

Beispielsweise würde man annehmen, ein selbständiger Apotheker sei Freiberufler. Weit gefehlt. Obwohl er zwar so gesehen eine wissenschaftliche Tätigkeit erfüllt, stehen bei seiner Tätigkeit doch Verkauf und Handel (mit Arzneien) im Vordergrund, wodurch er als Gewerbetreibender eingestuft wird. Wäre der Apotheker jedoch z. B. als freier Mitarbeiter in der Pharmaforschung, also mit schöpferischen und eigengeistigen Entwicklungsprozessen beschäftigt, wäre er Freiberufler.

ABC Gewerblicher Tätigkeiten

Eine kleine Bewertungshilfe soll folgendes ABC gewerblicher Tätigkeiten sein, das die rechtliche Behandlung zahlreicher Zweifelsfälle auflistet. Es ist als Ergänzung des ABC der finanzgerichtlich anerkannten katalogähnlichen Berufe gedacht.

Einer gewerblichen Tätigkeit werden im Allgemeinen zugeordnet:

- Anlageberater/Finanzanalyst (BFH vom 2. 9. 1988, BStBl. 1989 II S. 24),
- Ärztepropagandist (BFH vom 27. 4. 1961, BStBl. III S. 315),
- Apotheken-Inventurbüro (BFH vom 15. 6. 1965, BStBl. III S. 556),
- Apothekenrezeptabrechner (BFH vom 28. 3. 1974, BStBl. II S. 515),
- Apotheker (IHK Lüneburg Wolfsburg),
- Architekt, der bei Ausübung einer beratenden Tätigkeit an der Vermittlung von Geschäftsabschlüssen mittelbar beteiligt ist (BFH vom 14. 6. 1984, BStBl. 1985 II S. 15),
- Artist (BFH vom 16. 3. 1951, BStBl. III S. 97),
- Baubetreuer (Bauberater), die sich lediglich mit der wirtschaftlichen (finanziellen) Betreuung von Bauvorhaben befassen (BFH vom 29. 5. 1973, BStBl. 1974 II S. 447 und vom 30. 5. 1973, BStBl. II S. 668),
- Bauleiter (BFH vom 22. 1. 1988, BStBl. II S. 497),

- Beratungsstellenleiter eines Lohnsteuerhilfevereins (BFH vom 10. 12. 1987, BStBl. 1988 II S. 273),
- Berufssportler (BFH vom 22. 1. 1964, BStBl. III S. 207),
- Bezirksschornsteinfegermeister (RFH vom 5. 1. 1938, RStBl. S. 429),
- Bodybuilding-Studio, wenn unterrichtende Tätigkeit nur die Anfangsphase der Kurse prägt und im Übrigen den Kunden Trainingsgeräte zur freien Verfügung stehen (BFH vom 18. 4. 1996, BStBl. II S. 573),
- Buchführungshelfer (IHK Lüneburg Wolfsburg),
- Buchhalter (IHK Lüneburg Wolfsburg),
- Buchmacher (RFH vom 22. 2. 1939, RStBl. S. 576),
- Bühnenvermittler (BFH vom 15. 4. 1970, BStBl. II S. 517),
- Designer, wenn nicht künstlerisch ausgeübt wird. (IHK Lüneburg Wolfsburg),
- Detektiv (RFH vom 15. 7. 1942, RStBl. S. 989),
- Dispacheur (BFH vom 26. 11. 1992, BStBl. 1993 II S. 235),
- EDV-Berater, freiberufliche Tätigkeit nur bei ingenieursähnlichen Tätigkeiten, z. B. bei der Entwicklung von Systemsoftware (siehe ABC der finanzgerichtlich anerkannten katalogähnlichen Berufe oder ABC ähnlicher Berufe). Ansonsten ist ein EDV-Berater im Bereich der Anwendersoftware-Entwicklung gewerblich tätig (BFH vom 7. 12. 1989, BStBl. 1990 II S. 337 und vom 7. 11. 1991, BStBl. 1993 II S. 324); Gewerbetreibender ist auch ein EDV-Berater, der die Benutzer eines Software-Produkts vor, bei und nach dem erstmaligen Einsatz betreut (BFH vom 24. 8. 1995, BStBl. II S. 888),
- Ehevermittler,
- Erbensucher (BFH vom 24. 2. 1965, BStBl. III S. 263),
- Exportberater,
- Fahrschule, wenn der Inhaber nicht die Fahrlehrererlaubnis besitzt (BFH vom 4. 10. 1966, BStBl. III S. 685),
- Filmhersteller, sofern nicht insgesamt künstlerisch,
- Finanz- und Kreditberater (BFH vom 13. 4. 1988, BStBl. II S. 666),
- Fitness-Studio; keine unterrichtende Tätigkeit, wenn Kunden im Wesentlichen in Gerätebedienung eingewiesen werden und Training in Einzelfällen überwacht wird (BFH vom 13. 1. 1994, BStBl. II S. 362),
- Fotograf, sofern nicht künstlerisch oder Bildberichterstattung,
- Fotomodell (BFH vom 8. 6. 1967, BStBl. III S. 618),
- Fremdenführer,
- Fußpfleger,

- Gastronomie,
- Grafiker, sofern er nicht künstlerisch tätig ist,
- Gutachter auf dem Gebiet der Schätzung von Einrichtungsgegenständen und Kunstwerken (BFH vom 22. 6. 1971, BStBl. II S. 749),
- Havariesachverständiger (BFH vom 22. 6. 1965, BStBl. III S. 593),
- Heileurhythmist (BFH vom 21. 6. 1990, BStBl. II S. 804),
- Hellseher (BFH vom 30. 3. 1976, BStBl. II S. 464),
- Hersteller künstlicher Menschenaugen (BFH vom 25. 7. 1968, BStBl. II S. 662),
- Industriepropagandisten (RFH vom 25. 3. 1938, RStBl. S. 733),
- Ingenieure als Werber für Lieferfirmen (RFH vom 30. 8. 1939, RStBl. 1940 S. 14),
- Inkassobüro,
- Inventurbüro (BFH vom 28. 11. 1968, BStBl. 1969 II S. 164),
- Kfz-Sachverständiger ohne Ingenieursexamen, dessen Tätigkeit keine mathematisch-technischen Kenntnisse wie die eines Ingenieurs voraussetzt (BFH vom 9. 7. 1992, BStBl. 1993 II S. 100),
- Klavierstimmer (BFH vom 22. 3. 1990, BStBl. II S. 643),
- Konstrukteur, der überwiegend Bewehrungspläne fertigt (BFH vom 5. 10. 1989, BStBl. 1990 II S. 73),
- Krankenpflegehelfer (BFH vom 26. 8. 1993, BStBl. II S. 887),
- Kreditberater,
- Kükensortierer (BFH vom 16. 8. 1955, BStBl. III S. 295),
- Künstleragenten (BFH vom 18. 4. 1972, BStBl. II S. 624),
- Künstlermanager,
- Kursmakler,
- Landschaftsgärtner, sofern nicht Land- und Forstwirtschaft,
- Makler (RFH vom 1. 6. 1938, RStBl. S. 842),
- Marktforschungsberater (BFH vom 27. 2. 1992, BStBl. II S. 826),
- Masseur, der lediglich oder überwiegend kosmetische Massagen oder Schönheitsmassagen durchführt (BFH vom 26. 11. 1970, BStBl. 1971 II S. 249),
- Medizinischer Bademeister, wenn er nicht auch zur Feststellung des Krankheitsbefunds tätig wird oder persönliche Heilbehandlungen am Körper des Patienten, z. B. Unterwassermassage, vornimmt (BFH vom 26. 11. 1970, BStBl. 1971 II S. 249),
- Medizinischer Fußpfleger (BFH vom 7. 7. 1976, BStBl. II S. 621),
- Partnervermittlung,
- Personalberater, der Stellenbewerber ausfindig macht und eine Vorauswahl trifft,

- Pharmaberater,
- Probenehmer für Erze, Metalle und Hüttenerzeugnisse (BFH vom 14. 11. 1972, BStBl. 1973 II S. 183),
- Projektierer, sofern nicht Ingenieur,
- Propagandist, Vortragswerber (BFH vom 5. 7. 1956, BStBl. III S. 255),
- Public-Relations-(PR-)Berater, sofern nicht künstlerisch ausgeübt wird,
- Rechtsbeistand, der mit Genehmigung des Landgerichtspräsidenten Auszüge aus Gerichtsakten für Versicherungsgesellschaften fertigt (BFH vom 18. 3. 1970, BStBl. II S. 455),
- Rezeptabrechner für Apotheken (BFH vom 28. 3. 1974, BStBl. II S. 515),
- Rundfunkermittler, der im Auftrag einer Rundfunkanstalt Schwarzhörer aufspürt (BFH vom 27. 6. 1978, BStBl. 1979 II S. 53 und vom 14. 12. 1978, BStBl. 1979 II S. 188),
- Rundfunksprecher, entfaltet in der Regel keine künstlerische Tätigkeit (BFH vom 20. 6. 1962, BStBl. III S. 385 und vom 24. 10. 1963, BStBl. III S. 589),
- Sachverständiger: Der Gutachter ist gewerblich tätig, wenn er bei seiner Tätigkeit an seine Marktkenntnisse oder an seine gewerblichen oder handwerklichen Erfahrungen anknüpft oder wenn kommerzielle Gesichtspunkte in den Vordergrund treten. Eine freiberufliche Tätigkeit liegt dagegen vor, wenn der Gutachter auf der Grundlage von Disziplinen, die an Hochschulen gelehrt werden, und nach sachlichen und objektiven Gesichtspunkten eine qualifizierte Tätigkeit ausübt, die der Lösung schwieriger Streitfragen dient. (IHK Lüneburg-Wolfsburg),
- Schadensregulierer im Auftrag einer Versicherungsgesellschaft (BFH vom 29. 8. 1961, BStBl. III S. 505),
- Schiffssachverständiger, wenn er überwiegend reine Schadensgutachten (im Unterschied zu Gutachten über Schadens- und Unfallursachen) erstellt (BFH vom 21. 3. 1996, BStBl. II S. 518),
- Schönheitsberater,
- Schönheitssalon,
- Treuhänderische Tätigkeit eines Rechtsanwaltes für Bauherrengemeinschaften (BFH vom 1. 2. 1990, BStBl. II S. 534),
- Übersetzungsbüroinhaber, der selbst nicht über Kenntnisse der Sprachen verfügt, in die oder aus denen innerhalb des Geschäftsbetriebs (durch Angestellte) übersetzt wird,

- Unternehmensberater; gilt dann als freier Beruf, wenn der Berater als beratender Volks- und Betriebswirt tätig wird,
- Vereidigter Kursmakler (BFH vom 13. 9. 1955, BStBl. III S. 325),
- Versicherungsvertreter, selbständiger; übt auch dann eine gewerbliche Tätigkeit aus, wenn er nur für ein einziges Versicherungsunternehmen tätig sein darf (BFH vom 26. 10. 1977, BStBl. 1978 II S. 137),
- Versteigerer (BFH vom 24. 1. 1957, BStBl. III S. 106),
- Vortragswerber (BFH vom 5. 7. 1956, BStBl. III S. 255),
- Werbeberater (BFH vom 16. 1. 1974, BStBl. II S. 293),
- Wirtschaftswissenschaftler, der sich auf ein eng begrenztes Tätigkeitsgebiet, z. B. die Aufnahme und Bewertung von Warenbeständen in einem bestimmten Wirtschaftszweig, spezialisiert und diese Tätigkeit im Wesentlichen von zahlreichen Hilfskräften in einem unternehmensartig organisierten Großbüro ausführen lässt (BFH vom 28. 11. 1968, BStBl. 1969 II S. 164),
- Zahntechniker, selbständiger,
- Zahntechnisches Labor,
- Zolldeklarant (BFH vom 21. 9. 1989, BStBl. 1990 II S. 153).

Was ist ein Gewerbe?

Vereinfacht ausgedrückt, sind fast alle selbständigen Tätigkeiten Gewerbe, die nicht freiberuflich oder land- und forstwirtschaftlich ausgeübt werden.
Das heißt: zahlreiche Einpersonenunternehmer müssen spätestens dann ein Gewerbe anmelden, wenn ihnen das Finanzamt die Freiberuflichkeit aufgrund fehlender rechtlicher Möglichkeiten versagt hat. Sie werden also zwangsläufig Gewerbetreibende. Natürlich wird eine gewerbliche Tätigkeit steuerrechtlich und handelsrechtlich anders definiert als mit Nichtfreiberuflichkeit, obwohl in der für Gewerbe zuständigen Gewerbeordnung der Begriff des Gewerbebetriebs nicht näher definiert wird. Eine detaillierte Beschreibung findet sich aber in § 15 Abs. 2 Einkommensteuergesetz (EStG). Hiernach ist eine gewerbliche Tätigkeit jede mit Gewinnerzielungsabsicht nachhaltig ausgeübte selbständige Tätigkeit,

die sich als Beteiligung am allgemeinen wirtschaftlichen Verkehr darstellt und nicht Land- und Forstwirtschaft oder selbständige Tätigkeit ist, unabhängig davon, ob es sich um eine Existenz als Einzelkämpfer (freier Mitarbeiter oder Einmannunternehmen) handelt oder um ein Unternehmen mit fremden Mitarbeitern. Siehe auch das Kapitel »Was bedeutet Gewerbetätigkeit steuerrechtlich?«
Gewerblich sind z. B.:

- Handelsbetriebe,
- Handwerksbetriebe (Anlage A und Anlage B der Handwerksordnung),
- Industriebetriebe (Produktionsbetriebe),
- Vermittlungstätigkeiten (z. B. des Maklers oder Handelsvertreters),
- Gaststättenbetriebe.

Kurzum: Wenn es Ihnen also wider Erwarten passieren sollte, vom Finanzamt als nicht freiberuflich eingestuft zu werden, müssen Sie ein Gewerbe anmelden; ebenso, wenn von vornherein absehbar ist, dass die beabsichtigte Selbständigkeit keine wirkliche freiberufliche Tätigkeit darstellt. Doch auch als Gewerbetreibender kann man selbständig sein. Das ist nicht weiter schlimm, auch wenn man auf manche Vergünstigungen, die Freiberufler genießen, verzichten muss. Außerdem haben Sie als Kleingewerbetreibender auch noch gewisse Vorteile, die im übernächsten Abschnitt erläutert werden.

Gewerbeanmeldung

Ist Ihre Tätigkeit gewerblich einzustufen, müssen Sie Ihren Gewerbebetrieb bei dem für den Betriebssitz zuständigen Gewerbeamt anmelden. Dies wird zumeist auch die Gemeinde Ihres Wohnsitzes sein. Zur Gewerbeanmeldung erhalten Sie ein Formular, worin Sie genaue Angaben zu Ihrem Gewerbe (Art der selbständigen Tätigkeit bzw. Gegenstand des Geschäfts) machen müssen.

Da Arbeits- und Gewerbefreiheit herrscht, haben Sie einen Rechtsanspruch auf Selbständigkeit. Also lassen Sie sich ja nicht von irgendeinem Sachbearbeiter verunsichern. Denn nur für wenige Gewerbe besteht Erlaubnispflicht, so z. B. für den Handel mit Arzneimitteln, Milcherzeugnissen oder Waffen; ebenso für Gaststätten- oder Verkehrsbetriebe (Taxi, Bus, Spedition, Kurierdienst) und für Makler und Bauträger. Die Erlaubniserteilung ist zumeist an bestimmte Fachqualifikationsnachweise gebunden, sodass man bei Vorlage entsprechender Dokumente rasch die Gewerbeanmeldung erhält, die branchenabhängig bis zu 300 Euro kosten kann.

Das Gewerbeamt benachrichtigt automatisch das zuständige Finanzamt, eine Durchschrift geht auch an die Gewerbesteuerstelle des Gewerbeamtes und an die Industrie- und Handelskammer bzw. im Falle einer Handwerksgründung (Meistertitel- oder Ingenieursdiplom-Zwang) an die Handwerkskammer. Die IHK, deren Pflichtmitglied man wird, teilt Ihnen dann eine Gewerbesteuerhebenummer mit, unter der Ihr Gewerbebetrieb geführt wird. Als Kleinunternehmer sollte man sofort einen Antrag auf Befreiung von der Gewerbesteuer stellen.

Denn Gewerbesteuer fällt nur an, wenn der Gewerbeertrag (also der Gewinn) den Freibetrag von 24 500 Euro jährlich übersteigt.

Als Gewerbeertrag bezeichnet man den Gewinn des Gewerbebetriebs, also die Einnahmen abzüglich Kosten sowie vermehrt oder vermindert um bestimmte Zu- und Abschläge. Siehe hierzu das Gewerbesteuergesetz.

Kleingewerbetreibender oder Kaufmann?

Noch aus der Zeit, als ein Gewerbe vor allem ein von einem Kaufmann geführtes Handelsgeschäft bezeichnete, hat sich der Begriff des Kaufmanns im Handelsgesetzbuch (HGB) bis heute gehalten. Gemäß § 1 Abs. 1 HGB ist demnach jeder, der

ein Gewerbe betreibt, Kaufmann, egal, ob es sich bei dem Gewerbe um einen Putzservice, Taxibetrieb oder eine Handyvertretung handelt.
Der Begriff des Kaufmanns ist nur eine juristische Bezeichnung für einen Handelsbetrieb, der nach Art und Umfang einen kaufmännischen Geschäftsbetrieb erfordert (§ 1 Abs. 2 HGB). Denn ab einer bestimmten Größe muss auch der Taxifahrer z. B. Buchhaltung und andere administrative und organisatorisch-kaufmännische Dinge erledigen, auch wenn er nicht explizit im kaufmännischen Bereich (Handel) selbständig ist.
Wer als Gewerbetreibender von Umfang und Art der Tätigkeit her keinen kaufmännischen Geschäftsbetrieb unterhalten muss, gilt als Kleingewerbetreibender und braucht auch nicht in das Handelsregister eingetragen zu werden.
Nach dem Gesetz gilt als Kleingewerbetreibender, wer im Jahr nicht mehr als 24 500 Euro Gewinn (Einnahmen minus Aufwendungen) und 250 000 Euro Umsatz erwirtschaftet.
Kleingewerbetreibende:

- brauchen keine Handelsregistereintragung vornehmen,
- müssen mit ihrem Vor- und Zunahmen firmieren,
- dürfen wie Freiberufler eine vereinfachte Buchführung anwenden,
- unterliegen nicht den Regelungen des Handelsgesetzbuches (Geschäfte unter Vollkaufleuten), sondern denselben (Schutz-)Bestimmungen des Bürgerlichen Gesetzbuches (BGB), die auch für Privatpersonen gelten,
- werden auf Antrag von der Gewerbesteuer befreit, da sie unter dem Freibetrag von 24 500 Euro liegen.

Kaufleute hingegen:

- müssen ihr Gewerbe ins Handelsregister eintragen lassen,
- brauchen nicht mit Vor- und Zunamen firmieren, sondern dürfen beliebige Fantasienamen wählen,
- sind zur aufwändigen doppelten Buchführung und zur jährlichen Bilanz verpflichtet,
- unterliegen den rechtlichen Bestimmungen des Handelsgesetzbu-

ches (HGB), das für den Geschäftsverkehr unter »Vollkaufleuten« ein paar verschärfte Bestimmungen enthält. Vor allem entfällt jeglicher Verbraucherschutz etc.,
- müssen an die Gemeinde Gewerbesteuer abführen, der nach einem bestimmten Hebesatz vom Gewerbeertrag errechnet wird.

Für Personengesellschaften (OHG, KG, GbR) gelten die Gewinn- und Umsatzgrenzen der Kleingewerberegelung, für Kapitalgesellschaften (GmbHs, AGs) hingegen nicht. Sie werden auf alle Fälle ins Handelsregister eingetragen.

Kleingewerbetreibende können ins Handelsregister

Wer aufgrund seiner Gewinn- und Umsatzsituation Kleingewerbetreibender ist, kann sich freiwillig ins Handelsregister eintragen lassen, mit der Folge, dass sein Betrieb dann als Handelsgewerbe gilt.

Der Vorteil:

- man kann einen Fantasienamen als Firmenbezeichnung wählen,
- mit Handelsregisternummer wird der Betrieb bei potenziellen Kunden als größer eingestuft, was bei bestimmten Geschäftsanbahnungen vorteilhaft sein kann,
- Geschäftspartner können sich bei Geschäften auf die Bestimmungen des Handelsgesetzbuches stützen.

Der Nachteil:

- Man muss eine aufwändige doppelte Buchführung machen.

Rechtsformen des Unternehmens

Als Kleinunternehmer macht man sich in der Regel wenig Gedanken über die Rechtsform, sondern meldet einfach das Einmanngewerbe an. In diesem Fall gilt man als Einzelunternehmer. Möchte man jedoch mit anderen gemeinsam ein Unternehmen gründen, die Haftung beschränken oder sich von der eigenen Firma z. B. als Geschäftsführer anstellen und somit sozial – auch gegen Arbeitslosigkeit – besser absichern lassen, gewinnt die Überprüfung von anderen Rechtsformen als die des Einzelunternehmers möglicherweise an Bedeutung. Aber auch im Hinblick auf die neue Scheinselbständigkeitsregelung kann die Wahl einer anderen Rechtsform sehr interessant sein, da beispielsweise eine GmbH-Gründung oder auch die Gründung einer Einmann-GmbH als ausreichendes Indiz dafür gelten kann, dass hier eine Gewerbetätigkeit und keine verdeckte Selbständigkeit ausgeübt wird. Die bewusste Wahl, das Einmannunternehmen als juristische Person, wie es eine GmbH, KG oder AG ist, zu gründen, kann für freie Mitarbeiter und Kleinselbständige entscheidend für den Nachweis ihrer Selbständigkeit sein. So gelten Gesellschafter stets als Unternehmer. Sie können somit nicht als scheinselbständig eingestuft werden.

Die wichtigsten Rechtsformen:

- *Einzelunternehmer* wird man automatisch mit der Anmeldung eines Gewerbes, unabhängig davon, ob man Kleinunternehmer oder Vollkaufmann ist.
- *Gesellschaft bürgerlichen Rechts GbR* ist ein Zusammenschluss von Privatleuten oder Einzelunternehmern wie Kleingewerbetreibenden, Freiberuflern. Allein mündlicher Beschluss und Vollzug reichen zum Zustandekommen der GbR, besser ist ein Gesellschaftervertrag. Die Gesellschaft kann nach außen gleichberechtigt von jedem vertreten werden. Als Gesellschaftsziel reichen z. B. gemeinsamer Marktauftritt, Nutzung von Synergien, Bürogemeinschaft zur Senkung der Gemeinkosten, Zusammenschluss, um Fullservice anbieten zu können. Als Gesellschafter einer solch formell und kostengünstig einfach zu gründenden GbR können Sie nicht mehr als Scheinselbständiger oder arbeitnehmerähnlicher Selbständiger eingestuft werden. Allerdings: Jeder haftet mit seinem Firmen- und Privatvermögen für die Verbindlichkeiten der GbR, auch für die der anderen.
- *Offene Handelsgesellschaft OHG* ist der gesellschaftsvertraglich geregelte Zusammenschluss von im Handelsregister eingetragenen Einzelunternehmern (Ist-Kaufleuten/Vollkaufleuten), die mit Fir-

men- und Privatvermögen haften. Wird ins Handelsregister eingetragen. Die OHG ist ein Auslaufmodell.

- *Partnerschaftsgesellschaft (PartnG).* Diese neue, mit der OHG vergleichbare Rechtsform bietet vor allem Freiberuflern die Möglichkeit einer Gesellschaftsgründung, ohne ihren Freiberuflerstatus wie im Fall einer GmbH-Gründung zu verlieren. Die Partner, z. B. Journalisten, Juristen, Architekten, Ärzte, Dozenten, EDV-Leute usw., haften mit ihrem Geschäftsvermögen und Privatvermögen für die Verbindlichkeiten der Gesellschaft. Eine Berufshaftpflicht ist daher für jeden Gesellschafter Pflicht. Die PartnG wird ins Partnerschaftsregister beim Amtsgericht eingetragen.
- *Kommanditgesellschaft (KG)* bietet Einzelunternehmern die Möglichkeit, Geldgeber (Kommanditisten) zu finden, die nur mit ihrer Einlage haften, während der Einzelunternehmer (Komplementär) weiterhin mit Privatvermögen und seinem Anteil am Firmenvermögen haftet.
- *GmbH & Co. KG* ist eigentlich das Gleiche wie eine Kommanditgesellschaft, nur mit dem Trick, dass nicht mehr der Einzelunternehmer, sondern die GmbH als Komplementär fungiert und somit nur bis zur Höhe ihres Stammkapitals haftet.
- *Gesellschaft mit beschränkter Haftung (GmbH)* wird am häufigsten gewählt, um die Haftung auf das Stammkapital (mindestens 25 000 Euro) zu beschränken. Mindestens zwei Gesellschafter. Notarieller Gründungsvertrag, Handelsregistereintrag und besondere Bilanzierungsvorschriften machen die GmbH aber relativ teuer. Wer über 50 % der Anteile hält, entscheidet.
- *Einmann-GmbH:* eigener Angestellter. Durch eine notariell beurkundete Erklärung kann ein Einzelunternehmer sein Gewerbe in eine GmbH umwandeln. In der Einmann-GmbH sind die Vorteile des Einzelunternehmers mit denen der GmbH vereint.

Stehendes und wanderndes Gewerbe

Unabhängig von der Rechtsform unterscheidet der Gesetzgeber, ob ein Unternehmen stationär von einer Geschäftsstelle aus oder mobil, also an wechselnden Orten, betrieben wird. Man nennt das eine auch stehendes und das andere

wanderndes Gewerbe, wobei das letztere noch einmal in Reise- und Marktgewerbe untergliedert wird. Die Einstufung hat vor allem Einfluss auf die Genehmigung gewerblicher Tätigkeiten, die in einigen Fällen beim Reisegewerbe weniger streng als beim stehenden Gewerbe gehandhabt wird, z. B. beim Reisehandwerker.
Der Gesetzgeber unterscheidet drei Gewerbeformen:

- Stehendes Gewerbe: Hierzu zählt das Einmannbüro ebenso wie die freie Mitarbeit (auch beim Kunden, da von einer zentralen Stelle aus gearbeitet wird), die Gaststätte, das Ladengeschäft, der Produktionsbetrieb genauso wie die Werkstatt des Handwerkers.
- Reisegewerbe: Alle so genannten fahrenden Händler oder Anbieter von Lebensmitteln, z. B. auch eine Pommesbude, die ihren Stand oder Bauchladen an wechselnden Orten und Städten aufschlagen, gehören hierzu.
- Marktverkehrsgewerbe: Hierzu gehören Gewerbetreibende, die an Märkten unterschiedlicher Art teilnehmen. Das können sowohl Reisegewerbetreibende als auch stationäre Gewerbetreibende sein, die z. B. zusätzlich zu ihrem Ladengeschäft (z. B. Fleischerladen) noch einen Marktstand betreiben (Würstchenbude auf Wochenmarkt).

Erlaubnispflichtige und erlaubnisfreie Gewerbe

Trotz grundsätzlicher Gewerbefreiheit hat der Gesetzgeber bei manchen Gewerben noch ein Wörtchen mitzureden, da es nun mal Tätigkeiten gibt, die einer besonderen Ausbildung oder Verantwortung bedürfen. So gibt es neben den erlaubnisfreien auch erlaubnispflichtige Gewerbe, denn für einige Gewerbe müssen bestimmte Fachkenntnisse, persönliche Eigenschaften oder die Erfüllung behördlicher Auflagen nachgewiesen werden. Zudem gibt es Gewerbe, die zwar nicht der Genehmigung bedürfen, jedoch besonders überwacht werden, und solche, die außer auf den Regelungen der Gewerbeordnung noch auf speziellen Rechtsverordnun-

gen basieren, wie etwa das Gaststättengewerbe. Erlaubnisfrei sind Gewerbe, die ohne Prüfung der Eignung per Anmeldung sofort begonnen werden können.
Das heißt: Vor einer Gewerbeanmeldung müssen die entsprechenden Auflagen erfüllt sein und dem Gewerbeamt nachgewiesen werden. Wer eine Gaststätte eröffnen will, muss sich bei der Gemeinde erst um die Konzession kümmern, bevor er das Gewerbe anmeldet.
Wer aufgrund mangelnder Fachnachweise, etwa beim Handwerk, keinen Betrieb gründen kann, hat eventuell die Möglichkeit, auf ein Reisegewerbe oder Marktgewerbe auszuweichen, da hier manche Dinge, etwa auch die Gründung eines Wanderhandwerksbetriebs möglich sind. Im folgenden Kapitel werden die wichtigsten erlaubnispflichtigen Unternehmensbranchen aufgeführt.

Erlaubnispflichtige Gewerbe

Die genehmigungspflichtigen Gewerbe können erst nach Erteilung der Genehmigung (Konzession) begonnen werden. Zum Nachweis sind Kurse bei der IHK zu belegen, Praxisnachweise zu erbringen, bestimmte wirtschaftliche Verhältnisse nachzuweisen oder – wie im Falle eines Handwerks – ein Meisterbrief als Befähigungsbeleg vorzulegen.
Zu den genehmigungspflichtigen Gewerben zählen:

- Privatkrankenanstalten, § 30 HGB;
- orthopädischer Schuster, § 30 b HGB (gemäß der Handwerksordnung);
- Schaustellungen von Personen, § 30 a HGB (z. B. Varieté-Betrieb, Theater, Peepshow usw.);
- Tanzlustbarkeiten, § 33 b HGB entsprechend landesrechtlicher Bestimmungen (z. B. Bauchtanzlokal, Tabledance, Striplokale etc.);
- Spielgeräte mit Gewinnmöglichkeiten, § 33 c–g HGB (z. B. Glücksrad auf Jahrmärkten);
- Spielbanken, Lotterien, Glücksspiele, § 33 h HGB;
- Spielhallen und ähnliche Unternehmungen, § 33 i HGB;

- Pfandleihgewerbe, § 34 HGB und Pfandleiherverordnung;
- Bewachungsgewerbe, § 34 a HGB und Bewachungsverordnung;
- Versteigerungsgewerbe, § 34 b HGB;
- Makler, Bauträger und Baubetreuer, § 34 c sowie Makler- und Bauträgerverordnung;
- Verkehrsgewerbe nach Personen- und Güterverkehrsordnung;
- Gaststätten nach Gaststättenverordnung.

Sonstige, eingeschränkt mögliche Berufe sind z. B. Buchführungshelfer oder im Bereich der freien Berufe der Heilpraktiker, die Ärzte, Juristen, Architekten, Psychotherapeuten, Masseure, Physiotherapeuten usw.
Im *Großhandel* ist für verschiedene Warenzweige, z. B. für Waffen, Munition und Pyrotechnik (Feuerwerkskörper), eine besondere Erlaubnis erforderlich.
Im *Einzelhandel* müssen ebenfalls beim Handel mit Waffen, Munition und pyrotechnischen Gegenständen sowie bei frei verkäuflichen Arzneimitteln, ärztlichen Hilfsmitteln und offenen Lebensmitteln besondere gewerberechtliche Vorschriften beachtet werden.
Arzneimittel und verschreibungspflichtige Arzneien dürfen nur von Apothekern in *Apotheken* verkauft werden.

Erlaubnisfreie, aber überwachungsbedürftige Gewerbe

Neben den genehmigungspflichtigen Gewerben, zu denen auch die Gewerbe mit besonderer Rechtsgrundlage wie das Gaststättengewerbe, Güterverkehrsgewerbe, Reisegewerbe und Handwerksgewerbe zählen, gibt es nach § 38 HGB auch so genannte überwachungsbedürftige Gewerbe wie

- An- und Verkauf von hochwertigen Konsumgütern, insbesondere von Unterhaltungselektronik, Computern, optischen Erzeugnissen, Fotoapparaten, Videokameras, Teppichen, Pelz- und Lederbekleidung;
- An- und Verkauf von Kraftfahrzeugen und Fahrrädern (Achtung bei Fahrradbau oder -laden);

- An- und Verkauf von Edelmetallen und edelmetallhaltigen Legierungen sowie Waren aus Edelmetall oder edelmetallhaltigen Legierungen (auch Straßenverkäufer können besonders kontrolliert werden);
- An- und Verkauf von Edelsteinen, Perlen und Schmuck (auch bei esoterisch orientiertem Steineverkauf);
- An- und Verkauf von Altmetallen (z. B. auch Schrotthändler etc.);
- Trödelhändler;
- Auskunfteien, Detekteien;
- Vermittler von Eheschließungen, Partnerschaften und Bekanntschaften (trifft auch auf die Blind-date-Agentur zu);
- Betrieb von Reisebüros und Vermittlung von Unterkünften;
- Vertrieb und Einbau von Gebäudesicherungseinrichtungen (z. B. Alarmanlagen) einschließlich Schlüsseldienste;
- Herstellen und Vertreiben spezieller diebstahlsbezogener Öffnungswerkzeuge (z. B. Instrumente des Schlüsseldienstes).

Erlaubnispflichtige Gewerbe mit besonderer Rechtsgrundlage

Makler und Baugewerbe

Die Verordnung über die Pflichten der Makler, Darlehens- und Anlagevermittler, Bauträger und Baubetreuer (Makler- und Bauträger-VO) regelt alle rechtlichen Angelegenheiten bei der Ausübung des entsprechenden Gewerbes.

Finanzdienstleister

Gesetz zur Regelung der Tätigkeit als Finanz- und Versicherungsvermittler.

Gaststättengewerbe

Rechtliche Grundlage für eine Existenzgründung im Hotel- und Gaststättensektor ist das Gaststättengesetz. Unter die in § 2 Abs. 1 GaststättenG geregelte Erlaubnispflicht fallen auch Schank- und Speisewirtschaft, Trinkhallen und Beherbergungsbetriebe. Nicht erlaubnispflichtig ist ein Beherbergungsbetrieb, der nicht mehr als acht Gäste gleichzeitig beherbergen kann (§ 2, Abs. 4 GaststättenG). Ein IHK-Kursus genügt als Nachweis der Tauglichkeit.

Bewachungsgewerbe

Die rechtliche Grundlage bildet die Verordnung über das Bewachungsgewerbe (BewachV), die vor allem die Qualifizierungs- und Haftpflichtversicherungsfragen als Voraussetzung der Erlaubnis regelt.

Verkehrsgewerbe

Verkehrsgewerbe (Personen- und Güterbeförderung und Umzugsverkehr) sind grundsätzlich erlaubnispflichtig. Wer Personen befördern möchte, z. B. Taxi oder Bus fahren oder ein diesbezügliches Unternehmen gründen will, muss sich an dem *Personenbeförderungsgesetz* orientieren.
Wer Güter in Fahrzeugen über 3 500 kg zulässigem Gesamtgewicht oder mit Anhängerlast über 750 kg (also maximal zG des Zuges 3 500 kg plus 750 kg) transportieren möchte, muss sich nach dem *Güterkraftverkehrsgesetz* richten.
Die Erlaubnis wird nur an Personen mit fachlicher Eignung und dem entsprechend gültigen Führerschein bzw. der Neuerteilung/Verlängerung nach betriebs- oder arbeitsmedizinischem Gutachten gemäß EU-Richtlinie Bundesgesetzblatt vom 26. 8. 1998, Seite 2 214 ff., erteilt.
Für Krankenfahrstühle bis 25 km/h (bisher Klasse 5) ist kein Führerschein mehr erforderlich.

Neue Führerschein-EU-Klassen seit 1. 1. 1999

Pkw plus Kombi bis 3,5 t	Führerscheinklasse	
	Alt (BRD)	Neu (EU)
Anhänger maximal 750 kg	III	B
Andere Anhänger	III	BE
LKW bis 7,5 t		
Anhänger bis 750 kg	III	C1
Andere Anhänger (als: eine Achse), insgesamt maximal 12 t	III	C1E
Anhängergewicht maximal 1,5faches des Lkw	III	CE
LKW, Busse mit Personenbeförderungsberechtigung	II	C, CE, D1, D1E, D, DE, T

Handwerk mit Meisterpflicht

Es gibt derzeit 96 meisterpflichtige Handwerke, die so genannten Vollhandwerke, und über 100 nicht meisterpflichtige, so genannte handwerksähnliche Handwerke. Die Vollhandwerke werden in der Anlage A der Handwerksordnung genannt, die handwerksähnlichen Tätigkeiten sind in der Anlage B der Handwerksordnung aufgezählt. Wer zu diesem Kreis zählt und sich als Handwerker selbständig machen möchte, muss nicht nur ein Gewerbe anmelden, sondern eben auch einen Meisternachweis erbringen und sich in die Handwerksrolle (über die Handwerkskammer) eintragen lassen. Erst wenn die Eintragung erfolgt ist, kann man das Gewerbe anmelden. Anstelle eines Meisterbriefs kann auch der Abschluss zum Diplom-Ingenieur vorgelegt werden. Wer Diplom-Ingenieur für Elektrotechnik ist, kann auch ein Elektrikerhandwerk anmelden. Der Meisterzwang besteht unabhängig davon, ob man als Einmannhandwerksbetrieb, eventuell als Kleingewerbetreibender, tätig wird oder vorhat, einen Betrieb mit mehreren Mitarbeitern und Ausbildungsmöglichkeiten aufzuziehen.

!

Buchtipp!
Gesetz zur Ordnung des Handwerks (Handwerksordnung) und ergänzende Vorschriften. 24. aktualisierte Auflage, Düsseldorf 1998 (Standardwerk des Handwerks, im Buchhandel)

Handwerk ohne Meisterbrief

Handwerksähnliche, erlaubnisfreie Gewerbe, die gemäß § 18 HwO in Anlage B der Handwerksordnung verzeichnet sind, bedürfen keiner Erlaubnis. Allerdings muss die Aufnahme eines selbständigen Betriebs unverzüglich der Bezirks-Handwerkskammer gemeldet werden.

In Anlage B zum »Gesetz zur Ordnung des Handwerks«, die mit Wirkung zum 1. 4. 1998 überarbeitet wurde, sind folgende Handwerke als erlaubnisfrei aufgelistet:

Handwerk ohne Meisterbrief

- *Bau- und Ausbaugewerbe*
  Eisenflechter
  Bautentrocknungsgewerbe
  Bodenleger
  Asphaltierer (ohne Straßenbau)
  Fuger (im Hochbau)
  Holz- und Bautenschutzgewerbe (Mauerschutz und Holzimprägnierung in Gebäuden)
  Rammgewerbe (Einrammen von Pfählen im Wasserbau)
  Betonbohrer und -schneider
  Theater- und Ausstattungsmaler

- *Holzbaugewerbe*
  Holzschuhmacher
  Holzbockmacher
  Daubenhauer
  Holzleitermacher (Sonderanfertigung)
  Muldenhauer
  Holzreifenmacher
  Holzschindelmacher
  Einbau von genormten Baufertigteilen (z. B. Fenster, Türen, Zargen, Regale)
  Bürsten- und Pinselmacher

- *Bekleidungs-, Textil- und Ledergewerbe*
  Bügelanstalten für Herrenoberbekleidung
  Dekorationsnäher (ohne Schaufensterdekoration)
  Fleckenteppichhersteller
  Klöppler
  Theaterkostümnäher
  Plisseebrenner
  Posamentierer
  Stoffmaler
  Stricker

Textil-Handdrucker Kunststopfer Änderungsschneider Handschuhmacher Ausführung einfacher Schuhreparaturen Gerber
■ *Metallgewerbe* Herstellung von Drahtgestellen für Dekorationszwecke in Sonderfertigung Metallschleifer und Metallpolierer Metallsägenschärfer Tankschutzbetriebe (Korrosionsschutz von Öltanks für Feuerungsanlagen ohne chemische Verfahren) Feuerzeugverwerter Rohr- und Kanalreiniger Kabelverleger im Hochbau (ohne Anschlussarbeiten)
■ *Nahrungsmittelgewerbe* Innereifleischer (Kuttler) Fleischzerleger, Ausbeiner Speiseeishersteller (mit Vertrieb von Speiseeis und üblichem Zubehör)
■ *Gesundheits- und Körperpflegemittel- plus chemische und Reinigungsmittelgewerbe* Appreteure, Dekateure Schnellreiniger Teppichreiniger Getränkeleitungsreiniger Kosmetiker Maskenbildner
■ *Sonstige handwerksähnliche Gewerbe und Bestattungsgewerbe* Lampenschirmhersteller Klavierstimmer Theaterplastiker Requisiteure Schirmmacher Steindrucker Schlagzeugmacher

(Quelle: Handwerksordnung)

Kleingewerbehandwerk

Nicht handwerksrollenpflichtig sind so genannte Minderhandwerke, deren Tätigkeiten einen geringen Schwierigkeitsgrad haben und auch ohne sechs- bis neunjährige Gesellen- und Meisterausbildung auszuführen sind. Eine genaue rechtliche Abgrenzung gibt es nicht.

Hier ein paar Beispiele:

- *Eintragungspflichtig*
  Bäcker
  Konditor
  Glaser/Tischler
  Rollladen- und Jalousienbauer
  Schlosser
  Schuhmacher
  Gebäudereiniger
  Parkettleger

- *Nicht eintragungspflichtig*
  Pizzabäcker
  Waffelbäcker/Crêperiebetreiber
  Fenster-, Tür- und Tormontagen
  Rollladenmontageservice
  Schlüsselschnelldienst
  Schuhschnelldienst
  Putzfrau, Privatputzservice
  Parkettabschleifer (in Berlin)*

Quelle: Massow-Archiv

* In Berlin darf man als Parkettabschleifer ohne Meisterbrief tätig werden, in Wiesbaden laut Auskunft der dortigen Handwerkskammer nicht. Selbst einen Rauhfaserklebe- und Streichservice würde die Handwerkskammer der Hessenmetropole verbieten. So zeigt sich, wie schwierig es selbst bei Einfachtätigkeiten ist, ohne Meisterbrief einen Fuß auf den goldenen Boden des Handwerks zu bekommen.

Künstlerisch betriebene Handwerke

Ebenfalls keinen Meisterbrief benötigt man, wenn ein Handwerk wie das des Fotografen, Silberschmieds, Goldschmieds, Holzbildhauers, Steinbildhauers, Töpfers oder Keramikers künstlerisch betrieben wird. Denn nach Artikel 5 Grundgesetz (GG) sind Kunst, Wissenschaft, Forschung und Lehre frei. Wer als Künstler fungiert, benötigt zudem keine Gewerbeanmeldung, sondern ist Freiberufler gemäß § 18 EStG. Die größte Schwierigkeit ist allerdings, als Künstler anerkannt zu werden. Beurteilt werden dabei Person (Werdegang, Ausbildung, Begabung, Glaubwürdigkeit), die Art des Betriebs (Atelier oder produktionsorientierter Maschinenpark) sowie die Produktionen (handelt es sich um künstlerische, um kunstgewerbliche oder in Serie hergestellte Produkte). Ein Kunstgewerbe, in dem immer wieder die gleiche Arbeit verrichtet wird, zählt nicht zur Kunst, sondern wäre in diesem Fall ein Holzbildhauergewerbe.
Das Bundesverfassungsgericht nennt als entscheidendes Kriterium für die Zuordnung oder Annahme einer künstlerischen Betätigung die freie schöpferische Gestaltung, in der Eindrücke, Erfahrungen und Erlebnisse des Künstlers durch das Medium einer bestimmten Formensprache zur unmittelbaren Anschauung gebracht werden. Beim künstlerischen Schaffen wirken Intuition, Fantasie und Kunstverstand zusammen; es soll primär nicht Mitteilung, sondern unmittelbarer Ausdruck der individuellen Persönlichkeit sein.
»Ist ein bestimmtes Produkt Kunst, so ist der Prozess seiner Herstellung und Verbreitung jeder Reglementierung entzogen«. (Hesselberger, Dieter: *Das Grundgesetz. Kommentar für die politische Bildung.* 9. Auflage, Bonn 1995, Seite 95)

Gartenbau, Land- und Forstwirtschaftshandwerk

Obwohl die Berufsordnungen und Abschlüsse für Gärtnermeister, Forstwirte, Weinanbauern usw. die gleichen Qualifikationen und Fähigkeiten erfordern wie die Ausbildung im

Handwerk, sind sie nicht – wie im Handwerk – Voraussetzung für die Berufsausübung. Jeder kann, wenn er möchte, einen Gartenbaubetrieb aufmachen, eine Baumschule anpflanzen, Obstplantagen oder Ökonutzgärten anlegen, ohne eine Genehmigung zu benötigen. Der Grund: Land- und Forstwirtschaft gelten nicht als Gewerbe. Allerdings gibt es in dem Moment Abgrenzungsprobleme, wenn der Bauer aus seinem Getreide Brot backen oder seine Tiere schlachten möchte, weil er dann in handwerkliches Gefilde eintritt. Daher sind bekannterweise nur Hausschlachtungen erlaubt sowie Brotbacken für den eigenen Bedarf, d. h. zur Selbstversorgung.

Einstellen eines Meisters

Wer einen Meister als technischen Leiter anstellt, kann auch, ohne selbst Handwerker oder Meister zu sein, ein Handwerk betreiben. Wenn Sie beispielsweise mit Konzessionsträgern als ein Filialbetrieb arbeiten, kann sich ein Handwerksmeister in die Handwerksrolle als Konzessionsträger eintragen lassen und Ihnen gegen Entrichtung einer monatlichen Lizenzgebühr erlauben, in seinem Namen handwerklich zu arbeiten.

Handwerklicher Hilfsbetrieb

Nach § 3 Abs. 3 HwO sind Hilfsbetriebe unselbständige, der wirtschaftlichen Zweckbestimmung des Hauptbetriebs dienende Handwerksbetriebe, die ohne Eintragung in die Handwerksrolle betrieben werden können, wie z. B. ein Gebrauchtwagenhändler mit Kleinreparaturbetrieb, ein Zahnarzt mit Zahntechnikerin, ein Speditionsunternehmen mit Werkstatt.

Ehrenamtliches Handwerk

Keinen Meisterbrief benötigen beispielsweise auch Senioren- oder Jugenddienste, die gemäß § 3 Abs. 3 Satz 1 b) Pflege-, Instandhaltungs- und Instandsetzungsarbeiten unentgeltlich (bis maximal 1 848 Euro Aufwandsentschädigung pro Jahr) leisten. Das betrifft auch Gegenstände, die im eigenen Betrieb hergestellt werden.
Für gemeinnützige Werkstätten gibt es ebenfalls Ausnahmen.

Handwerk im Marktverkehr

Wer kein stehendes Handwerk betreibt und sein Handwerk nur auf festgesetzten Märkten wie Volksfesten, Kram- und Jahrmärkten, Ausstellungen und Messen ausübt oder dort Bestellungen für Waren und Leistungen entgegennimmt, betreibt kein Handwerk. Er benötigt nicht einmal eine Reisegewerbekarte, weil bei festgesetzten Märkten die historisch gewachsenen Marktprivilegien gelten. Vor allem Nahrungsmittelhandwerker wie Bäcker, Speiseeishersteller, aber auch Töpfer usw. können hier ihre Waren anbieten. Wichtig ist, dass es sich gemäß § 69 Gewerbeordnung (GewO) um einen festgesetzten Markt handelt.

Reisehandwerker

Unter Berufung auf § 55 der GewO können Nichthandwerker als so genannte Reisehandwerker selbständige Handwerksarbeiten ausführen, wenn sie zuvor nicht persönlich (z. B. über eine Kleinanzeige plus Handynummer, Handzettel, Klinkenputzen etc.) ihre Dienste angeboten oder Gegenstände in einer Werkstatt vorbereitet haben. Reisehandwerker dürfen noch nicht einmal nach Auftragserteilung Werkzeuge oder Materialien aus einer festen Werkstatt holen. Sie müssen alle nötigen Werkzeuge mit sich führen und Bereitschaft und Fähigkeit zur sofortigen Leistung vorweisen. Sie müssen sofort mit der Arbeit beginnen, etwa kleinere Reparaturen und Handreichungen an Ort und Stelle beim Kunden ausführen. So könnte z. B. ein Malergeselle in der Eigenschaft als Reisehandwerker an einer Haustür klingeln und fragen, ob Bedarf besteht, das Treppenhaus zu streichen. Bestünde Bedarf, müsste er sofort mit seinen mitgeführten Pinseln zu streichen beginnen. Nicht erlaubt wäre, den Auftrag zu notieren und die Ausführung auf den Nachmittag oder einen anderen Tag zu verschieben. Nach einem Urteil des Verwaltungsgerichtshofs Mannheim von 1995 ist es nicht einmal erlaubt, die Wände zu vermessen und auszurechnen, wie viel Farbe benötigt wird *(Zünftiges Kartell. Die Meisterordnung ist zur Jobbremse geworden, Spiegel 7/* 1999). Wer sich dennoch als Reisehandwerker versuchen möchte, benötigt zunächst eine Reisegewerbekarte. Ich persönlich kann von dieser Art Handwerk zur Begründung einer Existenz im Hinblick auf die damit eventuell verbundenen kostenintensiven Unannehmlichkeiten (z. B. Prozesse mit den Kammern) nur abraten. Man kann sich aber vielleicht eine Reisegewerbekarte für den nebenberuflichen, gelegentlichen Einsatz besorgen, sodass man besser gegen Schwarzarbeit gefeit ist. Auch könnte man versuchen, als Altgeselle in Luxemburg, Frankreich, Belgien oder den Niederlanden ein Handwerk anzumelden und von dort aus in Deutschland tätig zu werden. Allerdings sind solche Tricks mühsam und eigentlich nicht wirklich lohnend.

Neue Hoffnung für Reisehandwerker nach Bundesverfassungsgerichtsurteil?

Das Zusammenwachsen Europas wird aber auch die Möglichkeiten im Bereich des Handwerksbetriebs ohne Meisterbrief, also auch des Reisehandwerks, vergrößern. Als Tendenz zur Lockerung der restriktiven Durchsetzung von Kammerinteressen kann das jüngste Urteil des Bundesverfassungsgerichtes AZ 1 BVR 2176/98 v. 27. 9. 2000 zugunsten eines Steinmetz gewertet werden. Die Verfassungsrichter sprachen einen reisenden Steinmetz frei, der in Vorinstanzen wegen unerlaubter Handwerksausübung ohne Meisterbrief und

Schwarzarbeit zu einer Geldstrafe verurteilt wurde. Dadurch ist es jetzt erstmals möglich, manche Handwerksarbeiten auch mit einem gewissen zeitlichen Abstand zur Auftragsannahme aufgrund technischer Gründe oder aufgrund von Kundenwünschen auszuführen. Vielleicht werden die deutschen Gerichte dem Bundesverfassungsgericht folgen, das auch die zu restriktive Auslegung von Vorschriften zur Ausübung eines Reisehandwerksgewerbes (in der Gewerbeordnung) durch Gerichte gerügt hatte.

! **Buchtipp!**
Wörle, *Michael: Selbständig ohne Meisterbrief. Was Handwerkskammern gerne verschweigen.* 8. Aufl., München 2000

Reisegewerbe

Das Betreiben eines Reisegewerbes ist erlaubnispflichtig. Die Reisegewerbekarte ist die Erlaubnisurkunde, das ambulante Gewerbe ausüben zu dürfen. Der springende Punkt beim Reisegewerbe ist der, vieles tun zu dürfen, was im Falle eines stehenden Gewerbes nur mittels Genehmigung oder Fachkundenachweis möglich ist, so z. B. handwerklich tätig zu werden. Nach § 55 GewO betreibt ein Reisegewerbe, wer gewerbsmäßig ohne vorhergehende Bestellung außerhalb seiner gewerblichen Niederlassung (§ 42 Abs. 2) oder ohne eine solche zu haben:

1. selbständig oder unselbständig in eigener Person Waren feilbietet oder Bestellungen aufsucht (vertreibt) oder ankauft, Leistungen (z. B. Handwerk außer Friseure, Gas- und Wasserinstallateure) anbietet oder Bestellungen (Aufträge) auf Leistungen aufsucht (annimmt) oder
2. selbständig unterhaltende Tätigkeiten als Schausteller oder nach Schaustellerart ausübt.

Die Reisegewerbekarte kann beim örtlichen Gewerbeamt wie z. B. in Wiesbaden für ein Jahr (100 Euro), drei Jahre

(120 Euro), fünf Jahre (150 Euro) oder unbefristet (360 Euro) beantragt werden. Neben den Personalien muss die Art des Reisegewerbes angegeben werden, z.B. Handel mit Süß- und Backwaren. Lassen Sie sich vom Gewerbeamt beraten. Wichtig ist, dass Sie Ihre Tätigkeiten und Leistungen so global wie möglich beschreiben.

Zur Antragstellung müssen mitgebracht werden: Lichtbild und Personalausweis, Unbedenklichkeitsbescheinigung des Finanzamts, polizeiliches Führungszeugnis (bei der Meldebehörde), Auszug aus dem Schuldnerverzeichnis (beim Amtsgericht), Auskunft aus dem Gewerbezentralregister, bei Ausländern eine Aufenthaltsgenehmigung.

Auch Reisegewerbetreibende sind Mitglied bei der IHK. Eine Reisegewerbekarte müssen nicht nur der Betriebsinhaber, sondern auch die Mitarbeiter beantragen und ständig mit sich führen.

Zusätzliche Standerlaubnis einholen

Um ein Reisegewerbe wirklich ausüben zu können, bedarf es immer auch der Erlaubnis anderer Stellen, um auf bestimmten Wegen und Plätzen stehen zu dürfen. Ansprechpartner hierfür sind entweder Veranstalter, Firmen, Privatleute (Grundstücksbesitzer), Kirchen oder Behörden, je nachdem, wer über bestimmte Flächen zu entscheiden hat.

Wer benötigt eine Reisegewerbekarte?

Eine Reisegewerbekarte benötigt man nur, wenn man nicht eine reisegewerbekartenfreie Tätigkeit ausübt oder wenn man nicht innerhalb einer festgesetzten Marktveranstaltung tätig werden will. Überlegen Sie daher genau, ob Sie überhaupt eine Reisegewerbekarte benötigen oder von vornherein als Marktverkehrstreibender nur von Markt zu Markt bzw. Volksfest zu Volksfest ziehen.

Reisegewerbekartenfreie Tätigkeiten

Nach §§ 55 a und b GewO bedarf einer Reisegewerbekarte nicht, wer gelegentlich auf Messen, Ausstellungen, öffentlichen Festen oder aus besonderem Anlass mit Erlaubnis der zuständigen Behörde Waren feilbietet. Innerhalb seines Wohnorts oder der gewerblichen Niederlassung darf man dies auch nur, soweit die Gemeinde nicht mehr als 10 000 Einwohner zählt und man selbst gewonnene Erzeugnisse der Land- und Forstwirtschaft, des Gemüse-, Obst- und Gartenbaus, der Geflügelzucht und Imkerei sowie der Jagd und Fischerei vertreibt; das Gleiche gilt für die im Erzeugerbetrieb beschäftigten Personen, wenn sie die Produkte feilbieten und von einer nicht ortsfesten Verkaufsstelle oder einer anderen Einrichtung in regelmäßigen, kürzeren Zeitabständen an derselben Stelle Lebensmittel oder andere Waren des täglichen Bedarfs vertreiben, z. B. darf ein mobiler Kiosk oder Supermarkt ohne Reisegewerbekarte arbeiten (§ 55 Abs. 1 Satz 9 GewO); dies gilt auch, wenn man Druckwerke auf öffentlichen Wegen, Straßen, Plätzen oder anderen öffentlichen Orten feilbietet (§ 55 Abs. 1 Satz 10 GewO); z. B. können Büchertische ohne Gewerbeanmeldung betrieben werden; Versicherungs- und Bausparverträge vermittelt oder abschließt oder ein Bewachungs-, Pfandleiher-, Versteigerungs- oder Makler-, Bauträger- und Baubetreuergewerbe gemäß § 34 a, § 34 b oder § 34 c ausübt (§ 55 Abs. 1 Satz 7 GewO);
Personen im Rahmen ihres Geschäftbetriebes aufsucht. Dies gilt auch für Handlungsreisende und andere Personen, die im Auftrag und im Namen eines Gewerbetreibenden tätig werden (§ 55 b Abs. 1 GewO); ausschließlich am Marktverkehr teilnimmt, also nur auf festgesetzten Messen, Volksfesten etc. verkauft.

Zudem kann die zuständige Behörde gemäß § 55 Abs. 2 GewO für besondere Verkaufsveranstaltungen Ausnahmen von der Erfordernis der Reisegewerbekarte zulassen. Wer zweimal im Jahr saisonbedingt Osterhasen- bzw. Weihnachtsmännerkostüme verkaufen möchte, erhält bestimmt eine Sondergenehmigung, dies auch ohne Reisegewerbekarte tun zu dürfen.

Marktverkehrstreibender

Den Begriff des Marktverkehrstreibenden gibt es nur im praktischen, nicht aber im juristischen Sinn. Marktverkehrstreibende sind Reisegewerbetreibende, die ohne Reisegewerbekarte gemäß § 70 Abs. 1 GewO ausschließlich an festgesetzten Veranstaltungen wie Volksfesten, Großmärkten, Wochenmärkten, Spezialmärkten, Ausstellungen und Messen (§§ 64, 65, 66, 67 oder 68 GewO) teilnehmen.
Nach § 70 GewO ist jedermann, der dem Teilnehmerkreis der festgesetzten Veranstaltung angehört, nach Maßgabe der für alle Veranstaltungsteilnehmer geltenden Bestimmungen zur Teilnahme an der Veranstaltung berechtigt. Das heißt: Wer sich den Regeln der Veranstalter (z. B. Unternehmen, Verbände, Gemeinden, Kirchen, Privatpersonen etc.) unterwirft, kann ohne Gewerbe- oder Reisegewerbeanmeldung an genannten Märkten teilnehmen und Leistungen und Waren feilbieten. Wer beispielsweise nur an Esoterikmessen oder Rittermärkten teilnimmt, muss lediglich die Regeln der Veranstalter beachten.
Viele ambulante Händler entscheiden sich für diese Schiene der Tätigkeit.

Marktveranstalter (Festsetzungsbeantragung)

Wer einen gewerblichen Markt, z. B. einen Gesundheits- oder Trödelmarkt veranstalten möchte, kann diese Genehmigung gemäß § 69 GewO (Festsetzungsparagraf) beantragen. Die Genehmigung des Markts nennt man Festsetzung. Sie hat zur Folge, dass das Feiertagsgesetz und die Reisegewerbeordnung unterbunden werden und die Marktprivilegien gelten. Dem Antrag auf »Erteilung einer Festsetzung nach Titel IV GewO«, in dem die Personalien des Veranstalters und genaue Marktbezeichnung, Dauer und Öffnungszeiten anzugeben sind, sind folgende Unterlagen beizufügen: Ausstellerkatalog oder Liste der gewerblichen Aussteller (man benötigt mindestens zwölf gewerbliche Aussteller, um eine Festsetzung zu erwirken), Teilnahmebestimmungen des Veranstalters, eventuell Lagepläne, polizeiliches Führungszeugnis, Auskunft aus dem Gewerbezentralregister. Bei einem Erstantrag muss man mit sechs bis acht Wochen, beim Folgeantrag mit ca. vier Wochen Bearbeitungsdauer bis zur Genehmigung rechnen. Das Ordnungsamt bzw. Gewerbeamt, das den Antrag entgegennimmt, setzt sich mit IHK, Behörden und Wirtschaftsverbänden (z. B. mit dem örtlichen Einzelhandelsverband) in Verbindung, die jeweils mit entscheiden, ob einem Antrag stattgegeben werden soll. Die Gebühren für die Festsetzung betragen zwischen 100 und 1 000 Euro.

Was bedeutet Gewerbetätigkeit steuerrechtlich?

Bei Gewerbetreibenden heißen die Einnahmen aus Selbständigkeit Einkünfte aus Gewerbebetrieb. Geregelt ist dies in § 15 Einkommensteuergesetz. Hinsichtlich der Steuerhöhe ist es jedoch unerheblich, ob der Gewinn nach § 15 oder § 18 EStG ermittelt wird. Erst wenn es um die Art der Aufzeichnung von Einnahmen und Kosten und um die Gewinnermittlung geht, zeigen sich die Unterschiede in der Buchhaltung zwischen Freiberuflern und Gewerbetreibenden und ebenso darin, dass Gewerbetreibende Gewerbesteuer zu entrichten haben. Bei der Umsatzsteuer gibt es keinerlei Unterschied zwischen Freien und Gewerbetreibenden.

Einkünfte aus Gewerbebetrieb

Gewerbetreibende zahlen gemäß Einkommensteuergesetz § 15 EStG Einkünfte aus Gewerbebetrieb. In diesem Steuerparagraf wird die gewerbliche Tätigkeit exakt definiert:

»§ 15 EStG

(1)1 Einkünfte aus Gewerbebetrieb sind

1 Einkünfte aus gewerblichen Unternehmen. 2 Dazu gehören auch Einkünfte aus gewerblicher Bodenbewirtschaftung, z. B. aus Bergbauunternehmen und aus Betrieben zur Gewinnung von Torf, Steinen und Erden, soweit sie nicht land- oder forstwirtschaftliche Nebenbetriebe sind;

2. die Gewinnanteile der Gesellschafter einer Offenen Handelsgesellschaft, einer Kommanditgesellschaft und einer anderen Gesellschaft, bei der der Gesellschafter als Unternehmer (Mitunternehmer) des Betriebs anzusehen ist, und die Vergütungen, die der Gesellschafter von der Gesellschaft für seine Tätigkeit im Dienst der Gesellschaft oder für die Hingabe von Darlehen oder für die Überlassung von Wirtschaftsgütern bezogen hat. 3 Der mittelbar über eine oder mehrere Personengesellschaften beteiligte Gesellschafter steht dem unmittelbar beteiligten Gesellschafter gleich; er ist als Mitunternehmer des Betriebs der Gesellschaft anzusehen, an der er mittelbar beteiligt ist, wenn er und die Personengesellschaften, die seine Beteiligung vermitteln, jeweils als Mitunternehmer der Betriebe der Personengesellschaften anzusehen sind, an denen sie unmittelbar beteiligt sind;

3. die Gewinnanteile der persönlich haftenden Gesellschafter einer Kommanditgesellschaft auf Aktien, soweit sie nicht auf Anteile am Grundkapital entfallen, und die Vergütungen, die der persönlich haftende Gesellschafter von der Gesellschaft für seine Tätigkeit im Dienst der Gesellschaft oder für die Hingabe von Darlehen oder für die Überlassung von Wirtschaftsgütern bezogen hat.

Satz 1 Nr. 2 und 3 gilt auch für Vergütungen, die als nachträgliche Einkünfte (§ 24 Nr. 2) bezogen werden. 3 § 13

Abs. 5 gilt entsprechend, sofern das Grundstück im Veranlagungszeitraum 1986 zu einem gewerblichen Betriebsvermögen gehört hat.

(2) 1 Eine selbständige nachhaltige Betätigung, die mit der Absicht, Gewinn zu erzielen, unternommen wird und sich als Beteiligung am allgemeinen wirtschaftlichen Verkehr darstellt, ist Gewerbebetrieb, wenn die Betätigung weder als Ausübung von Land- und Forstwirtschaft noch als Ausübung eines freien Berufs noch als eine andere selbständige Arbeit anzusehen ist. 2 Eine durch die Betätigung verursachte Minderung der Steuern vom Einkommen ist kein Gewinn im Sinne des Satzes 1. 3 Ein Gewerbebetrieb liegt, wenn seine Voraussetzungen im übrigen gegeben sind, auch dann vor, wenn die Gewinnerzielungsabsicht nur ein Nebenzweck ist.

(3) Als Gewerbebetrieb gilt in vollem Umfang die mit Einkünfteerzielungsabsicht unternommene Tätigkeit

1. einer Offenen Handelsgesellschaft, einer Kommanditgesellschaft oder einer anderen Personengesellschaft, wenn die Gesellschaft auch eine Tätigkeit im Sinne des Absatzes 1 Satz 1 Nr. 1 ausübt,
2. einer Personengesellschaft, die keine Tätigkeit im Sinne des Absatzes 1 Satz 1 Nr. 1 ausübt und bei der ausschließlich eine oder mehrere Kapitalgesellschaften persönlich haftende Gesellschafter sind und nur diese oder Personen, die nicht Gesellschafter sind, zur Geschäftsführung befugt sind (gewerblich geprägte Personengesellschaft).

   2 Ist eine gewerblich geprägte Personengesellschaft als persönlich haftender Gesellschafter an einer anderen Personengesellschaft beteiligt, so steht für die Beurteilung, ob die Tätigkeit dieser Personengesellschaft als Gewerbebetrieb gilt, die gewerblich geprägte Personengesellschaft einer Kapitalgesellschaft gleich.

(4) 1 Verluste aus gewerblicher Tierzucht oder gewerblicher Tierhaltung

dürfen weder mit anderen Einkünften aus Gewerbebetrieb noch mit Einkünften aus anderen Einkunftsarten ausgegli-

chen werden; sie dürfen auch nicht nach § 10 d abgezogen werden.
2. Die Verluste mindern jedoch nach Maßgabe des § 10 d die Gewinne, die der Steuerpflichtige in dem unmittelbar vorangegangenen und in den folgenden Wirtschaftsjahren aus gewerblicher Tierzucht oder gewerblicher Tierhaltung erzielt hat oder erzielt.
3. Die Sätze 1 und 2 gelten entsprechend für Verluste aus Termingeschäften, durch die der Steuerpflichtige einen Differenzausgleich oder einen durch den Wert einer veränderlichen Bezugsgröße bestimmten Geldbetrag oder Vorteil erlangt.
4. Satz 3 gilt nicht für die Geschäfte, die zum gewöhnlichen Geschäftsbetrieb bei Kreditinstituten, Finanzdienstleistungsinstituten und Finanzunternehmen im Sinne des Gesetzes über das Kreditwesen gehören oder die der Absicherung von Geschäften des gewöhnlichen Geschäftsbetriebs dienen.
5. Satz 4 gilt nicht, wenn es sich um Geschäfte handelt, die der Absicherung von Aktiengeschäften dienen, bei denen der Veräußerungsgewinn nach § 3 Nr. 40 Satz 1 Buchstabe a und b in Verbindung mit § 3 c Abs. 2 teilweise steuerfrei ist, oder die nach § 8 b Abs. 2 des Körperschaftsteuergesetzes bei der Ermittlung des Einkommens außer Ansatz bleiben.
6. Satz 3 gilt nicht für die Geschäfte, die zum gewöhnlichen Geschäftsbetrieb bei Kreditinstituten, Finanzdienstleistungsinstituten und Finanzunternehmen im Sinne des Gesetzes über das Kreditwesen gehören oder die der Absicherung von Geschäften des gewöhnlichen Geschäftsbetriebs dienen, soweit es sich nicht um Geschäfte im Sinne des Satzes 3 auf Aktien handelt. 7 Für Verluste aus der Veräußerung von Anteilen im Sinne von § 20 Abs. 1 Nr. 1, die im Zeitpunkt der Veräußerung oder Entnahme nicht mindestens ein Jahr ununterbrochen zum Betriebsvermögen des Steuerpflichtigen gehört haben, gelten die Sätze 1 und 2 entsprechend.«

Die Umsetzung dieses Paragrafen ist unter anderem geregelt in der Einkommensteuerdurchführungsverordnung in Verbindung mit der Abgabenordnung, aus der dann hervorgeht, wie Einnahmen und Ausgaben aus Gewerbebetrieb aufzuzeichnen und der Gewinn zu ermitteln sind. Das geschieht nämlich über eine so genannte doppelte Buchführung.

Gewerbesteuer

Neben der Buchführungspflicht sind Gewerbetreibende zur Gewerbesteuer verpflichtet, was gegenüber Freiberuflern eine Zusatzbelastung darstellt, die – über den Daumen gepeilt – rund 5 bis 7 % vom Erwerbsertrag ausmachen kann. Die genaue Höhe der Gewerbesteuer, deren Abschaffung immer wieder gefordert und auch diskutiert wird, ist deshalb bundeseinheitlich nicht festgelegt, da jede Gemeinde so genannte Hebesätze beschließen kann, die zum Teil von Region zu Region erheblich abweichen. Da gibt es Gemeinden mit einem Hebesatz von 150 und solche, z. B. in industriell prosperierenden Gegenden, die über 400 liegen.

Das Gewerbesteuerverfahren ist ein wenig kompliziert, da es gilt, gestaffelte Steuermesszahlen und Steuermessbeträge (§ 11 Abs. 1-Abs. 3 GewStG) angemessen zu berücksichtigen, will man nicht zu viel Gewerbesteuer bezahlen.

Am besten ist es, wenn Sie sich das kostenlose Merkblatt zur Gewerbesteuererhebung im Gewerbesteueramt Ihrer Gemeinde besorgen. Aber legen Sie es nicht frustriert beiseite, wenn Sie das Verfahren nicht auf Anhieb verstehen. Löchern Sie die Beamten so lange mit Fragen über die exakte Errechnungsmethode, bis Sie alles verstanden haben.

Gewerbesteuerdurchführungsverordnung

In der Gewerbesteuerdurchführungsverordnung vom 21. 3. 1991 (BGBl. I S. 831) BGBl. III 611-5-1, zuletzt geändert durch das Gesetz vom 19. 12. 2000 (BGBl. I 2000 S. 1790), ist in § 25 (GewStG) geregelt, wer in welcher Weise eine Gewerbesteuererklärung abzugeben hat.

»§ 25
1) Eine Gewerbesteuererklärung ist abzugeben
1. für alle gewerbesteuerpflichtigen Unternehmen, deren Gewerbeertrag im Erhebungszeitraum den Betrag von 24 500 Euro überstiegen hat;
2. für Kapitalgesellschaften (Aktiengesellschaften, Kommanditgesellschaften auf Aktien, Gesellschaften mit beschränkter Haftung), wenn sie nicht von der Gewerbesteuer befreit sind;
3. für Erwerbs- und Wirtschaftsgenossenschaften und für Versicherungsvereine auf Gegenseitigkeit, wenn sie nicht von der Gewerbesteuer befreit sind. Für sonstige juristische Personen des privaten Rechts und für nichtrechtsfähige Vereine ist eine Gewerbesteuererklärung nur abzugeben, soweit diese Unternehmen einen wirtschaftlichen Geschäftsbetrieb – ausgenommen Land- und Forstwirtschaft – unterhalten, dessen Gewerbeertrag im Erhebungszeitraum den Betrag von 3 835 Euro überstiegen hat;
4. für Unternehmen von juristischen Personen des öffentlichen Rechts, wenn sie als stehende Gewerbebetriebe anzusehen sind und ihr Gewerbeertrag im Erhebungszeitraum den Betrag von 3 835 Euro überstiegen hat;
5. für Unternehmen im Sinne des § 3 Nr. 5, 6, 8, 9, 15, 17, 21, 26, 27, 28 und 29 des Gesetzes nur, wenn sie neben der von der Gewerbesteuer befreiten Tätigkeit auch eine der Gewerbesteuer unterliegende Tätigkeit ausgeübt haben und ihr steuerpflichtiger Gewerbeertrag im Erhebungszeitraum den Betrag von 3 835 Euro überstiegen hat;
6. für Unternehmen, für die zum Schluß des vorangegangenen Erhebungszeitraums vortragsfähige Fehlbeträge gesondert festgestellt worden sind;
7. für alle gewerbesteuerpflichtigen Unternehmen, für die vom Finanzamt eine Gewerbesteuererklärung besonders verlangt wird.«

Gewerbesteuerpflichtige Freelancer/Freiberufler

Das bedeutet, dass auch Freelancer/freie Mitarbeiter eine Gewerbesteuererklärung abzugeben haben, wenn ihr Gewinn über 24 500 Euro jährlich liegt.

Gewerbesteuer bei Reisegewerbetreibenden

Auch Reisegewerbetreibende, also alle, die kein stehendes Gewerbe betreiben, sind gewerbesteuerpflichtig. Das ist geregelt in § 35 GewStG.

»§ 35
Reisegewerbebetriebe
(1) Der Mittelpunkt der gewerblichen Tätigkeit befindet sich in der Gemeinde, von der aus die gewerbliche Tätigkeit vorwiegend ausgeübt wird. Das ist in der Regel die Gemeinde, in der sich der Wohnsitz des Reisegewerbetreibenden befindet. In Ausnahmefällen ist Mittelpunkt eine auswärtige Gemeinde, wenn die gewerbliche Tätigkeit von dieser Gemeinde (zum Beispiel von einem Büro oder Warenlager) aus vorwiegend ausgeübt wird. Ist der Mittelpunkt der gewerblichen Tätigkeit nicht feststellbar, so ist die Gemeinde hebeberechtigt, in der der Unternehmer polizeilich gemeldet oder meldepflichtig ist.
(2) Eine Zerlegung des Steuermessbetrags auf die Gemeinden, in denen das Gewerbe ausgeübt worden ist, unterbleibt.
(3) Der Steuermessbetrag ist im Fall des § 35 a Abs. 4 des Gesetzes nach dem Anteil der Kalendermonate auf die hebeberechtigten Gemeinden zu zerlegen. Kalendermonate, in denen die Steuerpflicht nur während eines Teils bestanden hat, sind voll zu rechnen. Der Anteil für den Kalendermonat, in dem der Mittelpunkt der gewerblichen Tätigkeit verlegt worden ist, ist der Gemeinde zuzuteilen, in der sich der Mittelpunkt in diesem Kalendermonat die längste Zeit befunden hat.«

Gewerbesteuer und Heimarbeiter

Da Heimarbeiter sozialversicherungsrechtlich zwischen Arbeitnehmern und Selbständigen angesiedelt sind – was in einem speziellen Heimarbeitergesetz geregelt wird –, werden sie auch hinsichtlich der Gewerbesteuer gesondert

behandelt. Um es gleich zu sagen: Heimarbeiter sind nicht Homejobber, die sich von zu Hause aus selbständig machen oder als Telearbeiter arbeiten, sondern ausschließlich diejenigen, die im Heimarbeitergesetz definiert sind.
Für Hausgewerbetreibende und ihnen gleich gestellte Personen gilt im Gewerbesteuergesetz § 11 Abs. 3 GewStG, wonach sich die Steuermesszahlen, die in § 11 Abs. 2 GewStG aufgeführt werden, um die Hälfte verringern. Dabei ist jedoch zu beachten, dass eine eventuell zusätzliche Tätigkeit des Heimarbeiters nicht überwiegt:

»§ 22 GewStG:
Betreibt ein Hausgewerbetreibender oder eine ihm gleichgestellte Person noch eine andere gewerbliche Tätigkeit und sind beide Tätigkeiten als eine Einheit anzusehen, so ist § 11 Abs. 3 des Gesetzes nur anzuwenden, wenn die andere Tätigkeit nicht überwiegt. Die Vergünstigung gilt in diesem Fall für den gesamten Gewerbeertrag.«

Umsatzsteuer

Anders als Freiberufler, die nur Umsatzsteuer für tatsächlich vereinnahmte Umsätze und nicht für die in Verträgen vereinbarten Honorare bezahlen müssen, haben Gewerbetreibende grundsätzlich ihre Umsatzsteuer nach den vereinbarten Entgelten, also nach den Rechnungsbeträgen, zu entrichten, und zwar in dem Quartal, in dem die Rechnung ausgestellt wurde. Das heißt, Gewerbetreibende müssen gegenüber dem Finanzamt umsatzsteuermäßig in Vorleistung treten, was ärgerlich ist, wenn der Kunde nicht bezahlt.
Nur Kleinunternehmer, die von der Buchhaltungspflicht befreit sind, oder Gewerbetreibende, die unter 125 000 Euro Jahresumsatz haben, können sich nach § 20 Umsatzsteuergesetz davon befreien lassen.
In § 20 UStG »Berechnung der Steuer nach vereinbarten Entgelten« heißt es:

»(1) 1 Das Finanzamt kann auf Antrag gestatten, dass ein Unternehmen,

3. *dessen Gesamtumsatz (§ 19 Abs. 3) im vorangegangenen Kalenderjahr nicht mehr als 125 000 Euro betragen hat, oder*
4. *das von der Verpflichtung, Bücher zu führen und auf Grund jährlicher Bestandsaufnahmen regelmäßig Abschlüsse zu machen, nach § 148 Abgabenordnung befreit ist, oder*
5. *soweit es Umsätze aus einer Tätigkeit als Angehöriger eines freien Berufes im Sinne des § 18 Abs. 1 Nr. 1 des Einkommensteuergesetzes erreicht,*

die Steuer nicht nach den vereinbarten Entgelten (§ 16 Abs. 1, Satz 1), sondern nach den vereinnahmten Entgelten berechnet. 2 Erstreckt sich die Befreiung nach Nummer 2 nur auf einzelne Betriebe des Unternehmers und liegt die Voraussetzung nach Nummer 1 nicht vor, so ist die Erlaubnis zur Berechnung der Steuer nach den vereinnahmten Entgelten auf diese Betriebe zu beschränken. 3 Wechselt der Unternehmer die Art der Steuerberechnung, so dürfen Umsätze nicht doppelt erfasst werden oder unversteuert bleiben.«

Wenn Sie also Kleinunternehmer sind oder unter der Umsatzgrenze von 125 000 Euro jährlich liegen, sollten Sie sofort den Antrag stellen, nur nach tatsächlich vereinnahmten Entgelten die Umsatzsteuer abführen zu können. Sie brauchen die Umsatzsteuer dann erst abzuführen, nachdem der Kunde bezahlt hat, und nicht schon, wenn die Rechnung ausgestellt und die Forderung verbucht wurde.
Ansonsten werden Gewerbetreibende und Freiberufler im Umsatzsteuerrecht hinsichtlich der Voranmeldung, Berechnung und Abführung der Umsatzsteuer gleich behandelt (siehe hierzu den Abschnitt »Umsatzsteuerpflicht«).

Buchhaltungspflicht der Gewerbetreibenden

Mit der Anmeldung eines Gewerbes wird der Selbständige zur doppelten Buchhaltung verpflichtet, was gegenüber einer Einnahmen-/Überschussrechnung erheblich mehr Aufwand bereitet. Denn die doppelte Buchführung gestaltet sich nicht nur komplizierter als eine einfache Aufzeichnung von Einnahmen und Ausgaben. Sie enthält auch gesetzlich genau vorgeschriebene Regeln, z.B. über Art der Kontenführung, Buchungsweise, abgrenzende Jahresabschlussbuchungen und Bilanzierungsrichtlinien usw.

Die rechtlichen Grundlagen der Buchhaltungspflicht ergeben sich aus §§ 140 bis 148 der Abgabenordnung (AO) und aus dem Handelsgesetzbuch, das von kaufmännischer Buchhaltung spricht, da Gewerbetreibende im HGB Kaufleute genannt werden.

Mit kaufmännischer Buchhaltung ist die doppelte Buchführung gemeint, die sich von der einfachen Aufzeichnungspflicht der Freiberufler und Kleingewerbetreibenden unterscheidet (siehe den Abschnitt »Unterschied zwischen doppelter und einfacher Buchführung«).

Zur doppelten Buchführung sind alle Kaufleute gemäß § 1 HGB verpflichtet, nämlich sämtliche

- Gewerbetreibende ab 24 500 Euro Jahresgewinn oder ab 250 000 Euro Jahresumsatz;
- Kleingewerbetreibende bis 24 500 Euro Jahresgewinn, die sich freiwillig in das Handelsregister haben eintragen lassen oder sich freiwillig für die Bilanzierung entscheiden;
- Personengesellschaften wie BRG, OHG;
- juristische Personen wie GmbHs, KGs und AGs (hier bestehen noch verschärfte Sonderbilanzierungspflichten, z.B. die Publizitätspflicht ab einer bestimmten Umsatzhöhe).

Einfache Aufzeichnungspflicht für Kleingewerbetreibende

Kleingewerbetreibende sind wie Freiberufler nur zur einfachen Aufzeichnung ihrer Geschäftsvorgänge verpflichtet und dürfen ihren Gewinn mittels Einnahmen-/Überschussrechnung ermitteln. Die einfache Aufzeichnungspflicht hat gegenüber der doppelten Buchhaltung auch grundlegende Vorteile, was die Zahlungslogik von Steuern angeht, nämlich die Möglichkeit, die Abgaben an den Fiskus nach dem tatsächlichen Geldeingang (Zuflussprinzip) zu bezahlen (siehe hierzu »Unterschied zwischen doppelter und einfacher Buchführung« im folgenden Abschnitt).
Rechtlich geregelt ist der Buchführungsvorteil Kleingewerbetreibender in der Abgabenordnung, § 141 Abs. 1, Satz 1 und Satz 4:

»Buchführungspflicht bestimmter Steuerpflichtiger
(1) Gewerbliche Unternehmer sowie Land- und Forstwirte, die nach den Feststellungen der Finanzbehörde für den einzelnen Betrieb
1. Umsätze einschließlich der steuerfreien Umsätze, ausgenommen die Umsätze nach § 4 Nr. 8 bis 10 des Umsatzsteuergesetzes, von mehr als 250 000 Euro im Kalenderjahr oder
(...)
4. einen Gewinn aus Gewerbebetrieb von mehr als 24 500 Euro im Wirtschaftsjahr (...)«
erwirtschaften, sind zur Buchhaltung verpflichtet.

Das bedeutet nach gängiger Praxis und Rechtsprechung, dass alle gewerblichen Unternehmer unter 24 500 Euro Jahresgewinn und 250 000 Euro Jahresumsatz eben nicht zur Buchführung verpflichtet sind, sondern nur einfache Aufzeichnungen zur Umsatzsteuer- und Gewinnermittlung erstellen müssen.

Unterschied zwischen doppelter und einfacher Buchführung

Einfache Aufzeichnungspflicht	*Doppelte Buchhaltung*
Einnahmen-/Überschussrechnung	**Bilanzierungspflicht**
Bei der Einnahmenüberschussrechnung sind nur die reinen Geldbewegungen interessant. Erst, **wenn tatsächlich Geld fließt, werden Einnahmen verbucht**, nicht etwa, wenn die Leistung erbracht oder die Rechnung geschrieben wird. Der Prospektentwurf mit Rechnungsstellung im November 2001 wird beispielsweise erst Anfang 2002 bezahlt. Die Einnahme taucht daher erst im Jahr 2002 auf. Bei der doppelten Buchhaltung hätte er bereits im November 2001 verbucht werden müssen. Ebenso erscheinen Schulden – etwa für das auf Raten gekaufte neue Auto – hier erst in dem Augenblick, wo sie beglichen werden.	Bei der doppelten Buchführung interessiert dagegen die Wertentwicklung des Unternehmens. Das heißt: Es werden nicht die tatsächlichen Einnahmen, **sondern der »Mehrwert« des Unternehmens jährlich versteuert**, der beispielsweise beeinflusst wird durch die Abschreibungssituation des Anlagevermögens, der Ausstattung, Forderungs- und Schuldensituation etc. Daher würde im Fall nebenstehenden Prospektentwurfs die Buchung mit Rechnungsstellung im November 2001 und nicht erst im Folgejahr bei Geldeingang erfolgen. Auch Bankdarlehen werden sofort als Fremdmittel insgesamt und mit Kapitaldienst verbucht, während in der Einnahmenüberschussrechnung lediglich die Zinszahlungen als Kosten auftauchen.
Bei der Einnahmenüberschussrechnung müssen Lieferungen und Leistungen nur mit **einer einzigen Buchung festgehalten** werden. Erst an dem Tag, an dem die Rechnung beglichen wird, wird der Zahlungsausgang verbucht.	Bei doppelter Buchführung wird hingegen **jeder Vorgang doppelt verbucht** – genau genommen sogar vierfach: Zum Rechnungsdatum als Soll unter »Kundenforderung« und als Haben unter »Umsatz«, am Tag der Bezahlung als Haben unter »Kundenforderung« und als Soll unter »Bank«.
Bei der Einnahmenüberschussrechnung **bedarf es keiner Kasse**, über die der Barmittelfluss (Entnahmen für Barausgaben und Einlagen nach	**Kassenpflicht**: Aufgrund der mehrfachen Erfassung ist zur Registrierung und ordnungsgemäßen Verbuchung der Barausgaben eine Kassenführung

Einfache Aufzeichnungspflicht	*Doppelte Buchhaltung*
Einnahmen-/Überschussrechnung	**Bilanzierungspflicht**
Bankabhebung) in einem täglich abzuschließenden Kassenbuch verbucht werden müssen.	unerlässlich. In das Kassenbuch müssen alle Entnahmen (Schulz 100 Euro am 11. 12. 2002) und Ausgaben (12,30 Euro Farbband) sowie Einlagen (500 Euro Einzahlung von Bankabhebung Dreba 4. 5. 2002) verbucht und täglich abgerechnet werden.

Sie müssen das jetzt nicht alles verstanden haben. Wichtiger ist, zu erkennen, dass es zwischen einfacher und doppelter Buchhaltung vom Ansatz her große Unterschiede insofern gibt, als bei der Einnahmen-/Überschussrechnung nur die tatsächlich erzielten Einnahmen (nach Kostenabzug im Jahr des Geldflusses) versteuert werden. Bei der doppelten Buchführung hingegen wird per Bilanz (das ist eine Wertermittlungsmethode) der Wert des Unternehmens im Jahr A mit dem Wert des Unternehmens im Jahr B verglichen und aus dem möglichen Mehrwert (dem bilanzmäßig ermittelten Zugewinn) die Steuerlast ermittelt.

Aufgrund der unterschiedlichen Verbuchungsansätze ist es für einen von der doppelten Buchführungspflicht befreiten Kleingewerbetreibenden wichtig, zu prüfen, ob aus dem Kleingewerbe in den nächsten Jahren ein Betrieb mit mehr als 24 500 Euro Jahresgewinn werden soll oder nicht. Falls Sie expandieren möchten, kann es sinnvoll sein, sich von Anfang an freiwillig für die kompliziertere doppelte Buchführung zu entscheiden. Denn wehe, Sie kommen über die Umsatzgrenze und sind dann womöglich gezwungen, nachträglich die Buchungen nach den Grundsätzen ordnungsgemäßer Buchhaltung durchzuführen.

Zur Abklärung solcher und aller weiteren steuerrechtlichen Fragen ist es in der Regel unerlässlich, sich von einem guten Steuerberater beraten zu lassen, um rechtzeitig die Weichen zu stellen.

Sollten Sie allerdings nur nebenberuflich gewerblich tätig werden wollen, dürfte die Einnahmen-/Überschussrechnung auch auf längere Sicht die günstigste Form Ihrer Buchhaltung sein.

Üben Sie mehrere kleinere Gewerbe nebeneinander aus, so sind Sie zur Buchhaltung für jedes Gewerbe verpflichtet, wenn insgesamt der Gewinn aus Gewerbebetrieben über 24 500 Euro jährlich liegt.

Anders ist es, wenn Sie eine freiberufliche Tätigkeit ausüben und zusätzlich ein Gewerbe bis maximal 24 500 Euro Jahresgewinn betreiben. In diesem Fall müssen Sie sowohl für die freiberufliche Tätigkeit (mit keiner Verdienstgrenze) als auch für das Gewerbe einfache Aufzeichnungen machen und zwei Einnahmen-/Überschussabschlüsse vorlegen. Die Einnahmen werden, da sie aus unterschiedlichen Einnahmearten stammen, nicht zusammengerechnet.

Buchhaltungshilfe?

Fehlende Buchhaltungskenntnisse können erworben oder aufgefrischt werden in Kursen bei IHK und Handwerkskammern und anderen Wirtschaftsakademien. Wer noch nicht fit ist oder seine Zeit besser ins Geschäft steckt, kann sich auch stundenweise durch Buchhaltungshelfer oder von einem Steuerberater helfen lassen. Erkundigen Sie sich.

Empfohlen seien die praxisorientierten Buchhaltungsfachbücher von:

- Winklers Verlag (Westermanngruppe), *www.winklers.de* (Buchführungsbücher für Berufsschulen),
- Verlag Neue Wirtschafts-Briefe, *www.nwb.de* (Steuerliteratur für Studium und Praxis),
- Haufe-Verlag, *www.haufe.de* (Allgemeine praxisorientierte Buchführungs- und Wirtschaftsliteratur),
- Stollfuß-Verlag, *www.stollfuss.de* (Steuerliteratur für Studium und Steuerberater).

Buchhaltungssoftware ab wann?

Buchhaltungs- und Steuersoftware kann nur empfohlen werden, wenn bestimmte Grundkenntnisse vorhanden sind, weil die Software Ihnen nicht das Verstehen der Gesamtzusammenhänge und die vernetzten Auswirkungen von Kontobewegungen und ihren Einfluss auf die Bilanzgestaltung abnehmen können. Buchhaltungssoftware ist so gesehen eher etwas für Profis als für Laien. Machen Sie sich am besten fit in einem IHK- oder VHS-Kursus.

Gewerbetreibender und Mitarbeiter

Anders als Freiberufler brauchen Gewerbetreibende bei der Einstellung von Mitarbeitern nicht darauf zu achten, selbst weiterhin in leitender Funktion zu sein (siehe »Leitende und eigenverantwortliche Tätigkeit«). Gewerbliche Unternehmer dürfen auch Mitarbeiter mit höherer Ausbildung oder einen Geschäftsführer anstellen, ohne ihren Tätigkeitsstatus einzubüßen.

Mitarbeiter können folgenden Beschäftigungsstatus haben:

- Vollzeitkräfte,
- Teilzeitkräfte,
- 325-Euro-Kräfte (geringfügig Beschäftigte, nur mit Freistellungsbescheinigung),
- Aushilfen (kurzfristige Tätigkeiten bis 50 Tage oder 2 Monate im Jahr bei Sozialabgabenfreiheit und Lohnsteuerpauschalierung),
- Studentenaushilfen (mit Vorteil, dass hier bei einer Beschäftigung von maximal 20 Wochenstunden die Krankenversicherungspflicht entfällt),
- Altersrentner (Vorteile bei der Sozialversicherungspflicht),
- Frührentner (nur innerhalb bestimmter Verdienstgrenzen).

Detailinfos finden Sie in: Martin Massow: Der neue Jobber-Atlas 2002. 1 000 Tipps für haupt- und nebenberufliche Tätigkeiten. 8. Aufl. München 2002.

Wer Vollzeit- oder Teilzeitarbeitnehmer beschäftigen möchte, muss:

- arbeitsrechtliche Bestimmungen (Arbeitsvertrag, Schutzpflicht, Arbeitszeitgesetz, Bundesurlaubsgesetz etc.),
- sozialversicherungsrechtliche Pflichten (KV, PfV, RV und AV des Mitarbeiters),
- steuerrechtliche Regelungen (Einbehaltung und Abführung der Lohnsteuer bzw. Pauschalsteuer ans Wohnsitzfinanzamt) berücksichtigen und
- Unfallversicherungsvorkehrungen (Mitgliedschaft in der hierfür zuständigen Berufsgenossenschaft sichert Mitarbeiter ab) treffen.

Arbeitsrecht

Arbeitsvertrag

Der Arbeitsvertrag ist die arbeitsrechtliche Grundlage jedes Beschäftigungsverhältnisses, egal, ob es sich um Vollzeit-, Teilzeit- oder reine Aushilfstätigkeiten handelt. Selbst bei Teilzeitarbeit ist seit dem Wirksamwerden des Nachweisgesetzes vom 20. 7. 1995 der Europäischen Union die Schriftform des Arbeitsvertrages vorgeschrieben. Kommen Sie als Arbeitgeber dieser Pflicht nicht nach, hat Ihr Mitarbeiter nach dem EU-Nachweisgesetz den Anspruch darauf, von Ihnen binnen eines Monats nach Aufnahme des Beschäftigungsverhältnisses eine Niederschrift mit den wesentlichen Arbeitsbedingungen ausgehändigt zu bekommen.

Notwendiger Inhalt der Vertragsniederschrift nach dem EU-Nachweisgesetz

- Parteien des Arbeitsvertrags
- Beginn der Beschäftigung
- Tätigkeitsart
- Tätigkeitsort
- Arbeitszeit

- Arbeitsentgelt sowie eventuelle Zuzahlungen, Provisionen, Prämien, Tantiemen, Sonderzahlungen und zusätzliche Gehälter sowie Fälligkeit und Zahlungsweise
- Urlaubsanspruch
- Betriebliche Sozialleistungen (z. B. Essensgeld, Wegegeld, Gehaltsfortzahlung bei Krankheit, betriebliche Altersversorgung)
- Kündigungsfristen
- Unterschrift des Arbeitgebers

Die Vertragspunkte in der EU-Richtlinie sollten auch in jedem anderen Arbeitsvertrag enthalten sein.
Informationen zum Arbeitsrecht mit Arbeitsmusterverträgen finden Sie in einschlägiger Fachliteratur, Loseblattwerken und Personalsoftware, z. B. beim Haufe-Verlag, *www.haufe.de*

Höchstarbeitszeit

Nur angestellte Mitarbeiter unterliegen der gesetzlichen Arbeitszeitregelung. Gemäß § 2 Abs. 1 Arbeitszeitgesetz dürfen Sie Mitarbeiter werktäglich nur 8 Stunden, ausnahmsweise auch mal 10 Stunden beschäftigen, wenn die wöchentliche Gesamtarbeitszeit von 48 Stunden (Mo-Sa) nicht überschritten wird.

Gesetzlicher Mindesturlaub

Im Bundesurlaubsgesetz ist der Mindesturlaub von Beschäftigten geregelt. Gemäß § 3 Abs. 1 Bundesurlaubsgesetz müssen Sie jedem Mitarbeiter mindestens 20 Arbeitstage (5 Tage Woche) oder 24 Werktage (bei Einrechnung des Samstags als Werktag) gewähren, sodass mindestens vier Wochen Erholungsurlaub garantiert sind. Nach oben hin können Sie davon abweichen und wie üblich fünf oder sechs Wochen Jahresurlaub vereinbaren.

Lohnhöhe – Tarifvertragsgültigkeit

Die Tarifverträge Ihrer Branchen haben für Sie nur Gültigkeit, wenn Sie Mitglied in einem entsprechenden Arbeitgeberverband sind, was jedoch als Einmanngewerbetreibender kaum

der Fall sein dürfte. Sie können die Bezahlung mit Mitarbeitern also frei vereinbaren, wobei die Vergütung jedoch gemäß § 612 BGB im Rahmen des am Markt Üblichen liegen muss.
In der Baubranche gibt es einen Mindestlohn von derzeit ca. 9 Euro.

Kündigungsmöglichkeit nach Kleinbetriebsklausel

Als Kleinunternehmen fallen Sie mit bis zu fünf Mitarbeitern unter die so genannte Kleinbetriebsklausel des § 23 Abs. 1 Kündigungsschutzgesetz (KSchG), was bedeutet, dass Sie nicht den Regelungen im Kündigungsschutzgesetz unterliegen. Es gelten nur die vertraglich vereinbarten bzw. die Mindestkündigungsfristen des § 622 im Bürgerlichen Gesetzbuch (BGB).
Gezählt werden nur Mitarbeiter, deren regelmäßige Arbeitszeit wöchentlich 10 Stunden oder monatlich 45 Stunden übersteigt.

Sozialversicherungen – Einzugsstelle Krankenkasse

Nach den neuen Meldebestimmungen müssen Sie der Krankenkasse als Haupteinzugsstelle der Sozialabgaben jede Beschäftigung melden, also auch geringfügige Tätigkeiten und Aushilfsarbeiten. Selbst, wenn Aushilfstätigkeiten wie kurzfristige Beschäftigungen gar nicht sozialversicherungsbeitragspflichtig sind, weil diese unter Pauschalversteuerung fallen, müssen sie gemeldet werden.
Bei einem sozialversicherungspflichtigen Beschäftigungsverhältnis, worunter unbefristete, befristete, teil- oder vollzeitige abhängige Arbeitsverhältnisse zählen, müssen Sie Ihren Arbeitnehmer in folgenden Sozialversicherungszweigen versichern und 50 % der Beiträge bezahlen:

- Krankenkasse (ca. 14 %),
- Pflegeversicherung (1,7 %),
- Rentenversicherung (ca. 19,1 %) und
- Arbeitslosenversicherung (6,5 %).

Die Sozialversicherungsbeiträge teilen sich Arbeitgeber und Arbeitnehmer je zur Hälfte, wobei Sie Ihre Hälfte noch auf das im Arbeitsvertrag vereinbarte Bruttogehalt aufschlagen müssen, wenn Sie Ihre Gesamtbelastung ermitteln wollen.
Um die Beiträge abzuziehen, benötigen Sie eine Betriebsnummer und die Sozialversicherungsnummer Ihres Mitarbeiters. Sollte Ihr Mitarbeiter noch keine SV-Nummer haben, teilt Ihnen dies die Krankenkasse mit. Seit 1. 1. 2001 bieten die Krankenkassen ein Melde- und Beitragsnachweisverfahren per E-Mail an. Der Vorteil ist, dass der Arbeitgeber diese E-Mail nur noch an eine Adresse versenden muss. Die Meldungen und Beitragsnachweise werden dann automatisch auf die richtigen Einzugsstellen verteilt. Damit können eine Reihe von Meldeproblemen gerade in Bezug auf geringfügige Beschäftigungen beseitigt werden.
Die Arbeit mit Sozialversicherungsheftchen usw. ist schon längst abgeschafft.
Die Gesetzliche Krankenkasse (AOK, BEK, KKH etc.), Abteilung: Arbeitgeber, informiert Sie ausführlich über Ihre Pflichten und die jährlich schwankenden aktuellen Beitragshöhen und Beitragsbemessungsgrenzen.

Arbeitsamt

Nur wenn Ihr Arbeitnehmer mehr als 15 Stunden wöchentlich beschäftigt ist, müssen Sie Beiträge über die Krankenversicherung an das Arbeitsamt abführen. Soll Ihr Mitarbeiter etwas von den Arbeitslosenbeiträgen haben, sollte eine Arbeitszeit von 18 Stunden wöchentlich vereinbart werden, da nur bei Beitragszahlungen von 18 Wochenstunden Anwartschaften für den Fall von Arbeitslosigkeit erworben werden können.
Obwohl Sie eine Betriebsnummer bei der Krankenkasse haben, müssen Sie zusätzlich eine Betriebsnummer beim Arbeitsamt beantragen.
Zuständig ist die Abteilung für Arbeitgeber beim örtlichen Arbeitsamt. Informationen über *www.arbeitsamt.de*

Lohnsteuer abführen

Finanzamt

So wie Sie für die von Ihnen einbehaltenen Sozialversicherungsbeiträge haften, sind Sie als Arbeitgeber auch für die korrekte Einbehaltung und Abführung von:

- Lohnsteuer (die Höhe ist abhängig von Lohnsteuerklasse und Bruttolohnhöhe. Sie wird von Lohnsteuertabellen abgelesen),
- Solidaritätszuschlag (5,5 % von LS),
- Kirchensteuer (8 % von LS)

dem Finanzamt gegenüber verantwortlich.
Achten Sie darauf, dass Ihr Angestellter eine Lohnsteuerkarte mitbringt (bei Zweitjobs eine zweite Lohnsteuerkarte). Der Lohnsteuerkarte können Sie die entsprechende Lohnsteuerklasse entnehmen. Die Lohnsteuerhöhe erfahren Sie aus speziellen Lohnsteuertabellen, die man im Buchhandel kaufen kann.
Die Steuern sind mit jeder Lohnabrechnung monatlich an das zuständige Finanzamt (Betriebsstättenfinanzamt) zu überweisen.

! **Infos!**
Das örtliche Finanzamt hält für Arbeitgeber Erstinformationen bereit, in denen das gesamte Verfahren erläutert wird.

Vorsicht bei der Beschäftigung von Aushilfen

Am einfachsten ist es, wenn Sie Aushilfen nur als reguläre Teilzeitmitarbeiter auf Lohnsteuerkarte beschäftigten. Wenn Sie jedoch Mitarbeiter ohne Lohnsteuerkarte anheuern wollen, dann gelten die Neuregelungen über »geringfügige Beschäftigungen« gemäß § 7 Satz 1 SGB V, § 5 Abs. 2 Satz 1 erster Halbsatz Nr. 1 SGB VI und § 27 Abs. 2 Satz 1 erster Halbsatz SGB III. Da Sie den Arbeitslohn jedoch nur dann steuerfrei an Mitarbeiter ausbezahlen und die Sozialbeiträge (KV 10 %, RV 12 %) pauschal abführen dürfen, wenn Jobber die monatlichen und jährlichen Geringfügigkeitsgrenzen exakt einhalten, müssen Sie sich als Arbeitgeber von »325-Euro-Jobbern« Folgendes aushändigen lassen:

- eine Freistellungsbescheinigung (des Finanzamtes) und
- eine schriftliche Versicherung, dass er ansonsten keinerlei weitere Einkünfte hat.

Sie können sich auch vom Jobber eine Auskunftsvollmacht geben lassen, mit der Sie direkt die Krankenkasse bitten, Ihnen Auskunft über die derzeitigen Beschäftigungsverhältnisse Ihrer Aushilfe zu geben. Mit dieser Auskunftsvollmacht können Sie an die Zahlstelle schreiben:

Musterbrief

An die Krankenkasse
Betriebsnummer (Arbeitgeber):
Beitragsnummer (Arbeitgeber) bei zuständiger KK:
Versicherte Person (Arbeitnehmer):
Mitgliedsnummer:
Rentenversicherungs-Nr.:

Gesetz zur Neuregelung der geringfügigen Beschäftigungsverhältnisse
Antrag nach § 15 SGB I auf Erteilung einer verbindlichen Auskunft

Sehr geehrte Damen und Herren,

in der Anlage überreiche ich den Erklärungsbogen für o. g. geringfügig Beschäftigte(n).

Bitte teilen Sie mir schriftlich verbindlich auf der Rückseite dieser Anfrage mit, welche Beiträge für o. g. Arbeitnehmer in den einzelnen Versicherungszweigen zu entrichten sind.

Nur vorsorglich stelle ich den Antrag, bei eventueller Überschreitung der Beitragsbemessungsgrenzen durch das erste und zweite Arbeitsverhältnis, mir meinen anteiligen Beitragszuschuss zur Krankenversicherung mitzuteilen.

Mit freundlichen Grüßen

Nur dann sind Sie auf der sicheren Seite, falls sich im Nachhinein herausstellt, dass Ihr Geringfügigkeitsjobber doch mehr verdient hat als die Geringfügigkeitsgrenzen erlauben. Denn Einkünfte werden bei der Krankenkasse per Computerprogramm zusammengezählt, was rasch zu einer Überschreitung der Geringfügigkeitsgrenzen führen kann, da sämtliche Beschäftigungsverhältnisse meldepflichtig sind. Die Folge für den Arbeitgeber: Er gerät nachträglich in eine Beitragsfalle, da er auf einmal den Sozialversicherungsträgern die regulären Sozialversicherungsbeiträge schuldet und diese kurzfristig an die Einzugsstelle überweisen muss, unabhängig, ob er Widerspruch einlegt oder einen Prozess beginnt. Zwar können Sie sich theoretisch die überzahlten Sozialbeiträge hälftig vom Mitarbeiter zurückholen, aber in der Praxis bedeutet das zumeist Ärger, vielfach gehen Sie auch leer aus, weil es bei Ihrem Jobber ohnehin nichts zu holen gibt.

Scheinselbständigkeitsfalle bei Beschäftigung freier Mitarbeiter

Wenn Sie als Selbständiger auf der anderen Seite des Schreibtisches sitzen, kommen Sie bei der Beauftragung freier Mitarbeiter nicht umhin, sich deren Selbständigkeitsstatus bestätigen zu lassen. Erstens ist das gesetzliche Pflicht. Zweitens: Wenn Sie dies versäumen, kann es Ihnen passieren, dass Sie unbeabsichtigt ein Scheinselbständigkeitsverhältnis, also ein verdecktes sozialversicherungspflichtiges Beschäftigungsverhältnis eingehen, und bei einer Betriebsprüfung durch die Sozialversicherungsträger womöglich Sozialbeiträge nachbezahlen müssen.
So muss der Auftraggeber prüfen, ob bei dem Bewerber um eine freiberufliche Mitarbeit bzw. bei seinen schon länger mitarbeitenden Freien Versicherungspflicht für den Arbeitnehmer vorliegt. Ist dies der Fall, hat er alle Pflichten, die sich für einen Arbeitgeber aus den Vorschriften des Sozialgesetzbuches ergeben, zu erfüllen. Hierzu gehören insbesondere

- die Ermittlung des beitragspflichtigen Arbeitsentgelts,
- die Berechnung und Zahlung des Gesamtsozialversicherungsbeitrags,
- die Erstattung von Meldungen nach der DEÜV und
- die Führung von Lohnunterlagen.

Dies gilt auch, wenn ein Versicherungsträger (z. B. die Bundesversicherungsanstalt für Angestellte in einem Anfrageverfahren nach § 7 a SGB IV) das Vorliegen einer Beschäftigung nach § 7 Abs. 1 SGB IV oder aufgrund der Rechtsvermutung nach § 7 Abs. 4 SGB IV festgestellt hat.
Der Auftraggeber hat alle Unterlagen aufzubewahren, die zur Klärung der Frage entscheidend sind, ob ein versicherungspflichtiges Beschäftigungsverhältnis vorliegt oder nicht.
Um als Auftraggeber das Haftungsrisiko zu minimieren, einem vorsätzlich Scheinselbständigen auf den Leim zu gehen, ist es empfehlenswert, sich vom potenziellen, künftigen Freelancer den Selbständigkeitsstatus schriftlich bestätigen zu lassen. Am besten wäre es, er könnte Ihnen eine entsprechende Bescheinigung von der Krankenkasse bzw. dem Rentenversicherungsträger aufgrund einer freiwilligen Abklärung im Rahmen eines Anfrageverfahrens gemäß § 7 a SGB IV geben.

! **Beispiel einer Bescheinigung über Selbständigkeit!**

Horst Günther
Schnellstraße 11
43000 Musterhausen

Bescheinigung meiner Selbständigkeit

Der Unterzeichner bestätigt, dass er alle Kriterien der Selbständigkeit erfüllt und die Merkmale einer Scheinselbständigkeit gemäß § 7 Abs. 4, SGB IV auf ihn nicht zutreffen, da er ständig mehrere Auftraggeber hat und er am Markt frei auftritt.

Meinen Selbständigenstatus habe ich mir mit Anfrageverfahren zur Statusfeststellung gemäß § 7 a Abs. 1 Satz 2 SGB IV von der Krankenkasse/Rentenversicherungsanstalt bescheinigen lassen.

Datum, Ort, Unterschrift

So bekommt man die Finanzen in den Griff

Sich selbständig zu machen, hat nicht zwangsläufig immer etwas mit Kreditaufnahme zu tun. Vielmehr sollte man versuchen, ohne oder mit nur geringen Fremdmitteln auszukommen. Selbst so genannte Existenzförderkredite müssen irgendwann zurückbezahlt werden und machen in der Anfangsphase – von ihrer Beantragung bis zur Bewilligung – nicht nur viel bürokratische Arbeit, sondern kosten auch Nerven.

Ob Förder- oder andere Kreditmittel – bevor man an eine Finanzierung mit Fremdmitteln denkt, sollte man alle Möglichkeiten prüfen, wie man den Finanzbedarf und damit die Höhe benötigter Kredite von vornherein senken kann. Zur Schaffung einer tragfähigen wirtschaftlichen Basis seines Vorhabens könnte wie folgt vorgegangen werden:

- preiswerter gründen durch Anpassen der Geschäftsidee an die individuellen Möglichkeiten;
- Liquiditätsbeschaffung durch bessere Honorarvereinbarungen und Inkasso;
- Finanzierungsfehler vermeiden;
- Finanzbedarf realistisch kalkulieren;
- Günstige Finanzierungsquellen erschließen;
- Fördermittel nutzen.

Angemessen gründen – Geschäftsideen variieren

Es klingt banal: Die beste Finanzierungsmöglichkeit besteht in der Kostenvermeidung. Vor allen Dingen bei der Realisierung der Geschäftsidee kann man Kosten einsparen. Durch die Wahl des Einstiegsrahmens in eine Selbständigkeit können selbst durch ihren Beruf zulassungsgebundene Freiberufler mit traditionell größerem Finanzbedarf eine passende Gründungsvariante finden: Das gelingt ihnen, wenn sie von der üblichen, zumeist nahe liegenden, großen Lösung zunächst abrücken und anders als gewöhnlich starten.
Das heißt: Mit der Größe unserer Ideen und ihrer Umsetzung verursachen wir auch die Größe unseres Aufwandes und unserer Verpflichtungen. Das Problem liegt oftmals darin, dass es für viele selbständige Berufe bestimmte Vorgaben/Vorstellungen gibt, wie ein solcher Beruf ordnungsgemäß auszuüben ist. Bei dem Begriff Rechtsanwalt denkt jeder sofort an die Einrichtung einer entsprechend repräsentativen Praxis in bevorzugter Lage mit öffentlicher Verkehrsanbindung und ausreichend Parkplätzen. Dass man auch in einem Hobbykeller als Anwalt beginnen und sich vielleicht zunächst auf Sozial- und Betreuungsfälle konzentrieren kann, die zwar nicht das große Geld, wohl aber Kontakte bringen, ist vielen jungen Juristen, die noch in einem relativ elitären Selbstverständnis ausgebildet wurden, gar nicht bewusst. Wie bei den Juristen existieren auch bei vielen anderen und vor allem bei verkammerten freien Berufen solch konventionelle Vorstellungen. Einerseits sind diese ja auch wichtig, um ein Berufsbild entsprechend einheitlich repräsentieren und ausüben zu können. Andererseits sind diese falschen, festgefahrenen Vorstellungen von betrieblichen Erscheinungsbildern vielfach mit Schuld daran, wenn Gründungen unnötig teuer und zu aufwändig werden und Existenzgründer sich in finanzielle Abenteuer stürzen.
Aber auch Motivationsleitsätze wie »Denke groß«, »Alles ist möglich« oder »Man darf niemals aufgeben« können sich als die größten Vernunftsfeinde entpuppen. Zeigt doch die Rea-

lität, dass zumeist die flexiblen Denker und nicht die »Unbeirrbaren« letztlich das Rennen machen.
Daher gilt für Gründer ganz besonders, sich ihres kritischen Menschenverstandes zu bedienen und lieber zunächst alles infrage zu stellen, als sich zu schnell an eine falsche Vorstellung zu klammern. Denn nur so schaffen sie nötige Perspektivenwechsel und erkennen, dass eine Gründung auch anders laufen und dennoch funktionieren kann.

1. Beispiel!

Mobile Steuerberatung statt Festbüro

Es war ein langer Weg, bis Sabine endlich ihre Steuerberaterprüfung in der Tasche hatte. Jetzt wollte sie eine Praxis gründen. Doch die Zahlen sprachen gegen eine solche große Lösung: Allein die Büroraumbeschaffung, Mietkautionen, Einrichtung und technische Ausstattung hätten locker 35 000 Euro gekostet, dann das Risiko eines Zwei-Jahres-Mietvertrags von 24 000 Euro, Personalkosten für eine Schreibkraft, Vorfinanzierung des Lebensunterhaltes, der Sozialabgaben, des Autos usw. für ein Jahr. Kurzum: Sabine hätte rund 100 000 Euro benötigt, 50 000 Euro aus Privatmitteln, 50 000 Fremdmittel. »Warum soll ich mich eigentlich so verschulden und das, was ich an Kapital jetzt habe, obendrein aufs Spiel setzen?«, fragte sie sich und beschloss: »Ich hänge mein Schild zu Hause auf. Mein Wohnzimmer ist jetzt erst mal meine ›Praxis‹. Ich biete einfach mobile Steuerberatung und Bilanzierungshilfe an. Das spart nicht nur ein Haufen Geld, sondern ist sogar für viele kleinere und mittlere eigentümergeführte Unternehmen ein Grund, mich zu engagieren, da ich ins Haus komme und alles vor Ort erledige.« Da Sabine nach Gebührenordnung abrechnen kann, hat sie unterm Strich jetzt mehr Geld als manche große Kanzlei nach Abzug aller Kosten.

2. Beispiel!

Vom Seminarveranstaltertraum zum freien Trainer

Eigentlich wollte sich die Sozialpädagogin Helga als Seminarveranstalterin selbständig machen. Nebenberuflich hatte die Institutsmitarbeiterin gelegentlich erfolgreiche Trainings zur Persönlichkeitsförderung organisiert. Doch als Helga bei der Erstellung eines ersten konkreteren Geschäftsplans merkte, wie groß der Unterschied zwischen neben- und hauptberuflicher Seminarveranstalterin ist, hat sie noch einmal völlig umgedacht. Denn für Referentenhonorare, langfristige Raumanmietung, Honorarkräfte und 50 000 bis 100 000 Euro Werbebudget hätte sie ein Startkapital von mindestens 100 000 bis 150 000 Euro benötigt, ohne zu wissen, ob ihr Konzept so auch aufgeht. Also beschloss Helga schweren Herzens, ihr Konzept zu ändern, nämlich zunächst einmal selbst als freiberufliche Trainerin in den Ring zu steigen und sich von Bildungsinstitutionen, Managerakademien, IHKn usw. engagieren zu lassen. Der Vorteil: Bei diesem Plan blieben ihre Investitionen relativ gering, da sie sofort nach jeder Veranstaltung ihr Honorar erhielt, ggf. auch ein Ausfallhonorar, falls das Seminar mangels Teilnehmern abgesagt wurde. Parallel zu ihrem selbständigen Trainerjob wollte sie wie bisher jährlich weiterhin zwei bis drei Seminare veranstalten.

! **3. Beispiel!**

Statt stationärer Werkstatt mobilen Kfz-Service gründen

Warum sollte sich ein Kfz-Meister, der sich selbständig machen möchte, unbedingt eine teure Werkstatt von 50 000 bis 150 000 Euro hinstellen, wenn ihm eigentlich das Geld dazu fehlt? Hat er gar nicht nötig. Er kann sich nämlich mit einer viel preiswerteren Variante selbständig machen, beispielsweise mit einem mobilen Kfz-Service. Etablierten Kfz-Werkstätten bietet er beispielsweise Vertretungen an, Firmenkunden wie Autovermietern, Speditionen etc. einen preiswerten Vorortinspektionsdienst. An eine eigene Werkstatt mit Hebebühne und Grube kann er erst denken, wenn er sich genügend Geld zurückgelegt und Kundenkontakte hat, um von vornherein eine gewisse Auslastung kalkulieren zu können. Vielleicht zeigt ja ein Kunde, etwa eine Spedition, Interesse an einer ständigen Zusammenarbeit, sodass der Kfz-Meister seine stationäre Betriebserweiterung dann auf dem Speditionsgelände preiswert realisieren kann.

Aufwand-/Leistungsrelation

Kernpunkt aller drei Beispiele ist es, zu zeigen, dass die Existenzgründer Sabine, Helga und Paul jeweils versucht haben, ihr Existenzgründungsvorhaben in eine ausgeglichene Aufwand-/Leistungsrelation zu stellen. Denn nur, wenn unser kalkulierter Aufwand in passender Relation zu unserem finanziellen Leistungsvermögen und den Ertragsaussichten steht, kann die Finanzplanung in sich stimmig sein. Wenn jedoch die Aufwandsplanung stark von den tatsächlichen finanziellen Möglichkeiten abweicht, wird das Vorhaben wackelig. Hätte Sabine ihre Praxis mit 100 000 Euro Gründungsrisiko gestartet, hätte das mit viel Glück (wenn sie rasch gute Mandanten gefunden hätte) funktionieren können. Wahrscheinlicher wäre es jedoch gewesen, dass die Durststrecke länger als ein Jahr gedauert hätte, und spätestens dann wäre Sabine nicht nur ihr eingesetztes Geld losgewesen, sondern obendrein in finanzielle Schwierigkeiten geraten. Das Risiko war Sabine einfach zu groß. Sie hat sich mit weniger zufrieden gegeben, ebenso wie Helga, die sich lieber als Trainerin von Auftrag zu Auftrag hangelt, als sich ein großes Finanzproblem an den Hals zu hängen. Auch Paul hat erkannt, dass man sich lieber rechtzeitig vor der Gründung ganz ehrlich die Frage stellen sollte: »Steht die Umsetzung meiner Geschäftsidee in gesunder Relation zu meinen (finanziellen, persönlichen, geschäftlichen usw.) Möglichkeiten?«

Je einfacher unsere Geschäftsidee aus unseren vorhandenen Ressourcen heraus realisierbar ist, desto geringer ist auch das Aufwands- und Verlustrisiko. Das heißt jedoch nicht, dass jede Existenzgründung möglichst billig sein sollte. Oftmals ist es ja auch so, dass man erst mal eine größere Investition riskieren muss, damit ein bestimmtes Geschäft funktionieren kann. Das ist nicht der Punkt. Der Punkt ist nur, in welcher Größenordnung wir uns die Realisierung von Geschäftsideen leisten können oder wollen. Solange sich jemand aufgrund eines guten finanziellen Backgrounds große Ideen und eine aufwändige Verwirklichung leisten kann, wird er hierdurch kaum seine Existenz gefährden, auch nicht, wenn etwas schief gehen sollte. Nicht der Aufwand allein, sondern der Aufwand in Relation zur finanziellen Leistungsfähigkeit entscheidet über die finanzielle Stabilität unserer Gründungsbasis. Wer sich aufgrund seiner finanziellen Situation keine großen Sprünge leisten kann, sollte auch keine machen, sondern intelligenter vorgehen und nach preiswerteren und risikoärmeren Varianten für seine Geschäftsidee suchen.

Finanzbedarfsermittlung – Finanzplan

Aber auch bei der preiswertesten aller Geschäftsideen ist irgendwann der Boden erreicht mit der Frage: Wie hoch sind meine Start- und Anlaufkosten? Diese Frage ist in einer Vorkalkulation nur hypothetisch zu beantworten. Umso wichtiger ist es, ein möglichst realistisches Kostenszenario zu entwerfen, damit man eine einigermaßen brauchbare Prognose und Liquiditätseinschätzung erreicht. Selbst bei der Realisierung gleicher Geschäftsideen bemisst sich der Finanzbedarf für jeden Einzelfall sehr unterschiedlich, weil er abhängt von:

- Umfang und Umsetzungsaufwand der Selbständigkeit,
- vorhandenen Räumlichkeiten,
- nutzbarer Einrichtung, allgemeiner Ausrüstung, technischer Ausstattung, allgemeiner Büroinfrastruktur,
- Anzahl und Wert möglicher Anfangsaufträge,
- persönlichen Kontakten,
- Werbeaufwandsplanung usw.

Folgende Einstiegskosten sind bei Gründungen üblich:

Übliche Kosten bei nebenberuflichem Einstieg.

- Fachliteratur, Informationen
- Fortbildung und Seminarkosten
- eventuelle Steuer- und Rechtsberatungskosten
- Gewerbeanmeldung
- Fahrzeugkosten
- Reisekosten
- Bürokosten (Arbeitszimmerausstattung etc.)
- Energiekosten
- Büromittelkosten (Schreibutensilien)
- Anfangswerbung.

Bei vollberuflichem Einstieg erhöhen sich die Kosten um z. B:

- größere Büro- und Betriebsorganisation aufgrund des Zwangs zu mehr Umsatz und Rendite
- kalkuliertes Gehalt
- Sozialversicherungskosten
- Versicherungen, Haftpflichtversicherungskosten
- Vorfinanzierung von Geschäften, von der Akquisition bis zum Geldeingang
- Risikofond für Forderungsausfälle
- Kreditkosten
- eventuell Personalkosten.

Der Finanzplan

Der Einstieg in die eigene Kapitalbedarfsplanung beginnt am besten mit einem Finanzplan, mit dessen Hilfe ein erster Überblick gelingen kann, wie viel Liquidität in den einzelnen Monaten vorhanden sein muss. In den Finanzplan werden einmalige und wiederkehrende Kosten (die variablen Kosten sollten wie Fixkosten) sowie voraussichtliche oder – soweit absehbar – konkrete Einnahmen auf einige Monate hochgerechnet eingetragen.

Man sollte auf die angenommenen Kosten stets 15 bis 20 % für unvorhergesehene Ausgaben draufschlagen. Die Gesamtkosten bilden den Finanzbedarf.

Der Finanzplan dient nicht nur dazu, sich selbst einen Überblick zu verschaffen, sondern kann auch eine Grundlage sein für eventuelle Bankgeschäfte zwecks Kreditantrag. Denn der Finanzplan dient auch zur Einschätzung der geschäftlichen Entwicklung.

Finanzplan

Einnahmen	*Jan.*	*Feb.*	*März*	*April*	*Mai*	*Juni*	*Juli*
Gehalt, evtl. letztes Gehalt	2 500	2 500	1 250 halbtags	1 250	1 250	1 250	1 250
Zinseinnahmen					1 150		
Steuerrückerstattung							650
Umsatz aus Homejob		250	500	875	1 125	2 650	2 750
Summe der Einnahmen	*2 500*	*2 750*	*1 750*	*1 625*	*3 525*	*3 900*	*4 650*
Ausgaben							
Arbeitszimmer streichen, etc.	360						
Schreibtisch, Regale, Stuhl	750						
Briefpapier,Visiten	85						
Büroutensilien, Grundstock	325						
PC+Drucker	1 700						
Telefon	75						
Faxgerät	600						
Anrufbeantworter	50						
Telefonkosten	65	65	65	65	65	65	65
Faxkosten	20	20	20	20	20	20	20
Internetkosten	90	90	90	90	90	90	90
Porto	25	25	25	25	25	25	25
Werbung, Anzeigen	2000	150	150	150	150	150	150
Büromaterial, laufend	35	35	35	35	35	35	35
Kapitaldienst	175	175	175	175	175	175	175
Versicherungen, Haftpflicht etc.	65	65	65	65	65	65	65
IHK-Beitrag	80	80	80	80	80	80	80
Steuervorauszahlung (ab dem zweiten, dritten Jahr)	250	250	250	250	250	250	250
Kranken- und Rentenversicherung	(es entstünden nur Kosten, wenn der sozialversicherungspflichtige Halbtagsjob wegfiele)						
Lebensversicherung	160	160	160	160	160	160	160
Lebenshaltungskosten, inkl. Miete, Auto	1 750	1 750	1 750	1 750	1 750	1 750	1 750
Summe Ausgaben	6 810	2 865	2 865	2 865	2 865	2 865	2 865
Kapitalbedarf	*4 310*	*115*	*1 115*	*1 240*	*-660*	*-1 035*	*-1 785*

Kapitalbedarf bei nebenberuflichen Einstieg mit Halbtagsjob

Wenn der Umsatz sich tatsächlich wie angenommen entwickelt, besteht ein Vorfinanzierungs-Kapitalbedarf für vier Monate (Januar bis April) von insgesamt 6 780 Euro. Im Mai würden nach dieser Prognose schon 660 Euro Gewinn gemacht, im Juni 1 035 Euro und im Juli 1 785 Euro.

Bei dieser Planungskonstellation ist Folgendes zu überlegen: Soll der Freiberufler 7 500 Euro Kredit aufnehmen und die prognostizierten Gewinne – wenn sie denn kommen – lieber als erste Rücklage beiseite legen? Oder soll er versuchen, einen Kontokorrentkreditrahmen von 7 500 Euro auf seinem Konto zu erhalten und die abgerufenen Mittel ab Mai mit den ersten Gewinnen zurückzuführen?

Wollen Freiberufler ihre Liquidität längerfristig absichern, werden sie versuchen, sowohl einen Kontokorrentkredit zu erhalten als auch ein längerfristiges Darlehen aufzunehmen – wenn möglich als Existenzförderungsdarlehen. Die erwarteten ersten Einkünfte, die über den laufenden Kosten lägen, würden auf einem separaten Konto als erste Rücklage geparkt, sodass diese Beträge als Ausgleichsmittel für umsatzschwächere bzw. kostenhöhere Monate genutzt werden können.

Strategisch kann es sinnvoll sein, einen Kredit in einer Phase aufzunehmen, in der die Banken vom Erfolg des Geschäfts überzeugt werden können, indem man z. B. einige Anfangserfolge vorweisen kann oder gute Umsätze auf dem Konto zu verbuchen sind. Denn nur, wenn bestimmte Kriterien wie z. B. laufende Geschäftseingänge erfüllt sind, verleihen Banken Geld. Geht es einem Existenzgründer schlecht, drehen viele Kreditinstitute den Hahn zu – zumeist zu früh – mit der Folge, dass das Geschäft nicht mangels Aufträgen und Geschäftsperspektiven pleite macht, sondern wegen fehlender Liquidität. Deshalb sollte man Kredite zu einem strategisch günstigen Zeitpunkt aufnehmen, d. h., wenn man ihn gar nicht unbedingt braucht. Damit kann man sich selbst eine Liquiditätsreserve aufbauen, möglichst bei einem anderen Kreditinstitut als dem Darlehengeber, um so auch in flauen Zeiten besser gewappnet zu sein.

Kapitalbedarf des Homejobbers ohne Halbtagsjob

Ohne Halbtagsjob reduzieren sich die Einnahmen ab März um 1 250 Euro monatlich. In diesem Fall betrügen die Summen der Einnahmen obigen Finanzplans nur noch:

Summe der Einnahmen	**2 500 €**	**2 750 €**	**750 €**	**875 €**	**2 275 €**	**2 650 €**	**3 400 €**
Kranken- und Rentenversicherung statt RV hat er eine Lebensversicherung	Weil die Beiträge aus dem sozialversicherungspflichtigen Halbtagsjob wegfielen, müsste der Freiberufler sich ab März selbst versichern, z. B. in eine Privatkrankenkasse monatlich **120 Euro** in der gesetzlichen Krankenkasse und Rentenversicherung müsste er mehr bezahlen.						

Durch die Selbstversicherung in der privaten Krankenkasse erhöhen sich die monatlichen Kosten ab März um 120 Euro, sodass die Ausgaben wie folgt steigen:

Summe Ausgaben	6 810 €	2 865 €	2 985 €	2 985 €	2 985 €	2 985 €	2 985 €
Kapitalbedarf	**4 310 €**	**115 €**	**2 235 €**	**2 110 €**	**710 €**	**335 €**	**-415 €**

Aufgrund der Einnahmenreduzierung und gleichzeitiger Kostenzunahme erhöht sich der Kapitalbedarf für den Start: Bis Juni beträgt er 9 815 Euro. Das heißt: Der Freiberufler muss in diesem Fall Fremdmittel in einer Höhe von mindestens 12 500 Euro (9 815 Euro + 20 % Liquiditätsreserve für Unvorhergesehenes) aufnehmen.

Möchte er hinsichtlich der Liquiditätsvorausdisposition ganz auf Nummer sicher gehen, sollte er sogar einen Kreditrahmen von 25 000 Euro vereinbaren, wobei er die Kreditmittel nur nach Bedarf abruft und den Rahmen nicht ausschöpfen muss, was die Liquiditätssicherung sehr viel billiger macht. Als Bereitstellungsgebühr muss er jedoch jährlich mit rund 650 Euro (2,5 % von 25 000 Euro) rechnen.

Aufgrund dieses relativ hohen Finanzbedarfs wäre es dringend ratsam, nochmals die Gründungskosten auf mögliche Einsparpotenziale hin zu durchforsten. Kann auf die Bürorenovierung verzichtet werden, müssen es Büromöbel sein oder tut es auch eine Holzplatte auf zwei Malerböcken und ein Küchenstuhl? Sind die Werbekosten in dieser Form wirk-

lich notwendig oder kann man anderweitig preiswerter Kontakte zu potenziellen Kunden aufbauen?
Um die Sozialbeiträge zu sparen und noch einen kleinen Nebenverdienst hereinzuholen, kann der Existenzgründer sich überlegen, ob er nicht doch noch einen Job knapp über der Geringfügigkeitsgrenze von 325 Euro (ab 326 Euro Monatseinnahme) annimmt.

Kostensenkungsmöglichkeiten

- Am besten mit einer Dienstleistung starten, mit der man ohne große technische Investitionen gleich Geld verdienen kann, z. B. durch Beratung, Vermittlungstätigkeiten, Training etc.,
- wer nicht nebenberuflich einsteigen kann, könnte versuchen, einen sozialversicherungspflichtigen Minijob mit Monatsverdienst ab 326 Euro anzunehmen, um die Sozialversicherungskosten zu senken,
- preiswerter Einkauf der nötigsten Investitionsvorhaben, z. B. Gebrauchtmöbel,
- auf Bankkredite, wenn möglich, verzichten, lieber zusätzlich Minijob annehmen,
- nur Aufträge annehmen, die keine teuren Sonderinvestitionen erfordern,
- keine Jobs, bei denen man zuvor noch Geld mitbringen muss, beispielsweise 10 000 Euro für die Abnahme von Waren oder die Einrichtung eines Verkaufsbüros mit Artikeln, die der Auftraggeber einem zuvor verkauft,
- Vorsicht bei Franchising-Angeboten,
- bei Aufträgen möglichst die Haftung minimieren bzw. ausschließen oder sich versichern,
- auf aufwändiges Büro und prestigeträchtige Fahrzeuge verzichten.

Um Kosten zu senken, müssen praktisch alle Planungsdaten hinterfragt werden: »Ist dies wirklich nötig?«, »Gibt es eine preiswertere Variante zur Realisierung?« und »Stimmen die Relationen von Einsatz und Ertrag?«.

Mustervorlage für Finanzplanung

Mit folgender Mustervorlage können Sie Ihre Einnahmen Ihren Ausgaben gegenüberstellen. Aus der Differenz ermitteln Sie den monatlichen Saldo, also die Liquidität, die Sie zur Verfügung haben, um Ihren finanziellen Verpflichtungen nachzukommen. Dazu müssen Sie wissen, welche Kosten in Ihrer Praxis/Kanzlei/Ihrem Betrieb anfallen und wann.

Mustervorlage

Einzahlungen	Jan.	Feb.	März	April	Mai	Juni	Juli	Aug.	Sept.	Okt.	Nov.	Dez.
Umsätze												
Sonstiges												
SUMME Einzahlungen												
Auszahlungen												
Investitionen												
Personalkosten												
Material/Waren												
Sonstige Betriebskosten												
Zinsen												
Tilgungen												
Umsatzsteuer												
Sonstige Steuer												
Privatentnahmen												
Sonstiges												
SUMME Auszahlungen												
Überschuss/ Fehlbetrag												
Saldo Vormonat												
Effektive Liquidität												

Hinweis!
Beim Bundesministerium für Wirtschaft (BMWI) ist eine kostenlose CD-ROM erhältlich, die Existenzgründern helfen soll, die Unternehmensfinanzierung und die Liquidität genau zu planen. Sie ist im Internet unter *www.bmwi.de* herunterzuladen.

So erschließt man sich Finanzierungsquellen

Kennt man in etwa die Höhe des Finanzbedarfs, sind alle Einsparpotenziale erschöpft und ist der Kapitalbedarf ermittelt, steht die Frage im Raum: Wie soll das finanziert werden? Woher nehme ich das Geld? Kann ich laufende Einnahmen nutzen und habe ich noch andere Eigenmittel, die ich als Finanzquellen aktivieren kann? Kann ich mir fehlende Mittel von Verwandten leihen oder gehe ich besser zur Bank? Habe ich Anspruch auf Existenzgründungsförderung oder gibt es Möglichkeiten, bis zu sechs Monate vom Arbeitsamt gefördert zu werden?

Bei der Suche nach den passenden Finanzquellen geht es nicht nur darum, überhaupt einmal zusammenzustellen, aus welchen Ecken man wie viel Kapital organisieren kann. Es geht vor allem auch darum, welche Finanzierungsart die jeweils günstigste ist.

Es gibt zwei Hauptfinanzierungsmöglichkeiten, nämlich:

a) die Eigenkapitalfinanzierung
b) die Fremdfinanzierung.

Eigenkapital

Die billigste und sicherste Finanzquelle ist natürlich das Eigenkapital. Je mehr Eigenmittel eingebracht werden können, umso stressfreier gelingt der Sprung in die Selbständigkeit. Eigenkapital ist der Oberbegriff für alle Geld- und Vermögensteile, die Gründer selbst aufbringen können. Zu den beweglichen Eigenmitteln zählen beispielsweise regelmäßige Einnahmen aus einem Job, Zinserträge oder auch Mieten, aber auch ein Auto usw.

Zum unbeweglichen Vermögen zählen langfristige Geldanlagen, Aktiendepots, Immobilien usw.

Je mehr Eigenkapital man im Verhältnis zum kalkulierten Aufwand zur Verfügung hat, umso unabhängiger kann man die Selbständigkeit finanzieren. Doch verleitet ein höheres

Eigenkapital auch zu mehr Leichtsinn. Für Gründer ist es sehr wichtig, einen Kassensturz zur Ermittlung ihrer eigenen Mittel zu machen, bevor sie in die Selbständigkeit starten. Denn sie müssen ja in etwa eine Vorstellung davon haben, über wie viel Barmittel sie verfügen und wie lange sie damit – abhängig von der Auftragssituation auskommen könnten.

- *Liquiditätssicherungsmittel*: Ausreichendes Eigenkapital, insbesondere in Form von Barmitteln (Bankguthaben), ist vor allem deshalb für Gründer wichtig, um in der zumeist noch einnahmeschwachen Anfangsphase zur Bestreitung der Kosten flüssig bleiben zu können und auch bei ersten Zahlungsausfällen von Kunden und sonstigen unvorhergesehenen Ereignissen nicht zu schnell illiquide zu werden.
- *Kreditsicherungsmittel*: Eigenkapital ist aber auch ein Kriterium für die Kreditwürdigkeit, falls man Fremdmittel aufnehmen muss oder möchte. Zwischen 20 und 50 % Eigenmittel werden gefordert, was von der Qualität der Sicherheiten und deren Beleihungsgrenzen abhängt, die nach Basel II vor allem für Kleinunternehmer drastisch gesenkt wurden, sodass mehr Sicherheiten als je zuvor verlangt werden und an Kleinkreditnehmer mit erheblich schlechteren Zinskonditionen Gelder verliehen werden.
  Die Höhe der Eigenmittel hängt stark davon ab, wie viele Einkommens- und Vermögensquellen man aktivieren kann, wie gewissenhaft man Einrichtungs- und Ausrüstungsgegenstände zusammenträgt und bewertet.

Eigenkapitalinventur erstellen:
Es gibt mehrere Gründe, sich mittels Eigenkapitalinventur einen Überblick über Art und Wert der eigenen Mittel zu verschaffen.

1. Transparenz über das eigene Vermögen und Einkommen, sodass man feststellen kann a) welche Investitionen aus eigener Kraft zu leisten wären, b) wie lange man ohne Fremdmittel eine Durststrecke bei Gründung überstehen könnte.
2. Ermitteln, welche Eigenkapitalien im Falle einer benötigten Fremdfinanzierung als Darlehenssicherheit bereitgestellt werden könnten.

3. Ermitteln der Eigenmittel, die beispielsweise als Sachwerteinlage zur Stammkapitalbeschaffung im Falle einer GmbH-Gründung geeignet wären.

Eigenkapitalarten sind z. B.:

- Barmittel und Kontoguthaben,
- Wertpapiere wie Pfandbriefe, Bundesschatzbriefe, Fondsanteile, Aktien usw.,
- Kapital-Lebensversicherung (der jeweilige Rückkaufwert),
- Bausparguthaben,
- Einkommen aus diversen Quellen, z. B. Zinserträge, Mieten, Einkünfte aus Urheberrechten, Beteiligungen an Unternehmen usw.,
- Arbeitseinkommen, z. B. aus Nebenberuf, Beratungen usw.,
- Immobilienbesitz, z. B. Eigentumswohnung, Hauseigentum und Grundstücke,
- Auto,
- Einrichtungsgegenstände und Kunstgegenstände, z. B. Antiquitäten, Designer-Möbel, wertvolle Teppiche, Gemälde, Skulpturen usw.,
- Schmuck, wertvolle Bestecke und Geschirr,
- technische Produkte: PC-Anlage, Fotoapparate, Video-/Digital-Aufnahmegeräte usw.

Einkommensquellen aktivieren

Wer die benötigten Gründungsinvestitionen aus laufendem Einkommen bestreiten kann, hat den Vorteil, sein angespartes Eigenkapital schonend oder gar nicht antasten zu müssen und eventuell auch auf Fremdmittel verzichten zu können. Solche Einkommensquellen können beispielsweise sein: Arbeitseinkommen aus Hauptberuf, nebenberufliche Verdienstquellen, Einnahmen aus Vorauszahlungen von Erstaufträgen oder Sozialgelder z. B. im Falle von Arbeitslosigkeit.

- Arbeitseinkommen aus Hauptberuf.
  Von der Finanzierung her betrachtet ist eine nebenberufliche Gründung ideal, da man noch auf laufende Einkommen aus dem Hauptberuf zurückgreifen kann, Gründungskosten steuerwirksam abgesetzt werden können, die Sozialabgaben abgedeckt sind und man, wenn es mit der Existenzgründung schief geht, nicht job- und mittellos vor dem Nichts steht. Daher gilt es genau zu prüfen, wann man einen Hauptberuf reduziert oder ganz zugunsten der Selbständigkeit aufgibt. Ist die Phase der Abend- und Wochenendselbständigkeit vorbei, wird man versuchen, mit dem Job erst einmal auf Halbtag zu gehen, sodass man die andere Hälfte der Arbeitszeit für die Selbständigkeit zur Verfügung hat. Erst wenn man sieht, dass mit den Aufträgen mehr zu verdienen ist als mit der Anstellung und dass der Umsatz sich einpendelt, kann man seinen festen Halbtagsjob an den Nagel hängen.
- *Nebenberufliche Verdienstquellen.* Selbst wer keinem festen Haupt- oder Zweitberuf nachgeht, kann unter Umständen durch gelegentliche Nebenverdienste oder Nutzung von Geschäftsgelegenheiten zu zusätzlichen Mitteln kommen, etwa durch eine Beratung, eine Vermittlung auf Provisionsbasis, die Vertretung eines Kollegen bei einem Vortrag oder während des Urlaubs, eine Lesung als Autor/-in in einer Schule usw. Überlegen Sie, ob oder welche solcher Möglichkeiten sich Ihnen bieten könnten!
- *Einkommen aus Vorauszahlungen von Erstaufträgen.*
  Selbst wer keine Nebeneinnahmen erzielen kann, hat vielleicht über eine Vorauszahlung für Erstaufträge die Möglichkeit, sich ein paar liquide Mittel beschaffen zu können, damit der Start unabhängig eines Kontokorrentkredits beginnen kann. Aber auch ohne Vorschüsse sind Aufträge im Wert eines vergleichbaren Angestellteneinkommens mit kurzen Zahlungszielen eine der besten Möglichkeiten, sich von Anfang an genügend Liquidität zu verschaffen.
- *Einkommen aus Sozialmitteln.*
  Wer Sozialhilfe, Arbeitslosengeld/-hilfe, Übergangsgelder oder Krankengeld bezieht, hat natürlich finanziell gesehen keine guten Karten für einen Existenzgründungsstart. Andererseits ist während des Bezuges dieser Transfergelder für die Lebenshaltungskosten einschließlich Sozialabgaben gesorgt. Da man jedoch alle Einkünfte dem Sozialamt bzw. Arbeitsamt melden muss und auf die Transfergelder angerechnet bekommt, beißt sich hier die Katz' in den

Schwanz, da man überhaupt nicht die Chance hat, ein paar Rücklagen zu bilden, mit denen der Absprung gelingen kann. Daher sei Sozialgeldempfängern empfohlen, Honorarfälligkeiten nach hinten zu datieren, sich ggf. für den Monat, auf den die Zahlungen konzentriert werden, kurz als Arbeitsloser abzumelden und später wieder anzumelden. Ferner sollte man eine genaue Planung erstellen, welche Dinge für den Betrieb angeschafft oder angemietet werden müssen: Genau zur Finanzierung solcher Dinge werden die ersten Einnahmen aus selbständiger Tätigkeit verwendet, sodass unterm Strich die Sache plus/minus null aufgeht. Wenn es gelingt, auf diesem Wege erst einmal eine Basis für erfolgreiche Selbständigkeit zu schaffen, ist schon viel gewonnen. Mit den erworbenen Betriebsmitteln, vielleicht sogar einem gemieteten Minibüro, kann man versuchen, die Auftragseingänge/Umsätze so zu forcieren, dass man sich dann endgültig vom Sozialgeldgeber abmelden kann. Prüfen Sie auch, ob Sie Verträge so gestalten können, dass die Honorare erst sehr spät fällig werden, so dass die Geldeingänge nicht mit den Sozialbezügen kollidieren und Sie dann gezielt zum Fälligkeitszeitpunkt des/der Honorare den Absprung wirtschaftlich wagen können.

Vorschüsse und Forderungseinzug nutzen

Neben der Möglichkeit, aus laufendem Zusatzeinkommen die Startinvestitionen und Lebenshaltungskosten zu finanzieren, kann man auch im Dienstleistungsbereich versuchen, den Start unmittelbar mit dem Einkommen der freiberuflichen Haupttätigkeit zu bestreiten. Am wenigsten Probleme bereitet diese Strategie »sich aus seiner Tätigkeit selbst zu finanzieren« als freier Mitarbeiter, da bei solchen Auftragsverhältnissen die Honorare häufig in arbeitnehmerähnlichen Zeitabständen bezahlt werden.

Aber auch wer sich als Werkvertragstätiger von Vertrag zu Vertrag hangeln und zum Teil größere, einkommenslose Strecken überbrücken muss, muss nicht gleich an Eigen- und Fremdmitteleinsatz denken. Denn wer clever ist, vereinbart Vorschüsse, Abschlagszahlungen oder Garantiesummen mit bestimmten Fälligkeiten, wodurch ein relativer Mittelzufluss sichergestellt werden kann. Vorschüsse sind aber auch zentral wichtig, um zu verhindern, dass Kunden nicht unter einem Vorwand nach Auftragserteilung überraschend aussteigen. Wer bezahlt hat und dann abspringt, hat es viel schwerer, seinen Auftrag zu stornieren.

Recht auf Abschlagszahlungen

Die Schuldrechtsreform 2002 kommt Ihnen jetzt bei diesem Bemühen um angemessene Zahlungstermine entgegen. Gemäß § 632 a BGB wurde jetzt in Anlehnung an § 16 VOB/B ein Anspruch auf Abschlagszahlung eingeführt. Der Werkvertragsunternehmer (Gewerbetreibender/Freiberufler) kann für in sich abgeschlossene Teile des Werks Abschlagszahlungen für die erbrachten vertragsmäßigen Leistungen verlangen.

Bei Aufträgen, in denen eine Teilfertigstellung schwer abzugliedern ist, beispielsweise bei einer aufwändigen wissenschaftlichen Zeichnung, sollte man in Anspielung auf das neue gesetzliche Anrecht nach § 632 a BGB auf Abschlagszahlungen und feste Vorschüsse pochen, und zwar nicht nach Werkfortschritt, sondern nach Auftragsdauer, nämlich beispielsweise nach 30 Tagen am xxxx die erste Abschlagszahlung, nach weiteren 30 Tagen die zweite Abschlagszahlung und den Rest nach Abgabe.

Da diese Regelung als Leitbild ins Gesetz aufgenommen wurde und somit zwingendes Recht ist, kann sie auch nicht über einen Individualvertrag (§ 24 a AGBG) neutralisiert werden.

Recht auf Verzugszinsen

Viel Geld kostet es auch, wenn Rechnungen erst spät geschrieben oder offene Forderungen zu lange nicht eingetrieben werden, weil man während dieser Zeit mit den eigenen Mitteln zwischenfinanzieren muss. Doch nun hat sich auch hier in der Gesetzgebung zugunsten des Gläubigers hinsichtlich der Inverzugsetzung und des Verzugszinsanrechts etwas geändert: 1. So muss der Gläubiger (Werkvertragsnehmer) bei Geldforderungen nicht mehr länger eine Mahnung schicken, um damit den Verzugseintritt in Gang

zu setzen. Vielmehr tritt seit neuestem gemäß § 284 Abs. 3 Satz 1 BGB der Zahlungsverzug nach Ablauf von 30 Tagen nach Zugang einer Rechnung oder einer gleichwertigen Zahlungsaufforderung kraft des Gesetzes automatisch ein. Natürlich kann es nicht schaden, dem Schuldner trotzdem eine Mahnung zuzusenden, vielleicht mit dem diskreten Hinweis, dass seit Rechnungsstellung vom ... mit Ablauf von 30 Tagen gemäß § 284 Abs. 3 Satz 1 BGB automatisch der Verzug in Gang gesetzt wurde und ab dem ersten Verzugstag auch Zinsen kostet.
So hat der Gesetzgeber zudem einen gesetzlichen Zinssatz von 5 % über dem Basiszinssatz nach dem Diskont-Überleitungs-Gesetz vom 9. 6. 1998 (§ 288 Abs. 1 Satz 1 BGB) eingeführt.

Zahlungspflicht trotz Mängelunterstellung

Um den Mittelzufluss nicht zu gefährden, ist es auch wichtig, möglichst reibungslos mit einem Auftraggeber zusammenzuarbeiten und sein Werk »vertragsgemäß«, das heißt ohne Mängel abzuliefern. Da unseriöse Auftraggeber bzw. solche, die in Zahlungsschwierigkeiten steckten, oftmals die Mängeleinrede genutzt haben, um ihre Zahlungspflicht hinauszuzögern, hat der Gesetzgeber dem Missbrauch damit jetzt einen Riegel vorgeschoben. Um vor allem auch kleine Existenzen vor willkürlichem Zahlungsboykott zu schützen, gibt es jetzt eine Abnahmeverpflichtung. So darf wegen unwesentlicher Mängel auch beim BGB-Werkvertrag die Abnahme nicht mehr verweigert werden. Gleichzeitig wird die Fiktion einer Abnahme eingeführt. Der Abnahme steht es gleich, wenn der Besteller das Werk trotz Abnahmeverpflichtung nicht innerhalb einer ihm vom Unternehmer bestimmten angemessenen Frist abnimmt (§ 640 Abs. 1 BGB). Die Abnahmefiktion gibt dem Werkunternehmen die Möglichkeit, ggf. ein Versäumnisurteil zu erstreiten, wodurch die Zahlung der ausstehenden Beträge fällig wird.

Schutz vor Geldzurückhaltung bei Subunternehmeraufträgen

Eine weitere rechtliche Verbesserung im Rahmen der Schuldrechtsreform haben Subunternehmer hinsichtlich der

Durchgriffsfälligkeit erfahren. Sie werden durch eine Neuregelung in § 641 Abs. 2 BGB vor der Willkür des Generalunternehmers (Ihres Auftraggebers) geschützt. Das Gesetz besagt, dass der Hauptauftraggeber (Bauträger oder Generalunternehmer) die Bezahlung nicht unter Berufung auf (angebliche) Mängel verweigern darf, obwohl er selbst die Raten für die entsprechenden Gewerke seitens seines Auftraggebers (Bauherrn etc.) bereits erhalten hat. Durch das Zurückhalten von Geldern an Subunternehmer haben sich viele Bauträger so auf Kosten ihrer kleinen Auftragnehmer über Wasser gehalten. Der Anspruch des Subunternehmers wird nun spätestens dann fällig, wenn der Hauptauftragnehmer vom Besteller für das versprochene Werk wegen dessen Herstellung seine Vergütung oder Teile davon erhalten hat (so genannte Durchgriffsfälligkeit).

Doppelzahlungen vermeiden:
Wer rechtlich unerfahren ist und sich im Vertrags- und Schuldrecht wenig auskennt, läuft leichter Gefahr, sich von Lieferanten und Geschäftspartnern übers Ohr hauen zu lassen. Das kann teuer werden und viel Liquidität kosten. Denn wer beispielsweise immer wieder ein Auge zudrückt und auch schadhafte Waren und Leistungen abnimmt, bei verspäteten Lieferungen und schlechter Qualität nicht so pingelig ist oder die Mehrkosten leistungsausfallbedingter Ersatzleistungen selbst drauflegt, verliert letztlich viel Geld. Vermeiden Sie solche unnötigen Doppelzahlungen. Die neue Schuldrechtsreform stärkt Ihre Rechte.

Fremdkapital

Zum Fremdkapital gehören, wie der Name schon sagt, alle Geld- und Finanzierungsmittel, die von Fremden, d. h. von Kapitalgebern, Banken, Risikokapital- und Leasingunternehmen auf Kreditbasis geliehen werden. Fremdmittel müssen demnach verzinst und zurückbezahlt werden.
Zu den zentralen Vorüberlegungen gehört auch die Frage,

nach welchen Prioritäten Eigen- und Fremdmittel zur Finanzierung eingesetzt werden sollen. In Finanzfachkreisen spricht man dabei von Finanzierungsgrundsätzen.

Finanzierungsgrundsätze

1. Liquiditätserhaltung: Die Finanzierung muss gewährleisten, dass der Freiberufler jederzeit in der Lage ist, seinen Finanzierungsverpflichtungen nachzukommen.
2. Sicherheit/Risikoentsprechung: Die Finanzierung muss langfristig die Existenz sichern. Es muss geprüft werden, ob die finanziellen Belastungen jetzt und in Zukunft tragbar sind.
3. Wirtschaftlichkeit/Rentabilität der Finanzierung: Die unterschiedlichen Finanzierungsinstrumente, etwa die Frage nach kurzfristigen und langfristigen Mitteln, nach Betriebsmittel-, Privat- oder Baukredit, führen zu unterschiedlich hohen Finanzierungskosten. Unter Berücksichtigung aller anderen Einflussfaktoren muss die im Einzelfall günstigste Finanzierungsart gefunden werden.
4. Erhaltung der Unabhängigkeit: Von Höhe und Art der Fremdfinanzierung sind auch eventuelle Fremdeinflüsse und Gebundenheit an Kapitalgeber abhängig. Als Freiberufler sollte man stets bestrebt sein, von einer Bank nicht abhängig zu sein.

Ob und welche Finanzierungsgrundsätze man einhalten kann, hängt von der individuellen Gründungssituation und insbesondere von verschiedenen Faktoren ab wie:

- Finanzierungsbedarf,
- Relation von Eigen- zu Fremdmitteln,
- Zinshöhe (Kapitalkosten),
- Bindung an Kapitalgeber (Abhängigkeit),
- Laufzeiten.

Dabei gilt:

- Je kürzer Finanzierungslaufzeit und -bindung sind, desto teurer ist die Finanzierung. Kontokorrentkredite sind die teuersten Kredite.

- Je länger Finanzierungslaufzeit und -bindung sind, desto preisgünstiger sind die Kredite. Baufinanzierungen (Hypothekarkredite, Versicherungshypotheken) sind die preisgünstigsten.

Die Kunst einer ausgewogenen Finanzierung liegt nun darin, kurzfristige, mittelfristige und langfristige Fremdmittel optimal zu gewichten: Es wäre töricht, zur Finanzierung der langlebigen Büroeinrichtung, der technischen Geräte und der Renovierung des Arbeitszimmers einen teuren kurzfristigen Kontokorrentkredit in Anspruch zu nehmen. Hier bietet sich vielmehr ein Abzahlungsdarlehen mit mittlerer oder längerer Laufzeit an. Ziel einer ausgewogenen Finanzierung ist es primär, das Risiko (etwa illiquide zu werden) und die Abhängigkeit (z. B. einer Bank ausgeliefert zu sein) für den kreditnehmenden Freiberufler zu minimieren.
Freiberufler sollten bei der Zusammenstellung ihres Finanzierungskonzepts die so genannten goldenen Bilanzregeln kennen, die dabei helfen sollen herauszufinden, für welche Maßnahme welche Kreditlaufzeit am günstigsten ist. Die goldenen Bilanzregeln basieren auf jahrzehntelangen buchhalterischen Erfahrungen, sind also erprobt.

Die goldenen Bilanzregeln

- *Langfristig gebundenes Vermögen* (Laufzeit ab 5 bis 20, 30 Jahre) soll mit Eigenkapital und langfristigen Fremdmitteln finanziert werden, etwa Bürorenovierung, Büroeinrichtung, ein Grundstück usw. (Finanzierung des Anlagevermögens).

- *Mittelfristige Mittel* (Laufzeit bis 5 Jahre) sollen nur mittelfristig eingesetzt werden, etwa zur Finanzierung eines PC, der nach 4 Jahren abgeschrieben ist, eines Forschungsvorhabens, Buchprojektes usw. (Finanzierung der Betriebsmittel).

- *Kurzfristige Mittel* (Laufzeit bis zu 1 Jahr) sollen nur kurzfristig eingesetzt werden, etwa um den laufenden Warenumschlag, die Zeit zwischen Rechnungsstellung und Erlöseingang zu finanzieren (Finanzierung des laufenden Geschäfts).

Welche kurz-, mittel- und langfristige Fremdfinanzierungsarten gibt es? Wie werden sie bezeichnet? Welche Kreditart wird zu welcher Laufzeit gerechnet? Auf diese Fragen gibt folgende Übersicht Antwort.

Fremdfinanzierungsarten

Kurzfristige Fremdfinanzierung	Langfristige (und mittelfristige) Fremdfinanzierung
■ *Bankkredite* wie Kontokorrentkredit, Wechselkredit, Lombardkredit (gegen Pfandsicherung), Ratenkredit bis 1 Jahr. ■ *Factoring* (Rechnungsverkauf an Banken). ■ *Lieferantenkredit* (Ware wird erst nach 3 oder 6 Monaten bezahlt). ■ *Kundenanzahlungen*, Abschlagszahlungen. ■ *Auslandsfinanzierungen* wie Akkreditiv, Rembourskredit, Forfaitierung. ■ *Kommissionskredit* (Ware wird erst nach Verkauf bezahlt, der Rest wird an den Hersteller zurückgegeben, etwa im Buchhandel. ■ *Privatdarlehen* bis 1 Jahr	■ *Darlehen* ab 1–5 Jahre mittelfristig, ab 5 Jahren langfristig – nach Verwendung, z. B.: Konsumentenkredite, Produktionskredite, Effektenkredite, Saisonkredite; nach Kreditgeber: Bankkredite, Lieferantenkredite, öffentliche Kredite, private Kredite; nach Kreditnehmer: gewerbliche Kredite, Privatkredite, Wohnungsbaukredite; Warenkredite: Beschaffungskredite, Absatzkredite, Absatzgüterkredite. ■ *Abzahlungsdarlehen* (Ratenkredite ab 1–5 Jahre mittelfristig, ab 5 Jahre langfristig. ■ *Fälligkeitsdarlehen*, Endfälligkeit bei Ablauf der Vertragsdauer. ■ *Kündigungsdarlehen*, fällig bei Ablauf einer vertraglich vereinbarten Kündigungsfrist. ■ *Annuitätsdarlehen*, jährlich gleich bleibende Annuität (Abzahlungsbetrag) aus Tilgung und Zinsen, wobei mit dem Abzahlungszeitraum der Tilgungsanteil steigt und der Zinsanteil sinkt, bis das Darlehen zurückbezahlt ist. ■ *Leasing* (Anmietung der gebrauchten Anlage und der Betriebsmittel). ■ *Beteiligung*.

Diese Liste zeigt, dass es für Finanzierungszwecke noch andere Möglichkeiten gibt als nur Bankkredite. Beispielsweise können bei Neugründungen von Handelsgeschäften Lieferantenkredite eine finanzielle Entspannung bringen. Wenn nämlich Lieferanten bereit sind, keine Vorauskasse, sondern Zahlungsziel für Warenlieferungen zu gewähren, kann das schon eine ordentliche Entspannung bringen. Damit sich Lieferanten jedoch darauf einlassen, muss mit ihnen zuvor verhandelt werden und eine gewisse Sicherheit gewährleistet sein.

Noch günstiger ist es für Existenzgründer, wenn sie mit Kommissionsware arbeiten können. Das ist z. B. im Buchhandel, mitunter auch im Textilhandel, möglich und im Secondhandhandel sowie bei Tupperware üblich. Der Kunde braucht nur die verkaufte Ware zu bezahlen, Kommissionsware wird vom Hersteller wieder zurückgenommen.

Auch Leasing kann interessant sein, wenn der Betrag mindestens bei 5 000 Euro liegt. Für einen niedrigeren Betrag würde sich diese Finanzierungsart aufgrund der hohen Bearbeitungskosten nicht rentieren. Leasing ist immer teurer als ein Bankkredit, und es gibt bei der Vertragsgestaltung häufig Schwierigkeiten, insbesondere hinsichtlich der »Rückgabe im einwandfreien Zustand« bei Autos (z. B. hohe Nachzahlungen für kleine Lackkratzer). Doch der Vorteil liegt darin, die Leasingkosten sofort steuerlich geltend machen zu können, also nicht an Abschreibungsfristen gebunden zu sein.

Eine für Freiberufler eher weniger geeignete Finanzierungsmethode ist das Factoring. Spezielle Factoring-Banken kaufen Forderungen auf mit dem Vorteil, dass der Forderungsverkäufer sofort Geld in seiner Kasse hat und nicht auf den Eingang der Umsatzerlöse warten muss. Nachteil: hohe Kosten. Vor allem suchen sich die Factoring-Banken die Forderungen aus. Und: Zur Startfinanzierung ist dieses Instrument völlig ungeeignet.

Zinsberechnung

Über folgende Zinsrechner im Internet können Sie einfach Ihre monatlichen Annuitäten ausrechnen.

- *www.kinscheck.de/zinsrechnung.htm*
- *www.jusline.de/jus.zins.berN.html*

Kreditantrag

In der Regel wird der Freiberufler seine Start- und Anlaufkosten doch mit einem Bank- oder Versicherungsdarlehen finanzieren, sofern keine ausreichenden Eigenmittel vorhanden sind.
Die Kontaktaufnahme zur Bank sollte gut vorbereitet sein, d. h., man sollte konkrete Vorstellungen haben, was man mit ihr aushandeln möchte:

- Kapitalbedarf anhand des Finanzplans,
- Finanzierungsprioritäten,
- Kurz- und/oder langfristige Kredite,
- Geschäfts- oder Privatkredit,
- Baukredit, etwa zur Finanzierung einer Renovierung.

Es empfiehlt sich, sich nicht gleich an die Hausbank zu wenden, sondern »fremdzugehen«, d. h. konkret, sich einen Überblick über die Institute und ihre Konditionen zu verschaffen. Es ist sogar empfehlenswert, mit einer anderen als mit der Hausbank den Darlehensvertrag abzuschließen. Denn sollte es mal zu einem Liquiditätsengpass kommen und Sie stehen bei Ihrer Hausbank noch nicht in der Kreide, haben Sie hier aufgrund der jahrelangen Zusammenarbeit zumeist eine gute Chance, neue Überbrückungsliquiditäten zu erhalten.

Was ist ein Kreditantrag?

Kreditanträge können mündlich, schriftlich oder auf standardisierten Vordrucken gestellt werden.

Mit dem Kreditantrag können, je nach Einzelfall, folgende Unterlagen mehr oder weniger wichtig werden:

- Personalausweis
- Ausfüllen des Kreditantrags mit Einwilligung, die Daten der Schufa zu melden
- Darstellung der Einkommensverhältnisse in den vergangenen drei Jahren; bei Unternehmen möglichst als Steuerbilanz mit dem Testat eines Wirtschaftsprüfers
- Verzeichnis der Kreditsicherheiten
- Unternehmenskonzept bzw. Zahlenmaterial zur künftigen Unternehmensentwicklung
- Ausfüllen einer Selbstauskunft
- Rechtliche Unterlagen im Hinblick auf die Kreditfähigkeit wie Handelsregisterauszug, Güterrechtsregisterauszug, Vollmachten
- Zeugnisse, Referenzen
- Kontoverbindungen von anderen Banken
- Darlegung des Verwendungszweckes (z. B. Finanzierung der Umschlagsdauer von Eingangserlösen)
- Zahlungsgewohnheiten/Kundenkreis

Bei langfristigen Krediten:

- Erörterung des Investitionsvorhabens, ob Anlagen- oder Immobilienfinanzierung (was vor allem auch Einfluss auf den Zinssatz hat)
- Grundstückserwerb (notarieller Kaufvertrag), Grundbuchauszug, Baugenehmigung
- Grundbuchauszug
- Vermögensverzeichnis mit Zeitwerten (Verkehrswert)
- Katasterauszug (Flurkarte)

Wer entscheidet über den Kreditantrag?

Bei Krediten ab 10 000 Euro entscheidet in der Regel nicht mehr der Kreditsachbearbeiter und/oder Filialleiter einer Bank alleine, sondern eine übergeordnete Stelle.

Deshalb ist es häufig unnütz, sich über einen 25 000 Euro-Kredit mit einem nicht zeichnungsberechtigten Kreditsachbearbeiter zu unterhalten, mit ihm hin- und herzufeilschen und die Sicherheiten in einem besonders günstigen Licht

darzustellen. Denn letztlich werden Leute über Ihren Kreditantrag entscheiden, die Sie nie gesehen haben und die rein nach Aktenlage entscheiden.
Kann die Kreditwürdigkeit in gewünschter Form festgestellt werden, wird dem Kreditantrag entsprochen. Das heißt, dass das Kreditinstitut den Kreditvertrag oder die Kreditzusage an den Kreditnehmer übersendet. Erst wenn der Kreditnehmer innerhalb der vorgesehenen Annahmefrist (1 bis 2 Wochen) sein Einverständnis schriftlich erklärt, wird der Kreditvertrag rechtswirksam.
Die Auszahlungsmodalitäten und Rückzahlungsvereinbarungen sowie alles Weitere wird im Kreditvertrag geregelt.

Inhalt von Kreditverträgen

Kreditverträge müssen schriftlich abgefasst werden und bestimmte Mindestangaben enthalten. Sie sind nichtig, wenn die entsprechende Form nicht eingehalten wird. Sie können innerhalb einer Woche widerrufen werden, müssen allerdings, wenn sie schon ausbezahlt wurden (z. B. bei Ratenkrediten), innerhalb von zwei Wochen wieder zurückbezahlt werden.
Voraussetzung für die Inanspruchnahme ist der Abschluss eines Kreditvertrags. Die Kernpunkte ähneln sich, die wichtigsten sind im Folgenden zusammengetragen:

Bestandteile eines Kreditvertrages

Folgende Punkte müssen schriftlich in einem Kreditvertrag geregelt sein:

- **Kreditart:** Hypothekarkredit, Investitionskredit, Avalkredit, Kontokorrentkredit usw.
- **Kreditsumme:** Nettokreditbetrag und Bruttokreditbetrag inklusive aller Zinszahlungen auf die Laufzeit hochgerechnet
- **Laufzeit:** Es gibt feste, z. B. 5-jährige Laufzeit, umsatzabhängige Befristung, z. B. bis zum Abverkauf der Winterware mit Ende des Winterschlussverkaufs, variabel, unbefristet, jedoch längstens bis zum 31. 12. 2010.

- **Zinssatz**: Wichtig ist, dass der Effektivzins angegeben wird. Zinsgestaltungsmöglichkeiten: Zinsfestschreibung über die gesamte Kreditlaufzeit oder Zinsfestschreibung innerhalb einer bestimmten Phase, die kürzer als die Kreditlaufzeit sein kann, variabler Zins (z. B. diskontabhängiger Zinssatz oder variabler Zinssatz mit und ohne Bindung, etwa an den FIBOR).
- **Tilgung**: z. B. Festdarlehen, das mehrstufig oder zu einem bestimmten Zeitpunkt abbezahlt wird; Annuitätsdarlehen, wobei sich bei einer gleich bleibenden Abzahlungssumme der Tilgungsanteil zunehmend vergrößert, während der Zinsanteil sinkt.
- **Provisionen**: Bereitstellungsprovisionen (ca. 2,5 % jährlich) für Kredite, die bis zum Zeitpunkt ihres Abrufes bereitgehalten werden. Kreditprovision: Zuschlag zum Nominalzins; Umsatzprovision: Gebühr für die Kreditkontoführung; Überziehungsprovision: bei Überschreitung des Dispokredites.
- **Bearbeitungsgebühr**: In der Regel ein einmaliger Zuschlag auf die Kreditsumme.
- **Auszahlungskurs der Kreditsumme**: Agio oder Disagio. Beim Agio wird ein Aufgeld auf den Kreditbetrag zugeschlagen, beispielsweise eine Summe von 105 % ausbezahlt, während der Kreditbetrag auf 100 % lautet, dafür aber der Zinssatz höher liegt.
- **Beim Disagio**, der bekannteren Variante, werden beispielsweise nur 90 % der Kreditsumme ausbezahlt, während der Kreditbetrag auf 100 % lautet, weswegen die Zinsen niedriger sind als die marktüblichen. Das Disagio ist eine Art Vorwegzins, der bei Geschäftskrediten sofort steuerlich abgesetzt werden kann. Die Möglichkeit für Eigenheimbauer wird hier drastisch eingeschränkt.
- **Bereitstellung/Auszahlungstermin**: Der Auszahlungstermin ist immer abhängig von der Bereitstellung der Sicherheiten. Das Prinzip: erst die Sicherheit, dann der Kreditbetrag.
- **Kreditkündigungsmöglichkeiten**: Die Kündigung ist seitens des Kreditgebers nur möglich, wenn der Vertrag nicht ordnungsgemäß erfüllt wird. Seitens des Kreditnehmers ist bei langfristigen Krediten oftmals eine Kündigung während der Zinsbindungszeiten nicht möglich (§ 609 a BGB regelt die Kündigung).
- **Allgemeine Geschäftsbedingungen**: Sie werden zur Grundlage des Kredits gemacht. Man sollte nicht nur unterschreiben, diese gelesen zu haben, sondern sich diese auch aushändigen lassen.
- **Annahmefrist**: Die Annahmefrist richtet sich bei längerfristigen Krediten oftmals nach der Marktlage.

Kreditfallen erkennen und umgehen

Wenn Kleingewerbetreibende oder Freiberufler auch zumeist wenig gegen die Macht der Bank ausrichten können und froh sind, wenn sie alle Kreditwürdigkeitshürden genommen und das Darlehen erhalten haben, müssen sie doch aufpassen, nicht in Kreditfallen zu treten. Einige Kreditfallen – und wie man sie umgehen kann – werden im Folgenden aufgezeigt:

- *Disagiofalle*: Manch ein Kreditnehmer versucht, seine monatliche Zinsbelastung mit einem hohen Disagio (Abgeld) etwa von 10 % der Kreditsumme (Auszahlung 90 %) um rund 1 Prozentpunkt zu drücken. Was zunächst wie ein toller Schachzug aussieht, hat den Schönheitsfehler, dass nach Ablauf der Zinsfestbindungszeit (nicht zu verwechseln mit der Kreditvertragslaufzeit) von beispielsweise 5 Jahren die Zinskonditionen wieder neu festgelegt werden. Damit der Kreditnehmer seine monatliche Zinsbelastung weiterhin genauso günstig halten kann, muss er ein erneutes Disagio vereinbaren. Das heißt, er muss den Kreditbetrag um 10 %, nämlich um den erneuten Vorwegzins (Disagio) der Bank aufstocken, damit die Bank bereit ist, weiterhin monatlich 1 % weniger an Zinszahlung zu verlangen.
  Das größte Risiko besteht dabei in der Änderung der Kapitalmarktzinsen, da bei später steigenden Zinsen das erneute Disagio umso höher ausfallen muss, will der Kreditnehmer seine monatlichen Belastungen gleich niedrig halten.
  Weil der Kreditbetrag aufgrund des alle 5 Jahre immer wieder neu zu vereinbarenden Zinssatzes über das jeweils neue Disagio nicht ab-, sondern sogar noch zunimmt, verschuldet sich der Kreditnehmer immer höher.
- *Umschuldungsfalle*: Häufig wird empfohlen. viele kleine Kredite bei verschiedenen Banken lieber durch einen größeren Kredit bei einer einzigen Bank abzulösen, also umzuschulden. Ähnliches wird oftmals auch zum besseren Schuldenmanagement geraten. Der einzige Vorteil liegt dabei aber allenfalls darin, nur noch einen Ansprechpartner zu haben und als Kunde mit einem größeren Kreditbetrag ernster genommen zu werden. Ansonsten bringt die Umschuldung nur Nachteile: Denn in der Regel müssen alle ande-

ren Kredite mit unterschiedlichen Laufzeiten zunächst einmal gekündigt werden, wodurch etliche Vorfälligkeitsentschädigungen (siehe nächste Falle) anstehen, was ein paar % der gesamten Kreditsumme ausmachen kann, je länger die Darlehensverträge laufen. Zudem fallen für den neuen Kreditvertrag sämtliche Bearbeitungskosten, Provisionen, Disagia usw. an. Unterm Strich kostet eine Umschuldung zwischen 5 und 10 % der Kreditsumme. Das heißt: Nach der Umschuldung hat man 5 bis 10 % mehr Schulden als zuvor. Daher kann von der Umschuldungslösung nur abgeraten werden.

- *Vorfälligkeitsentschädigungsfalle*: Bei Krediten mit mittleren und längeren Laufzeiten wird bankseitig eine Vorfälligkeitsentschädigung für den Fall einer vorzeitigen ganzen oder teilweisen Kündigung des Kreditvertrags zwecks Darlehensrückzahlung durch den Kunden vereinbart.
  Wenn man auch die Vorfälligkeitsentschädigung nicht völlig aus dem Vertrag streichen kann, die Bank sich z. B. für den Fall einer Umschuldung durch Übernahme der Kreditsumme durch eine andere Bank stets eine Vorfälligkeitsentschädigung ähnlich einer Ablöse vorbehält – kann man aber zumindest bei vorzeitigen Tilgungen mit Eigenkapital die Vorfälligkeitsentschädigungsgebühr ausschließen, nämlich mit folgender Formulierung:
  »Für Darlehen Nr. (hier die aktuelle Darlehensnummer eintragen) sind außerplanmäßig Tilgungen bis maximal 100 % der Darlehensvaluta innerhalb der Festschreibung der Konditionen kostenfrei zum 30. d. M. möglich.«
- *Steuerfalle bei Lebensversicherungsbeleihung*:
  Angepriesen werden häufig die Lebensversicherungsdarlehen in besonderer Form: Statt für den Kredit 15 bis 30 % Eigenkapital einzusetzen, wird geraten, dieses lieber in eine Fonds-Lebensversicherung einzuzahlen und die Lebensversicherung zu beleihen. Der Grundgedanke, auf diese Weise schneller mehr Eigenkapital ansammeln zu können, während der Kreditlaufzeit nur Zinsen zahlen zu müssen und das Darlehen nach Versicherungsablauf mit einem Schlag zurückzahlen zu können, ist zwar richtig, enthält aber ein doppeltes Steuerrisiko: Zum einen werden Lebensversicherungen besteuert, was das Eigenkapital wieder reduziert. Zum anderen aber können die gesamten Steuerprivilegien entfallen, wenn der Kredit für etwas anderes als für den Erwerb einer Eigentumswohnung oder eines Hauses zu eigenen Wohnzwecken ver-

wendet wird. Wer beispielsweise einen Betriebsmittelkredit mit einer Lebensversicherung absichert, verliert seine steuerlichen Vorteile.

Kreditsicherheiten

Ein Kreditvertrag birgt immer Risiken, und zwar für beide Partner:

Kreditrisiken

Risiko für Kreditnehmer	*Risiko für Kreditgeber*
Liquiditätsrisiko (z. B. Kündigung der Kredite) Kostenrisiko Zinsänderungsrisiko (Währungsrisiko, z. B. bei Akkreditiv)	Bonitätsrisiko Ausfallrisiko Risiko in den Sicherheiten

Während der Kreditnehmer nur hoffen kann, nicht in eine Kreditfalle zu tappen, und ansonsten wenig Schutz vor Bankenfehlern hat, sichert sich der Kreditgeber gegen alle möglichen Risiken ab, insbesondere gegen das Ausfallrisiko hinsichtlich Tilgung und Zinszahlung. Dazu benötigt der Kreditgeber bestimmte Sicherheitsleistungen, die der Kreditart, dem Kreditvolumen und der Kreditlaufzeit angemessen sein müssen. In der Regel wird die Besicherung in einem zusätzlichen Vertrag festgesetzt, z. B. in einer Grundschuldurkunde.
Die Kreditsicherheiten werden unterschieden in Real- und Personalsicherheiten.

Kreditsicherheiten im Überblick

Personalsicherheiten	*Realsicherheiten*
Schuldbeitritt Garantie Bürgschaft (siehe unten)	■ Hypothek, Eintrag der Sicherheit im Grundbuch (§ 1113 BGB) ■ Grundschuld (§ 1191 BGB), ist eine grundbuchlich abgesicherte Urkunde, die nach Abzahlung für einen erneuten Hypothekarkredit ohne teure Grundbucheintragung genutzt werden kann ■ Rentenschuld (§ 1199 BGB), z. B. bei Kauf auf Rentenbasis ■ Pfandsicherung (§ 1204 ff. BGB) ■ Sicherungsübereignung (§ 930 BGB); Wertpapiere, Autos usw. werden an die Bank solange sicherungsübereignet, bis der Kredit zurückbezahlt ist.

Bürgschaften und Bürgschaftsbanken

Reichen die persönlichen Eigenmittel (Einnahmen, Sachwerte, Rechte usw.) nicht als Sicherheit zur Aufnahme eines Gründerdarlehens aus, besteht die Möglichkeit, Dritte für die Schuld bürgen zu lassen, sofern man einen Bürgen findet. Zumeist kommen als Bürgen nur gute Freunde oder Verwandte infrage, was jedoch für beide Seiten wenig ratsam ist. Denn sollte bei finanziellen Schwierigkeiten das Darlehen notleidend werden und die Bürgen zur Zahlung herangezogen werden, belastet das nicht nur die private Beziehung. Vielmehr könnten die Bürgen, die zumeist einzigen Vertrauten, durch ihre Inanspruchnahme durch die Bank dem Not leidenden Existenzgründer kaum mehr helfen. Eltern, die beispielsweise mit ihrem Häuschen oder ihren Ersparnissen gebürgt haben, wären unter Umständen nicht mehr in der Lage, ihren Kindern für eine Übergangszeit beizustehen. Ehegatten würden unter Umständen ihr gesamtes Einkommen bis zu den Pfändungsgrenzen verlieren, statt zumindest ein Einkommen zu behalten, wäre nicht vom Partner gebürgt worden.

Öffentliche Hilfen für Selbständige und Freiberufler

Ob und inwiefern öffentliche Fördergelder beantragt werden sollen, hängt entscheidend von den Erfolgsaussichten der Bewilligung ab. Das heißt: Die Geschäftsidee muss nicht nur grundsätzlich als marktüblich anerkannt sein, sondern gegenüber den öffentlichen Stellen auch – mithilfe eines Businessplans belegt – Erfolg versprechend sein. Freie Mitarbeit und ähnliche Einmannveranstaltungen werden nicht gefördert, sondern primär Vollexistenzen, die auch eine Aussicht bieten, eventuell Arbeitsplätze zu schaffen. Wichtig ist, dass die Anträge auf Erhalt von Fördermitteln noch vor einer Gewerbeanmeldung gestellt werden müssen, zudem müssen sich die Antragsteller quasi offenbaren, um ihre wirtschaftliche Lage darzulegen. Die Abwägung eines Nutzens, öffentliche Fördermittel zu beantragen, muss individuell abgeklärt werden. Zwar sind die Hausbanken angehalten, über die Förderprogramme zu informieren, doch sind Sie besser beraten bei der Deutschen Ausgleichsbank (DtA) oder Kreditanstalt für Wiederaufbau, die über die Vergabe der Gelder zu entscheiden haben. Denn hier erfahren Sie alles aus erster Hand. Im Folgenden nur ein kurzer Überblick über derzeit noch vorhandene Förderprogramme:

Gründungshilfen der Deutschen Ausgleichsbank (DtA)

	ERP-Eigenkapitalhilfe-Darlehen (EKH)	auch für freie Berufe
	Eigenkapitalergänzungsdarlehen (EKE)	nur Gewerbe
Risikokapital	Beteiligungskapital für kleine Technologieunternehmen (BTU)	nur Gewerbe
	DtA-Technologie-Beteiligungen	nur Gewerbe
	FUTOUR in den neuen Bundesländern und Berlin (Ost)	nur Gewerbe
	ERP-Existenzgründungsdarlehen	auch für freie Berufe ohne Heilberufe
	DtA-Existenzgründungsdarlehen	auch für freie Berufe
Refinanzierungsdarlehen	DtA-Betriebsmitteldarlehen	auch für freie Berufe
	DtA-Startgeld	auch für freie Berufe
	DtA-Betriebsmittel-Ergänzungsdarlehen	wirtschaftsnahe freie Berufe in den neuen Bundesländern
	ERP-Darlehen für zusätzliche Ausbildungsplätze	auch für freie Berufe
Besicherungen	Haftungsfreistellung	auch für freie Berufe
	DtA-Bürgschaften	nur Gewerbe

Die Anträge für Finanzierungshilfen sind an die Bedingungen der »öffentlichen Hand« gebunden.
Das bedeutet z. B.:

- Die Anträge sind meistens über die Hausbank einzureichen (Ihre erste Anlaufstelle!).
- Das Vorhaben darf erst begonnen werden, wenn die Finanzierung mit der Hausbank besprochen oder genehmigt wurde.
- Die gesamte Finanzierung muss gesichert sein.
- Nachfinanzierungen und Umschuldungen werden im Normalfall nicht gefördert.
- Es besteht kein Rechtsanspruch auf die Kredite oder Zuschüsse.
- Öffentliche Zuschüsse sind entweder als Erträge direkt zu versteuern oder von der Bemessungsgrundlage für die Abschreibung abzusetzen.
- Über die Verwendung der Finanzmittel ist ein Nachweis zu führen.
- Die öffentlichen Mittel sind banküblich zu besichern.

Wenn Sie noch nicht von einem Steuerberater oder Rechtsanwalt beraten werden, wenden Sie sich bitte für die Finanzierungsfragen zunächst an Ihre Hausbank, um die aktuellen Fördermöglichkeiten und Voraussetzungen zu erfragen.

Arbeitsamthilfe bei Existenzgründung

Gemäß Sozialgesetzbuch Drittes Buch – Arbeitsförderung – SGB III – vom 24. 3. 1997, §§ 57-58 in der jeweils geltenden Fassung besteht für das örtliche Arbeitsamt die Möglichkeit, den Wechsel aus der Arbeitslosigkeit in eine selbständige Tätigkeit zu fördern.
Dabei handelt es sich um eine so genannte Kann-Bestimmung. Das heißt: Es besteht kein Rechtsanspruch auf eine Förderung der Existenzgründung. Zudem darf das Arbeitsamt hierfür nur Gelder bereitstellen, wenn im jeweiligen Jahr entsprechende Haushaltsmittel verfügbar sind.

Die Förderung besteht aus einem so genannten Überbrückungsgeld (anstelle bzw. zusätzlich zum Arbeitslosengeld) nach Aufnahme einer selbständigen freiberuflichen oder gewerbetreibenden Tätigkeit.

Das Überbrückungsgeld wird maximal für die Dauer von sechs Monaten in Höhe des Betrages bezahlt, den der Arbeitnehmer als Arbeitslosengeld oder Arbeitslosenhilfe zuletzt bezogen hat oder bei Arbeitslosigkeit hätte beziehen können, einschließlich der darauf entfallenden pauschalierten Sozialversicherungsbeiträge. Die pauschalierten Sozialversicherungsbeiträge werden als prozentualer Zuschlag ermittelt.

Fördervoraussetzung ist folgende: Nach Auskunft der Bundesanstalt für Arbeit kann Überbrückungsgeld geleistet werden, wenn der Arbeitnehmer:

1. in engem zeitlichen Zusammenhang mit der Aufnahme der selbständigen Tätigkeit oder bis zu der vorgeschalteten Teilnahme an einer Maßnahme zu deren Vorbereitung mindestens vier Wochen:

a) Arbeitslosengeld, Arbeitslosenhilfe oder Kurzarbeitergeld in einer betriebsorganisatorisch eigenständigen Einheit bezogen hat oder

b) eine Beschäftigung ausgeübt hat, die als Arbeitsbeschaffungsmaßnahme oder als Strukturanpassungsmaßnahme gefördert worden ist,

und

2. eine Stellungnahme einer fachkundigen Institution über die Tragfähigkeit der Existenzgründung vorgelegt hat.

Fachkundige Stellen sind insbesondere die Industrie- und Handelskammern, Handwerkskammern, berufsständische Kammern, Fachverbände und Kreditinstitute.

Als Unterlagen für die Stellungnahme der fachkundigen Institution sind beizufügen:

- Kurzbeschreibung des Gründungsvorhabens,
- Lebenslauf (mit Befähigungsnachweisen),

- Kapitalbedarfs- und Finanzierungsplan,
- Umsatz- und Rentabilitätsvorschau.

Grundsätzlich nicht gefördert werden vorübergehende, nebenberufliche oder nicht schlüssige Selbständigkeitsvorhaben.
Kurzum: Wer aufgrund strukturell bedingter Arbeitslosigkeit vier Wochen lang keine Arbeit findet, hat gute Förderungschancen, vorausgesetzt, sein Existenzgründungskonzept stimmt und das örtliche Arbeitsamt hat entsprechende Mittel zur Verfügung.
Beantragt werden die Gelder mit dem Formular »Antrag auf Gewährung von Überbrückungsgeld zur Aufnahme einer selbständigen Tätigkeit«.

! **Infos!**

- Merkblatt 3 des Arbeitsamtes über *www.arbeitsamt.de*,
- Örtliches Arbeitsamt, Adresse über Gelbe Seiten,
- Örtliche IHK und Berufskammern sowie örtliche Berufs-/Existenzgründungsberatungen, die helfen, die Existenzgründungskonzepte auf ihre wirtschaftliche Realisierbarkeit hin zu überprüfen.

Preisfindung – Stundensatzkalkulation

Die meisten Freiberufler und Gewerbetreibende sind zu Beginn ihrer Selbständigkeit unsicher, welches Entgelt sie für ihre Leistungen vom Kunden verlangen können. Während manche aus Sorge, den Auftrag sonst nicht zu bekommen, sich viel zu billig verkaufen, haben andere mitunter völlig überzogene Vorstellungen – vielfach auch aufgrund überhöhter Preisempfehlungen der Berufsverbände, wie das z. B. bei den Designern der Fall ist.
Was aber ist ein angemessener Preis?
Hierbei müssen zwei Dinge unterschieden werden: Zum

einen gibt es in allen Branchen marktübliche Preise, d. h. bestimmte Stundensatzspannen, Honorarprozentsätze, Vermittlungsprovisionen usw. Unabhängig der Wirtschaftlichkeitsfrage müssen Selbständige diese Marktpreise im Rahmen einer bestimmten Preisgestaltungs-Bandbreite beachten, wollen sie sich nicht selbst aus dem Markt ihrer Branche hinausmanövrieren.

Zum anderen gilt es, den Aspekt der Wirtschaftlichkeit im Auge zu behalten, nämlich zu überschlagen, wie viel man verdienen muss, um nicht nur die eigenen Kosten abzudecken, sondern auch einen Gewinn zur Bestreitung von Lebensunterhaltungskosten usw. zu erzielen.

Zwischen diesen beiden Polen – d. h. Einhaltung von Marktpreisen und Beachtung der Wirtschaftlichkeit – muss sich die Preisfindung bewegen.

Das ist jedoch nicht einfach und in vielen Berufen am ehesten zu bewältigen, indem man sich einen Mindeststundensatz errechnet. Steht der Stundensatz fest, der im Rahmen des Marktüblichen liegen muss, kann man sich ausrechnen, wie viel Arbeitszeit man benötigt, um bestimmte monatliche Mindestumsatzzahlen zu erreichen. Das heißt, wir fragen uns: Wie oft müssen wir monatlich unseren Stundensatz erzielen, um die Wirtschaftlichkeitsgrenze umsatzmäßig zu erreichen und möglichst zu überschreiten.

Wenn wir die Höhe unserer monatlichen Mindesteinnahmen kennen, können wir auch Pauschal- und Projektpreise machen.

Wie errechnen wir unseren Stundensatz? Dabei müssen wir überlegen, wie viele wirkliche Arbeitsstunden uns jährlich zur Verfügung stehen, um den benötigten Umsatz erarbeiten zu können. Haben wir die Anzahl der tatsächlichen Arbeitstage, können wir die Nettoarbeitsstunden ausrechnen. Die Nettoarbeitsstunden werden dann durch den kalkulatorischen Soll-Umsatz dividiert, was zu dem Umsatzanteil je Stunde, also zu unserem Netto-Stundensatz führt, der noch um einen Sicherheitsaufschlag und um die Umsatzsteuer erhöht werden muss. Stellen wir aber fest, dass der Stundensatz, den wir eigentlich haben müssten, um wirtschaftlich arbeiten und angemessen von unserer Leistung leben zu können, über dem üblichen Marktpreis liegt, sind wir gezwungen, den Stundensatz entsprechend nach unten zu korrigieren. Um jedoch trotzdem die nötige Umsatzhöhe zur Sicherstellung der Wirtschaftlichkeit zu erreichen, müssen dann mehr Stunden gearbeitet werden. Die Mehrarbeit, d. h. die Kompensation schlechter Bezahlung durch Mehrarbeit, ist bei vielen Freiberuflern und Gewerbetreibenden die Regel. Nimmt diese Mehrarbeit chronische Züge an, spricht man auch von Selbstausbeutung. Es ist vielfach der Preis, der für die Selbständigkeit bezahlt werden muss.

Allgemeine Stundensatzermittlung

Die Berechnung von Honoraren geschieht entweder pauschal oder auf der Basis von Stundensätzen. Bei der Kalkulation werden zunächst die Kosten ermittelt:

Kostenerfassung

Mit folgendem kalkulatorischen Kostenerfassungsschema soll festgestellt werden, welche Sachkosten in den Stundenlöhnen berücksichtigt werden müssen. Man kann dabei die Kosten für ein Jahr erheben und dann durch die Jahresstundenanzahl teilen oder anteilig für einen Monat hochrechnen und dann durch die entsprechende Monatsstundenzahl dividieren. Wie gesagt handelt es sich bei der Kostenerfassung nur um die überschlägigen Kosten, solange man nicht auf feste Erfahrungswerte eines vergangenen Geschäftsjahres zurückblicken kann.

Kostenerfassungsschema für Dienstleistungsgewerbe

Allgemeiner Material-/Warenverbrauch wie Betriebsmittel etc.	Euro
Raumkosten: Miete- od. Baukosten-Afa sowie Eigentümerabgaben Gas, Wasser, Strom Instandhaltung	Euro
Personalkosten für Mitarbeiter: Löhne/Gehälter und Sozialabgaben Aushilfslöhne und Pauschalsteuer oder Pauschalsozialabgabe bei 325-Euro-Kräften	Euro
Eigene Entnahme/kalkulatorischer Verdienst	Euro
Sozialabgaben auf eigene Entnahmen/kalkulatorischer Gewinn	Euro
Zinsen	Euro
Steuern (betriebliche)	
Kfz-Kosten Kraftfahrzeugsteuer Kraftfahrzeugversicherung Sonstige Fahrzeugkosten	Euro
Reisekosten	Euro
Werbekosten	Euro
Reparaturen/Instandhaltung der Geräte/Einrichtungen	Euro
Abschreibungen: auf Anlagevermögen	Euro
Abschreibung geringwertiger Anlagegüter	Euro
Sonstige Betriebskosten	Euro
Gesamtkosten	Euro

Die Gesamtkosten können dann dividiert werden durch:
Arbeitstage im Jahr=Kostenfaktor pro Tag
Arbeitsstunden im Jahr=Stundenverrechnungssatz

Zur Ermittlung der jährlichen Arbeitstage und der jährlichen Arbeitsstunden kann nach den beiden folgenden Rechenschemata vorgegangen werden:

Berechnung der Arbeitstage im Jahr

Tage im Jahr	365
abzgl. Samstage und Sonntage	–104
abzgl. Feiertage	–10
abzgl. Urlaubstage	–28
abzgl. Krankheitstage	–8 (geschätzter Durchschnitt)
Arbeitstage/individuelle Werktage	215

Berechnung der verrechenbaren Arbeitsstunden im Jahr

Arbeitstage	215
x Stunden pro Tag	8
x produktiv Beschäftigte (bei Einzelkämpfern Faktor 1)	1
x Korrekturfaktor (kalkulatorische Zeitverluste durch unvorhergesehene Dinge wie mehrmalige Fahrten, Vor- und Nacharbeiten etc.)	80
Stunden	1 376 (80 % von 1 720 Std.)

Berechnung des Stundenverrechnungssatzes (Beispiel)

Kosten* des Unternehmens inkl. Sozialabgaben und Privatentnahmen
= 40 000 Euro
Verrechenbare Stunden = 1 376
= Stundennettoverrechnungssatz = 29,07 Euro
zuzüglich eines Gewinns von 10 % = 2,90 Euro
ergibt Stundenverrechnungssatz von aufgerundet 32 Euro

** = angenommene Kosten*

Preiskalkulation

+ x	Verrechnungssatz (Nettoverrechnungssatz) Anzahl der Zeiteinheiten	Euro
=	Selbstkosten Gewinnanteil von 10 %	Euro
= + +	Nettopreis Eigenleistung (Netto-Angebotspreis) Fremdleistungen Fremdleistungszuschlag	Euro
	Netto-Stundenpreis	Euro
+	UST (ganzer bzw. halber Satz nach UStG)	Euro
=	Brutto-Stundenpreis (Angebotspreis)	Euro

Auftragspreiskalkulation

Benötigte Arbeitszeit x Netto-Stundenpreis	=	Arbeitskosten
+ Material und Sonderkosten	=	Sachkosten
Netto-Auftragswert	=	___________
zzgl. MwSt	=	___________
Brutto-Auftragspreis	=	___________

Stundenschnellkalkulation

Man kann die Kosten zwecks Stundenlohnkalkulation auch noch einfacher ermitteln, indem man z. B. die so genannten Allgemeinkosten wie Raum-, Fahrzeug-, Reise-, Personal- und Sachversicherungskosten zusammenrechnet und durch die Zahl der kalkulatorischen Jahresstunden teilt, um somit den Allgemeinkostenfaktor als Eurobetrag oder umgerechnet als Prozentsatz vom Umsatz als Kalkulationsfaktor zu ermitteln. Der prozentuale Gemeinkostenanteil von ca. 10 % wird dann zzgl. 28 % Sozialversicherungsanteil vom kalkulatorischen Nettostundenpreis auf den Nettopreis aufgerechnet, hinzu kommt ein Gewinnanteil. Das Material wird entweder prozentual als Kostenpauschale ebenfalls in den Stundensatz einberechnet oder gesondert in der Rechnung ausgewiesen.

Stundenpreisschnellkalkulation

	Nettostundensatz für Arbeitsleistung	20 Euro
+	10 % Betriebs-/Allgemeinkosten	2 Euro
=	Nettobetriebskosten	22 Euro
+	30 % Sozialabgaben	6,60 Euro
=	Herstellkosten-Stundensatz	28,60 Euro
+	10 % Gewinnanteil	2,86 Euro
	Netto-Stundenpreis	31,46 Euro
+	UST (ganzer bzw. halber Satz nach UStG)	Euro
=	Brutto-Stundenpreis (Angebotspreis)	Euro

Als Maßeinheit für die Berechnung des Auftragswertes kann man auch von der Verrechnungseinheit einer Stunde abrücken. Es empfiehlt sich, auch mit kleineren Einheiten wie einer halben Stunde oder auch 15 Minuten zu rechnen.
Bei rund 32 Euro Stundensatz rechnet man pro halbe Stunde mit 16 Euro, pro angefangene 15 Minuten mit 8 Euro.

Preisfindung

Die Stundenkalkulation ist eine Sache, den angemessenen Preis zu finden, eine andere. Denn oftmals reicht es nicht, einfach den Stundenfaktor mit dem Zeitfaktor zu multiplizieren.
Die Preisfindung kann nach folgenden Punkten geschehen. Fragen Sie sich:

- Kostenpreis, Mindestpreis?
- Konkurrenzpreise vergleichen? (Angebotsvergleiche einholen)

- Konkurrenzanalyse: Wer fordert am meisten, wer am wenigsten, welche Unterschiede bestehen zum eigenen Angebot?
- Kann meine Leistung kostenneutral gesteigert werden?
- Kann ich preiswerter arbeiten und die Leistung halten, um mich dem Marktpreis zu nähern?
- Gibt es einen psychologischen Preis, z. B. 48 Euro, der nicht überschritten werden sollte?
- Benötige ich den Auftrag auf alle Fälle, z. B. zum Einstieg, aus Referenzgründen etc.
- Kann ich einen Preisnachlass bei einem anderen Auftrag wieder reinholen (Mischkalkulation)?

Von der Preisfindung hängt ab, ob man mit den bezahlten Stundenlöhnen kostendeckend oder kostenunterdeckend arbeiten kann, wodurch mit entschieden wird, ob man sich selbst ausbeuten muss oder gelassen an die Arbeit herangehen kann.

Selbstausbeutungsgefahr bei Unterdeckung

Sollten Sie feststellen, dass Sie Ihre kalkulatorisch benötigten Preise am Markt nicht durchsetzen können und somit Ihre Kosten (Sozialabgaben, Lebenshaltung, Betriebskosten) nicht gedeckt sind, haben Sie nur eine Möglichkeit: statt der oben ermittelten 1 376 Nettostunden-Jahresarbeitszeit 100, 200 oder 300 Stunden mehr zu arbeiten. Das ist insbesondere bei vielen Freien im Medienbereich, aber auch bei freien Mitarbeitern von Kultureinrichtungen, Behörden usw. der Fall. Viele dieser Freien halten sich mit bis zu 60 und mehr Wochenstunden über Wasser, müssen sich also selbst ausbeuten, um überleben zu können – weil schlecht bezahlt wird.

Mehrfreizeit bei Überdeckung

Längst wachsen auch im IT-Bereich die Bäume nicht mehr in den Himmel, aber Experten für hochkomplexe System- und Programmierungsfragen, spezielle Multimedia- und 3-D-Anwendungen (Trickfilmsektor) können am Markt höhere Stundenlöhne erzielen, als sie kalkulatorisch zur Existenzabsicherung benötigen. Hier liegen die Sätze ab 50 Euro pro Stunde aufwärts. Wer also 75 statt 32 Euro pro Stunde erzielen kann, macht einen satten Gewinn. Das heißt: Bei Überdeckung gibt es natürlich viel mehr Spielraum, um in Auftragsverhandlungen flexibel sein zu können, sich bei einer Flaute auch mal über den Preis einen Auftrag zu holen, oder um einfach mehr Zeit zur Selbstverwirklichung zu haben. Statt 1 376 Nettostunden-Jahresarbeitszeit reichen vielleicht schon 700 Arbeitsstunden jährlich, um gut über die Runden zu kommen. Wer also nicht nur selbständig sein möchte, um seine Existenz zu sichern, sondern auch mehr Eigenzeit oder Rücklagen für schlechtere Zeiten bilden möchte, sollte versuchen, entweder in einer Branche Fuß zu fassen, in der Stundensätze mit deutlicher Überdeckung der Selbstkosten bezahlt werden, oder sich in seinem Metier Sonderleistungen überlegen, für die satte Aufschläge, vielleicht auch Pauschalen, bezahlt werden.

Infos!

- Berufsverbände, aber kalkulieren Sie etwas weniger als dort empfohlen wird, da Sie als Markteinsteiger ohne nennenswerte Referenzen preislich sonst zu hoch liegen würden.
- Berufskammern, nach Gebührenordnung fragen.
- Öffentlich-rechtliche Unternehmen und Behörden rechnen zumeist das BAT-Monatsgehalt um, bezahlen aber keine Umsatzsteuer. Versuchen Sie als Ausgleich dafür, zumindest zusätzlich zum kalkulatorischen BAT-Monatssatz den Arbeitgeberanteil für Sozialabgaben zu erhalten.

Soziale Risikovorsorge als Gewerbetreibender

Gewerbetreibende sind wie freiberufliche Selbständige nicht sozialversicherungspflichtig. Es gelten für sie sozialversicherungsrechtlich praktisch die gleichen Regelungen wie für Angehörige freier Berufe.

Auch sie können sich über einen Nebenjob oberhalb der Geringfügigkeitsverdienstgrenze ab monatlich 326-Euro billig sozial versichern. Abhängige Beschäftigung ist neben einer selbständigen Tätigkeit möglich. Die selbständige Tätigkeit muss nicht den Sozialversicherungsträgern gemeldet werden, insofern sind die Einkünfte aus Selbständigkeit für die Berechnung des zu bemessenen sozialversicherungspflichtigen Einkommens unerheblich, da die Einnahmen nicht zusammengerechnet werden.
Allerdings sollten sich Gewerbetreibende wie alle Selbständigen sozial absichern in der

- Krankenkasse (gesetzliche oder private Kasse),
- Pflegekasse (automatisch über Krankenkasse oder Privatschutz) und
- Rentenversicherung (wenn Voraussetzungen vorliegen in der gesetzlichen Rentenversicherung BfA bzw. LVA, ansonsten Lebensversicherung bei Privatversicherungen). Ausnahme: Selbständige Handwerker, die in der Handwerksrolle eingetragen sind, unterliegen der Versicherungspflicht in der gesetzlichen Rentenversicherung.

Gewerbetreibende dürfen wie alle anderen Selbständigengruppen nicht Mitglied in der Arbeitslosenversicherung werden.
Zur Absicherung gegen Unfälle müssen sie sich über die für ihre Branche zuständige Berufsgenossenschaft gegen Unfall versichern.

Gewerbebetrieb als Altersvorsorge

Die soziale Risikovorsorge als Freiberufler gilt gleichermaßen auch für Gewerbetreibende. Ergänzend sei im Folgenden auf die besseren Möglichkeiten von Gewerbetreibenden hingewiesen, ihren Betrieb selbst als Altersvorsorge zu verstehen und entsprechend darauf hinzuarbeiten.

Wer beispielsweise im Sinne eines organischen Wachstums ein Unternehmen mit einer bestimmten Umsatzhöhe etabliert, hat damit unter Umständen einen beträchtlichen Wert geschaffen, der bei der Alterssicherung beträchtlich zu Buche schlagen kann. So kann auch ein kleinerer Betrieb durchaus später einmal verpachtet, verkauft oder auf Rentenbasis abgegeben werden.

Wichtig ist hierbei allerdings, dass Sie den Betrieb nicht nur auf Ihre Person zuschneiden, sondern ihn so organisieren, dass sich auch ein Fremder problemlos zurechtfindet. Manch ein Gründer stößt seinen Betrieb nach 10 Jahren auch ganz bewusst ab, um mehr Zeit für sich und seine Hobbys zu haben.

Lassen Sie sich ggf. über Betriebsbewertungen und Übergaben bei Ihrer Kammer beraten. Manchmal ist es ganz nützlich, schon beim Start zu wissen, wie man eventuell später einmal lukrativ aussteigen könnte, das heißt, wie man seinen Betrieb versilbern kann. Dadurch ist es einfacher, gezielt darauf hinzuarbeiten – also nicht nur die kurzfristige Gewinnsituation, sondern bei Entscheidungen stets auch die Wertentwicklung des Unternehmens im Auge zu behalten.

Geschäftsrisiken als Gewerbetreibender absichern

Gewerbetreibende müssen gleichermaßen wie Freiberufler ihre Geschäftsrisiken absichern. Das gilt insbesondere nach der Schuldrechtsreform, die einerseits Selbständigen in der Kundenrolle einige Erleichterung bringt, sie andererseits als Dienstleister, Werkvertragsnehmer und Händler haftungsmäßig länger in die Pflicht nimmt.

Unternehmensform begrenzt Geschäftsrisiko

Außer den auf Seite 239 beschriebenen Möglichkeiten, die Geschäftsrisiken abzusichern, gibt es für Gewerbetreibende gegenüber Freiberuflern noch eine weitere Möglichkeit, sich vor Verlustfolgen insbesondere hinsichtlich der Haftung mit Privatvermögen zu schützen: nämlich über die Wahl der Unternehmensform. Dabei kommen nur solche Unternehmensformen in Frage, die aus einem Unternehmen eine eigene Rechtspersönlichkeit machen, welche dann ähnlich einer natürlichen Person als juristische Person Geschäfte tätigen und statt der Unternehmerpersönlichkeit auch haften kann. Der Vorteil hierbei ist, dass die Haftung dann auf das Vermögen der juristischen Person, also des Unternehmens, begrenzt bleibt.
Das heißt: Wenn Gewerbetreibende ihr Privatvermögen vor eventuellen, auch durch Haftungsfolgen ausgelösten Geschäftsturbulenzen schützen wollen, müssen sie ihr Unternehmen in der rechtlichen Form einer juristischen Person gründen, die anstelle des Einzelunternehmers am Geschäftsverkehr teilnimmt. Besonders geeignet hierfür ist die Unternehmensform der GmbH oder der AG. Der Nachteil: Abgesehen von einer etwas aufwändigeren Buchhaltung mit bestimmten Bilanzvorschriften wird auch ein höheres Startkapital benötigt. Man kann also nicht einfach mit einem kleinen Auftrag beginnen, sondern muss erst einmal Geld bzw. Sachwerte in Höhe des Stammkapitals einbringen. Der Vorteil ist jedoch, dass die Haftung auf diese Kapitaleinlage im Falle von Überschuldung etc. beschränkt bleibt.

! **Beispiel Softwareentwicklung!**
Paul hat sich auf Entwicklung, Implementierung und Support unternehmensweiter Netzwerke spezialisiert. Der Verdienst ist hoch, gleichzeitig steigt jedoch auch sein Risiko, bei Datenpannen, systembedingten Computerausfällen oder Programmschäden zu haften. Ein Schadensfall kann unter Umständen die gesamte Exis-

tenz kosten. Obwohl Paul eine Betriebshaftpflicht hat, will er auf Nummer sicher gehen. »Was ist, wenn die Versicherung nicht oder erst nach Prozessen, d. h. ein, zwei Jahre zu spät bezahlt?« Paul geht es darum, im Falle einer Panne nicht auch noch mit seinem gesamten Privatvermögen dafür geradestehen zu müssen. Als Freiberufler bzw. als Einzelunternehmer müsste er das. Daher will er – obwohl er als Ingenieur typischer Freiberufler ist – eine Gesellschaft mit beschränkter Haftung (GmbH) gründen, und zwar eine Einmann-GmbH gemäß § 7 Abs. 2 GmbHG. Von der gesetzlich vorgeschriebenen Stammeinlage von 25 000 Euro braucht er zur Eintragung ins Handelsregister und zur Wirksamwerdung der Haftungsbeschränkung lediglich 12 500 Euro direkt einzubezahlen, wobei er auch Sachwerte wie seinen Pkw, Computer usw. einbringen kann.

Um die Gründung zu vollziehen, muss Paul die Gründungsversammlung (mit sich selbst) in Beisein eines Notars durchführen. Hierbei wird der Gesellschaftsvertrag abgefasst und die Gesellschafter, also Paul, bestellt. Paul meldet anschließend die notariell beglaubigte Urkunde zur Eintragung in das Handelsregister beim Amtsgericht (Registergericht) an, sobald er die Einbringung der Stammeinlage durch Kontoauszug des Firmenkontos und eine Eröffnungsbilanz (z. B. Übertragung des Pkws) nachweisen kann.
Der Gesellschaftervertrag muss enthalten: Firmenname und Sitz der Gesellschaft, Gegenstand des Unternehmens, Betrag der Stammeinlage (nicht unter 25 000 Euro), Betrag der von jedem Gesellschafter auf das Stammkapital zu leistenden Einlage (bei Paul 100 %).

! **Infos!**

- GmbH-Gesetz (Bücher im Handel), Volltext; §§ einzeln abrufbar; über *www.steuernetz.de*
- IHK, *www.ihk.de*
- Rechtsanwälte mit dem Fachgebiet Gesellschaftsrecht, *www.anwaltauskunft.de*

Welche Hard- und Software für Selbständige?

Selbst Kunstmaler kommen heutzutage nicht um eine technische Mindestausstattung herum. Eine E-Mail-Adresse und eine Geschäftsdomain, sprich eine Internetadresse wie *»www.kunstschulze.de«* sind auch unter Künstlern längst üblich geworden, besonders dann, wenn sie in ländlichen Gegenden wohnen. Immer mehr Selbständige nutzen das Internet, um sich und ihre Leistungen über eine eigene Homepage präsentieren zu können. Das funktioniert nämlich mit der digitalen Technik besser und preiswerter als es mit Prospekten je möglich war, da man Texte, Fotos, Ton und Videos zu tollen multimedialen Präsentationen zusammenfügen kann.

Darüber hinaus dient das Web vielen als günstige Vertriebsmöglichkeit. So werben viele kleine selbständige Versandhändler per E-Commerce: Ähnlich wie in einem Printkatalog bieten sie ihre selbst erzeugten Produkte oder Handelswaren übers Netz an. Ob Duftöle, afrikanische Trommeln, Kunst, Tee oder Software – es gibt fast nichts, was man nicht übers Internet kaufen kann. Theoretisch kann auf diese Weise jeder Händler werden. Für viele war das Web die einzige Chance überhaupt, sich selbständig zu machen, da die Frage des teuren Vertriebs so auf einfache Weise gelöst wurde. Aber auch »Nicht-Dealer«, etwa heilberuflich Tätige, Trainer oder Berater, können ihr ganzes Leistungsspektrum auf quasi unbegrenzt vielen Websites vorstellen. Und wer mit dem Internet gar nichts am Hut hat, kommt dennoch nicht umhin, zumindest einen leistungsstarken PC mit innovativer Software und entsprechenden Peripheriegeräten (Drucker und Scanner) zu nutzen. Denn mit dem PC kann man nicht nur Briefe und Serienrundschreiben herstellen, sondern auch Dateiverwaltungs-, Tabellenkalkulations-, Buchhaltungs- und Steuerprogramme arbeitssparend einsetzen, ganz zu schweigen von den Möglichkeiten der immer besser werdenden Grafik- und Fotobearbeitungs-Software.

Kurzum: Wer sich heutzutage selbständig macht, sollte –

sofern er als Student oder Arbeitnehmer nicht schon einschlägige EDV-Erfahrung besitzt und entsprechend ausgerüstet ist – einen EDV-Plan erstellen, aus dem hervorgeht, welche:

- Hardware-Komponenten mit bestimmten Leistungsmerkmalen
- und welche Software

mindestens benötigt werden.

Hardware-Ausstattung

Hardware-Ausstattung bei häufiger Büro- und einfacher gelegentlicher Grafik-Designarbeit:

- *Stationär:* PC mit 256 RAM Arbeitsspeicher,
- *DVD-Laufwerk,*
- *CD-Brenner* (inklusive guter Brenner-Software),
- *Diskettenlaufwerk,* 3,5 Zoll,
- *Externes Zip-Laufwerk* zur einfachen, diskettenähnlichen Sicherungsabspeicherung größerer Datenmengen bis zu 100 MB, ohne hierfür eine CD-ROM brennen zu müssen,
- *integriertes Modem* oder ISDN bzw. DSL-Karte für flotten Internetzugang,
- *Bildschirm,* mindestens 19 Zoll Bildschirmgröße; ideal, da platzsparend, sind die – leider noch recht teuren – Flachbettbildschirme,
- *Drucker,* möglichst mit Farbe, aber getrennter Partronennachfüllmöglichkeit,
- *Scanner* mit entsprechender RCO-Software,
- *Mobiler PC: Notebook als Zweit-PC,* soweit finanziell möglich, mit entsprechend gleichen Leistungskomponenten wie der stationäre PC.

Notebook

Um nicht zweimal Geld für die Hardware auszugeben, ist es sicher auch überlegenswert, ob man das Notebook nicht als Zweit-, sondern als Haupt-PC anschafft. Arbeitet man zu Hause, schließt man es an einen großen stationären Bildschirm an, steckt die Modem-Leitung in die Telefonbuchse und kann Drucker und Scanner wie bei einem stationären PC benutzen. Muss man außerhalb mit dem Notebook arbeiten, zieht man nur die Stecker heraus und ist sofort mobil. Vorteil: Ohne vorherigen Datentransfer kann man dort weiterarbeiten, wo man daheim aufgehört hatte und umgekehrt. Auch zu Hause kann die Mobilität Spaß machen, wenn man sich zum Arbeiten auf den Balkon oder in den Garten setzen oder auch vom Krankenbett aus wichtige Dinge erledigen kann. Ungeeignet ist jedoch die Notebook-Sololösung für alle, die praktisch den ganzen Tag lang den PC laufen lassen, und für Kreative, die mit großen Dateien umgehen müssen und ebenfalls den PC zumeist über längere Phasen laufen lassen müssen.

Mac-Schiene

PC und Mac (Macintosh) sind – bis auf wenige Konvertierungsprogramme wie z. B. Office 2001 Mac-Version – nicht kompatibel. Daher gehört es im Vorfeld der Hardware-Auswahl zur Grundsatzentscheidung, ob man sich einen PC oder einen Mac anschafft. PCs sind in der Regel preiswerter und es gibt erheblich mehr Programme. Doch wer professionell im Grafik-Design-Sektor oder im Bereich der Druckvorstufe (Herstellung von Drucksachen jeglicher Art) tätig ist, kommt um den Kauf eines Mac von Apple kaum umhin. Denn immer noch gehört der Mercedes unter den Computern zur Standardausstattung der Kreativen. Und wer in dieser Branche tätig werden möchte, muss kompatibel und auch fähig sein, die entsprechende technische Infrastruktur einer Agentur, eines Grafik-Design-Studios usw. bedienen zu können.

Marktrecherche/Preisvergleiche

Da der Hardware-Markt entsprechend der Software-Weiterentwicklung sich ständig wandelt und jede neue Computergeneration wieder ein bisschen leistungsfähiger ist (was durch die immer umfangreichere Software wieder kompensiert wird), muss man sich aktuell bei den einschlägigen Anbietern von Hard- und Software informieren. Bekannte Anbieteradressen sind folgende:

- Conrad, *www.conrad.de*
- Suppes, *www.suppes.de*
- MediaMarkt, *www.mediamarkt.de*
- Vobis, *www.vobis.de*
- Comtech, *www.comtech.de*
- Saturn, *www.saturn.de*
- Staples, *www.staples.de*
- Kaufhof, *www.galeria-kaufhof.de*
- Karstadt, *www.karstadt.de*
- Metro, *www.metro.de*
- Primus, *www1.powershopping.de/faq.html*

Microsoft – Textverarbeitung und Internet-Software

Microsoft-Software ist im Office-Sektor weltweit führend. Sie ist für PCs und nicht für den Mac geschrieben. Für die Macintosh eignet sich lediglich das Büro-Software-Paket Office 2001 für Mac. Schon aus Gründen der Kompatibilität mit den meisten anderen, auf Windows abgestimmten Programmen, empfiehlt es sich, die Software von Microsoft als Standard-Software auf den heimischen Rechner einzurichten. Wer sich mit Word, Access, Excel, Power Point und FrontPage auskennt, hat auch als freier Mitarbeiter die besseren Karten, außer in den Medien- und Kreativbranchen, die vor allem mit Mac-fähiger Software von Adobe und Marcomedia arbeiten.

Die bekanntesten Microsoft-Produkte sind folgende:

Software	*Programmfunktion – Einsatzschwerpunkte*
Windows XP (Nachfolger von Windows 2000, 98, 95, 3.1; Windows Me; Windows NT)	Hierbei handelt es sich um das am weitesten verbreitete Betriebssystem, das praktisch auf jedem neuen Rechner mitgeliefert wird. Windows XP stellt mit einer komplett überarbeiteten Benutzeroberfläche den deutlichsten Design-Wechsel seit Windows 95 dar. Das neue Betriebssystem kombiniert zudem die Zuverlässigkeit und Stabilität von Windows 2000 und Windows NT mit den Multimediatechnologien von Windows Me.

Software	*Programmfunktion – Einsatzschwerpunkte*
Word 2002	Microsoft Word ist das klassische Textverarbeitungsprogramm, das praktisch allgemeiner Sekretariatsstandard ist. Das Programm kann sehr viel und unterstützt mit allen möglichen Werkzeugen beim Verfassen, Formatieren und Gestalten von professionell wirkenden Dokumenten. Die überarbeitete Benutzeroberfläche und die innovativen neuen Features in Word 2002 sorgen für weitaus kürzere Bearbeitungszeiten.
Microsoft Access 2002	Vielfältiges Datenverarbeitungsprogramm, z. B. zur Anlage, Pflege und Verwaltung von Adress-, Bestell- oder Produkt-Dateien. Diese Vielfältigkeit spiegelt sich vor allem bei den leitungsfähigen Funktionen und Features wider, die selbst die Ansprüche erfahrener Datenbankanwender und Entwickler befriedigen.
Excel 2002	Tabellenkalkulationsprogramm, mit dem z. B. Geschäftsdaten, statistische Zahlungen, Buchhaltung, Finanzdaten usw. erfasst, analysiert, geordnet, berechnet und dargestellt werden können.
FrontPage® 2002	Das Programm zur Herstellung von Internet-Seiten. Dieses Web-Programm ist für alle, die ohne HTML-Programmierung rasch anschauliche Websites herstellen möchten. Microsoft FrontPage® 2002 bietet alle Werkzeuge, Features, E-Commerce-Funktionen und Funktionen, um ein professionelles Web-Angebot auf die Beine zu stellen und Verwaltung und Aktualisierung bereits bestehender Websites zu vereinfachen. Dabei spielt es keine Rolle, ob der Anwender bereits über HTML-Kenntnisse verfügt oder nicht.
Microsoft Outlook 2002	»E-Mail-Verwaltungs-Software«. Diese Komplettlösung hilft bei der täglichen Kommunikation und Organisation – ob E-Mails, Kontakte, Aufgabenlisten, Kalender oder Webseiten.
PhotoDraw 2000 Version 2	Die Business-Grafik-Software Microsoft® PhotoDraw 2000 Version 2 verbindet die Features eines benutzer-

Software	*Programmfunktion – Einsatzschwerpunkte*
	freundlichen Bildbearbeitungsprogramms mit den Tools eines Zeichenprogramms zu einer leistungsstarken Anwendung. Mit dieser Software haben gewerbliche Anwender die Möglichkeit, professionell aussehende Grafiken für ihre Internetseiten, gedruckten Dokumente und Präsentationen zu erstellen.
Picture It! Foto- und Druckstudio 2002	Microsoft Picture It! Foto- und Druckstudio 2002 ist das Komplettpaket für Bearbeitung, Druck und Desktop-Publishing von Fotos und Projekten aus unterschiedlichen Quellen (digitale Kamera, Foto-CD, Scanner, Festplatte, Internet).
PowerPoint 2002	Präsentationssoftware für Verhandlungen, Referate, Präsentationen usw. Mit der Präsentations-Software PowerPoint 2002 kann man alle Texte, Diagramme, Text-Bildblöcke oder Bilderfolgen organisieren, illustrieren und auf professionelle Art und Weise multimedial darstellen.

Office-Paket – Bürosoftware	*Programmfunktion – Einsatzschwerpunkte*
Office XP	Microsoft® Office XP baut auf die bisherigen Office-Pakete, z. B. Office 2000. Es handelt sich hierbei um ein »Büro-Software-Paket«, das die Programme Microsoft Word, Excel, Outlook® und PowerPoint® enthält und optimal miteinander verknüpft.
Office XP Professional	Zusätzlich zu den Kernprogrammen von Office XP – Microsoft Word, Excel, Outlook® und PowerPoint® – enthält Office XP Professional Microsoft Access 2002, die Office XP-Datenbanklösung, mit der Benutzer ihre Daten speichern, abrufen und analysieren können.

! **Lexikon-Empfehlung!**
Encarta Professional 2002: Enzyklopädie auf CD-ROM oder DVD: Encarta von Microsoft gehört zu den besten elektronischen Lexika: »Die Encarta 2002 legt – trotz des großen Datenpools – ein Turbotempo vor, das Konkurrenten weit hinter sich lässt«, lobte die Welt am Sonntag die Software.

Wichtig sind auch die richtigen Handbücher, beispielsweise solche zum Selbsttraining.
Empfehlenswert sind:
Online Training Solutions, Inc.: Microsoft FrontPage 2002. Schritt für Schritt, Unterschleißheim 2001
ders.: Access Version 2002. Schritt für Schritt, Unterschleißheim 2001, ders.: Word Version 2002. Schritt für Schritt, Unterschleißheim 2001 (im Buchhandel).

! **Infos!**
Detaillierte Informationen über die genannte und weiteren Microsoft-Software erhält man unter: *www.eu.microsoft.com/germany/*

Adobe – grafische und Layout-orientierte Software

Adobe-Software gibt es in PC- und in Mac-Versionen. Sie ist eine Profi-Software, in die sich aber auch interessierte Laien – ggf. mit Kursushilfe an einer VHS usw. – einarbeiten können. Mit der Adobe-Software lassen sich vor allem Layout-, Design-, Bild-, Video- und Internetbearbeitungen professionell bewältigen.
Die wohl bekannteste bzw. am weitesten verbreitete Adobe-Technologie ist Adobe Acrobat und das Datei Format Adobe PDF. Adobe Acrobat ist für den Online-Austausch von Dokumenten unverzichtbar. Mit dem kostenlosen Adobe Acrobat Reader lassen sich PDF-Dateien unabhängig von Computerplattform und Erzeugerprogramm lesen.
Damit ist das Programm für den PC-User unverzichtbar geworden.

Zur wichtigsten Grafik- und Layout-Software von Adobe zählt neben dem oben erwähnten Acrobat:

Software	*Programmfunktion – Einsatzschwerpunkte*
PageMaker	Klassisches Seitenlayout-Programm, ideal für Unternehmen, Bildungsstätten und Selbständige, die qualitativ hochwertige Druckdokumente wie Broschüren und Rundschreiben erstellen möchten. Schneller Einstieg mit Vorlagen, Grafiken und intuitiv anwendbaren Designfunktionen; effektives Arbeiten mit Adobe-Anwendungen; einfaches Wiederverwenden vorhandener Dateiinhalte zum Erstellen individuell angepasster Dokumente.
Photoshop	Klassische Bildbearbeitungs-Software, die alles kann, was man für Print- und Web-Grafik benötigt. Sie ist Standardprogramm für Profis.
Premiere	Videobearbeitungs-Software. Sie ist ein erstaunlich einfaches (und leistungsstarkes) Werkzeug für die professionelle Videobearbeitung, geeignet für Windows-Plattform und der plattformübergreifenden Unterstützung aller führenden Videoformate für das Internet. Die Software schließt die Lücke zwischen DV und Internet.
InDesign	Adobe InDesign ermöglicht professionelles, grafikorientiertes Layout für Magazine, Prospekte, Broschüren, Bücher etc. In der Version 2.0 bietet die XML Technologie nahtlose Crossmedia-Funktionalität.
LiveMotion	Ob man einzelne Web-Grafiken oder ganze Seiten mit interaktiven Elementen, Animationen und Sound entwickeln möchte – LiveMotion bietet den kreativen Werkzeugkoffer, den man braucht, um die eigenen Design-Arbeiten zu perfektionieren. Beispielsweise eignet sich das Programm gut zur Ergänzung von Photoshop und Illustrator.
Illustrator	Ist das klassische Programm zur effizienten Erstellung von Grafiken für Print, Web und andere Medien. Mit

Software	*Programmfunktion – Einsatzschwerpunkte*
	Hilfe von Symbolen, innovativen Slicing-Optionen und Live-Verzerrungswerkzeugen lassen sich tolle Web-Grafiken entwerfen und umsetzen, und das in Rekordzeit.
GoLive	Adobe® GoLive® ist das ideale Tool für professionelle Web-Designer, denn es bietet sowohl Code-Programmierern als auch Designern die Tools für Inhaltserstellung und Site-Verwaltung, mit denen sie entwickeln, zusammenarbeiten und sich auf dem heutigen schnelllebigen Markt behaupten können.
After Effects	Ist vorgesehen für die professionelle Gestaltung animierter Grafiken, bei 2D-/3D-Bildbearbeitung und für visuelle Effekte in den Bereichen Film, Video, Multimedia und Internet.
Acrobat	Mit Adobe Acrobat lassen sich aus jeder Anwendung heraus, aus der man auch drucken kann, Adobe-PDF-Dokumente erzeugen. Diese Dokumente können plattformübergreifend ausgetauscht werden. Zusätzliche Funktionalitäten bieten flexiblen Datenaustausch und Dokumentenmanagement durch elektronische Formulare, Online-Kommentare etc. (Der kostenlose Acrobat Reader ermöglicht das Lesen und Ausdrucken der PDF-Dokumente.)

Adobe-Collection (Programmpakete)

Als preisgünstig und zudem hilfreich bei der Auswahl der geeigneten Programme erweist sich der Kauf von so genannten Collections.

Programmpakete	*Programmfunktion – Einsatzschwerpunkte*
Web Collection Photoshop LiveMotion Illustrator GoLive	Für den Arbeitsschwerpunkt ›Internetseiten erstellen‹ enthält die Adobe Web Collection alle wichtigen Web-Programme mit professionellen Werkzeugen, die man bei der Erstellung von ausdrucksstarken, dynamischen und interaktiven Websites und ganzer Homepages benötigt.
Design Collection Acrobat Photoshop InDesign Illustrator	Wie der Name schon sagt, ist diese Collection für alle, die design-/entwurfsorientiert arbeiten. Gemeinsam bieten Ihnen diese vier Programme alles, was man zur Erstellung und Produktion von Bildern, Illustrationen und Layouts sowie für die Veröffentlichung über verschiedene Medien benötigt.
Publishing Collection Acrobat PageMaker Photoshop Illustrator	Für den Arbeitsschwerpunkt ›hochwertige elektronische und Druckprodukte erstellen‹ helfen die vier Programme durch sich gegenseitig ergänzende Anwendungen und mitgelieferte Vorlagen und Grafiken beim Erstellen, Zusammenstellen und Veröffentlichen grafisch hochwertiger, professionell aussehender Produkte.
Digital Video Collection Photoshop Premiere Illustrator After Effects	Digital Video Collection ist das geeignete Software-Paket für alle, die digitale Film-, Multimedia-, Video- oder Web-Projekte erstellen und weiterverarbeiten möchten.
Streaming Media Collection Premiere LiveMotion GoLive After Effects	Streaming Media Collection ist das ideale Software-Paket für die Erstellung von Streaming-Videos, interaktiven Animationen und dynamischen Websites. Die plattformübergreifende Interoperabilität zwischen diesen bewährten vier Software-Produkten sowie die optimale Abstimmung auf Anwendungen wie Adobe Photoshop® und Adobe Illustrator® gewährleisten einen schnellen Einstieg und somit einen produktiven Arbeitsablauf.

Infos!
Beschreibungen weiterer Adobe-Software mit detaillierten Produktinformationen und Preisen finden Sie übers Internet: *www.adobe.de*

Macromedia Web-Gestaltungs-Software

Macromedia-Software gibt es in PC- und in Mac-Versionen. Sie richtet sich an professionelle Webdesigner und -entwickler. Sie bietet alle Werkzeuge, um attraktive und dynamische Websites effizient herzustellen und attraktive und dynamische Benutzererlebnisse für PCs und andere Geräte zu unterstützen.

Software	*Programmfunktion – Einsatzschwerpunkte*
Macromedia Dreamweaver 4	Diese Profi-Software verfügt über alle Werkzeuge, die man für die Entwicklung einer professionellen Website benötigt. Jetzt können Sie Macromedia Flash-Grafiken direkt in Dreamweaver produzieren. Ganz gleich, ob Sie die visuellen Layout-Werkzeuge von Dreamweaver verwenden oder in der Textbearbeitungsumgebung arbeiten – die intuitive Macromedia-Benutzeroberfläche erleichtert die Arbeit sehr.
Macromedia Fireworks 4	Mit Fireworks erstellt, bearbeitet und animiert man Web-Grafiken mit einem kompletten Set an Bitmap- und Vektorwerkzeugen. Mit Export-Steuerungen kann man Grafiken optimieren, sie mit erweiterten Interaktivitätselementen versehen und dann in Macromedia Dreamweaver und andere HTML-Editoren exportieren. Man kann Fireworks-Grafiken direkt in Macromedia Dreamweaver oder Macromedia Flash starten und bearbeiten, ähnlich wie Photoshop-Grafiken in InDesign oder Pagemaker. Das Programm kann eine mögliche Alternative zu Photoshop sein.
Macromedia Dreamweaver UltraDev 4	Diese Software bietet alle leistungsstarken Funktionen von Dreamweaver 4. Sie ist die beste Methode zum Entwickeln von ASP-, JSP- oder ColdFusion-Anwen-

Software	*Programmfunktion – Einsatzschwerpunkte*
	dungen. Man kann Code und Entwurf gleichzeitig anzeigen und wiederverwendbare Bibliotheken mit serverseitigen Skripten einrichten oder die integrierten Server-Verhalten und Tastaturkurzbefehle verwenden.
Macromedia HomeSite 5	Handkodieren leicht gemacht – Entwickler erstellen im Handumdrehen professionelle Websites mithilfe der Codebearbeitungsfunktionen von Macromedia HomeSite 5. Dank der integrierten Kodierwerkzeuge kann man den Code vollkommen problemlos validieren, wiederverwenden, manipulieren und formatieren. Die vielseitigen Funktionen zur Projektverwaltung, Qualitätssicherung und Site-Bereitstellung ermöglichen das rasche Erstellen von Seiten, Tabellen, Frames und JavaScript-Elementen. Das Programm ist eine Erleichterung für die Entwicklung, Bereitstellung und Verwaltung von Websites.
Macromedia ColdFusion 5 UltraDev 4	Dank leistungsfähiger Datenbank- und Debugging-Tools, visueller Anwendungsentwicklungsfunktionen und einer anpassbaren Arbeitsumgebung können Entwickler schnell optimierte Web-Anwendungen für den neuen ColdFusion Server 5 erstellen.
Macromedia Flash	Macromedia Flash ist die ideale Lösung für Design und Bereitstellung kompakter Animationen, Präsentationen und Websites. Das Programm bietet Skriptfähigkeiten und serverseitige Konnektivität zum Erstellen attraktiver Anwendungen, Web-Oberflächen und Trainingskursen. Die so erstellten Inhalte können von 97,4 % des Online-Publikums mit dem Macromedia Flash Player angezeigt werden.
FreeHand 10	Grafik-Design-Programm, vergleichbar mit Illustrator von Adobe. Es bietet Grafikdesignern alle benötigten, vektorbasierten Illustrationswerkzeuge und Sonderfunktionen wie Master-Seiten sowie eine neue arbeitserleichternde Macromedia-Benutzeroberfläche. FreeHand 10 ermöglicht die Herstellung von Cross-

Software	*Programmfunktion – Einsatzschwerpunkte*
	media-Produkten, das heißt: Ein einmal erstelltes Element kann auf zahlreichen Medien wie Druck, Web usw. wiederverwendet werden.
Macromedia Director Shockwave Studio	Macromedia Director Shockwave Studio bietet eine leistungsfähige Authoring-Umgebung, in der man u. a. beeindruckende 3D-Unterhaltungsanwendungen, interaktive Produktdemos und Online-Lernprogramme für das Internet, CD, DVD und Firmen-Intranets erstellen kann. Man kann zudem Filme auch über das Internet veröffentlichen, die von jedem Shockwave Player, von praktisch jedem Internet-Benutzer, abgespielt werden können – der Shockwave Player ist bereits auf über 200 Millionen Computern weltweit installiert, und täglich kommen 250 000 neue Installationen hinzu.
Macromedia ColdFusion Studio 5	Die Software ist zur Erstellung von Web-Anwendungen. ColdFusion Studio setzt sich aus leistungsstarken integrierten Tools zusammen, mit denen sich Anwendungen schnell und einfach entwickeln lassen. Von E-Commerce bis hin zur Automatisierung von Geschäftsabläufen – mit ColdFusion Studio können Sie jedes Ziel schnell erreichen.

! **Infos!**
Beschreibungen weiterer Macromedia-Software mit detaillierten Produktinformationen und Preisen übers Internet: *www.macromedia.com/de/software/*

Nachschlagewerke für Freelancer

Freelancer können sich zumeist weder ein Sekretariat noch hochbezahlte Fachleute leisten. Sie müssen daher mehr als andere Entscheidungsträger größerer Unternehmen und Behörden ihre potenziellen Know-how-Lücken mithilfe

guter Nachschlagewerke schließen. Mit den richtigen Datenquellen versorgt, kann man es zu beachtlichem Knowhow bringen. Denn wichtiger als eigenes Wissen ist es oftmals, zu wissen, wo man nachschlagen kann. Insbesondere in Zeiten überbordenden Wissens mit Halbwertzeiten von weniger als sechs Jahren und einer anschwellenden, immer unübersichtlicheren Informationsflut ist es wichtig, sich auf bewährte Nachschlagewerke verlassen zu können. Viele davon sind auch in CD-Version oder als Buch plus CD bzw. DVD erhältlich und werden ergänzt durch eine umfangreiche Internetdatenbank, wie beispielsweise die Produkte des Bibliographischen Instituts & F.A. Brockhaus AG Mannheim durch die Datenbank »xipolis.net«.
Da man vor allem als Einzelkämpfer auf gute Nachschlagewerke zur raschen Orientierung angewiesen ist, empfiehlt es sich, wenigstens einige der folgenden Standardwerke gleich bei der Anfangskalkulation einer Existenzgründung mit zu berücksichtigen. Hierzu gehören sicherlich der Duden, ein Fremdwörterbuch, ein Herkunftswörterbuch, ein gutes Lexikon und entsprechende, branchenspezifische Fachlexika.

Sekretariatswissen

Wer geschäftlich professionell korrespondieren muss, braucht – insbesondere als Büro- und Textverarbeitungslaie – verlässliche Wörterbücher. Nicht nur, dass seit der Rechtschreibreform kaum noch jemand genau weiß, wie welche Wörter korrekt geschrieben werden und wie richtig interpunktiert wird. Vielmehr geht es auch darum, die brieflichen DIN-Regeln und sonstigen formellen Standards im geschäftlichen Briefverkehr – von der Anfrage über Angebotserstellung bis hin zur Fakturierung – möglichst einzuhalten.

Duden-Nachschlagewerke für richtige Sprache im Überblick

Duden – Briefe gut und richtig schreiben	Ratgeber für richtiges und modernes Schreiben, unter Berücksichtigung der neuen amtlichen Regeln.
Duden – Das Sekretariatshandbuch	Ratgeber für Büro, Sekretariat und Verwaltung, auch als CD »Duden – Büro Plus – Version 3.0«.
Duden – Korrektor	1 CD-ROM für Windows. Rechtschreib- und Grammatikprüfung. Einbindung in Word für Windows. Auswahl von Schreibstilen. Format: 18,4x23,7 cm in Kassette. Alle Texte, die in Word für Windows verfasst wurden, lassen sich überprüfen. Rechtschreib- und Grammatikfehler werden gekennzeichnet und können per Mausklick korrigiert werden.
Duden – Korrektor Plus	1 CD-ROM für Windows. Rechtschreib- und Grammatikprüfung sowie Zugriff auf Duden Fremdwörterbuch, Synonymwörterbuch und »Richtiges und gutes Deutsch« Einbindung in Word für Windows. Auswahl von Schreibstilen.
Duden: Deutsches Universalwörterbuch	Enthält 140 000 Wörter und Redewendungen. Die Duden-Großausgabe ist mit rund 25 Euro etwas teurer als der Standard-Duden, aber sehr empfehlenswert, da die Wörter auch auf ihre Bedeutung hin erläutert werden. Auch als CD-Ausgabe »Duden – Deutsches Universalwörterbuch – Version 3.0« erhältlich.
Duden Band 1: Die deutsche Rechtschreibung	Das umfassende Standardwerk auf der Grundlage der neuen amtlichen Regeln, 120 000 Wörter mit über 500 000 Beispielen. Band 1 der Reihe »Der Duden in 12 Bänden«, auch als CD-ROM »Duden – Die deutsche Rechtschreibung – Version 3.0« Das Standardwerk zu allen Fragen der Rechtschreibung auf CD-ROM.

Duden Band 3: Das Bildwörterbuch: Die Gegenstände und ihre Benennung	Ein Klassiker! Hilft, Lücken in Deutsch als Fremdsprache zu überbrücken, z. B. für Selbständige ausländischer Herkunft.
Duden Band 4: Die Grammatik	Unentbehrlich für richtiges Deutsch
Duden Band 5: Das Fremdwörterbuch	Notwendig für das Verstehen und den Gebrauch fremder Wörter. Auch als CD: »Duden – Das Fremdwörterbuch – Version 3.0« oder als »Das Fremdwörterbuch, Buch + CD-ROM«. Man sollte dieses unentbehrliche Nachschlagewerk für das Verstehen und den Gebrauch fremder Wörter in der Ausgabe »Buch mit CD-ROM« nehmen, da man Fremdwörter während der Arbeit am PC sofort parat hat, aber durch das Buch auch unabhängig vom PC mal schnell nachschlagen kann.
Duden Band 6: Das Aussprachewörterbuch – Wörterbuch der deutschen Standardaussprache	Nicht nur für Freelancer ausländischer Herkunft wichtig, da bei zahlreichen eingedeutschten Begriffen vielfach die korrekte Aussprache unklar ist.
Duden Band 7: Das Herkunftswörterbuch	Etymologie der deutschen Sprache. Ist unentbehrlich für alle, die wissen möchten, wie sich ein Wort bis zur heutigen Bedeutung entwickelt hat.
Duden Band 8: Die sinn- und sachverwandten Wörter – Wörterbuch der treffenden Ausdrücke	Auch als CD »Duden – Die sinn- und sachverwandten Wörter – Version 3.0« erhältlich. Unentbehrlich für alle, die mit Texten arbeiten und häufig synonyme Begriffe suchen, z. B. Journalisten, Autoren, Texter usw.
Duden Band 9: Richtiges und gutes Deutsch	Wörterbuch der sprachlichen Zweifelsfälle
Duden Band 10: Das Bedeutungswörterbuch	Wortbildung und Wortschatz

Duden Band 11: Redewendungen und sprichwörtliche Redensarten	Wörterbuch der deutschen Idiomatik
Duden Band 12: Zitate und Aussprüche, Herkunft und aktueller Gebrauch	Ist wichtig, um zu wissen, ob ein Zitat im aktuellen Zusammenhang passend ist.

Fachwissen und allgemeines Wissen

Nachschlagewerke:

- *Wörterbuch der New Economy*. Rund 1 000 Begriffe aus der neuen Arbeitswelt – von E-Conomy über Knowledge-Management bis Work-Cultures – werden verständlich gemacht. Ein Muss für alle, die im Business-Wortgeplänkel mithalten wollen oder müssen.
- Fachlexika für Ihre Spezialgebiete finden Sie auf der Website des Verzeichnisses Lieferbarer Bücher (VLB), *www.buchhandel.de*, oder über *www.amazon.de* sowie *www.bol.de*
- Die größte deutsche Wissensquelle ist nach wie vor die große Brockhaus-Enzyklopädie mit über 250 000 Stichwörtern/Artikeln. Mehr Informationen dazu unter *www.brockhaus.de*
- Sehr empfehlenswert sind die kompakten Brockhaus-Lexika zu je einem Schwerpunktthema, z. B. *Brockhaus Kunst, Brockhaus Psychologie, Brockhaus Nobelpreise, Duden – Das große Wörterbuch der deutschen Sprache in zehn Bänden* ca. 540 Euro. Für Textprofis unverzichtbar.

CD-ROMS/DVD:

- Der Brockhaus multimedial 2002 premium, sechs CD-ROMS oder eine DVD, mit 190 000 Stichwörtern, 111 000 Artikeln, 14,4 Mio. Wörtern, 13 Stunden Audio, 250 Videos/Animationen, 16 000 Weblinks sowie mit wertvollen Extras, wie einem Atlas, einem Brockhaus-Konversationslexikon von 1906, einem Quiz, Panoramen und Historamen, ist eine gute Alternative zum großen Brockhaus. Der Vorteil dieses benutzerfreundlichen, multimedialen Lexikons liegt nicht nur in der optimalen Präsentation des umfangreichen Inhalts, sondern auch in der Möglichkeit, per Mausklick interdisziplinär zu arbeiten. So werden zu jedem Stichwort 24 inhaltlich verwandte

Artikel angeboten. Die Texte sind verlinkt, sodass immer wieder neue Wissensnetze entstehen. Vom Preis-/Leistungsverhältnis ist dieser multimediale Brockhaus derzeit unschlagbar und gehört in jede Gründer- und Freiberufler-Bibliothek. Mehr Informationen dazu unter *www.brockhaus.de*

- Microsoft Encarta Professional 2002, vier CD-ROMS oder eine DVD, 46 300 Artikel, 16,5 Mio. Wörter, 19 000 Fotos, Illustrationen, 15 Stunden Audio, 290 Videos/Animationen, 5 500 Weblinks und sinnvollen Extras, wie einem Atlas, 3D-Reisen, 20 000 Literaturangaben, 1 200 Quellen und einem Historama, ist ein leistungsstarkes, vor allem aber sehr schnelles und benutzerfreundliches Nachschlagewerk, das viele Konkurrenten weit hinter sich lässt. Preis: ca. 125 Euro. Mehr Infos unter *www.eu.microsoft.com.*
- Das Große Bertelsmann Lexikon 2002, sechs CD- ROMS oder eine DVD mit 170 000 Stichwörtern, 9 000 Fotos, Illustrationen, 13 Stunden Audio, 50 Videos/Animationen, 20 000 Weblinks, mit Extras: 3 000 Hintergrundartikel, Historama, Fremdwörterlexikon. Preis: ca. 45 Euro. Weitere Infos erhalten Sie unter *www.lexikon verlag.de/lexikonverlag.html*

Aus dem Internet:

- Xipolis-Kultur-Datenbank, *www.xipolis.net*, bietet die Möglichkeit über die Eingabe von Suchbegriffen Artikel mit Fachwissen aus nahezu allen Themengebieten zu recherchieren. Grundlage des gigantischen Wissens-Pools bilden lexikalische Standardwerke aller Fachgebiete. Die Nutzung ist zumeist kostenpflichtig. Kostenlos sind Recherchen in Werken wie z. B. den PONS Kompaktwörterbüchern, dem Brockhaus in einem Band, Der Gesundheits-Brockhaus; Wie funktioniert das? Der Mensch und seine Krankheiten; Wie funktioniert das? Technik heute; Wie funktioniert das? Wirtschaft heute; Roche Lexikon Medizin; Das Fischer Wirtschaftslexikon; Das M+T Computerlexikon 2001.
- *www.wissen.de* ist eine große Datenbank, die die Recherche zu allen möglichen Themen anbietet, vielfach jedoch nur kleine Beiträge liefert.
- *www.lexika-links.de* bietet Informationen zu Fachlexika, von Computer/Internet, Literatur/Sprache über Medizin/Psychologie und Politik/Geschichte bis hin zu Wetter/Geografie, Wirtschaft/Recht, Wissenschaft und Zeitung/Magazin.

- *Erlanger Liste:*
  www.phil.uni-erlangen.de/~p2gerlw/ressourc/lex.html.
  Eine der interessantesten Listen für internationale Wörterbücher von Arabisch bis Ungarisch. Man kann auf der Homepage den gesuchten Begriff eingeben und erhält die Übersetzung. Zudem bietet die Site Datenbanken zu Wortschatz, Rechtschreibung, Fremdwörter, Grammatik, Mittelhochdeutsch und Multilingual.
  Besonders interessant ist die Rubrik Fachsprachen, die Terminologien von Archäologie bis Wasser bietet, daneben Allgemein und Akronyme
- *Brockhaus-Internetguide:*
  www.brockhaus.de/nachschlagen/weblinks/weblinks.html, über diese Site wird man über einen Begriff auf entsprechende, interessante Internetseiten geleitet.

Einstieg als Freier – Verträge bestimmen Status

Unabhängig davon, ob Selbständige steuerrechtlich betrachtet den freien Berufen angehören oder Gewerbetreibende sind, entscheidet das Vertragsverhältnis zwischen Selbständigen und ihren (Geschäfts-)Kunden darüber, ob sie als Freelancer/freier Mitarbeiter, Subunternehmer, Werkvertragsnehmer, Handelsvertreter, Händler oder Lizenzvergeber arbeiten.

Selbständigkeit als Geistes-, Sozial- und Naturwissenschaftler

Mitunter hört man in arbeitsmarktpolitischen Beiträgen, dass immer mehr Geisteswissenschaftler wie Germanisten, Philosophen, Ethnologen, Historiker und immer mehr Sozialwissenschaftler wie Pädagogen, Soziologen, Psychologen und zunehmend auch Naturwissenschaftler wie Archäologen, Chemiker, Biologen, Physiker, Pharmazeuten statt in fester Anstellung nur noch als freie Mitarbeiter unterkämen. Obwohl klar ist, was ausgedrückt werden soll, ist diese Art von Formulierung hinsichtlich der exakten Beschreibung des Erwerbsstatus von nicht abhängig beschäftigten Akademikern vielfach irreführend. Denn es wird hier etwas suggeriert, was so nicht stimmt: Zum einen hat nicht die Zahl der freien Mitarbeiter in den genannten Berufsgruppen zugenommen, sondern allenfalls die der befristeten und teilzeittätigen Beschäftigten. Es stieg also die Zahl der ungesicherten Arbeitsverhältnisse unter Akademikern. Zum anderen hat aber auch nicht eine vermehrte Existenzgründungsneigung von Akademikern zu mehr freier Mitarbeiterschaft innerhalb der besagten Berufsgruppen geführt. Denn wie im Abschnitt »Freelancer/freier Mitarbeiter« dargelegt, hat das Gesetz zur »Förderung der Selbständigkeit« (§ 7 Abs. 4 Satz 1 Nr. 1 und 2 SGB IV) freie Mitarbeiterschaft, wie sie früher häufig üblich war, unmöglich gemacht. Wer wie einst für ein Institut oder Museum als Hauptauftraggeber tätig war und sich entsprechend nach den Weisungen des Auftraggebers richten musste, ist heutzutage abhängiger Beschäftigter. Das Risiko bei solchen Tätigkeitsverhältnissen, als Scheinselbständiger enttarnt zu werden, wäre also für Auftraggeber und Auftragnehmer viel zu groß.

Aus diesem Grund hat sich zwangsläufig das Selbstverständnis freiberuflicher Existenzgründungen bei Akademikern sehr geändert. Es steht nicht mehr die freie Mitarbeit für einen Hauptauftraggeber im Vordergrund, sondern die Markterschließung mit dem Ziel, die eigene geistes-, sozial- oder naturwissenschaftliche Dienstleistung möglichst vielen Auftraggebern verkaufen zu können.

Zur Markterschließung haben Akademiker, je nach Form und Zielsetzung ihrer Selbständigkeit, ganz unterschiedliche Realisierungsmöglichkeiten:

- freiberufliche Tätigkeit als Dienstleister, Werkvertragsmitarbeiter oder Subunternehmer und auch als freier Mitarbeiter (im Rahmen eines Dienstleistungs- oder Werkvertrags),
- gewerbliche Tätigkeit als größerer Dienstleister mit gleich bzw. höher qualifiziertem Mitarbeiterstab, als Produktproduzent, Handwerker (z. B. wenn ein Ingenieur sich in die Handwerksrolle eintragen lässt), Händler (z. B. vom Straßenverkauf bis zum Internethandel mit eigenen und/oder fremden Produkten), Handelsvertreter (z. B. Waren-/Dienstleistungsvermittlung gegen Provision) oder Makler (z. B. Vermittlung zum Abschluss von Geschäften gegen Provision).

Folgend wird nicht nur für Akademiker aufgezeigt, innerhalb welcher Vertragsverhältnisse Sie Ihre Selbständigkeit ausüben können und was dies für Ihren Status bedeutet. Wichtig ist, die Ausführungen dieses Kapitels in Zusammenhang mit dem folgenden Kapitel »So schütze ich mich gegen Vermutung einer Beschäftigung« zu sehen.

Freelancer/freier Mitarbeiter

Freie Mitarbeit ist eine besondere Form von Selbständigkeit, die sich ähnlich wie ein Arbeitsverhältnis vor allem durch eine gewisse Kontinuität in der Zusammenarbeit und ein dadurch entstehendes Vertrauensverhältnis auszeichnet. Seit Wirksamwerden des völlig verfehlten und irreführend titulierten »Gesetzes zur Förderung der Selbständigkeit« (§ 7 Abs. 4 Satz 1 Nr. 1 und 2 SGB IV) vom 20. 12. 1999 sind die Möglichkeiten für freie Mitarbeit in Unternehmen drastisch reduziert worden. Denn viele so genannte freie Mitarbeiterverhältnisse wurden nach den neu geschaffenen Kriterien in § 7 Abs. 4 Satz 1 Nr. 1 und 2 SGB IV zu Scheinarbeitsverhältnissen, also zu abhängigen Beschäftigungen erklärt. So wird in den meisten Fällen von freier Mitarbeit traditioneller Prägung (z. B. wenn ein freier Journalist einen Sender als Hauptauftraggeber hat) ein verdecktes Arbeitsverhältnis vermutet. Und können sie nachweisen, doch selbständig zu sein, werden viele freie Mitarbeiter als arbeitnehmerähnliche Selbständige nach § 2 Ziff. 9 SGB VI eingestuft, was bedeutet, dass sie, zumindest was die Rente angeht, voll pflichtversichert sind. Als arbeitnehmerähnliche Selbständige müssen sie zwar keine Pflichtbeiträge mehr zur Kranken-, Pflege- und Arbeitslosenversicherung abführen, dafür aber ca. 20 % ihres Einkommens bis zur Höhe der Beitragsbemessungsgrenze als Rentenversicherungsbeiträge. Gemäß § 165 Abs. 1 Nr. 1 SGB ist die grundsätzliche Beitragsbemessungsgrundlage für arbeitnehmerähnliche Freie ein

Arbeitseinkommen in Höhe der Bezugsgröße (Bezugsgröße = Durchschnittseinkommen aller Sozialversicherungspflichtigen: 2002: monatlich 2 345 Euro; West, 1 960 Euro; Ost). Wird ein niedrigeres oder höheres Einkommen nachgewiesen, dann gilt dieses Einkommen, das jedoch mindestens 1/7 der Bezugsgröße (2 345 : 7 = 335 Euro monatlich, davon 20 % = ca. 64 Euro RV-Pflichtbeitrag) betragen muss.
Freie Mitarbeiter, die nicht als arbeitnehmerähnliche Selbständige gelten, weil sie beispielsweise mehrere Auftraggeber haben, sind wie alle Selbständigen nicht sozialversicherungspflichtig, sofern sie nicht als freie Künstler der Pflichtversicherung in Krankenversicherung, Pflege- und Rentenversicherung des Künstlersozialversicherungsgesetzes unterliegen.

Ärzte – Praxisvertretung

Gelegentlich in Kliniken tätige Ärzte sind stets abhängig beschäftigte Mitarbeiter, da sie in den Klinikbetrieb integriert und weisungsgebunden sind. Als selbständige freie Mitarbeiter können Ärzte nur arbeiten, wenn sie als Belegärzte (z. B. in Altenheimen, Kliniken) tätig sind oder Praxisvertretungen machen. Sie sind aber nur dann selbständig, wenn sie über die eigentliche ärztliche Behandlung frei entscheiden können und bei der Einteilung und Ausführung aller ihnen als Arztvertreter obliegenden Arbeiten grundsätzlich nicht den Weisungen des Praxisinhabers unterworfen sind. Hat der Praxisinhaber sich im Dienstvertrag ausdrücklich solche Weisungsrechte vorbehalten oder übt der Praxisvertreter solche Weisungen tatsächlich aus, wird der Praxisvertreter zum Arbeitnehmer des Praxisinhabers.
Eine Möglichkeit freier Mitarbeit besteht für Ärzte in Form freier Gutachtertätigkeit. So wird beispielsweise mitunter am Rande der Legalität aus manch kurzfristiger, freier Mitarbeit eine Gutachtertätigkeit, die dann in dieser Form vergütet wird.

Dozenten/freie Lehrkräfte

Immer wieder hat die Rechtsprechung des Bundesarbeitsgerichtes Volkshochschuldozenten als selbständige Lehrkräfte eingestuft, was auch für andere Lehrkräfte mit anderen Auftraggebern (Akademien) gilt. Dabei müssen folgende Kriterien zur Statusbestimmung des Selbständigen beachtet werden:

- Im Vorhinein muss der Unterricht exakt vertraglich festgelegt werden, sodass der Auftraggeber (Bildungseinrichtung) nicht einseitig, sondern nur mit Zustimmung des Vertragspartners (Dozenten) den Lehrauftrag abändern kann. Damit entfällt ein für ein Arbeitsverhältnis typisches Weisungsrecht des Arbeitgebers.
- Auch die Unterrichtszeiten (Tage, Uhrzeiten und Dauer) gilt es im Voraus exakt zu bestimmen. Es ist also nicht möglich, den Dozenten für eine gewisse Zeit zu buchen, z. B. für zwei Tage wöchentlich, und ihm dann – ohne Mitspracherecht – die jeweils anfallenden Unterrichtsaufgaben zuzuweisen.

Ein wichtiger Punkt, ob Dozenten/freie Lehrkräfte als selbständige oder unselbständige Lehrkräfte eingestuft werden, besteht darin, ob und in welchem Umfang sie über die eigentliche Unterrichtstätigkeit hinaus weitere Verpflichtungen erfüllen müssen. Gegen eine Selbständigkeit spricht beispielsweise die Tatsache, dass sie

- verpflichtet sind, zusätzlich an Dienstbesprechungen und Fortbildungsveranstaltungen teilzunehmen (etwas anderes ist es, wenn der Dozent freiwillig daran teilnehmen kann),
- Betriebspraktika mitorganisieren und daran mitwirken,
- bei der Lehrmittelvergabe mitwirken,
- zur Pausenaufsicht eingeteilt werden und sich nach einseitigen Aufstellungen von Dienst- und Stundenplänen orientieren müssen,
- verpflichtet sind, didaktische und methodische Anweisungen zu befolgen.

Sind Art, Umfang und zeitliche Lage des Unterrichtsauftrags nicht exakt im Voraus bestimmt, sondern können quasi vom Auftraggeber während der Durchführung des Vertragsverhältnisses abgerufen werden, dann übt dieser ein für ein Arbeitsverhältnis typisches Direktionsrecht aus, und der Dozent verliert seine Selbständigkeit (BAG, Urteil v. 19. 11. 1997, 5 AZR 21/97). Dabei gilt die Übernahme von Unterrichtsvertretung als ein besonders gravierendes Indiz für eine unselbständige Tätigkeit, da hier keinerlei vertragliche Bestimmung über Art, Umfang und zeitliche Lage des Dozentenauftrags vorliegt. Ein Unterschied besteht allerdings in dem Fall, wenn ein Dozent bzw. freier Lehrer speziell als Unterrichtsvertretung für einen ausgefallenen Lehrkollegen »angeheuert« und im Vertrag genau geregelt wird, in welchen Stunden er zum Einsatz kommt. Unschädlich für den Selbständigenstatus ist die Verpflichtung zur Teilnahme an Prüfungs- und Notenkonferenzen, wobei auch hier im Voraus möglichst exakt festgelegt werden sollte, wann diese Konferenzen stattfinden.

Freier Dienstvertrag: Unterrichtstätigkeit

Vertrag über freie Mitarbeit
zwischen
Firma:
Anschrift:
PLZ/Ort:
(im Folgenden: Auftraggeber)

und

Name:
Anschrift:
PLZ/Ort:
(im Folgenden Auftragnehmer)

wird folgende Vereinbarung getroffen:

§ 1 Tätigkeit
Frau/Herr ________ übernimmt als freie/r Dozent/in ab dem ________ bis zum ________ jeweils am Donnerstag und Freitag von 17.00 bis 19.00 Uhr die Leitung des Kurses ________ mit folgenden Tätigkeiten ________.

§ 2 Leistungserbringung
(1) Der Auftragnehmer ist verpflichtet, die Arbeitsleistung höchstpersönlich zu erbringen. Die Hinzuziehung eigener Mitarbeiter oder die Vergabe von Unteraufträgen bedarf der vorherigen Zustimmung des Auftraggebers.

§ 3 Weisungsfreiheit
(1) Der Auftragnehmer unterliegt bei der Durchführung der übertragenen Tätigkeiten im Rahmen der vereinbarten Unterrichtszeiten und -inhalte keinerlei Weisungen des Auftraggebers (hinsichtlich Zeit, Dauer, Art und Ort der Arbeitsausübung). Änderungen des Unterrichtsauftrages bedürfen der beiderseitigen erneuten Absprache. Der Auftragnehmer ist bei der Gestaltung seines Kurses selbständig tätig und vollkommen frei.
(2) Der Auftragnehmer ist berechtigt, weitere Aufträge des Auftraggebers ohne Angabe von Gründen abzulehnen.

§ 4 Honorar
(1) Es wird ein Stundenhonorar von Euro ________ zuzüglich der jeweiligen gesetzlichen Mehrwertsteuer vereinbart, soweit der Auftragnehmer seine Umsatzsteuerpflicht nachweist. Die Honorierung erfolgt nach jeweiliger, monatlicher Rechnungsstellung durch den Auftragnehmer.
(2) Zusätzlich geleistete Stunden können nur abgerechnet werden, wenn sie zuvor von den Vertragsparteien vereinbart worden sind.

§ 5 Fälligkeit
Die Auszahlung erfolgt unbar. Das unter § 4 vereinbarte Honorar wird jeweils innerhalb von acht Tagen nach Rechnungseingang fällig und soll überwiesen werden auf Konto-Nr. ________ bei der Dresdner Bank AG ________
BLZ________.

§ 6 Sonstige Ansprüche/Rentenversicherung
(1) Mit der Zahlung der in diesem Vertrag vereinbarten Vergütung sind alle Ansprüche des Auftragnehmers gegen den Auftraggeber aus diesem Vertrag erfüllt.
(2) Für die Versteuerung der Vergütung sowie der sozialversicherungsrechtlichen Absicherung in Krankenkasse, Pflegeversicherung und Rentenversicherung hat der Auftragnehmer selbst zu sorgen.
(3) Der Auftragnehmer wird darauf hingewiesen, dass er nach § 2 Nr. 9 SGB VI rentenversicherungspflichtig sein kann, wenn er auf Dauer und im Wesentlichen nur für einen Auftraggeber tätig ist und keine versicherungspflichtigen

Arbeitnehmer beschäftigt, deren Arbeitsentgelt aus diesem Beschäftigungsverhältnis regelmäßig 325 Euro im Monat übersteigt.

§ 7 Kündigung
(1) Das Vertragsverhältnis kann unter Einhaltung einer Frist von ________ Wochen/Monaten zum ________ nur aus wichtigem Grund gekündigt werden.
(2) Hat der Auftragnehmer den Vertragsrücktritt zu verantworten, verpflichtet er sich, in Absprache mit dem Auftraggeber eine freiberufliche Ersatzlehrkraft zu finden.
(3) Das Recht zur außerordentlichen Kündigung bleibt hiervon unberührt. Vom Auftraggeber überlassene Arbeits- und Geschäftsunterlagen sowie sonstige Arbeitsmittel sind mit Beendigung des Vertragsverhältnisses unaufgefordert zurückzugeben. Die Geltendmachung eines Zurückbehaltungsrechts ist ausgeschlossen.

§ 8 Nebenabreden
(1) Nebenabreden und Änderungen des Vertrags bedürfen zu ihrer Wirksamkeit der Schriftform. Diese Formerfordernis kann weder mündlich noch stillschweigend aufgehoben oder außer Kraft gesetzt werden.
(2) Die teilweise oder vollständige Unwirksamkeit einzelner Vertragsbestimmungen berührt die Wirksamkeit der übrigen Bestimmungen nicht.

§ 9 Erfüllungsort und Gerichtsstand ist ________.

____
(Ort, Datum)

____
(Auftraggeber)

____
(Auftragnehmer)

Fahrer

Freie Fahrer, die im Wesentlichen fremde Fahrzeuge fahren, sind praktisch ausnahmslos unselbständig, hierzu gehören sowohl gelegentlich als auch ständig Arbeitende: Abschleppdienstfahrer, Auslieferungsfahrer, Autoüberführer, Fernfahrer, Kraftfahrer für Kleintransporte, Mietwagenfahrer, Omnibusfahrer, Paketdienstfahrer und Taxifahrer. Nur wer ein eigenes Fahrzeug einsetzt und in seinem Berufszweig über eine Konzession und Genehmigung, z. B. die Personenbeförderungsgenehmigung nach § 2 PersBefG verfügt, arbeitet zumeist selbständig.
Hierzu zählen:

- Taxifahrer, die mit eigenem Pkw unterwegs sind;
- Kurierfahrer mit eigenem Lieferwagen, die für ganz unterschiedliche Kunden arbeiten und über eine Zentrale (ähnlich einer Taxizentrale) ihre Einsätze erfahren. Fahrer, die nur für einen Auftraggeber unterwegs sind, gelten entweder als Angestellte oder Handelsvertreter, wenn sie Provisionseinnahmen erzielen;
- Buskleinunternehmer, die mit eigenem Bus zumeist auch selbst unterwegs sind, gelten als Selbständige, auch wenn sie als Subunternehmer für öffentliche Verkehrsunternehmen tätig sind, z. B. Transfer von Schulkindern. Ist bei weiteren Fahrten die Besetzung des Busses mit zwei Fahrern erforderlich, muss die Beschäftigung des zweiten Fahrers durch den Buskleinunternehmer erfolgen;
- Chauffeur-Service: Wer mit eigenem Pkw z. B. Hochzeitspaare kutschiert oder Auftraggeber auf Abruf fährt, ist selbständig.

Das heißt: Fahrer können keine Verträge als freie Mitarbeiter abschließen: Entweder sind sie uneingeschränkt selbständig, indem sie mit eigenem Fahrzeug tätig sind. Oder sie werden als abhängig Beschäftigte eingestuft. Daher sollte jeder, der vor hat, mit Fahrdiensten sein Geld zu verdienen, darauf achten, einen Arbeitsvertrag zu erhalten. Freie Mitarbeiterverträge wären unwirksam und das Unternehmen, das solche anbietet, ggf. unseriös. Vor allem bestünde die Gefahr, eingesparte Sozialbeiträge womöglich nachzahlen zu müssen.

Familienhelfer

Familienhelfer nach § 31 SGB VIII können mit sozialen Trägern der Familienhilfe keine freien Mitarbeiterverträge wirksam vereinbaren, da sie in jedem Fall als abhängig Beschäftigte gelten. Familienhelfer können wie alle freien Sozialhelfer nur selbständig tätig sein, wenn sie ihr Angebot unmittelbar an zu betreuende Familien richten und von diesen engagiert werden. In diesem Fall wird jeweils ein Dienstvertrag geschlossen. Freie Familienhelfer, die in Eigenregie – ohne Anbindung an die Gemeinde sowie kirchliche oder soziale Organisationen – tätig werden, können nur mit Krankenkassen abrechnen, wenn sie mit den Kassen eine entsprechende Vereinbarung abgeschlossen haben. Da dies alles recht bürokratisch ist und die Aufträge angesichts der etablierten Konkurrenz auf diesem Gebiet eher rar sind, empfiehlt es sich, besser bei den Trägern der Wohlfahrtspflege entsprechende Jobverträge abzuschließen.

Interviewer

Da Interviewer in sehr unterschiedlicher Art und Weise für Meinungs- und Marktforschungsunternehmen arbeiten, gibt es keine einheitlichen Regelungen. Freier Mitarbeiter ist ein Interviewer zumeist nur, wenn

- er die Interviews außerhalb der Geschäftsstelle/Filiale des Auftraggebers führt,
- nach Erfolg vergütet wird, also nur pro durchgeführtem Interview eine Bezahlung erfolgt (Das Unternehmerrisiko liegt also beim Interviewer.),
- er über ausreichend Zeitdispositionsfähigkeit verfügt, das heißt, wenn er einen erheblichen Entscheidungsspielraum hat, wann, mit wem und in welcher Reihenfolge er die Interviews innerhalb des vorgegebenen Zeitrahmens durchführen möchte,
- der Auftraggeber keine angestellten Mitarbeiter mit der selben Tätigkeit betraut.

Werden Interviewer nicht durch Marktforschungsinstitute, sondern durch Marktforschungsabteilungen von Unternehmen eingesetzt, erhöht sich die Annahme einer selbständigen Tätigkeit, da diese Tätigkeit außerhalb des eigentlichen Unternehmenszweckes liegt.
Abhängig beschäftigt sind hingegen Interviewer, die

- innerhalb oder bezogen auf die Geschäftsräume des Auftraggebers tätig sind (z. B. Straßeninterviewer, die ihre Klientel zur Fragenbeantwortung in ein Stadtbüro des Auftraggebers bitten),
- im Rahmen der Zeitvorgaben des Auftraggebers tätig sind, z. B. Vorgaben folgen wie: Fußgängerzone 17.00 bis 19.00 Uhr,
- nach geleisteten Arbeitsstunden vergütet werden,
- bei ihrer Arbeit durch den Auftraggeber überwacht werden.

Telefoninterviewer sind zumeist abhängig Beschäftigte, wenn sie den Telefonanschluss ihres Auftraggebers benutzen oder von dessen Call-Center aus eine Werbeaktion bzw. Befragung durchführen. Führen sie hingegen erfolgsabhängig vergütete Telefoninterviews von ihrem eigenen Anschluss aus durch, erhöht sich die Vermutung ihrer Selbständigkeit mit der Anzahl der durchgeführten Interviews, da – so der Gesetzgeber – das Unternehmerrisiko steigt.

Freizeitbetreuer (Jugend-, Klinik-, Alten-, Behindertenarbeit)

Freie soziale Freizeitbetreuung ist in der Jugend-, Alten- und Behindertenarbeit sowie im Klinikbereich möglich. Gestützt werden die entsprechenden Regelungen über freiberufliche Freizeitbetreuung aus Erfahrungen in der Jugendhilfe.
In der Jugendhilfe wird – ähnlich wie in der Altenarbeit – nach drei Tätigkeitsbereichen unterschieden. Es gibt

a) die professionellen Leiter und Fachmitarbeiter (Erzieher, Pädagogen usw.), die nicht als Freie, sondern nur angestellt tätig sein können;

b) das technische Personal wie Hausmeister etc., das ebenfalls nicht freiberuflich tätig sein kann, höchstens in Form eines von Fall zu Fall gerufenen Hausmeisterschaftdienstes;
c) Mitarbeiter einzelner Arbeitsgemeinschaften und des Freizeitsektors (der natürlich auch durch professionelle, abhängig beschäftigte Mitarbeiter abgedeckt werden kann, aber nicht muss). Lediglich im Freizeitsektor gibt es Möglichkeiten zur freien Mitarbeit.

Beispielsweise hatte das Bundesarbeitsgericht im Urteil vom 9.5. 1984 – 5 AZR 195/82 festgestellt, dass, wer in zeitlich festgelegtem Umfang Veranstaltungen für Jugendliche betreut, nicht Arbeitnehmer sei, wenn er über Art und zeitliche Lage seiner Tätigkeit entsprechend den Wünschen der betreuten Jugendlichen und seinen eigenen Neigungen mitbestimmt. Im konkreten Fall hatten Auftraggeber und Auftragnehmer einen Beschäftigungsumfang von maximal sieben Wochenstunden vereinbart. Das Urteil ist insofern von Bedeutung, als es auch in Bereichen der Freizeitbetreuung Anwendung findet, beispielsweise bei freier Mitarbeit in der Freizeitbetreuung von Krankenhauspatienten, in Einrichtungen der Altenhilfe, der Behindertenhilfe, in Sportvereinen, Familienbildungsstätten und bei der Aussiedlerarbeit.
Bei der Vertragsgestaltung eines entsprechenden freien Mitarbeitervertrags sollten folgende Punkte besonders beachtet werden, damit eine freie Mitarbeit (und kein Angestelltenverhältnis) zustande kommt:

- Der Beschäftigungsumfang muss deutlich unter der regulären Arbeitszeit Vollbeschäftigter liegen, maximal 10 Stunden wöchentlich,
- die inhaltlichen Vorgaben dürfen sich nur auf allgemeine Grundsätze beschränken,
- die freien Mitarbeiter müssen im Rahmen ihrer Aufgaben freie Entscheidungsbefugnis über inhaltliche Ausgestaltung der Tätigkeit, über Lage und Verteilung der Arbeitszeit innerhalb der Öffnungs- und Betriebszeiten haben, die ein Mehrfaches des vereinbarten Beschäftigungsumfanges ausmachen,
- die Vergütung darf nicht pauschal, sondern nach tatsächlich

geleisteten Zeiteinheiten erfolgen. Am besten ist es, »Rechnungslegung« zu vereinbaren,

- es dürfen keine anderen Mitarbeiter mit derselben Aufgabe abhängig beschäftigt sein.

Am einfachsten ist es, wenn freiberuflich tätige Freizeitbetreuer ihre Freizeittätigkeiten in Form von Schulungseinheiten oder Seminaren anbieten, da damit zumeist ausgeschlossen wird, dass beim Auftraggeber andere Mitarbeiter mit derselben Aufgabe abhängig beschäftigt sind. Würde beispielsweise ein Jugend- oder Altenheim einen Beschäftigungstherapeuten abhängig beschäftigen, könnte zusätzlich kein freiberuflicher Freizeitgestalter stundenweise beauftragt werden. Würde jedoch der freiberufliche Freizeitgestalter Freizeitlehrseminare, z. B. zum Thema »Wir lernen trommeln« statt: »Wir trommeln uns frei« anbieten, könnte er als freier Dozent gebucht werden.

Freier Dienstvertrag: soziale Freizeitbetreuung

Vertrag über freie Mitarbeit
zwischen
Krankenhaus GmbH:
Anschrift:
PLZ/Ort:
(im Folgenden: Auftraggeber)

und

Name:
Anschrift:
PLZ/Ort:
(im Folgenden Auftragnehmer)

wird folgende Vereinbarung getroffen:

§ 1 Gegenstand der Tätigkeit
Frau/Herr ________ wird ab dem ________ mit der Freizeitgestaltung von Langzeitpatienten in der Klinik »Am Hardenstein, Hardenstraße 18, 88199

Steinalp« betraut. Zu den Langzeitpatienten gehören alle Patienten, die sich mindestens ________ Wochen in stationärer Behandlung befinden. Die leitenden Pflegekräfte der jeweiligen Stationen werden angewiesen, dem Auftragnehmer die entsprechenden Namen der Patienten zu nennen.

§ 2 Tätigkeit
Der Auftragnehmer verpflichtet sich zur Durchführung aktivierender Patientenfreizeitgestaltung in Form von Gesprächen, Vorlesen, Brettspielen u. Ä. entsprechend den Bedürfnissen und Wünschen der Patienten.
Dabei erfolgt die individuelle Ansprache und Planung sowie die Vereinbarung der konkreten Beschäftigungen mit den Patienten dem Auftragnehmer.

§ 3 Leistungserbringung
Der Auftragnehmer ist verpflichtet, die Arbeitsleistung höchstpersönlich zu erbringen. Die Hinzuziehung eigener Mitarbeiter oder die Vergabe von Unteraufträgen bedarf der vorherigen Zustimmung des Auftraggebers.

§ 4 Arbeitszeit
(1) Der Auftragnehmer kann die Zeiten seiner Tätigkeit unter Berücksichtigung der Patientenwünsche im Rahmen der allgemeinen Besuchszeiten eigenverantwortlich festlegen. Die allgemeine Besuchszeit ist täglich von 9.30 Uhr bis 20.30 Uhr.
(2) Der Gesamttätigkeitsumfang beträgt maximal 25 Stunden pro Woche.

§ 5 Vergütung
(1) Es wird ein Stundenhonorar von Euro ________ zuzüglich der jeweiligen gesetzlichen Mehrwertsteuer vereinbart, soweit der Auftragnehmer seine Umsatzsteuerpflicht nachweist. Die Honorierung erfolgt nach jeweiliger, monatlicher Rechnungsstellung durch den Auftragnehmer.
(2) Zusätzlich geleistete Stunden können nur abgerechnet werden, wenn sie zuvor von den Vertragsparteien vereinbart worden sind.
(3) Eine Vergütung im Falle von Urlaub, Krankheit oder aus sonstigen Gründen findet nicht statt.

§ 6 Abrechnungsfähiger Betreuungsaufwand
(1) Abgerechnet werden dürfen wöchentlich maximal 25 Stunden, davon pro Patient maximal ________ Stunden/Woche. Bei der Betreuung mehrerer Patienten gleichzeitig darf der durchschnittliche Betreuungsaufwand pro Patient nicht mehr als ________ Stunden/Woche betragen.

(2) Für die Erstansprache von Patienten sind darüber hinaus jeweils einmalig maximal ________ Stunden/Woche abrechenbar.

§ 7 Fälligkeit
Die Auszahlung erfolgt unbar. Das unter § 5 vereinbarte Honorar wird jeweils innerhalb von acht Tagen nach Rechnungseingang fällig und soll überwiesen werden auf Konto-Nr. ______ bei der Dresdner Bank AG ______ BLZ ______.

§ 8 Informationspflicht
Der Auftragnehmer ist verpflichtet, etwaige Unterbrechungen seiner Betreuungstätigkeit von mehr als einer Woche dem Auftraggeber unverzüglich mitzuteilen, damit dieser anderweitig die Freizeitbetreuung der Langzeitpatienten für die Zeit der Unterbrechung sicherstellen kann.

§ 9 Kündigung
(1) Das Vertragsverhältnis kann unter Einhaltung einer Frist von ________ Wochen/Monaten zum ________ nur aus wichtigem Grund gekündigt werden.
(2) Das Recht zur außerordentlichen Kündigung bleibt hiervon unberührt. Vom Auftraggeber überlassene Arbeits- und Geschäftsunterlagen sowie sonstige Arbeitsmittel sind mit Beendigung des Vertragsverhältnisses unaufgefordert zurückzugeben. Die Geltendmachung eines Zurückbehaltungsrechts ist ausgeschlossen.

§ 10 Nebenabreden
(1) Nebenabreden und Änderungen des Vertrags bedürfen zu ihrer Wirksamkeit der Schriftform. Diese Formerfordernis kann weder mündlich noch stillschweigend aufgehoben oder außer Kraft gesetzt werden.
(2) Die teilweise oder vollständige Unwirksamkeit einzelner Vertragsbestimmungen berührt die Wirksamkeit der übrigen Bestimmungen nicht.

§ 11 Erfüllungsort und Gerichtsstand ist ________.

____
(Ort, Datum)

____
(Auftraggeber)

____
(Auftragnehmer)

Psychologe

Psychologen in eigener Praxis sind freiberuflich selbständig. Als freie Mitarbeiter können Psychologen/Psychotherapeuten nur dann tätig werden, wenn sie trotz Beauftragung und zeitlicher Absprache mit einem Träger der Sozialhilfe (oder einer anderen Organisation bzw. mit freien Praxen) Zeit, Ort und therapeutisch inhaltliche Gestaltung der von ihnen realisierten Betreuungsstunden frei bestimmen können. In einem Fall bestätigte beispielsweise das Bundesarbeitsgericht (Urteil vom 9. 9. 1981, 5 AZR 477/78) die Selbständigkeit eines als freier Mitarbeiter tätigen Psychologen, der innerhalb der Behindertenfürsorge in einem Rahmen von 18 Betreuungsstunden pro Woche tätig war, da er Zeit und Ort seiner Tätigkeit frei bestimmen konnte. Ihm oblag es also, frei und eigenständig die psychologische Betreuung von Behinderten zu organisieren und auszuführen, die ihm durch eine Fürsorgestelle zugewiesen wurde.

Die Entscheidung hatte nicht nur für den Berufsstand der Psychologen, sondern auch für Sozialarbeiter, Pädagogen usw. und für die breite Skala von Heilberuflern große Bedeutung, die außerhalb fester Einrichtungen als freie Mitarbeiter tätig sein wollen. Allerdings ist es seit der Scheinselbständigkeitsregelung empfehlenswert, als freier Psychotherapeut, Pädagoge usw. zwei Auftraggeber zu haben.

Sozialarbeiter und Sozialpädagogen (siehe Psychologe)

Heilberufe

Entsprechend dem Urteil 5 AZR 477/78 vom 9. 9. 1981 des Bundesarbeitsgerichts, wonach die Selbständigkeit eines als freier Mitarbeiter beschäftigten Psychologen bestätigt wurde, können auch viele Heilberufler wie Masseure, Krankengymnasten, Ergotherapeuten und Logopäden als freie Mitarbeiter im Rahmen von privaten und öffentlichen Institutionen tätig werden. Wichtig zur Anerkennung ihres Selbständigenstatus ist es,

- dass innerhalb des festgelegten Beschäftigungsumfangs – z. B. 10 Stunden wöchentlich Massagen leisten oder Beschäftigungstherapie durchführen – seitens des Dienstberechtigten (Auftraggeber) keine Weisung/Festlegung erfolgt, wann und wie die einzelnen zu betreuenden Patienten oder Patientengruppen zu betreuen sind;
- dass der Dienstberechtigte keine über die Behandlungsbenennung hinausgehende Festlegung und Bestimmung hinsichtlich der zu erbringenden Behandlungsmethode, Durchführungsart usw. trifft.

Ein als freier Mitarbeiter beschäftigter Masseur muss beispielsweise mit dem ihm zugeführten Patienten individuell und ohne Einmischung des Dienstberechtigten (Auftraggebers) Behandlungsmethode und -Termine festlegen können. Ist dies nicht möglich, weil er nur Termine innerhalb des allgemeinen Praxisbehandlungsplans absprechen darf (z. B. aus Rücksichtnahme darauf, wann Kabinen frei sind), kostete ihn das den Selbständigenstatus, weil er zu sehr in den Betrieb des Dienstberechtigten integriert wäre.

Ein Urteil (12 RK 64/87) des Bundessozialgerichts vom 19. 9. 1989 hat die Selbständigkeit freier Mitarbeiter in Heilberufen auf festere Füße gestellt. Es hatte die Selbständigkeit einer Krankengymnastin und eines Krankengymnasten bejaht, die als freie Mitarbeiter in einer zur Kassenabrechnung zugelassenen Praxis für Krankengymnastik gearbeitet haben und 70 % des Umsatzes erhielten, der auf ihren Leistungen beruhte.

Seit der Scheinselbständigkeits-Debatte gelten im Gesundheitsbereich zum Teil Regelungen, wonach auch die »Abrechenbarkeit von Rezepten pro Patient« als Ersatz für »Auftraggeber« anerkannt ist. Wer beispielsweise in einer Praxis mitarbeitet und selbständig mit Kassen abrechnen kann, erfüllt das Kriterium »mehr als ein Auftraggeber« durch die auf den Einzelpatienten bezogenen Kassenabrechnungen (jeder Patient = Auftraggeber).

Rechtsanwalt

Rechtsanwälte, die nicht am Gewinn und Verlust der Kanzlei beteiligt oder Sozius sind, sind in der Regel als Arbeitnehmer anzusehen, selbst wenn sie berechtigt sind, nebenbei noch eigene Mandate auf eigene Rechnung zu übernehmen. In diesem Fall liegt allenfalls eine parallele Situation vor, nämlich einmal die Tätigkeit als abhängiger Beschäftigter der Kanzlei, zum anderen eine freiberufliche Tätigkeit als Anwalt. Eine freie selbständige Mitarbeit ist jedoch nicht zustande gekommen. Auch ein Assessor, der innerhalb der Bürozeiten mit juristischer Sachbearbeitung befasst ist, ist abhängig Beschäftigter und kein freier Mitarbeiter.
Der Pfad einer freien Mitarbeit ist ganz schmal und nur dann gegeben, wenn in einer Honorarvereinbarung die Arbeitszeitgestaltung untypisch für einen abhängig arbeitenden Angestellten ist und darüber hinaus für den Anwalt keine Weisungsgebundenheit besteht. (BAG-Urteil vom 3. 6. 1998 – 5 AZR 656/97).
Etwas anderes ist es, wenn sich ein Jurist als Rechtsanwalt niedergelassen hat (Zulassung durch den Präsidenten des zuständigen Oberlandesgerichtes) und den Auftrag einer Fremd-Kanzlei erhält, bestimmte Mandanten gegen Honorar zu übernehmen.

Journalist

Mitunter wird freiberufliche Tätigkeit oder freie Mitarbeit bei Journalisten in einen Topf geworfen. Obwohl ein freier Journalist, der sein Angebot an eine Anzahl ausgesuchter Redaktionen richtet, auch für verschiedene Medien freier Mitarbeiter sein kann, spricht man nur von freier Mitarbeit, wenn dort im Rahmen eines Vertragsverhältnisses regelmä-

ßig Beiträge geliefert werden sollen. Um den Status als selbständiger Journalist nicht zu gefährden, ist dabei wichtig, dass der Schreiber weder weisungsgebunden noch in irgendeiner anderen Art in die Redaktion integriert sein darf, d. h. beispielsweise auch, dass er nicht an regelmäßigen Redaktionssitzungen teilnehmen darf.
Seit Festlegung der Kriterien für Scheinselbständigkeit wurden zahlreiche feste Freie zu Festangestellten oder ihnen wurden die Verträge gekündigt, da vielfach die Einbindung in den Betrieb des Dienstberechtigten zu groß war (z. B. durch Vereinbarung eines Konkurrenzverbotes und Ähnliches) und somit einem Angestelltenverhältnis entsprach.

Steuerberater

Im Verhältnis zwischen Steuerberater mit Praxis und einem mitarbeitenden Steuerberater gilt das Gleiche wie für Rechtsanwälte (siehe Rechtsanwalt).
Lediglich, wer in freier Zeiteinteilung an selbst gewählten Tagen von zu Hause aus Vorbereitungsarbeiten für Steuererklärungen und Jahresabschlüsse übernimmt, ist in der Regel freier Mitarbeiter (Landesarbeitsgericht Berlin, Urteil vom 29. 5. 1989 – AZ 9 Sa 17 und 35/89).

Software-Spezialist

Software-Experten (vom Systemanalytiker bis zum Softwareschreiber) werden von EDV-Anwendern und EDV-Anbietern gleichermaßen in erheblichem Umfang als freie Mitarbeiter angeheuert. Für ihre freie Mitarbeit gilt das Gleiche wie für Tätigkeiten anderer Branchen, nämlich, dass sie nur dann echte Selbständige sind, wenn sie über ihre Zeit frei verfügen und ihre Aufgaben nach eigenem Ermessen selbständig erledigen können. Software-Spezialisten (Service, Softwareprogrammierer) können mit der Hardware ihrer Auftraggeber arbeiten, ohne dass dies als Indiz für eine Einbindung in den Betrieb des Dienstberechtigten gilt. Denn ansonsten müsste sich der Softwarespezialist stets dieselbe Anlage wie sein Auftraggeber besorgen, um die entsprechenden Leistungen erbringen zu können, was jedoch unzumutbar wäre (Urteil des Landesarbeitsgerichtes Stuttgart vom 25. 1. 1991, 15Sa 104/90).

Eine Besonderheit der Softwarebranche besteht darin, dass die freien Mitarbeiter eines Softwareanbieters häufig bei dessen Auftraggeber (Softwareanwender) auf dessen Rechnung arbeiten. Bei dieser Dreifachwirkung besteht die Gefahr, dass das freie Mitarbeiterverhältnis als illegale Leiharbeit bzw. verbotene Arbeitsvermittlung (die Überlassung von freien Mitarbeitern des Verleihers ist nicht zulässig) eingestuft werden kann. Das wäre dann der Fall, wenn der freie Softwarespezialist zu stark beim Auftraggeber (Softwareanwender) seines Auftraggebers (Softwareanbieter) betrieblich eingebunden wäre.

Vermieden wird das, indem sehr darauf geachtet wird, dass die Eingliederung des freien Softwaremitarbeiters in den Betrieb des EDV-Anwenders unterbleibt. In diesem Fall handelt es sich um einen Fremdfirmeneinsatz.

Arbeitet der Softwarespezialist mit seinem Auftraggeber nicht im Rahmen eines freien Mitarbeitervertrags, sondern nur im Rahmen eines Einzelprojektvertrags (Werkvertrags), zusammen und behielte seine völlig Selbständigkeit, dann wäre der Softwarespezialist im Verhältnis zum Auftraggeber (Softwareanwender) als Subunternehmer tätig.

Telearbeiter

Telearbeit ist kein Beruf, sondern eine Organisationsform von Arbeit ganz unterschiedlicher Inhalte und Branchen. Tauglich für die Telearbeit sind Sekretariats- und Back-Office-Tätigkeiten genauso wie die Werbe-, PR- und Pressearbeit oder die Online-Bewältigung von Multimedia- und Vertriebsaufgaben. Man spricht bei Teletätigkeiten in Bezug auf den Arbeitgeber auch von außerbetrieblichen Arbeitsver-

hältnissen, bei denen die Kommunikation über Telefon und Internet eine zentrale Rolle zur Aufgabenerteilung und -erfüllung spielt. Allein die Tatsache, dass eine Tätigkeit nicht in den Betriebsräumlichkeiten des Dienstberechtigten (Arbeitgeber/Auftraggeber), sondern z. B. von zu Hause aus als mobile Telearbeit (von wechselnden Orten aus) oder via Nachbarschafts-/Satellitenbüros erfolgt, ist noch kein Indiz dafür, nicht in einen Betrieb integriert und nicht weisungsgebunden zu sein. Besonders schwierig ist die Abgrenzung von Angestellten- und Selbständigkeitsstatus bei alternierender Telearbeit, die wechselweise in den Betriebsräumen und von zu Hause aus geleistet wird.
Deshalb gelten für eine Einstufung von unselbständiger und selbständiger Telearbeit die gleichen allgemeinen Kriterien wie bei anderen Berufen. Freier Telemitarbeiter ist demnach nur, wer nicht weisungsgebunden ist und die zugesagten Leistungen in freier Zeit- und Ortseinteilung erledigen kann. Absolviert der Telearbeiter allerdings ausschließlich Arbeiten für einen Auftraggeber, wird er als Heimarbeiter eingestuft. Dies ist ein im Heimarbeitsgesetz festgelegter Tätigkeitsstatus zwischen abhängiger Beschäftigung und Selbständigkeit, wobei grundsätzlich eine Selbständigkeit vorliegt, aber Sozialversicherungspflicht besteht.

Telefonberater-/verkäufer

Da Telefonisten unter sehr unterschiedlichen Voraussetzungen arbeiten, gibt es keine einheitlichen Regelungen. Freier Mitarbeiter ist ein Telefonverkäufer nur als Berater, wenn er:

- die Inbound-/Exbound-Beratung (eingehende Anrufe werden beantwortet/Rückrufberatung und Telefonakquise) außerhalb der Geschäftsstelle/Filiale des Auftraggebers in eigener freier Zeitregie und weisungsungebunden führen und ergebnisbezogen pro »Call« per Rechnungslegung abrechnet und
- wenn der Auftraggeber keine angestellten Mitarbeiter mit der selben Tätigkeit beauftragt hat.

Werden freie Telefonberater nicht durch ein Call-Center, sondern durch eine Call-Center-Abteilung eines Unternehmens eingesetzt und können einen »Werbeauftrag« in Eigenregie erledigen, erhöht sich die Annahme einer selbständigen Tätigkeit, da diese Tätigkeit außerhalb des eigentlichen Unternehmenszwecks liegt.
Abhängig beschäftigt sind Telefonberater/Call-Center-Agents hingegen, wenn sie:

- innerhalb oder bezogen auf die Geschäftsräume des Auftraggebers tätig sind (z. B. Call-Center-Agents arbeiten im Call-Center oder im Auftrag einer Telefonmarketingfirma bei einem Auftraggeber),
- im Rahmen der Zeitvorgaben des Auftraggebers tätig sind, z. B. Vorgaben befolgen müssen wie: Anrufe nach einer TV-Sendung montags und freitags zwischen 20.15 und 22.00 Uhr entgegennehmen,
- nach geleisteten Arbeitsstunden vergütet werden,
- bei ihrer Arbeit durch den Auftraggeber überwacht werden.

Selbständige Telefonverkäufer, die Waren per Telefon verkaufen, werden als freie Handelsvertreter eingestuft und sind keine freien Mitarbeiter mehr, sondern arbeiten wie ein Dienstleistungsunternehmen für einen Auftraggeber (siehe Handelsvertreter).

Wissenschaftler

Die Möglichkeiten zur freien Mitarbeit als Wissenschaftler sind begrenzt, denn zumeist werden in der Praxis befristete Arbeitsverträge abgeschlossen. Allerdings können Wissenschaftler ähnlich wie Software-Entwickler bestimmte wissenschaftliche Projekte in freier Mitarbeit zur eigenverantwortlichen Abwicklung in eigener Zeit- und Projektregie übernehmen. Ein Hydrologe kann beispielsweise für eine Behörde in freier Mitarbeit die Überprüfung der Wasserqualität bestimmter Bachläufe und Quellen eines vertraglich festgelegten Gebietes übernehmen. Er ist dabei selbständig,

solange er die Bewältigung der Aufgabe zeitlich, methodisch und fachlich frei bestimmen kann und keiner Weisung durch den Auftraggeber unterliegt.
Vielfach werden freie wissenschaftliche Tätigkeiten schlichtweg als Gutachteraufträge vergeben, sodass kein Zweifel über den Selbständigkeitsstatus des Auftragnehmers im Verhältnis zu seinem Auftraggeber besteht. Gutachten erstellen auch angestellte bzw. beamtete Wissenschaftler für einen dritten Auftraggeber. In diesem Fall sind sie nebenberuflich selbständig tätig (übrigens eine der Hauptnebenerwerbsquellen zahlreicher Hochschullehrer).
Wer als Wissenschaftler selbständig tätig werden und es bleiben möchte, sollte sich nicht als freier Mitarbeiter, sondern als freiberuflicher Wissenschafts-Dienstleister anbieten, der am freien Markt agiert und entsprechende Einzelaufträge ausführt. Am besten nennt man sich »Institut für…«, was nicht zwangsläufig zum Verlust der Freiberuflichkeit führt, solange das Kriterium »persönlich leitend die Aufgaben zu erledigen« gewährleistet ist (siehe Abschnitt »Leitende und eigenverantwortliche Tätigkeit«).

Dienstleistungsvertrags-Tätigkeit

Typische Dienstverträge sind Arbeitsverträge abhängiger Beschäftigungen. Aber auch Selbständige können reine Dienstverträge abschließen, etwa als freie Mitarbeiter, Freiberufler oder Gewerbetreibende. Angelpunkt eines jeden Dienstvertrags ist, dass bestimmte Leistungen vereinbart werden, die ein Auftragnehmer gegen eine entsprechende Honorarzahlung zu erfüllen hat. Im Unterschied zu einem Werkvertrag wird beim Dienstvertrag kein Produkt veredelt oder hergestellt, sondern lediglich die reine Dienstleistung zugesagt, z. B. kann es darum gehen, einen bestimmten Vortrag zu halten, eine Beratung durchzuführen, eine Pressekonferenz zu organisieren und zu leiten, den technischen

Service beim Kunden durchzuführen oder Pflegeleistungen zu erbringen usw.

Man kann zusammenfassend sagen, dass überall dort, wo keine Produkte hergestellt oder veredelt werden, keine Waren verkauft werden oder keine Vermittlungen Geschäftsgrundlage sind, zwischen Auftraggebern und Auftragnehmern Dienstverträge abgeschlossen werden.

Sämtliche Vertragsbeziehungen zwischen Heilberuflern (vom Arzt bis zum Logopäden) und ihren Patienten basieren auf mündlichen oder schriftlichen Dienstverträgen, ebenso alle Trainertätigkeiten, Arbeiten als Wissenschaftler, Beraterfunktionen, Servicedienste usw.

Freie Mitarbeiterschaften werden häufig auf der Basis eines Dienstvertrags, der einem Arbeitsvertrag ähnlich ist, abgeschlossen.

Ähnlich wie beim Arbeitsvertrag werden auch beim freien Dienstvertrag die gegenseitigen Verpflichtungen und Anrechte, wie z. B. die Beschreibung der zu leistenden Tätigkeit, die Bezahlung nach Zeitaufwand sowie die Honorarfälligkeit, geregelt. Im Unterschied zum Werkvertragsrecht gilt bei Dienstverträgen die Regel, dass unabhängig von Qualität und Ergebnis die Zahlung fällig wird, sobald der Dienst geleistet wurde. Dabei spielt es keine Rolle, wie frustriert beispielsweise die Zuhörer eines Managementtrainings waren, weil sie nicht mit der Lehrmethode der Trainerin zurechtkamen.

Eine Honorarminderung ist nur dann möglich, wenn der Dienstleister seine Vertragspflichten verletzt, beispielsweise wenn die Trainerin nicht das vertraglich zugesagte Schulungsmaterial an die Teilnehmer ausgeteilt hat.

Liegt das Verschulden einer mangelhaften Vertragserfüllung nicht beim Auftragnehmer, beispielsweise weil der Referent die streikende technische Infrastruktur des Veranstalters nicht nutzen konnte, ist das vereinbarte Honorar in voller Höhe fällig.

Der Honoraranspruch besteht nur dann nicht, wenn der Auftragnehmer aus anderen, nicht vom Auftraggeber zu vertretenden Gründen seine Pflichten nicht erfüllt hat – egal, ob der Vertrag wegen Krankheit nicht erfüllt wird oder

weil das Schulungsmaterial bei einem Autounfall untauglich wurde. In diesem Fall gibt es auch keine Absicherung für den Auftragnehmer, der als Festangestellter auf eine Entgeltfortzahlung setzen könnte.
Wenn der »Dienstverpflichtete« schuldhaft seine Leistungen aus dem Dienstvertrag nicht erfüllt, kann er sogar schadensersatzpflichtig gemacht werden, etwa, wenn der Trainer z. B. den Kursus abbricht, weil er sich über einen Teilnehmer aufgeregt hat. In diesem Fall kann es passieren, dass er die Fahrt-, Hotel- und Freistellungskosten der Teilnehmer und die anteilsmäßigen Lohnkosten der Mitarbeiter des Seminarveranstalters tragen muss. Selbst bei plötzlicher Krankheit kann es zu einer Ausfallhaftung kommen, weswegen es sinnvoll ist, solchen unvorhersehbaren Pannen durch eine Berufshaftpflicht vorzubeugen.
Beim Abschluss von freien Dienstverträgen ist es wichtig, darauf zu achten, dass man möglichst keiner Konventionalstrafe für den Fall von Leistungsausfall oder mangelhaften Leistungen zustimmt. Ist dies aus der Position des Schwächeren dennoch passiert, muss man – falls nötig – prüfen, ob die Höhe der Konventionalstrafe denn überhaupt in angemessenem Verhältnis zur Vertragsverletztung steht und ggf. durch Gerichtsbeschluss angemessen herabgesetzt werden kann oder ob sie sogar sittenwidrig hoch ist. Auch gilt es zu prüfen, ob die Klausel – wie in Formularverträgen üblich – den Charakter einer Allgemeinen Geschäftsbedingung hat, denn dann wäre sie nichtig.
Vor einem Rechtsstreit sollte man immer versuchen, sich gütlich zu einigen. Sind Sie versichert, dürfen Sie jedoch keine eigenen Zugeständnisse machen, sondern müssen es entsprechend der Versicherungsbedingungen der Versicherung überlassen, sich ggf. mit Ihrem Auftraggeber auseinander zu setzen.
Ein freier Dienstvertrag sollte mindestens folgende Punkte enthalten:

- genaue Nennung der Vertragsparteien,
- Tätigkeitsbezeichnung und genaue Beschreibung der Dienstleistungspflicht des Auftragnehmers,

- Umfang der vereinbarten Leistung (z. B. ein festes Zeitkontingent oder eine bestimmte Stundenzahl pro Woche),
- Termine und Arbeitszeiten bzw. den Zeitrahmen, innerhalb dessen die vereinbarte Leistung erbracht werden muss (allerdings muss die Zeitsouveränität des Auftragnehmers gewahrt bleiben, da ansonsten die Selbständigkeit gefährdet ist),
- Honorarvereinbarung zuzüglich der Umsatzsteuer, Nennung der Fälligkeit und Zahlungsmodalitäten.

! *Muster-Dienstvertrag über freie Mitarbeit!*
Siehe hierzu »Freier Dienstvertrag: Unterrichtstätigkeit« im Abschnitt »Dozenten/freie Lehrkräfte«
und »Freier Dienstvertrag: Soziale Freizeitbetreuung« im Abschnitt »Freizeitbetreuer« (Jugend-, Klinik-, Alten- und Behindertenarbeit).

(Dienstvertrag)
zwischen

____
(Auftraggeber)

und

____
(Auftragnehmer)

wird folgender Beratungsvertrag geschlossen:

§ 1 Beratertätigkeit
1. Der Auftragnehmer verpflichtet sich, den Auftraggeber bei folgenden Entscheidungen/Vorhaben zu beraten:

____

§ 2 Besondere Leistungsspezifikation des Auftragnehmers
Zur Erfüllung seiner in § 1 genannten Beratertätigkeit wird der Auftragnehmer folgende zusätzliche Leistungen erbringen:

____

§ 3 Vertragsdauer
Der Vertrag beginnt am _______, spätestens jedoch mit der tatsächlichen Aufnahme der Beratungstätigkeit, und endet am _______, ohne dass es einer Kündigung bedarf.
Das beiderseitige Recht zur vorzeitigen außerordentlichen – auch fristlosen – Kündigung bleibt unberührt.

§ 4 Dienstzeit und Dienstort
1. Der Vertragsnehmer kann über Zeit und Ort der Leistungserbringung in einvernehmlicher Absprache mit dem Auftraggeber frei bestimmen.
2. Während der Leistungserbringung hat der Auftragnehmer Zugang zu allen Abteilungen des Betriebes.

§ 5 Vergütung
1. Der Auftragnehmer erhält für seine Tätigkeit ein Tageshonorar von pauschal _______ Euro
oder ein einmaliges Pauschalhonorar in Höhe von _______ Euro, zahlbar in drei Raten: $^1/_3$ bei Vertragsabschluss, $^1/_3$ nach 14 Tagen und $^1/_3$ bei Abschluss des Auftrags. Die Auszahlung erfolgt ohne Abzüge zuzüglich der gesetzlichen Umsatzsteuer nach entsprechender Rechnungsstellung.

§ 6 Aufwendungsersatz
1. Der Auftraggeber verpflichtet sich, dem Auftragnehmer Sachkosten und Fahrtkosten, die in Zusammenhang mit seiner Beratertätigkeit stehen, nach Vorlage von Rechnungen und Quittungen zu erstatten.

§ 7 Geheimhaltungspflicht
1. Der Auftragnehmer verpflichtet sich, über alle Informationen, die ihm im Zusammenhang mit seiner Beratung für den Auftraggeber bekannt werden, absolutes Stillschweigen zu bewahren, unabhängig davon, ob es dabei um den Auftraggeber selbst oder dessen Geschäftsverbindungen geht.
2. Bei Zuwiderhandlungen verpflichtet sich der Auftragnehmer zur Zahlung einer Konventionalstrafe von 25 000 Euro, unabhängig sonstiger etwaiger Schadensersatzansprüche des Auftraggebers.

§ 8 Schlussbestimmungen
1. Änderungen und Ergänzungen dieses Vertrages bedürfen zu ihrer Wirksamkeit der Schriftform.
2. Mündliche Nebenabreden bestehen nicht.

3. Sind oder werden einzelne Bestimmungen dieses Vertrages unwirksam, so wird dadurch die Gültigkeit der übrigen Bestimmungen nicht berührt. Die Vertragspartner werden in diesem Fall die ungültige Bestimmung durch eine andere ersetzen, die dem wirtschaftlichen Zweck der weggefallenen Regelung in zulässiger Weise am nächsten kommt.
4. Gerichtsstand ist ________

____
(Ort) (Datum)

____
(Auftraggeber)

____
(Auftragnehmer)

Werkvertragstätigkeit nach Schuldrechtsreform 2002

Das »Gesetz zur Beschleunigung fälliger Zahlungen« vom 30. März 2000 sowie die Schuldrechtsreform 2002 haben das Werkvertragsrecht, das im Bürgerlichen Gesetzbuch in §§ 631 – 351 geregelt ist, stark verändert. Das Wesen des Werkvertrags blieb jedoch davon unberührt: So unterscheidet sich der Werkvertrag von einem Dienstvertrag nach wie vor insbesondere dadurch, dass nicht nur eine Dienstbarkeit erbracht, sondern ein zuvor im Vertrag genau definiertes Leistungsergebnis vertragsgemäß erzielt werden muss. Während der Dienstvertrag also relativ unabhängig vom Ergebniserfolg vom Auftragnehmer als erfüllt gilt, wenn dieser den zugesagten Dienst geleistet hat, muss er im Fall eines Werkvertrags das zugesagte Ergebnis vorweisen können.

Gemäß §631 BGB, Satz 1, wird der Auftragnehmer (Unter-

nehmer) zur Herstellung des versprochenen Werkes, der Besteller zur Entrichtung der vereinbarten Vergütung verpflichtet. Dabei kann nach §631 BGB, Satz 2, Gegenstand des Werkvertrags sowohl die Herstellung oder Veränderung einer Sache als auch ein anderer durch Arbeit oder Dienstleistung herbeizuführender Erfolg sein.
Kurzum: Beim Werkvertrag steht nicht wie beim Dienstvertrag die Vergütung von Arbeitszeit im Vordergrund, sondern die Verpflichtung, ein bestimmtes Arbeitsergebnis, eben ein »Werk«, in der vereinbarten Qualität und frei von Sachmängeln abzuliefern.

Neue Gewährleistungspflicht, Haftung und Verjährung

Gewährleistungspflicht

Der Werkvertragsnehmer hat anders als der Dienstleistungsvertragsnehmer gegenüber seinem Auftraggeber eine Gewährleistungspflicht. Diese wurde im Rahmen der Schuldrechtsänderung 2002 zum Teil im § 633 BGB neu gefasst und präzisiert:

§ 633 (Sach- und Rechtsmangel)
»(1) Der Unternehmer hat dem Besteller das Werk frei von Sach- und Rechtsmängeln zu verschaffen.
(2) 1 Das Werk ist frei von Sachmängeln, wenn es die vereinbarte Beschaffenheit hat. 2 Ist die Beschaffenheit nicht vereinbart, so ist das Werk frei von Sachmängeln,
1. wenn es sich für die nach dem Vertrag vorausgesetzte, sonst
2. für die gewöhnliche Verwendung eignet und eine Beschaffenheit aufweist, die bei Werken der gleichen Art üblich ist und die der Besteller nach der Art des Werkes erwarten kann.
3. Einem Sachmangel steht es gleich, wenn der Unternehmer ein anderes als das bestellte Werk oder das Werk in zu geringer Menge herstellt.
(3) Das Werk ist frei von Rechtsmängeln, wenn Dritte in

Bezug auf das Werk keine oder nur die im Vertrag übernommenen Rechte gegen den Besteller geltend machen können.«

Rechte des Bestellers bei Mängeln

Aus dieser Gewährleistungspflicht heraus ergeben sich im Fall von Mängeln für den Besteller (Auftragnehmer) gegenüber dem Unternehmer (Werkvertragsnehmer) bestimmte Rechte. Der Auftraggeber (Besteller) kann gemäß § 634 BGB »Nacherfüllung verlangen«, den »Mangel selbst beseitigen und für die erforderlichen Aufwendungen Ersatz verlangen«, »vom Vertrag zurücktreten« oder die »Vergütung mindern« und in eklatanten Fällen »Schadensersatz verlangen«:

§ 634 (Rechte des Bestellers bei Mängeln)
»Ist das Werk mangelhaft, kann der Besteller, wenn die Voraussetzungen der folgenden Vorschriften vorliegen und nicht ein anderes bestimmt ist,
1. nach § 635 Nacherfüllung verlangen,
2. nach § 637 den Mangel selbst beseitigen und Ersatz der erforderlichen Aufwendungen verlangen,
3. nach den §§ 636, 323, 326 Abs. 5 von dem Vertrag zurücktreten oder nach § 638 die Vergütung mindern und
4. nach §§ 636, 280, 281, 283, 311 a Schadensersatz oder nach § 284 Ersatz vergeblicher Aufwendungen verlangen.«

Allerdings kann der Besteller nicht willkürlich das Werk bemängeln oder gar wegen einer unzureichend begründeten Mängelrüge die Zahlung verweigern. Er ist gemäß § 640 BGB zur Annahme verpflichtet (siehe nächsten Abschnitt »Neue Annahme- und Zahlungspflicht bei Werkverträgen«).

Nacherfüllungsanspruch

Statt des bisherigen Nachbesserungsverlangens hat der Auftraggeber gemäß § 635 BGB einen Nacherfüllungsanspruch.

§ 635 Nacherfüllung

»(1) Verlangt der Besteller Nacherfüllung, so kann der Unternehmer nach seiner Wahl den Mangel beseitigen oder ein neues Werk herstellen.

(2) Der Unternehmer hat die zum Zweck der Nacherfüllung erforderlichen Aufwendungen, insbesondere Transport-, Wege-, Arbeits- und Materialkosten, zu tragen.

(3) Der Unternehmer kann die Nacherfüllung auch verweigern, wenn sie nur mit unverhältnismäßigen Kosten möglich ist.

(4) Stellt der Unternehmer ein neues Werk her, so kann er vom Besteller Rückgewähr des mangelhaften Werks nach Maßgabe der §§ 346 bis 348 verlangen.«

§ 636 Besondere Bestimmungen für Rücktritt und Schadensersatz

»Außer in den Fällen der §§ 281 Abs. 2 und 323 Abs. 2 bedarf es der Fristsetzung auch dann nicht, wenn der Unternehmer die Nacherfüllung gemäß § 635 Abs. 3 verweigert oder wenn die Nacherfüllung fehlgeschlagen oder dem Besteller unzumutbar ist.«

Mangelselbstbeseitigungsanspruch

Gelingt es dem Werkvertragsnehmer nicht, den Mangel in einer angemessenen Frist selbst zu beseitigen (nachzuerfüllen), hat der Besteller gemäß § 637 BGB das Recht, den Mangel selbst zu beseitigen, sofern der Werkvertragsnehmer die Nacherfüllung nicht grundsätzlich verweigert, z. B. weil er der Meinung ist, seine Arbeit sei in Ordnung. Die »Selbstvornahme« wird in § 637 BGB spezifiziert:

§ 637 Selbstvornahme

»(1) Der Besteller kann wegen eines Mangels des Werks nach erfolglosem Ablauf einer von ihm zur Nacherfüllung bestimmten angemessenen Frist den Mangel selbst beseitigen und Ersatz der erforderlichen Aufwendungen verlangen, wenn nicht der Unternehmer die Nacherfüllung nach § 635 Abs. 3 verweigert.

(2) 1 § 323 Abs. 2 findet entsprechende Anwendung. 2 Der Bestimmung einer Frist bedarf es auch dann nicht, wenn die Nacherfüllung fehlgeschlagen oder dem Besteller unzumutbar ist.

(3) Der Besteller kann von dem Unternehmer für die zur Beseitigung des Mangels erforderlichen Aufwendungen Vorschuss verlangen.«

Minderung

Ist der Schaden nicht rechtzeitig oder in der gewünschten, vertragsgemäßen Qualität zu beheben, kann der Besteller nach § 638, statt vom Vertrag wegen Nichterfüllung zurückzutreten, auch den Preis mindern. Er kann das »Werk« also billiger abnehmen.

§ 638 Minderung

»(1) 1 Statt zurückzutreten, kann der Besteller die Vergütung durch Erklärung gegenüber dem Unternehmer mindern. 2 Der Ausschlussgrund des § 323 Abs. 5 Satz 2 findet keine Anwendung.

(2) Sind auf der Seite des Bestellers oder auf der Seite des Unternehmers mehrere beteiligt, so kann die Minderung nur von allen oder gegen alle erklärt werden.

(3) Bei der Minderung ist die Vergütung in dem Verhältnis herabzusetzen, in welchem zur Zeit des Vertragsschlusses der Wert des Werks in mangelfreiem Zustand zu dem wirklichen Wert gestanden haben würde. Die Minderung ist, soweit erforderlich, durch Schätzung zu ermitteln.

(4) 1 Hat der Besteller mehr als die geminderte Vergütung gezahlt, so ist der Mehrbetrag vom Unternehmer zu erstatten. 2 § 346 Abs. 1 und § 347 Abs. 1 finden entsprechende Anwendung.«

Verjährung der Mängelansprüche

Nachteilig für den Werkvertragsnehmer wirkt sich das neue Verjährungsrecht im Rahmen der Schuldrechtsreform aus: So verjähren Ansprüche des Bestellers nicht mehr schon nach 6 Monaten, sondern erst nach zwei Jahren, für Bauleistungen wie bislang gemäß VOB nach 5 Jahren. Zur Neuregelung der Verjährung der Mängelansprüche wurde § 634 a neu ins BGB aufgenommen:

§ 634 a. *Verjährung der Mängelansprüche*
»(1) Die in § 634 Nr. 1, 2 und 4 bezeichneten Ansprüche verjähren 1. vorbehaltlich der Nummer 2 in zwei Jahren bei einem Werk, dessen Erfolg in der Herstellung, Wartung oder Veränderung einer Sache oder in der Erbringung von Planungs- oder Überwachungsleistungen hierfür besteht,
2. in fünf Jahren bei einem Bauwerk und einem Werk, dessen Erfolg in der Erbringung von Planungs- oder Überwachungsleistungen hierfür besteht, und
3. im Übrigen in der regelmäßigen Verjährungsfrist.
(2) Die Verjährung beginnt in den Fällen des Absatzes 1 Nr. 1 und 2 mit der Abnahme.
(3) Abweichend von Absatz 1 Nr. 1 und 2 verjähren die Ansprüche in der regelmäßigen Verjährungsfrist, wenn der Unternehmer den Mangel arglistig verschwiegen hat. Im Fall des Absatzes 1 Nr. 2 tritt die Verjährung jedoch nicht vor Ablauf der dort bestimmten Frist ein.
(4) Für das in § 634 bezeichnete Rücktrittsrecht gilt § 218. Der Besteller kann trotz einer Unwirksamkeit des Rücktritts nach § 218 Abs. 1 die Zahlung der Vergütung insoweit verweigern, als er auf Grund des Rücktritts dazu berechtigt sein würde. Macht er von diesem Recht Gebrauch, kann der Unternehmer vom Vertrag zurücktreten.
(5) Auf das in § 634 bezeichnete Minderungsrecht finden § 218 und Absatz 4 Satz 2 entsprechende Anwendung.«

Haftungsausschluss

Im Rahmen eines Individualvertrags kann der Werkvertragsnehmer seine Haftung für Mängel vertraglich reduzieren oder ganz ausschließen, was allenfalls nur begrenzt möglich sein dürfte. Wann die Haftung ausgeschlossen ist, regelt der neue § 639 BGB.

§ 639 Haftungsausschluss
»Auf eine Vereinbarung, durch welche die Rechte des Bestellers wegen eines Mangels ausgeschlossen werden, kann sich der Unternehmer nicht berufen, wenn er den Mangel arglistig verschwiegen oder eine Garantie für die Beschaffenheit des Werks übernommen hat.«

Kaufrecht statt Werklieferungsvertrag

Der Werklieferungsvertrag gemäß des alten § 651 BGB wurde durch eine völlige Neufassung abgeschafft und die rechtliche Regelung dadurch stark vereinfacht. Denn künftig finden ausschließlich die Vorschriften über den Kauf Anwendung, wenn die Lieferung herzustellender oder zu erzeugender beweglicher Sachen Gegenstand des Vertrags ist. Der bisherige § 651 war mit den erheblichen Unterschieden zwischen Kauf- und Werkvertrag bei der Haftung für Sachmängel, dem fehlenden Nacherfüllungsanspruch beim Kaufvertrag, den unterschiedlichen Gewährleistungspflichten usw. begründet worden. Die Abschaffung des Werklieferungstatbestands und die Zuordnung von Verträgen mit einer Verpflichtung zur Lieferung herzustellender oder zu erzeugender Sachen zum Kaufrecht ist nur deswegen möglich, da sich mit der Schuldrechtsreform auch viele Regelungen im Kaufrecht verändert haben. So gibt es im Kaufrecht nicht mehr die Unterscheidung zwischen »Rechts-« und »Sachmängeln«. Vielmehr ist der Lieferant (Werkvertragsnehmer) nunmehr gemäß § 433 BGB verpflichtet, die Sache frei von Sach- und Rechtsmängeln zu liefern. Im Kaufrechtsparagraf § 434 BGB wurde der Fehlerbegriff neu definiert. Demnach steht einem Sachmangel künftig die Falsch- oder Zuweniglieferung gleich (§ 434 Abs. 3).

§ 651 Anwendung des Kaufrechts
»1 Auf einen Vertrag, der die Lieferung herzustellender oder zu erzeugender beweglicher Sachen zum Gegenstand hat, finden die Vorschriften über den Kauf Anwendung. 2 § 442

Abs. 1 Satz 1 findet bei diesen Verträgen auch Anwendung, wenn der Mangel auf den vom Besteller gelieferten Stoff zurückzuführen ist.
Soweit es sich bei den herzustellenden oder zu erzeugenden beweglichen Sachen um nicht vertretbare Sachen handelt, sind die §§ 642, 643, 645, 649 und 650 mit der Maßgabe anzuwenden, dass an die Stelle der Abnahme der nach den §§ 446 und 447 maßgebliche Zeitpunkt tritt.«

Neue Annahme- und Zahlungspflicht bei Werkverträgen

Das Bürgerliche Gesetzbuch enthält in § 632 BGB hinsichtlich der Vergütung nur eine allgemeine Entgeltverpflichtung für den Auftraggeber. Neu ist Satz 3, der festlegt, dass Kostenvoranschläge nur bezahlt werden müssen, wenn dies auch vereinbart wurde.

§ 632 BGB »(1) Eine Vergütung gilt als stillschweigend vereinbart, wenn die Herstellung des Werkes den Umständen nach nur gegen eine Vergütung zu erwarten ist.
(2) Ist die Höhe der Vergütung nicht bestimmt, so ist bei dem Bestehen einer Taxe die taxmäßige Vergütung, in Ermangelung einer Taxe die übliche Vergütung als vereinbart anzusehen.
(3) Ein Kostenanschlag ist im Zweifel nicht zu vergüten.«

Dieser Paragraf ist auch nur für den Fall im BGB, falls versäumt wurde, eine Honorarregelung schriftlich im Werkvertrag zu fixieren, oder falls es bei einem mündlichen Werkvertrag (z. B. auf dem Bau zwischen Handwerkern und Subunternehmern) im Nachhinein über die Vergütungshöhe Meinungsverschiedenheiten gibt.
Wichtig ist nicht nur, die Honorierung hinsichtlich Höhe und Fälligkeiten (möglichst mit Abschlagszahlungen) im Detail festzulegen, sondern sich – falls möglich – auch die Arbeit für umfangreiche Angebots- und Kostenvoranschläge honorieren zu lassen.

Neu: Abschlagszahlungen

Da viele Werkvertragsnehmer aus ihrer schwächeren Position heraus letztlich unterschrieben haben, was Auftraggeber ihnen diktierten, haben sie mitunter lange auf ihr Geld warten müssen. An Abschlagszahlungen war vielfach überhaupt nicht zu denken, mit der Folge, dass die Werkauftragsnehmer den gesamten Auftrag selbst vorfinanzieren mussten. Um hinsichtlich der Vorfinanzierung von Aufträgen zu mehr Gerechtigkeit zu gelangen, wurde das Werkvertragsrecht im Rahmen des »Gesetzes zur Beschleunigung fälliger Zahlungen« vom 30. März 2000 durch Einfügung des § 632 a ins BGB zugunsten der Werkvertragsnehmer erweitert: Danach kann nunmehr der Auftragnehmer (im Gesetz Unternehmer genannt) eines Werkvertrags Abschlagszahlungen verlangen:

»§ 632 a
Der Unternehmer kann von dem Besteller für in sich abgeschlossene Teile des Werkes Abschlagszahlungen für die erbrachten vertragsmäßigen Leistungen verlangen. Dies gilt auch für erforderliche Stoffe oder Bauteile, die eigens angefertigt oder angeliefert sind. Der Anspruch besteht nur, wenn dem Besteller Eigentum an den Teilen des Werkes, an den Stoffen oder Bauteilen übertragen oder Sicherheit hierfür geleistet wird.«

Neu: Abnahmezwang auch bei kleineren Mängeln

Auch wurde dem Missbrauch, durch Vorschieben von Mängeln die Zahlung nach Werkfertigstellung hinauszuzögern, Einhalt geboten, indem der § 640 Abs. 1 BGB entsprechend ergänzt wurde. Kleinere Mängel sind somit kein Grund mehr, die Werkabnahme hinauszuzögern:

§ 640 Abs. 1 »... wegen unwesentlicher Mängel kann die Abnahme nicht verweigert werden. Der Abnahme steht es gleich, wenn der Besteller das Werk nicht innerhalb einer ihm vom Unternehmer bestimmten angemessenen Frist abnimmt, obwohl er dazu verpflichtet ist.«

Für Freelancer und andere Werkvertragsnehmer bedeutet diese Regelung beispielsweise, dass sie nach Fertigstellung ihrer Leistung unverzüglich ein Schreiben an den Kunden übersenden, in dem sie ihren Auftraggeber zur Abnahme mit Fristsetzung auffordern. Der Abnahme steht es gleich, wenn der Besteller das Werk trotz Abnahmeverpflichtung nicht innerhalb einer ihm vom Unternehmer bestimmten angemessenen Frist abnimmt (§ 640 Abs. 1 BGB). Die Abnahmefiktion gibt dem Werkunternehmen die Möglichkeit, ggf. ein Versäumnisurteil zu erstreiten, wodurch die Zahlung der ausstehenden Beträge fällig wird.

Neu: Höhe des Zahlungsrückhalts bei Mängeln

Natürlich kann der Auftraggeber bei begründeten Mängeln die Abnahme einschränken und die Zahlung kürzen, jedoch nicht völlig zurückhalten. Als angemessener Teil der Vergütung, die der Auftraggeber bis zur Mängelbeseitigung zurückhalten kann, gilt die Höhe der dreifachen Kosten, die für eine Beseitigung des Mangels erforderlich sind.

§ 641 Abs. 3 (BGB) »(3) Kann der Besteller die Beseitigung eines Mangels verlangen, so kann er nach der Abnahme die Zahlung eines angemessenen Teils der Vergütung verweigern, mindestens in Höhe des Dreifachen der für die Beseitigung des Mangels erforderlichen Kosten.«

Neu: Kein Zahlungsrückhalt gegenüber Subunternehmer

Besonders übel war die Zahlungstrickserei, wenn der Auftraggeber dem Werkauftragsnehmer in der Rolle eines Subunternehmers wegen angeblicher Mängel die Zahlung vorenthielt, obwohl er selbst als Generalunternehmer von seinem Auftraggeber schon längst kassiert hatte. Auch diesem Missbrauch hat der Gesetzgeber durch die Neuregelung in §641 Abs. 2 BGB jetzt einen Riegel vorgeschoben. So muss der Hauptauftragnehmer (Generalunternehmer, im Gesetz Besteller genannt) seinem Subunternehmer, dem Werkvertragsnehmer (im Gesetz Unternehmer genannt), sofort sein Entgelt bezahlen, wenn er selbst von seinem Auftraggeber (z. B. Bauherr, Werbeauftraggeber etc.) bezahlt wurde:

§ 641 Abs. 2 (BGB) *»(2) Die Vergütung des Unternehmers für ein Werk, dessen Herstellung der Besteller einem Dritten versprochen hat, wird spätestens fällig, wenn und soweit der Besteller von dem Dritten für das versprochene Werk wegen dessen Herstellung seine Vergütung oder Teile davon erhalten hat. Hat der Besteller dem Dritten wegen möglicher Mängel des Werkes Sicherheit geleistet, gilt dies nur, wenn der Unternehmer dem Besteller Sicherheit in entsprechender Höhe leistet.«*

Werkvertragsnehmer, die Subunternehmer sind, haben durch diese Neuerung eine Durchgriffsfälligkeit erfahren, die sie nun vor der Willkür ihres Auftraggebers (Generalunternehmers) schützt, unter Berufung auf (angebliche) Mängel die Zahlung zu verweigern, obwohl er selbst bereits Raten, Abschläge und Endzahlungen erhalten hat.

Neu: Fertigstellungsbescheinigung durch Gutachter

Das Ausmaß der Zahlungsrückhaltung durch vorgeschobene Mängel wird besonders dadurch deutlich, dass der Gesetzgeber nunmehr mit der Schuldrechtsreform den neuen § 641 a ins Bürgerliche Gesetzbuch eingeführt hat, wonach sich der Werkvertragsnehmer eine so genannte Freistellungsbescheinigung eines Gutachters besorgen und seinen Auftraggeber zur Zahlung zwingen kann.

§ 641 a *»(1)Der Abnahme steht es gleich, wenn dem Unternehmer von einem Gutachter eine Bescheinigung darüber erteilt wird, dass 1. das versprochene Werk, im Falle des § 641 Abs. 1 Satz 2 auch ein Teil desselben, hergestellt ist und 2. das Werk frei von Mängeln ist, die der Besteller gegenüber dem Gutachter behauptet hat oder die für den Gutachter bei einer Besichtigung feststellbar sind (Fertigstellungsbescheinigung).*

Das gilt nicht, wenn das Verfahren nach den Absätzen 2 bis 4 nicht eingehalten worden ist oder wenn die Voraussetzungen des § 640 Abs. 1 Satz 1 und 2 nicht gegeben waren; im Streitfall hat dies der Besteller zu beweisen. § 640 Abs. 2 ist nicht anzuwenden. Es wird vermutet, dass ein Aufmaß oder eine Stundenlohnabrechnung, die der Unternehmer seiner Rechnung zugrunde legt, zutreffen, wenn der Gutachter dies in der Fertigstellungsbescheinigung bestätigt.

(2) Gutachter kann sein

1. ein Sachverständiger, auf den sich Unternehmer und Besteller verständigt haben, oder

2. ein auf Antrag des Unternehmers durch eine Industrie- und Handelskammer, eine Handwerkskammer, eine Architektenkammer oder eine Ingenieurskammer bestimmter, öffentlich bestellter und vereidigter Sachverständiger.

Der Gutachter wird vom Unternehmer beauftragt. Er ist diesem und dem Besteller des zu begutachtenden Werks gegenüber verpflichtet, die Bescheinigung unparteiisch und nach bestem Wissen und Gewissen zu erteilen.

(3) Der Gutachter muss mindestens einen Besichtigungstermin abhalten; eine Einladung hierzu unter Angabe des Anlasses muss dem Besteller mindestens zwei Wochen vorher zugehen. Ob das Werk frei von Mängeln ist, beurteilt der Gutachter nach einem schriftlichen Vertrag, den ihm der Unternehmer vorzulegen hat. Änderungen dieses Vertrages sind dabei nur zu berücksichtigen, wenn sie schriftlich vereinbart sind oder von den Vertragsteilen übereinstimmend gegenüber dem Gutachter vorgebracht werden. Wenn der Vertrag entsprechende Angaben nicht enthält, sind die allgemein anerkannten Regeln der Technik zugrunde zu legen. Vom Besteller geltend gemachte Mängel bleiben bei der Erteilung der Bescheinigung unberücksichtigt, wenn sie nach Abschluss der Besichtigung vorgebracht werden.

(4) Der Besteller ist verpflichtet, eine Untersuchung des Werkes oder von Teilen desselben durch den Gutachter zu gestatten. Verweigert er die Untersuchung, wird vermutet, dass das zu untersuchende Werk vertragsgemäß hergestellt worden ist; die Bescheinigung nach Absatz 1 ist zu erteilen.

(5) Dem Besteller ist vom Gutachter eine Abschrift der Bescheinigung zu erteilen. In Ansehung von Fristen, Zinsen und Gefahrübergang treten die Wirkungen der Bescheinigung erst mit ihrem Zugang beim Besteller ein.«

Werksvertragsnehmer, die Schwierigkeiten mit der Eintreibung ihrer Zahlung haben, weil ihr Auftraggeber das fertig gestellte »Werk« nicht abnimmt, können also einen bestellten und vereidigten Sachverständigen beauftragen, der ihnen die Erfüllung ihrer Werkvertragsverpflichtung bestätigt. Kammer und Berufsverbände nennen auf Wunsch anerkannte Sachverständige. Der Besteller, also der Auftraggeber, ist verpflichtet, einer Begutachtung zuzustimmen. Lehnt er dies ab, wird unterstellt, dass das Werk vertragsgemäß hergestellt wurde. Danach ist dann das zu untersuchende Werk vertragsgemäß hergestellt worden und eine Fertigstellungsbescheinigung ist zu erteilen. Der Gutachter ist dann verpflichtet, eine Abschrift der Bescheinigung dem Auftraggeber zu erteilen. Eine weitere Vermutungsregelung sieht das Gesetz vor. Bestätigt der Gutachter in einer Fertigstellungsbescheinigung, dass ein Aufmaß oder eine Stundenlohnabrechnung des Unternehmers zutreffend ist, so wird deren Richtigkeit kraft Gesetz vermutet. Mit dieser Fertigstellungsbescheinigung wird dem Auftragnehmer die Möglichkeit eröffnet, eine Abnahme zu erreichen, die ihm möglicherweise vom Auftraggeber verweigert wird. Es kann im so genannten Urkundsprozess ein Vorbehaltsurteil erwirkt werden, aus dem im Zweifel sofort die Zwangsvollstreckung betrieben werden kann. Dann hat der Kunde im Nachverfahren die Möglichkeit, dieses Vorbehaltsurteil abändern zu lassen. Aber es lässt sich für den Freelancer sicher leichter prozessieren, wenn er erst einmal sein Geld hat.

Dienstvertrag oder Werkvertrag abschließen?

Wer sich den § 633 BGB vergegenwärtigt, sieht sofort, dass hinsichtlich der Verantwortungsdimension zwischen Dienst- und Werkvertrag ein gewaltiger Unterschied besteht. Wird beispielsweise ein Freelancer mit Dienstvertrag engagiert, um eine Computerinstallation mit Netzwerk zu bewerkstelligen, dann trägt zumeist der Auftraggeber das Risiko bei Schwierigkeiten und Verzögerungen. Würde der Freelancer jedoch einen Werkvertrag unterschreiben, läge der schwarze Peter bei ihm: Egal, wie viel Zeit es ihn kostete – der Freelancer hätte erst seinen Vertrag erfüllt, wenn das Netzwerk funktionierte.

Aufgrund der gewährleistungspflichtig bedingten umfangreicheren Haftungsverpflichtung des Werkvertragsnehmers gegenüber einem Dienstleistungsvertragsnehmer schließen Auftraggeber lieber Werkverträge ab als sich auf Dienstleistungsvertragsregelungen einzulassen. Daher hat man als Freelancer kaum die Wahl sich zu entscheiden. Beeinflussen kann man aber die inhaltliche Gestaltung eines Werkvertrages, um so schnell wie möglich zu einem Honorar zu gelangen und die Haftungsansprüche – so gut es geht – zu begrenzen.

Ein Werkvertrag sollte folgende Punkte enthalten:

- die Vertragspartner, insbesondere bei Auftraggebern mit konzernähnlichen Unternehmensgeflechten, sodass ganz deutlich wird, wer Vertragspartner, Abnahme- und Zahlungsverpflichteter ist;
- eine sehr genaue Beschreibung des in Auftrag gegebenen Werkes in Art, Umfang und Eigenschaft – je genauer, desto leichter lässt sich Streit vermeiden. Wer Websites gestaltet, legt also im Vertrag fest, wie viele Seiten, Grafiken, Fotos, Navigationsbuttons, Animationen, Eingabefenster usw. die Site enthält; bei Software-Verträgen sind umfangreiche »Pflichtenhefte« üblich;
- den Liefertermin und die Lieferart (z. B. per E-Mail oder als Ausdruck, bei Software mit Quellcode);
- den Preis, Angaben zur Umsatzsteuer und Spesen sowie Abrechnungsmodalitäten für Sonderwünsche;

- die Zahlungsmodalitäten, wie Abschlagszahlungen, z. B. 1/3 bei Vertragsabschluss, 1/3 nach Teillieferung und 1/3 bei Restlieferung bzw. Abnahme;
- die Vorleistungen des Auftraggebers;
- eine Zahlungsregelung für den Fall, dass das vereinbarte Werk durch Schuld des Auftraggebers nicht fertig gestellt oder abgenommen werden kann;
- eine Regelung für den Fall, dass Meinungsverschiedenheiten über Qualität und Fertigstellung des Werkes bestehen, beispielsweise dahingehend, dass man einen Sachverständigen einschaltet und den Auftraggeber zu dessen Bezahlung für den Fall verpflichtet, dass der Sachverständige eine »Fertigstellungsbescheinigung« ausstellt.

Vor allem bei urheberrechtlichen Werken, etwa bei Software, Grafiken/Bildern usw., ist es wichtig, darauf hinzuweisen, dass der Auftraggeber mit der Bezahlung zwar das Eigentum am vereinbarten Werk erwirbt, aber nicht wie der Arbeitgeber an den Werken seines Angestellten das Urheberrecht. Der Auftraggeber darf zwar das Produkt, z. B. die Software, die Fotos usw. selbst nutzen, aber er darf sie seinerseits nicht vervielfältigen und weiterveräußern, und schon gar nicht, ohne den Urheber (Werkvertragsnehmer) an den Erlösen aus den Verwertungen zu beteiligen.
In solchen Fällen bedarf es neben eines Werkvertrages noch gesonderter Vereinbarungen oder eines Urheberrechts(überlassungs-)vertrages.

! **Muster eines Werkvertrags**

Werkvertrag

zwischen

Alpha-Institut
Sternenwarte 10
89999 Oberalpach
– im Folgenden Auftraggeber genannt –

und

Frau/Herrn

____

– im Folgenden Auftragnehmer genannt –

§ 1 Werkleistung

Der Auftragnehmer verpflichtet sich, bis zum ________ folgende Arbeiten durchzuführen (genaue Angabe der Leistungen, ggf. nach Einheit und Menge):

____

____

§ 2 Honorar

(1) Honorarhöhe

Für die Herstellung des Werkes wird eine Gesamtvergütung in Höhe von Euro ________ zuzüglich gesetzlicher UST vereinbart.

In der Vergütung sind alle Auslagen und Nebenkosten sowie die vom Auftragnehmer zu entrichtenden Steuern und etwaige Sozialabgaben enthalten.

(2) Honorarfälligkeit

Die Vergütung wird nach Abnahme des Werkes bzw. entsprechend folgend vereinbarter Teilleistungen fällig:

Es werden folgende Teilleistungen vereinbart (Angabe von Datum, Leistung und Teilbeträgen):

$^1/_3$ in Höhe von Euro ________ bei Vertragsabschluss

$^2/_3$ in Höhe von Euro ________ bei Abnahme

(3) Zahlungsmodalitäten

Der Auftragnehmer wird über die Teilleistungen seines Honorars jeweils eine prüffähige Rechnung erstellen.

Die Zahlung ist zu leisten auf Konto Nr. ________

bei der Bank ________ BLZ ________.

§ 3 Verschwiegenheitspflicht

Der Auftragnehmer verpflichtet sich, die ihm durch diesen Auftrag zur Kenntnis gelangenden Vorgänge vertraulich zu behandeln. Die Pflicht zur vertraulichen Behandlung bleibt auch nach Erledigung des Auftrags grundsätzlich bestehen, es sei denn, sie wäre mit einer im Einzelfall festzulegenden Frist aufgehoben worden.

Bei Verstoß gegen die Vereinbarungen hat der Auftragnehmer dem Auftraggeber den hieraus entstandenen Schaden zu ersetzen.

§ 4 Annahme und Haftung

(1) Der Auftraggeber verpflichtet sich, das Werk innerhalb von vier Wochen nach Fertigstellung zu prüfen und abzunehmen, sofern nicht gravierende Mängel einer Abnahme entgegenstehen. Für den Fall, dass sich die Vertragsparteien nicht über eine Abnahme einigen können, vereinbaren sie, einen Sachverständigen mit der Beurteilung zu beauftragen. Erstellt der Sachverständige eine »Fertigstellungsbescheinigung«, hat der Auftraggeber die Kosten allein zu tragen.

(2) Der Auftraggeber haftet für Schäden, die der Auftragnehmer im Zusammenhang mit der Erstellung des Werkes erleidet, im Rahmen der gesetzlichen Vorschriften.

§ 5 Nebenabreden

(1) Nebenabreden und Änderungen des Vertrags bedürfen zu ihrer Wirksamkeit der Schriftform. Diese Formerfordernis kann weder mündlich noch stillschweigend aufgehoben oder außer Kraft gesetzt werden.

(2) Die teilweise oder vollständige Unwirksamkeit einzelner Vertragsbestimmungen berührt die Wirksamkeit der übrigen Bestimmungen nicht.

____

(Ort, Datum)

____

(Auftraggeber)

____

(Auftragnehmer)

Urheberrechtsvertrag

Das Urhebervertragsrecht befasst sich nicht wie der Werkvertrag mit der Herstellung, sondern mit der Nutzung neuer oder bereits bestehender Werke. Das Urhebervertragsrecht wird für Werkvertragsnehmer spätestens dann wichtig, wenn die von ihnen hergestellten Werke nicht nur einfach, sondern durch Vervielfältigung mehrfach genutzt werden können. Das ist beispielsweise bei Software, Texten, Bildern, Filmen und Musik der Fall. Dabei gilt folgender Grundsatz: Nur Nutzungsrechte, die vertraglich auch namentlich aufgeführt sind, gelten als eingeräumt. Nutzungsrechte, die nicht ausdrücklich eingeräumt werden, gelten als nicht erteilt.

Erwirbt beispielsweise ein Unternehmen eine bestimmte Software, darf es die nur einmalig und nicht an mehreren Rechnern und Notebooks im Unternehmen installieren, sofern der Vertrag nichts anderes vorsieht. Ebenso muss ausdrücklich im Vertrag erlaubt sein, dass ein Unternehmen die für eine Homepage elektronisch gestalteten Bildseiten auch ganz oder teilweise in Print-Prospekte übernehmen darf. Fehlt dies, ist eine Mehrfachnutzung durch den Auftraggeber nicht möglich. Noch wichtiger ist es, auf die eigenen Urheberrechte und eine angemessene Vergütung zu achten, wenn der Auftraggeber die Urheberrechte erwerben möchte, um die Werke selbst zu vermarkten, wie das beispielsweise bei Büchern durch Verlage oftmals der Fall sein kann. Hierzu gibt es Verlagsvertragsmuster, die zwischen den Autoren- und Verlegerverbänden ausgehandelt wurden. Allerdings haben diese Muster nur Empfehlungs- und keinen Verpflichtungscharakter. Da sich das Urheberrechtsgesetz derzeit ohnehin im Umbruch befindet, sollten Angehörige betroffener Berufsgruppen die weitere Entwicklung beobachten.

Zu den typischen haupt- und nebenberuflichen Selbständigen, die mit Urheberrechts- bzw. Lizenzfragen zu tun haben, gehören beispielsweise:

- Software-Entwickler,
- Webmaster,
- Screendesigner,
- Multimedia-Spezialisten,
- Grafiker,
- bildende Künstler,
- Designer,
- Filmer,
- Fotografen,
- Musiker sowie
- Autoren jeglicher Art (vom Journalisten bis zum Buchautor).

Vielfach werden seitens des Auftraggebers jedoch Werkverträge mit integrierter Urheberrechtsklausel vorgelegt, sodass das Urheberrecht gar nicht eigentliches Verhandlungsthema und von vielen eher beiläufig »zeitlich und örtlich unbegrenzt« abgetreten wird. Das ist natürlich nicht in Ordnung. Andererseits sollte man nicht gleich eine ganze Vertragsanbahnung in Frage stellen, sondern ein Gefühl dafür entwickeln, wann es wirklich wichtig ist, die Nutzung der Urheberrechte zu behalten und »weitere Nutzungen« einem Auftraggeber nur dosiert und gegen angemessene Bezahlung einzuräumen.
Wer beispielsweise eine Software entwickelt, die nur der entsprechende auftraggebende Betrieb nutzen kann, muss nicht unbedingt darauf pochen, sich jede einzelne Software-Installation im Betrieb bezahlen zu lassen und bei Zuwiderhandlung hohe Vertragsstrafen zu vereinbaren. Wenn der Preis insgesamt stimmt, ist es besser, etwas großzügig zu sein, denn bei der nächsten technischen Neuerung ist der Auftragnehmer ohnehin wieder auf den Software-Entwickler angewiesen. Wie man verfährt, hängt jedoch vom erzielten Grundpreis, von der Unternehmensgröße und dem Nutzungswunsch insgesamt ab. Klar ist dabei, wer eine Excel-Softwarelösung zur Nutzung für den Außendienst eines größeren Unternehmens schreibt, muss in seinem Vertrag genau fixieren, auf wie vielen Notebooks die Software installiert werden darf. Wer das versäumt, verschenkt rasch ein Vermögen.

Prüfen Sie daher, ob:

- Verträge Aussagen über die zu übertragenden Nutzungsrechte enthalten. Fehlen hierzu Klauseln, kann man versuchen, entsprechende Formulierungen aufzunehmen oder gar nichts zu unternehmen. Gerichte verfahren zumeist nach der Regel, dass als vereinbart gilt, was dem Vertragszweck dient. Wer sich eine Website bestellt, erwirbt damit also nur das Recht, diese ins Netz zu stellen, nicht auch noch das Recht, die Motive für den Prospektdruck zu verwenden;
- ein Auftraggeber Ihnen Klauseln wie »werden dem Auftraggeber sämtliche Rechte eingeräumt« oder »überträgt ihm die Nutzungsrechte zeitlich und räumlich unbegrenzt« unterschieben möchte. Wenn die Rechteübertragung sich nicht in einem entsprechend höheren Honorar niederschlägt, dann sollte man alle pauschalierenden Regelungen herausstreichen und versuchen, ganz konkrete Formulierungen zu finden, die nur den Vertragszweck und nicht mehr fixieren.

Infos!
Beratung ist wichtig: Wer einen Werkvertrag mit Urheberrechtsklauseln, einen Urheberrechtsvertrag oder einen Verlagsvertrag unterzeichnen möchte, sollte sich

- mit dem Urhebergesetz (z.B. als DTV-Taschenbuch) vertraut machen,
- von Berufsverbänden und Anwälten beraten lassen; manche Verbände haben Musterverträge wie beispielsweise der Börsenverein des Deutschen Buchhandels in Frankfurt *(www.boersenverein.de)*.

Lizenzvertrag

Zwar ist der Lizenzvertrag wie der Urheberrechtsüberlassungsvertrag im Grunde ein Werknutzungsvertrag. Doch im Unterschied zum Urhebervertrag, in dem die Rechtsverhältnisse zwischen Urhebern und Vermarktern geregelt werden, stellt der Lizenzvertrag eine erworbene Befugnis zur Herstellung oder Verwertung eines Marken-, Patent- oder urheberrechtlich geschützten Produktes/Werkes dar. Hierfür muss zumeist eine Lizenzgebühr gezahlt werden. Beim Lizenzvertrag wird nicht ein Werk, z. B. eine CD-ROM/DVD oder ein Buch verkauft, sondern lediglich ein personen- oder unternehmensbezogenes Nutzungsrecht eingeräumt. Diesen Trick, ihre Produkte nicht zu verkaufen, sondern lediglich ein Nutzungsrecht zu veräußern, haben sich beispielsweise die Hersteller von Standardsoftware zunutze gemacht, um so eine unerwünschte Weiterverbreitung ihrer Software zu verhindern. Denn mit dem Software-»Kauf« erwirbt der Käufer gar nicht das Eigentum an dem Computerprogramm, sondern lediglich ein auf andere nicht übertragbares Nutzungsrecht. Als Nutzer darf er nicht einmal die gebrauchte Software später verkaufen, wie das mit einem gelesenen Buch oder einer Schallplatte/CD möglich ist. So ist es verständlich, dass man Software beispielsweise auch nicht wie Bücher in öffentlichen Bibliotheken ausleihen kann.

Wer seine Produkte ähnlich schützen und Nutzern nur ein ganz spezielles, einmaliges bzw. genau definiertes Nutzungsrecht einräumen möchte, sollte mit seinen Kunden einen Lizenzvertrag abschließen, in dem die Rechte, die der Kunde erwirbt, exakt beschrieben und fixiert werden. Ebenso müssen die Verbote aufgeführt werden, beispielsweise, dass der Kunde die Software nicht weiterverleihen, weiterverkaufen und nicht im Netzwerk nutzen, noch an weiteren Orten als den im Vertrag bestimmten installieren darf (sofern keine weitere Lizenz dafür erworben wurde).

Kaum zu verbieten ist die Anfertigung einer Sicherungskopie und eine Dekompilierung, die nötig sein kann, um die Software-Kompatibilität mit anderen Programmen des Kunden herzustellen.

Lesen Sie die Lizenzbedingungen von Microsoft-Software. Wenn Sie Ihre Lizenzbedingungen so oder ähnlich restriktiv abfassen, können Sie – rechtlich betrachtet – kaum etwas falsch machen.

Natürlich ist das Lizenzgeschäft nicht nur auf Software beschränkt, sondern spielt vor allem im Bereich von Erfindungen, Technologie- und Namensnutzung eine große Rolle. Wer beispielsweise ein Patent angemeldet hat, kann die Nutzung seines geschützten Produktes per Lizenzvertrag verkaufen.

Wie kommt ein Lizenzvertrag zustande?

Normalerweise unterzeichnen beide Vertragsparteien den Lizenzvertrag. Bei Standardsoftware, die über den Einzelhandel vertrieben wird, ist es zumeist so, dass die Lizenz in einem Standardvertrag textlich niedergelegt ist und wirksam wird, sobald der Kunde stillschweigend diesen Vertrag durch Bezahlung der Lizenz anerkennt. Der Vertrag ist nach deutschem Recht gültig, solange die Klauseln nicht gegen das Gesetz über Allgemeine Geschäftsbedingungen (AGB-Gesetz im BGB) verstoßen.

Anders beim Internetvertrieb: Hier bezahlt der Kunde zumeist erst, nachdem er die Software erhalten hat. Üblich sind hierbei so genannte »Schutzhüllenverträge« (Tear-Open-Contracts) mit Selbstklebeversiegelung und dem Hinweis: »Wer diese Verpackung öffnet, ist automatisch mein Vertragspartner und erkennt alles an, was er noch nicht kennt.« Obwohl diese Praxis üblich ist, ist sie nach dt. Recht eigentlich ungültig. Denn einen Vertrag anzuerkennen, den man noch gar nicht gelesen hat, ist sittenwidrig. Wer beispielsweise die Hülle aufreißt, um die Lizenzbedingungen zu lesen, und dann die Software angewidert zurücklegt, hat keinen Vertrag geschlossen und kann die Software zurücksenden. Anders ist es, wenn jemand den Vertrag nicht liest und erst einmal die Software ausprobiert.

Um hier Missverständnissen vorzubeugen, sollten Sie den Lizenzvertrag der Software offen beilegen und lediglich die Hülle, in der sich die Software-CD befindet, mit dem Hinweis versiegeln: »Ich versichere, dass ich den Lizenzvertrag gelesen habe und mit dem Öffnen dieser Softwarehülle den Inhalt ausdrücklich anerkenne.« In diesem Fall hat Ihr Kunde Kenntnis über den Inhalt erworben und mit dem Einreißen des Schutzsiegels die Lizenzbedingungen ausschließlich anerkannt.

Infos!

- Beratung ist unverzichtbar: Da Lizenzverträge – je nach Art der Nutzungsüberlassung nach dem Urheberrechtsgesetz und Maßgaben internationaler Abkommen bzw. auch nach Mietvertragsrecht abgeschlossen werden können, sollte man sich von einem in Patent-, Marken-, Urheber- und Lizenzrecht versierten Anwalt beraten lassen, bevor man einen eigenen Lizenzvertrag erstellt.
- Anwälte finden Sie in den Gelben Seiten und über spezielle Suchdienste, wie z. B. über:
www.anwalt-informationsdienst.de/patentgebiete.html

Freier Handelsvertreter

Freie Handelsvertreter sind von Unternehmen aller Größenordnungen und fast aller Branchen als selbständige Absatzmittler einsetzbar, die unter fremden Namen und auf fremde Rechnung Waren und Dienstleistungen auf Provisionsbasis vertreiben. Sie können als selbständige Handelsvertretung, Industrievertretung, Handelsagentur oder Handelsmakler für Händler (Groß-, Einzel- oder Direkthändler), Produzenten oder Dienstleister (z. B. Reiseveranstalter, Reeder etc.) im Außendienst tätig sein. Über die Aufgaben eines Außendienstes hinaus eignen sich selbständige Handelsvertreter auch für den stationären Verkauf von Waren- oder Dienstleistungen, z. B. als Propagandist im Direktverkauf (Homeshopping à la Tupper). Im Handelsgesetzbuch (HGB) wird unterschieden zwischen:

1. dem angestellten Handelsvertreter, dem Reisenden (§ 59 HGB) und 2. dem selbständigen Handelsvertreter gemäß §§ 84 bis 92 c des Handelsgesetzbuches (HGB) und 3. dem Handelsmakler gemäß § 93 (HGB).

§ 84 HGB definiert den Begriff des selbständigen Handelsvertreters:

»(1) Handelsvertreter ist, wer als selbständiger Gewerbetreibender ständig damit betraut ist, für einen anderen Unternehmer Geschäfte zu vermitteln oder in dessen Namen abzuschließen. Selbständig ist, wer im Wesentlichen frei seine Tätigkeit gestalten und seine Arbeitszeit bestimmen kann.

(2) Wer, ohne selbständig im Sinne des Absatzes 1 zu sein, ständig damit betraut ist, für einen Unternehmer Geschäfte zu vermitteln oder in dessen Namen abzuschließen, gilt als Angestellter.

(3) Der Unternehmer kann auch ein Handelsvertreter sein.

(4) Die Vorschriften dieses Abschnittes finden auch Anwendung, wenn das Unternehmen des Handelsvertreters nach Art oder Umfang einen in kaufmännischer Weise eingerichteten Geschäftsbetrieb nicht erfordert.«

Nebenberuflicher freier Handelsvertreter

Das Handelsvertreterrecht definiert in § 92 HGB den »Versicherungs- und Bausparkassenvertreter« und in § 92 b HGB den »Handelsvertreter im Nebenberuf«:

»(1) Auf einen Handelsvertreter im Nebenberuf sind §§ 89 und 89 b nicht anzuwenden. Ist das Vertragsverhältnis auf unbestimmte Zeit eingegangen, so kann es mit einer Frist von einem Monat für den Schluss eines Kalendermonats gekündigt werden; wird eine andere Kündigungsfrist vereinbart, so muss sie für beide Teile gleich sein. Der Anspruch auf einen angemessenen Vorschuss nach § 87 a Abs. 1 Satz 2 kann ausgeschlossen werden.

(2) Auf Absatz 1 kann sich nur der Unternehmer berufen, der den Handelsvertreter ausdrücklich als Handelsvertreter im Nebenberuf mit der Vermittlung oder dem Abschluss von Geschäften betraut hat.

(3) Ob ein Handelsvertreter nur als Handelsvertreter im Nebenberuf tätig ist, bestimmt sich nach der Verkehrsauffassung.

(4) Die Vorschriften der Absätze 1 bis 3 gelten sinngemäß für Versicherungsvertreter und für Bausparkassenvertreter.«

Nebenberuflich tätig ist ein Handelsvertreter, wenn er weniger als 1/3 der üblichen Zeit eines Vollzeitvertreters seiner Branche für die Vermittlung von Produkten und Dienstleistungen tätig ist. Nebenberuflichkeit bricht nicht den Selbständigenstatus. Das HGB behandelt den nebenberuflichen Handelsvertreter gesondert, um seine dem Vollzeitvertreter gegenüber etwas geringen Rechte zu beschreiben. So können nebenberufliche Handelsvertreter keinen Vorschuss verlangen, ihre Kündigung muss individuell abgestimmt werden und sie haben – anders als ein selbständiger Full-Time-Vertreter gemäß § 89 b HGB – keinen Anspruch auf Ausgleichszahlung im Falle einer Beendigung des Vertragsverhältnisses.
Nebenberufliche Handelsvertreter schließen ganz gewöhnliche Handelsvertreter-/Maklerverträge ab, unabhängig davon, ob sie einer neben- oder hauptberuflichen Vermittlungstätigkeit nachgehen, da die Kerntätigkeit ja die gleiche ist.

Freier Handelsvertreter oder Makler?

Im Unterschied zum freien Handelsvertreter, der an einen oder mehrere Auftraggeber durch einen Handelsvertretervertrag fest gebunden und gemäß § 86 HGB verpflichtet ist, sich um die Vermittlung oder den Abschluss von Geschäften zu bemühen, unterliegt der Makler keiner Bemühungspflicht. Den Makler trifft nur bei gesonderter Vertragsgestaltung eine Tätigkeitspflicht gemäß §§ 652-656 BGB sowie §§ 93-104 HGB (Besonderheiten des Handelsmaklers). Am ehesten wird die Maklertätigkeit am Beispiel des Immobilienmaklers plausibel, der nicht ständig für einen Auftraggeber, sondern jeweils projektbezogen für mehrere Auftraggeber tätig wird. Es steht jedem offen, sich beispielsweise ein Immobilienobjekt von einem Makler zum Kauf oder Verkauf, zur An- oder Vermietung vermitteln zu lassen. Es wird ein Maklervertrag (zumeist ein Alleinauftrag auf bestimmte Zeit, d. h. ein Kurzzeitschuldverhältnis) geschlossen, der mit der erfolgreichen Vermittlung erfüllt und abgeschlossen ist. Der Handelsvertretervertrag dagegen stellt ein so genanntes Dauerschuldverhältnis dar, weil der Vertrag über das Einzelgeschäft hinausgeht und eine auf Dauer angelegte Zusammenarbeit zwischen Unternehmer und Handelsvertreter begründet. Während der Handelsvertreter, dessen Leistung vor allem auch im Aufbau kontinuierlicher Geschäftsbeziehungen liegt, bei Ausscheiden unter Umständen zum Ausgleich dieser Werterbringung einen Ausgleichsanspruch gegenüber dem auftraggebenden Unternehmen hat, ist dies bei Maklern nicht der Fall.

Zur Gruppe der Handelsmakler gehören auch die Immobilienmakler. Für sie gelten zum Schutz des Verbrauchers noch ganz besondere zusätzliche Rechtsvorschriften: Gemäß § 34 c der Gewerbeordnung (GewerbeO) ist ihr Gewerbe erlaubnispflichtig (Nachweis der Fachkunde). Zudem müssen sie sich an die Verordnung über die Pflichten der Makler, Darlehens- und Anlagenvermittler, Bauträger und Baubetreuer (MaBV v. 16. 6. 1998 BGBL. IS. 1291) halten (im DTV-Taschenbuch »GewO« enthalten).

Unterschied Reisender und Handelsvertreter

Obwohl von der Tätigkeit her betrachtet der Reisende und der selbständige Handelsvertreter in gleicher Weise mit Kunden in Verbindung treten, um ihre Verkaufs- und Vermittlungstätigkeit auszuüben, gibt es dennoch gravierende Unterschiede: Der angestellte Vertreter vertritt nur *ein* Unternehmen, seinen Arbeitgeber bzw. dessen Tochterfirmen, während der freie Handelsvertreter mehrere Unternehmen vertreten kann. Der Reisende ist weisungsgebunden, in den Betrieb integriert und kann sich seine Zeit nur bedingt selbst einteilen. Der selbständige Handelsvertreter trägt das Unternehmerwagnis (erfolgsabhängige Provision statt Festgehalt, Mithaftung bei Prospektlügen etc.) sowie den Großteil der Vertriebskosten (z. B. Akquisitions-, Fahrt- und Telefonkosten, Anzeigen-, Stand- und sonstige Kosten). Er verfügt frei über seine Zeit und Kundentermine. Er hält zumeist ein Büro und Fahrzeug vor.

Kein Scheinselbständigkeits-Anfangsverdacht

Da selbständige Handelsvertreter nach dem Handelsgesetzbuch (HGB) Vollkaufleute darstellen und somit per Gesetz als Selbständige gelten, fallen sie wie »Gesellschafter von Unternehmen« von vornherein nicht unter die Scheinselbständigkeits-Anfangsverdachtsregelungen der Sozialgesetzgebung. Selbst Einzelkämpfer und nebenberufliche selbständige Handelsvertreter mit nur einem zu vertretenden Unternehmen werden nicht nach dem Kriterienkatalog des Sozialgesetzbuchs gemäß § 7 Abs. 4 Satz 1-5 und 2 SGB IV zur Feststellung von Selbständigkeit überprüft.

Selbständige Handelsvertreter sind somit grundsätzlich nicht sozialversicherungspflichtig in der Kranken-, Pflege-, Renten- und Arbeitslosenversicherung. Dennoch sollten haupt- und nebenberufliche freie Handelsvertreter von Anfang an darauf achten, ihre Tätigkeit nach den Kriterien selbständiger Tätigkeiten auszuüben, um hier gar nicht erst den Ansatz eines Verdachts verschleierter Selbständigkeit aufkommen zu lassen.

Der Auftraggeber darf seinem freien Handelsvertreter sogar – anders als bei anderen freien Zusammenarbeitsverhältnissen – bedingt Weisungen geben, ohne dass hierdurch die Selbständigkeit gefährdet wäre.

Arbeits- und vertragsrechtliche Aspekte

Die Zusammenarbeit mit einem Handelsvertreter kommt in Unternehmen als Alternative zur Beschäftigung von Reisenden dann in Betracht, wenn ein eigener Außendienst nicht

ausgelastet, teurer oder ineffektiver wäre oder wenn es gelte, Produkte möglichst rasch in den Markt einzuführen, wozu man auf ein bestehendes Kontaktnetz bzw. eine fremde Vertriebsorganisation (Handelsvertreterorganisation) zurückgreifen muss. Große Handels- und Industrievertretungen verfügen mitunter über solche, durch eigene freie Handelsvertreter aufgebaute Vertriebsnetze.
Als Grundlage der Zusammenarbeit wird ein Maklervertrag (Handelsvertretervertrag) abgeschlossen.

Umfang und Grenzen der Weisungsgebundenheit

Gemäß § 86 Abs. 1 und 2 HGB und aus den §§ 675, 655 BGB ergibt sich für den freien Handelsvertreter eine gewisse Weisungsgebundenheit, die er hinzunehmen hat. Der Gesetzgeber geht von der Regel aus, dass mit steigendem Risiko für den Unternehmer (Auftraggeber) auch das Maß seines Weisungsrechts steigt. So dürfen beispielsweise Versicherungen wegen des hohen finanziellen Risikos bei Fehlern durch ihre Handelsvertreter vorschreiben, welche »Personen als Geschäftspartner (Versicherungsnehmer)« akquiriert, welche Vertragsbedingungen beim Versicherungsabschluss zugrundegelegt und welche Richtlinien bei der Kundenwerbung und -betreuung gültig werden sollen.

- Für Selbständigkeitsstatus unschädliche Weisungen:
  Nach Ansicht des OLG Düsseldorf (Urteil v. 5. 12. 1997 – 16 U 220/96) dürfen darüber hinaus vom Auftraggeber bestimmt werden:
- Vertriebspolitik,
- Verbuchungs- und Abrechnungsverfahren,
- Vertragskonditionen und Zahlungsmodalitäten (zwischen Auftraggeber und seinem vom Handelsvertreter vermittelten Kunden),
- Umgang mit bereitgestellten Waren (z. B. Mustern, Musterausstellungsdurchführung etc.) und vereinnahmten Geldern (z. B. bei Inkassobevollmächtigungen etc.).
- Statusschädlich und für eine unselbständige Tätigkeit würde jedoch folgendes Unternehmerverhalten sprechen:
- Zuweisung fester, bestimmter Tourenpläne, Verpflichtungsverlan-

gen, Kunden in bestimmten Zeitabständen aufzusuchen (ArbG Lübeck, Beschluss v. 26. 10. 1995 – 2 Ca 2046/95),

- bestimmte Anwesenheitspflichten des Vertreters beim Auftraggeber, z. B. bei Schulungen, Besprechungen etc.,
- detaillierte Vorgabe, wie Inkasso fachlich, zeitlich und organisatorisch durchgeführt werden soll (im Unterschied zur Regelung, wie Geldeinnahmen verwendet, sprich zum Auftraggeber weitergeleitet werden sollen).

Konkurrenzverbot: Ein Konkurrenzverbot darf nur im Rahmen des § 86 Abs. 1 HGB bestimmt werden, der besagt, dass nur solche zusätzlichen Vertretungsübernahmen anderer Auftraggeber auszuschließen sind, die dem Hauptauftraggeber unmittelbar Konkurrenz machen. Allerdings bewegen sich solche Vereinbarungen auf dünnem Eis und sollten, wenn möglich, weggelassen werden, um den Rechtsstatus der Selbständigkeit nicht zu gefährden.
Nebentätigkeitsverbot: So eine Vertragsklausel muss nicht zwingend für eine ansonsten unselbständige Tätigkeit sprechen. Als freier Handelsvertreter sollte man eine derartige Klausel grundsätzlich nicht unterzeichnen und ggf. eher auf eine Vertretung des besagten potenziellen Auftraggebers verzichten.
Meldepflichten: Solche Klauseln, die besagen, dass der Handelsvertreter dem Unternehmer die erforderlichen Nachrichten über den Stand von Geschäftsvermittlungen und -abschlüssen zukommen lässt und dass er beispielsweise die Auftragsspezifikation bzw. technische Abklärung vornimmt und weiterleitet, sind statusunschädlich, da diese Aufgaben in § 86 Abs. 2 HGB vorgesehen sind.

Vertragsregelungen – Gebiet und Provision sichern

Ob haupt- oder nebenberuflicher Handelsvertreter – wichtig ist, dass selbständige Handelsvertreter oder die, die es werden möchten, einen möglichst wasserdichten Handelsvertretervertrag abschließen.

Wichtige Fragen vor dem Abschluss eines Handelsvertretervertrags sind u. a.:

- *Form und Inhalt der Vertragsgestaltung.* Der Vertrag ist formfrei. Jede Vertragspartei hat das Recht, eine schriftliche Vertragsurkunde zu verlangen. Ein schriftlicher Vertrag ist unbedingt zu empfehlen, damit beide Seiten über den Inhalt des Vertrages Klarheit haben und die Vereinbarungen im Streitfall bewiesen werden können. Nachstehend finden Sie einige der wichtigen Punkte, die im Vertragswerk geregelt werden sollten:
- *Vertragspartner.* Besonders bei Firmenkonglomeraten und Konzernen ist genau zu achten auf: exakte Bezeichnung mit Vor- und Nachnamen, ggf. Firma laut Handelsregistereintrag, Adressen.
- *Vertragsgegenstand.* Genaue Definition, mit Auflistung der zu vermittelnden Vertriebserzeugnisse. Bei generalisierender Beschreibung besteht die Gefahr, dass es später Auslegungskonflikte mit Mehrarbeit für den Vertreter gibt.
- *Einsatzgebiet.* Wo soll und darf ich als Vertreter tätig werden? Genaue Gebietsbezeichnung nach Bundesland, Regierungsbezirk, Postleitzahl u. Ä.
- *Was sind die wichtigsten Aufgaben des Vertreters?*
  Vermittlung von Geschäften für den Unternehmer, nach Vereinbarung auch Abschluss in dessen Namen; Promotion der Waren inkl. Messebesuche; Entwurf von Spezialkonzepten für Kunden im technischen Bereich.
- *Darf Geld direkt vereinnahmt werden?*
  Ggf. Rechnungsstellungs- und Inkassobefugnis des Vertreters.
- *Welche Pflichten hat der Vertreter?*
  Ständige Bemühung um Geschäfte für den Unternehmer; Wahrung der Interessen des Unternehmers, regelmäßige Berichterstattung; Verschwiegenheit gegenüber Dritten im Hinblick auf Geschäfts- und Betriebsgeheimnisse; Aufbewahrung und Herausgabe von Unterlagen des Unternehmers; Treuepflicht.
- *Erlaubnis/Verbote weiterer Vertretungen.* Wenn der Vertragspartner (Unternehmer) diese Frage nicht anspricht, sollte man ebenfalls schweigen, weil dann die Hinzunahme weiterer Vertretungen beliebig möglich ist. Wenn es Konkurrenzverbote gibt, dann sollte man darauf pochen, dass diese genau und nicht pauschalisierend aufgelistet werden. Vermeiden Sie es, einen Zustimmungsvorbehalt des Unternehmers für weitere Vertretungen zu unterzeichnen.

- *Unternehmerpflichten* wie unterstützende Maßnahmen, z. B. überregionale Werbung, Überlassung von Unterlagen, Mustern und Kollektionen sowie Werbematerial; Übermittlung der erforderlichen Nachrichten; Information über Ausführung der Geschäfte; allgemeine Unterstützung; Treuepflicht usw.

Gebietsschutz

Wichtig im Hinblick auf die Existenz ist die Frage des Gebietsschutzes für den Handelsvertreter. Gebietsschutz heißt, dass innerhalb einer vertraglich festgelegten Region kein anderer freier Handelsvertreter desselben Unternehmens oder einer seiner Tochterfirmen mit den gleichen Produkten Geschäfte anbahnen und vermitteln darf. Ein Gebietsschutz ist wichtig, da sich sonst Aufwendungen des Handelsvertreters für Akquisition, Büro, Fahrzeug usw. nicht rechnen würden, wenn in seinem Gebiet weitere Konkurrenzvertreter tätig wären und womöglich aufgrund seiner Akquisitions- und Werbebemühungen Abschlüsse tätigen können. Aus diesem Grund ist es bei Handelsvertreterverträgen üblich, den freien Handelsvertretern einen Gebietsschutz einzuräumen. Doch Vorsicht: Die Unternehmer können diesen unterlaufen, indem sie sich das Recht zu »Direktgeschäften« vorbehalten. In der Praxis bedeutet das, dass der Unternehmer die Großgeschäfte am Handelsvertreter vorbei abschließt. Hier muss es eine Regel für eine Beteiligungsprovision geben; denn Großgeschäfte sind oft nur möglich, wenn Produkte oder Leistungen sich nachweislich etablieren konnten, was aber regional der Verdienst des Handelsvertreters ist. Auch muss geklärt werden, wie Überschneidungsgeschäfte zu regeln sind: So kann die Akquisition in Gebiet A dazu führen, dass ein Geschäft in der Region B, für dessen Betreuung ein anderer Handelsvertreter zuständig ist, zustande kommt. In diesem Fall muss geregelt werden, ob der Handelsvertreter der Region B den Kunden weiterbetreut und in diesem Fall die Provision geteilt werden soll.

Ein Schwachpunkt des Gebietsschutzes ist aber, dass das Unternehmen sich zwar hinsichtlich des Einsatzes von Handelsvertretern daran halten muss, keinen Konkurrenzaußendienst in geschützten Gebieten einzusetzen. Doch umgangen wird dies häufig dadurch, dass das Unternehmen über eine zweite Vertriebsschiene zusätzlich Händler einsetzt, die im Unterschied zu Handelsvertretern nicht Geschäfte vermitteln, sondern Waren auf eigene Rechnung beim Hersteller direkt einkaufen und auf eigenes Risiko verkaufen. Auch hier müssen Sie Auftraggeber darauf drängen, dass der Einsatz von Händlern in Ihrem Schutzgebiet ausgeschlossen wird.

Es sollte sich niemand in die Lage eines Zeitschriftenwerbers bringen, der Abos zu vermitteln versucht, obgleich die Zeitungen selbst durch große Geschenke am Abo-Werber vorbei selbst akquirieren. Solche Vertretungen können Betroffene wirtschaftlich ruinieren.

Vertragsgestaltung nach Handelsgesetzbuch

Da das Handelsgesetzbuch – auch zum Schutz des freien Handelsvertreters – zahlreiche Punkte regelt, kann es manchmal besser sein, im Vertrag auf das HGB zu verweisen. Geregelt werden im HGB u. a. folgende Aspekte:

- § 85 HGB Vertragsurkunde
- § 86 HGB Pflichten des Handelsvertreters
- § 86 a HGB Pflichten des Unternehmers
- § 86 b HGB Delkredereprovision
- § 87 HGB Provisionspflichtige Geschäfte
- § 87 a HGB Fälligkeit der Provision
- § 87 b HGB Höhe der Provision
- § 87 c HGB Abrechnung über die Provision
- § 87 d HGB Ersatz von Aufwendungen
- § 88 HGB Verjährung der Ansprüche
- § 88 a HGB Zurückbehaltungsrecht
- § 89 HGB Kündigung des Vertrags
- § 89 a HGB Fristlose Kündigung
- § 89 b HGB Ausgleichsanspruch
- § 90 HGB Geschäfts- und Betriebsgeheimnisse
- § 90 a HGB Wettbewerbsabrede
- § 91 HGB Vollmachten des Handelsvertreters

- § 91 a HGB Mangel der Vertretungsmacht
- § 92 HGB Versicherungs- und Bausparkassenvertreter
- § 92 a HGB Mindestarbeitsbedingungen
- § 92 b HGB Handelsvertreter im Nebenberuf
- § 92 c HGB Handelsvertreter außerhalb der Europäischen Gemeinschaft, Schifffahrtsvertreter.

Provisionstandard der HGB-Vorgaben sichern

Beim Abschluss eines Handelsvertretervertrags muss man hinsichtlich der Regelungen über Provisionszahlungen sehr darauf achten, dass man nicht aus Versehen vertraglich auf das verzichtet, was gesetzlich ohnehin dem freien Handelsvertreter gemäß §§ 87, 87 a, 87 b, 87 c und 87 d HGB zusteht:

§ 87 HGB Provisionspflichtige Geschäfte

»(1) Der Handelsvertreter hat Anspruch auf Provision für alle während des Vertragsverhältnisses abgeschlossenen Geschäfte, die auf seine Tätigkeit zurückzuführen sind oder mit Dritten abgeschlossen werden, die er als Kunden für Geschäfte der gleichen Art geworben hat. Ein Anspruch auf Provision besteht für ihn nicht, wenn und soweit die Provision nach Absatz 3 dem ausgeschiedenen Handelsvertreter zusteht.

(2) Ist dem Handelsvertreter ein bestimmter Bezirk oder ein bestimmter Kundenkreis zugewiesen, so hat er Anspruch auf Provision auch für die Geschäfte, die ohne seine Mitwirkung mit Personen seines Bezirkes oder seines Kundenkreises während des Vertragsverhältnisses abgeschlossen sind. Dies gilt nicht, wenn und soweit die Provision nach Absatz 3 dem ausgeschiedenen Handelsvertreter zusteht.

(3) Für ein Geschäft, das erst nach Beendigung des Vertragsverhältnisses abgeschlossen ist, hat der Handelsvertreter nur Anspruch auf Provision, wenn er das Geschäft vermittelt oder es eingeleitet und so vorbereitet hat, dass der Abschluss überwiegend auf seine Tätigkeit zurückzuführen ist und das Geschäft innerhalb einer angemessenen Frist nach Beendigung des Vertragsverhältnisses abgeschlossen worden ist oder vor Beendigung des Vertragsverhältnisses das Angebot des Dritten zum Abschluss eines Geschäfts, für das der Handelsvertreter nach Absatz 1 Satz 1 oder Absatz 2 Satz 1 Anspruch auf Provision hat, dem Handelsvertreter oder dem Unternehmer zugegangen ist.

Der Anspruch auf Provision nach Satz 1 steht dem nachfolgenden Handelsvertreter anteilig zu, wenn wegen besonderer Umstände eine Teilung der Provision der Billigkeit entspricht.
(4) Neben dem Anspruch auf Provision für abgeschlossene Geschäfte hat der Handelsvertreter Anspruch auf Inkassoprovision für die von ihm auftragsgemäß eingezogenen Beträge.

§ 87 a HGB Fälligkeit der Provision
(1) Der Handelsvertreter hat Anspruch auf Provision, sobald und soweit der Unternehmer das Geschäft ausgeführt hat. Eine abweichende Vereinbarung kann getroffen werden, jedoch hat der Handelsvertreter mit der Ausführung des Geschäfts durch den Unternehmer Anspruch auf einen angemessenen Vorschuss, der spätestens am letzten Tag des folgenden Monats fällig ist. Unabhängig von einer Vereinbarung hat jedoch der Handelsvertreter Anspruch auf Provision, sobald und soweit der Dritte das Geschäft ausgeführt hat.
(2) Steht fest, dass der Dritte nicht leistet, so entfällt der Anspruch auf Provision; bereits empfangene Beträge sind zurückzugewähren.
(3) Der Handelsvertreter hat auch dann einen Anspruch auf Provision, wenn feststeht, dass der Unternehmer das Geschäft ganz oder teilweise nicht oder nicht so ausführt, wie es abgeschlossen worden ist. Der Anspruch entfällt im Falle der Nichtausführung, wenn und soweit diese auf Umständen beruht, die vom Unternehmer nicht zu vertreten sind.
(4) Der Anspruch auf Provision wird am letzten Tag des Monats fällig, in dem nach § 87c Abs. 1 über den Anspruch abzurechnen ist.
(5) Von Absatz 2 erster Halbsatz, Absätzen 3 und 4 abweichende, für den Handelsvertreter nachteilige Vereinbarungen sind unwirksam.

§ 87 b HGB Höhe der Provision
(1) Ist die Höhe der Provision nicht bestimmt, so ist der übliche Satz als vereinbart anzusehen.
(2) Die Provision ist von dem Entgelt zu berechnen, das der Dritte oder der Unternehmer zu leisten hat. Nachlässe bei Barzahlung sind nicht abzuziehen; dasselbe gilt für Nebenkosten, namentlich für Fracht, Verpackung, Zoll, Steuern, es sei denn, dass die Nebenkosten dem Dritten besonders in Rechnung gestellt sind. Die Umsatzsteuer, die lediglich aufgrund der steuerrechtlichen Vorschriften in der Rechnung gesondert ausgewiesen ist, gilt nicht als besonders in Rechnung gestellt.
(3) Bei Gebrauchsüberlassungs- und Nutzungsverträgen von bestimmter Dauer ist die Provision vom Entgelt für die Vertragsdauer zu berechnen. Bei unbestimmter Dauer ist die Provision vom Entgelt bis zu dem Zeitpunkt zu

berechnen, zu dem erstmals von dem Dritten gekündigt werden kann; der Handelsvertreter hat Anspruch auf weitere entsprechend berechnete Provisionen, wenn der Vertrag fortbesteht.

§ 87 c HGB Abrechnung über die Provision
(1) Der Unternehmer hat über die Provision, auf die der Handelsvertreter Anspruch hat, monatlich abzurechnen; der Abrechnungszeitraum kann auf höchstens drei Monate erstreckt werden. Die Abrechnung hat unverzüglich, spätestens bis zum Ende des nächsten Monats, zu erfolgen.
(2) Der Handelsvertreter kann bei der Abrechnung einen Buchauszug über alle Geschäfte verlangen, für die ihm nach § 87 Provision gebührt.
(3) Der Handelsvertreter kann außerdem Mitteilung über alle Umstände verlangen, die für den Provisionsanspruch, seine Fälligkeit und seine Berechnung wesentlich sind.
(4) Wird der Buchauszug verweigert oder bestehen begründete Zweifel an der Richtigkeit oder Vollständigkeit der Abrechnung oder des Buchauszuges, so kann der Handelsvertreter verlangen, dass nach Wahl des Unternehmers entweder ihm oder einem von ihm zu bestimmenden Wirtschaftsprüfer oder vereidigten Buchsachverständigen Einsicht in die Geschäftsbücher oder die sonstigen Urkunden so weit gewährt wird, wie dies zur Feststellung der Richtigkeit oder Vollständigkeit der Abrechnung oder des Buchauszuges erforderlich ist.
(5) Diese Rechte des Handelsvertreters können nicht ausgeschlossen oder beschränkt werden.

§ 87 d HGB Ersatz von Aufwendungen
Der Handelsvertreter kann den Ersatz seiner im regelmäßigen Geschäftsbetrieb entstandenen Aufwendungen nur verlangen, wenn dies handelsüblich ist.

Wichtige Fragen zur Honorarregelung sind:

- Welche Vergütung steht mir speziell zu?
- Genaue Festlegung meiner provisionspflichtigen Geschäfte. Welche sind das? Liste machen!
- Regelung treffen, wie eine Verprovisionierung bei Direktabschlüssen des Unternehmens in meinem Vertriebsgebiet gehandhabt wird. Welcher Anteil an der Provision steht mir zu?
- Provisionsbemessungsgrundlagen, z. B. Rechnungsbetrag inkl.

oder zuzüglich Mehrwertsteuer, Fahrtkosten, Montagekosten und sonstige Nebenpositionen,

- Provisionssatz, was ist branchenüblich? Rechtfertigt meine Tätigkeit, z. B. zusätzlich technische Klarstellung, eine höhere Provision? Basis-Rechnungsbetrag, bei höheren Umsätzen Staffelprovision.
- Ist eine Art Fixum als Kostenbeitragspauschale möglich?
- Weitere Provisionsmöglichkeiten: Mindestgarantie besonders in der Anlaufzeit; Gesamtumsatz- oder Superprovision; Bestandspflegeprovision; Delkredere-Provision u. a.
- Entstehung und Fälligkeit: grundsätzlich bei Ausführung des Geschäfts durch den Unternehmer; andere Vertragsgestaltung ist möglich wie z. B. Zeitpunkt der Rechnungszahlung durch den Kunden, dann aber Vorschussanspruch des Vertreters.
- Abrechnung: Vereinbarung des Abrechnungszeitraums im Rahmen der gesetzlichen Vorgabe von 1-3 Monaten, Auskunftsanspruch des Vertreters, bei Zweifel Buchauszug oder Einsichtsrecht durch Wirtschaftsprüfer.
- Auslagenersatz: Zuschüsse in Geld oder Natur zu Werbe- und Präsentationskosten, Geschäftswagen, EDV, Kosten der Lagerhaltung, Ersatz von Spesen und sonstigen Aufwendungen.

! Vertragsmuster eines Handelsvertretervertrags

Handelsvertretervertrag
zwischen
der Firma A
im Folgenden »Unternehmer« -

und

Herrn/Frau B
im Folgenden »Handelsvertreter« -

§ 1 Umfang der Vertretung

Der Unternehmer bestellt den Handelsvertreter für das Gebiet, das in der beiliegenden Karte rot umrandet ist, zum Bezirksvertreter.
Der Handelsvertreter hat die Exklusivvertretung in diesem Gebiet.
Die Handelsvertretung erstreckt sich auf folgende Produkte...

§ 2 Pflichten des Handelsvertreters
Der Handelsvertreter hat seine Dienste persönlich zu leisten. Er ist zum Einsatz von Untervertretern berechtigt.
Der Handelsvertreter hat für den Unternehmer Geschäfte zu vermitteln. Er hat die Vollmacht zum Abschluss des Vertrages.
Der Handelsvertreter hat die Geschäftsbeziehungen mit den potenziellen Kunden des Unternehmers zu pflegen. Er ist verpflichtet, die Interessen des Unternehmers wahrzunehmen.
Der Handelsvertreter hat die in seinem Gebiet vorhandenen potenziellen Kunden des Unternehmers regelmäßig zu besuchen.
Der Handelsvertreter hat dem Unternehmer laufend Nachricht zu geben über alle in den Geschäftsbeziehungen interessierenden Umstände, insbesondere über seine Abschlüsse und Vermittlungen, Beobachtungen über die Bonität der Kunden und eventuelle Veränderungen im Kundenkreis.
Der Handelsvertreter darf die Interessen solcher Firmen, die mit dem Unternehmer im Wettbewerb stehen, nicht wahrnehmen.
Der Handelsvertreter hat über alle Geschäftsgeheimnisse des Unternehmers während der Dauer des Vertrags und nach Beendigung des Vertrags Stillschweigen zu bewahren.

§ 3 Pflichten des Unternehmers
Der Unternehmer hat den Handelsvertreter bei dessen Tätigkeit nach Kräften zu unterstützen; er hat ihn insbesondere mit Werbeunterlagen im jeweils benötigten Umfang kostenlos zu versehen.
Der Unternehmer hat den Handelsvertreter mit allen sich auf die möglichen Geschäfte beziehenden Informationen zu versehen. Er hat ihm jeweils unverzüglich mitzuteilen, ob er ein vermitteltes Geschäft annehmen oder ablehnen will.
Der Unternehmer hat den Handelsvertreter zu unterrichten, wenn er Geschäfte voraussichtlich nur in erheblich geringerem Umfang abschließen kann oder will, als nach den Umständen zu erwarten ist.
Der Unternehmer hat den Handelsvertreter über seine unmittelbaren geschäftlichen Tätigkeiten im Gebiet des Handelsvertreters zu unterrichten und mit potenziellen Abnehmern geführte Korrespondenz dem Handelsvertreter in Kopie zu überlassen.

§ 4 Provision
Der Handelsvertreter erhält als Entgelt für seine Tätigkeit für alle Geschäfte, die er in seinem Gebiet abschließt oder vermittelt, eine Provision.

Der Handelsvertreter hat keinen Anspruch auf Provision, wenn und soweit feststeht, dass der Kunde des Unternehmers keine Zahlung leistet. Bereits gezahlte Provision ist zurückzuzahlen.
Die Provision für den Abschluss oder die Vermittlung beträgt 5 % vom Netto-Rechnungsbetrag abzüglich aller vom Unternehmer gewährten oder vom Kunden in Anspruch genommenen Nachlässe.
Übernimmt der Handelsvertreter für ein bestimmtes Geschäft das Delkredere, so erhält er seine besondere zusätzliche Delkredere-Provision in Höhe von 3 %. Die Delkredere-Provision wird ebenso berechnet wie die Provision.
Die Provision wird vierteljährlich abgerechnet und bezahlt; á Konto des Provisionsanspruchs erhält der Handelsvertreter eine monatliche Vorschusszahlung in Höhe von Euro ...
Soweit der Handelsvertreter mit im Einzelfall vom Unternehmer zu erteilender Ermächtigung des Unternehmers einzieht, kann er die verdiente Provision einbehalten.
Der Handelsvertreter hat keinen Anspruch auf Erstattung von Auslagen wie Fahrtkosten, Porto, Fernsprech- und Telexgebühren.

§ 5 Dauer des Vertrages
Der Vertrag wird auf unbestimmte Zeit geschlossen. Er kann im ersten Jahr mit einer Frist von einem Monat, im zweiten Jahr mit einer Frist von zwei Monaten und im dritten bis fünften Jahr mit einer Frist von drei Monaten zum Abschluss eines Kalendermonats gekündigt werden. Nach einer Vertragsdauer von fünf Jahren kann das Vertragsverhältnis mit einer Frist von sechs Monaten gekündigt werden.

§ 6 Teilunwirksamkeit
Sollte eine Bestimmung dieses Vertrages unwirksam sein oder werden, so wird die Gültigkeit des Vertrags im übrigen nicht berührt. Die Vertragsabschließenden verpflichten sich, die unwirksame Regelung durch eine solche zu ersetzen, die dem Vertragszweck wirtschaft entspricht.

§ 7 Vertragsänderungen
Änderungen und Ergänzungen dieses Vertrages bedürfen der Schriftform.

§ 8 Gerichtsstand und Erfüllungsort
Gerichtsstand und Erfüllungsort für alle Verbindlichkeiten aus diesem Vertrag ist ausschließlich der Sitz des Unternehmens.

(Quelle: IHK Augsburg)

Wie finde ich eine Vertretung?

Da Unternehmen aller Größenordnungen und fast aller Branchen potenziell mit Handelsvertretern zusammenarbeiten können, sind die Möglichkeiten, wo man nach einer Vertretung suchen kann, enorm. Allerdings gilt es, eine Vertretung entsprechend der eigenen fachlichen Eignung und Neigung zu finden. Empfehlenswert ist es vor dem Sprung ins kalte Wasser zum selbständigen Handelsvertreter, zunächst eine Stelle als angestellter Handelsvertreter zu finden. Als Reisender, etwa bei einer Versicherung, lernt man die Grundregeln des Vermittlungsgeschäftes und der Kundenakquisition kennen, z. B. wie man Gespräche führt, einen Organisations- und Zeitplan erstellt und vieles mehr.
Allerdings stellt auch der nebenberufliche Einstieg ins Geschäft eine Möglichkeit dar, zu prüfen, ob man für so einen harten Job überhaupt geeignet ist. Zudem kann man Erfahrungen sammeln, die später bei der Übernahme einer Vollzeitvertretung wichtig sind, um entsprechende Praxis nachzuweisen. Wer keine Praxis als selbständiger Handelsvertreter oder zumindest als Reisender nachweisen kann, hat es schwer, überhaupt eine Vertretung zu erhalten, es sei denn, es handelt sich um Konsumgüter, die direkt an den Endverbraucher gebracht werden sollen wie z. B. Kosmetik, Unterwäsche, Geschirr usw. In diesen Fällen suchen Firmen vor allem persönlichkeitsstarke Frauen und Männer, die Ausstrahlung haben, vertrauenswürdig wirken und in der Lage sind, nebenberuflich und später vielleicht hauptberuflich einzusteigen. Für die gesuchten Neueinsteiger werden dann gezielte Schulungen angeboten, ähnlich wie bei Versicherungen und Bausparkassen.
Ansonsten empfiehlt es sich auch, im Vorfeld zu versuchen, bei einer eingeführten Handels- oder Industrievertretung, bei einem Makler oder in einer Handelsagentur Beschäftigung zu finden oder zumindest im Vertrieb von Firmen Erfahrungen zu sammeln. Wenn die Hürde eines Erstvertrages erst einmal genommen ist und Sie gewisse Vermittlungserfolge nachweisen können, ist es dann gar nicht mehr so

schwer, Auftraggeber zu finden. Denn im Prinzip ist jedes Unternehmen daran interessiert, seinen Umsatz zu erhöhen. Mit freien Handelsvertretern kostet der unmittelbare Vertrieb das Unternehmen nicht mehr als die erfolgsabhängige Provision.

Erst wenn die regelmäßigen Provisionen höher liegen als beispielsweise ein Gehalt für Reisende, bedenken die Firmen, ob sie nicht besser einen aus Reisenden bestehenden Außendienst etablieren sollen. Das hätte für sie den Vorteil, dass dieser dann ausschließlich ihr Haus vertritt und vielleicht mehr absetzen kann als die freien Handelsvertreter.

Wer sich also umschaut nach Vertretungen, sollte dies am besten im Bereich der mittleren Unternehmen tun, die einerseits groß genug sind, dass es sich lohnt, ihre Produkte und Leistungen zu vertreten, die aber gleichzeitig auch zu klein sind, um Reisende zu beschäftigen oder eigene Niederlassungen zu gründen.

Vertretungsangebote findet man

- im HV-Journal, Verbandsorgan des CDH; mit jährlich mehr als 2 200 Vertretungsangeboten steht die Zeitschrift an der Spitze aller Fachzeitschriften und Tageszeitungen in der Bundesrepublik, *www.cdh.de/g/16/hvjournal.html* oder *www.cdh.de*
- in Fachzeitschriften der Branchen
- in Wochenendzeitungen der Tageszeitungen
- im Internet, z.B.: *www.handelsvertreter.de*, Plattform des CDH mit Vermittlungsangeboten der Branchen Bauwesen, Technik, Papier – Verpackung – Büro, Medizinprodukte – Gesundheitswesen, Mode-Sport-Accessoires, Nahrungsmittel – Weine – Spirituosen; Wohnambiente *www.handel-handelsvertreter.de*, diverse Angebote verschiedener Branchen; *www.handelsvertreter-brd.de*, nennt Unternehmen aller Branchen.

!

Infos!

- Örtliche Industrie- und Handelskammern
- Centralvereinigung Deutscher Wirtschaftsverbände für Handelsvermittlung und Vertrieb (CDH)

Am Weidendamm 1 A, 10117 Berlin
Tel.: 0 30/72 62 56 00, Fax: 0 30/7 26 25 69, *www.cdh.de*

- Um Hilfe in allen Fragen des Einstiegs und Vertragsrechts zu erhalten, empfiehlt es sich, Mitglied zu werden im: Handelsvertretungsvertrag, CDH-Wirtschaftsdienst, Best.-Nr. 590 (zu beziehen über: CDH Bayern Wirtschaftsverband Bayerischer Handelsvertretungen e. V., Ismaninger Str. 63, 81675 München)

Händler – Kaufvertrag

Während der freie Handelsvertreter im Auftrag für einen Unternehmer versucht, Waren auf dessen Rechnung zu verkaufen, und im Erfolgsfall eine Provision kassiert, ist die Stellung des Händlers eine andere. Er kauft auf eigene Rechnung und Verantwortung Ware bei Herstellern oder Großhändlern ein und verkauft diese Waren mit einem Aufschlag weiter, so z. B. an Endkunden. Der Preisaufschlag ist das, was der Händler einnimmt und womit er seine Unkosten und sein privates Einkommen erzielen muss. Jeder Handel basiert rechtlich auf einem Kaufvertrag – egal, ob es um einen stationären Einzel- oder einen mobilen Reisegewerbehandel, einen Groß- oder einen Versandhandel geht. Beim Kaufvertrag ist im deutschen Recht zu unterscheiden zwischen

- einem bürgerlich-rechtlichen Kauf, der unter Nichtkaufleuten abgeschlossen wird oder den ein Kaufmann für private Zwecke abschließt. Rechtsgrundlage: §§ 433 ff. BGB.
- Handelskauf, bei dem mindestens ein Vertragspartner Kaufmann ist. Rechtsgrundlagen: §§ 433 ff. BGB und §§ 343 ff. HGB.

Was ein Kaufvertrag rechtlich darstellt, regelt § 433 Abs. 1 + 2 BGB

§ 433 Inhalt eines Kaufvertrages
»(1) Durch den Kaufvertrag wird der Verkäufer einer Sache verpflichtet, dem Käufer die Sache zu übergeben und das

Eigentum an der Sache zu verschaffen. Der Verkäufer hat dem Käufer die Sache frei von Sach- und Rechtsmängeln zu verschaffen.« (Bis 31. 12. 2001 galt: Der Verkäufer eines Rechtes ist verpflichtet, dem Käufer das Recht zu verschaffen und, wenn das Recht zum Besitz einer Sache berechtigt, die Sache zu übergeben.)
»(2) Der Käufer ist verpflichtet, dem Verkäufer den vereinbarten Kaufpreis zu zahlen und die gekaufte Sache abzunehmen«.

Mit der Schuldrechtsreform 2002 wurde in § 433 Abs. 1 BGB die Verpflichtung aufgenommen, »dem Käufer die Sache frei von Sach- und Rechtsmängeln zu verschaffen«, sodass auf diese Weise der gravierende Unterschied zwischen Sach- und Rechtsmängeln geschlossen wurde und jetzt eindeutig ist, in welcher Qualität die zugesagte Ware dem Käufer abzuliefern ist.
Die Definition, was unter Sachmangel zu verstehen ist, definiert § 434 BGB; § 435 BGB bestimmt, was ein Rechtsmangel ist:

§ 434 Sachmangel
»(1) Die Sache ist frei von Sachmängeln, wenn sie bei Übergabe die vereinbarte Beschaffenheit hat. Soweit die Beschaffenheit nicht vereinbart ist, ist die Sache frei von Sachmängeln,
1. wenn sie sich für die nach dem Vertrag vorausgesetzte Verwendung eignet, sonst
2. wenn sie sich für die gewöhnliche Verwendung eignet und eine Beschaffenheit aufweist, die bei Sachen der gleichen Art üblich ist und die der Käufer nach der Art der Sache erwarten kann.
Zu der Beschaffenheit nach Satz 2 Nr. 2 gehören auch Eigenschaften, die der Käufer nach den öffentlichen Äußerungen des Verkäufers, des Herstellers (§ 4 Abs. 1 und 2 des Produkthaftungsgesetzes) oder seines Gehilfen insbesondere in der Werbung oder bei der Kennzeichnung über bestimmte Eigenschaften der Sache erwarten kann, es sei denn, dass der

Verkäufer die Äußerung nicht kannte und auch nicht kennen musste, dass sie im Zeitpunkt des Vertragsabschlusses in gleichwertiger Weise berichtigt war oder dass sie die Kaufentscheidung nicht beeinflussen konnte.
(2) Ein Sachmangel ist auch dann gegeben, wenn die vereinbarte Montage durch den Verkäufer oder dessen Erfüllungsgehilfen unsachgemäß durchgeführt worden ist. Ein Sachmangel liegt bei einer zur Montage bestimmten Sache ferner vor, wenn die Montageanleitung mangelhaft ist, es sei denn, die Sache ist fehlerfrei montiert worden.
(3) Einem Sachmangel steht gleich, wenn der Verkäufer eine andere Sache oder eine zu geringe Menge liefert.«
§ 435 BGB Rechtsmangel
»Die Sache ist frei von Rechtsmängeln, wenn Dritte in Bezug auf die Sache keine oder nur die im Kaufvertrag übernommenen Rechte gegen den Käufer geltend machen können. Einem Rechtsmangel steht es gleich, wenn im Grundbuch ein Recht eingetragen ist, das nicht besteht.«

Neu eingeführt im Kaufrecht wurde auch die so genannte Nacherfüllung. Ihr Kunde kann also bei mangelhafter erster Lieferung unter Stellung einer Frist Nacherfüllung verlangen. Ist z. B. das Duftöl verunreinigt oder der Tee zu alt, der versendet oder vor Ort verkauft wurde, kann der Kunde eine Nachlieferung beantragen; Probleme jedoch kann es geben, wenn dann das Lager leer oder die Ware vergriffen ist. Wie die Gerichte hier entscheiden werden, bleibt abzuwarten.

§ 439 BGB Nacherfüllung
»(1) Der Käufer kann als Nacherfüllung nach seiner Wahl die Beseitigung des Mangels oder die Lieferung einer mangelfreien Sache verlangen.
(2) Der Verkäufer hat die zum Zweck der Nacherfüllung erforderlichen Aufwendungen, insbesondere Transport-, Wege-, Arbeits- und Materialkosten zu tragen.
(3) Der Verkäufer kann die vom Käufer gewählte Art der Nacherfüllung unbeschadet des § 275 Abs. 2 und 3 verlangen, wenn sie nur mit unverhältnismäßigen Kosten möglich

ist. Dabei sind insbesondere der Wert der Sache in mangelfreiem Zustand, die Bedeutung des Mangels und die Frage zu berücksichtigen, ob auf die andere Art der Nacherfüllung ohne erhebliche Nachteile für den Käufer zurückgegriffen werden könnte. Der Anspruch des Käufers beschränkt sich in diesem Fall auf die andere Art der Nacherfüllung, das Recht des Verkäufers, auch diese unter den Voraussetzungen des Satzes 1 zu verweigern, bleibt unberührt.
(4) Liefert der Verkäufer zum Zweck der Nacherfüllung eine mangelhafte Sache, so kann er vom Käufer Rückgewähr der mangelhaften Sache nach Maßgabe der §§ 346 bis 348 verlangen.

Wenn Sie nicht noch einmal liefern können oder die Nachlieferung kaum eine Verbesserung bringt, hat der Käufer wie bisher nach den §§ 346-348 BGB ein Rücktrittsrecht vom Kaufvertrag und kann das Geld zurückverlangen, soweit er bezahlt hat. Der Verkäufer muss die Ware zurücknehmen.
Statt den Kaufvertrag gänzlich rückgängig zu machen, kann der Kunde auch gemäß § 441 BGB (bislang: § 462 BGB) verlangen, dass der Händler den Kaufpreis mindert.

§ 441 Minderung
»(1) Statt zurückzutreten, kann der Käufer den Kaufpreis durch Erklärung gegenüber dem Verkäufer mindern. Der Ausschlussgrund des § 323 Abs. 5 Satz findet keine Anwendung.
(2) Sind auf der Seite des Käufers oder auf der Seite des Verkäufers mehrere beteiligt, so kann die Minderung nur von allen oder gegen alle erklärt werden.
(3) Bei der Minderung ist der Kaufpreis in dem Verhältnis herabzusetzen, in welchem zur Zeit des Vertragsabschlusses der Wert der Sache in mangelfreiem Zustand zu dem wirklichen Wert gestanden haben würde. Die Minderung ist, soweit erforderlich, durch Schätzung zu ermitteln.
(4) Hat der Käufer mehr als den geminderten Kaufpreis gezahlt, so ist der Mehrbetrag vom Verkäufer zu erstatten. § 346 Abs. 1 und § 347 Abs. 1 finden entsprechende Anwendung.

§ 442 Kenntnis des Käufers
(1) Die Rechte des Käufers wegen eines Mangels sind ausgeschlossen, wenn er bei Vertragsschluss den Mangel kennt. Ist dem Käufer ein Mangel infolge grober Fahrlässigkeit unbekannt geblieben, kann der Käufer Rechte wegen dieses Mangels nur geltend machen, wenn der Verkäufer den Mangel arglistig verschwiegen oder eine Garantie für die Beschaffenheit der Sache übernommen hat.
(2) Ein im Grundbuch eingetragenes Recht hat der Verkäufer zu beseitigen, auch wenn es der Käufer kennt.«

Neu: zwei Jahre Gewährleistung

Ein großes Risiko besteht vor allem für kleinere Händler, da die gesetzliche Gewährleistungsfrist von 6 Monaten auf 24 Monate verlängert wird. Das heißt: Ein Kunde kann noch nach 23 Monaten einen auftretenden Mangel geltend machen. Kommen unglücklicherweise mehrere solche Mängelrügen auf einmal, kann es passieren, dass kleine Händler nur noch mit dem Schadensersatz beschäftigt sind, ganz abgesehen von der finanziellen Einbuße durch Behebung oder Nacherfüllung. Daher sollte man genau prüfen, ob der Handel für eine selbständige Tätigkeit infrage kommt. So kann aufgrund der veränderten Rechtssituation die an und für sich günstige Möglichkeit trügerisch sein, jetzt übers Internet seine Angebote besser und preiswerter als in jedem Katalog anbieten zu können. Neben der Veränderung des Kauf- und Schuldrechts hat auch das neue Fernabsatzgesetz zu einer Risikoerhöhung im Handel geführt.

Freie Versandhändler – FernAbsG

Seit das Internet eine preiswerte Möglichkeit bietet, auch ohne Kataloginvestition als Einzelunternehmer einen Versandhandel aufzuziehen, betätigen sich immer mehr Selbständige als freie Händler. Dies geschieht entweder nebenberuflich, hauptberuflich oder ergänzend zu ihrer Dienstleistungsfunktion; so kann z. B. ein Software-Entwickler Software über seine Homepage verkaufen.

Versandhändler sind wie alle Händler grundsätzlich Gewerbetreibende. Freiberufler, die eine Mischtätigkeit ausüben, werden wegen des Abfärbungseffektes ebenfalls zu Gewerbetreibenden, sofern die Handelstätigkeit nicht wegen Geringfügigkeit vernachlässigbar ist oder eine vom freien Beruf getrennte Tätigkeit darstellt. (Siehe hierzu den Abschnitt »Nichttrennbare freiberufliche und gewerbliche Tätigkeiten«)

Versandhandel bedeutet, dass der Händler seine Waren dem Endverbraucher nicht direkt in einem Ladengeschäft oder auf einem Markt anbietet, sondern sie dem Kunden per Post oder Paketservice zustellt. Dabei ist es noch nicht einmal unbedingt nötig, dass der Versandhändler selbst ein Lager unterhält. Er kann – bei Vorliegen bestimmter Absprachen – auch Waren direkt von anderen Großhändlern oder Produzenten versenden lassen. Versandhändler können auch fremde Dienstleister mit der Lagerhaltung, Adressverwaltung und dem gesamten Versand inklusive Zahlungswesen beauftragen, was natürlich einiges kostet.

Rechtlich hat das in Bezug auf das Verhältnis des Versandhändlers zu seinem Kunden keinen Einfluss. Zumeist beginnen aber Kleinversender mit einem eigenen Lager. Beliebt sind Branchen mit Duftöl-, Tee-, Esoterik- oder auch Erotik-Produkten, aber auch Pflanzensamen, Pilzen oder Schmuck. Doch was seit Internetzeiten so leicht erscheint, ist in Wirklichkeit nicht einfach. Nicht nur, dass die Angebotsseite, die Domain, erst einmal bekannt sein muss. Ein Versandhändler muss zudem eine Menge rechtlicher Dinge bedenken, bevor er einfach loslegen kann. So gilt beispielsweise seit dem 30. Juni 2000 das neue Fernabsatzgesetz, das erhebliche Auswirkungen auf die Haftungs- und damit Kostensituation eines Versandhandels hat.

Gültigkeitsbereich des Fernabsatzgesetzes (FernAbsG)

Das Fernabsatzgesetz (FernAbsG) gilt für den Business to Consumer-Bereich, für Fernkaufverträge über Waren und Dienstleistungen, die Unternehmer mit privaten Verbrauchern abschließen. Es gilt nicht zwischen Kaufleuten nach § 1 Handelsgesetzbuch.

§ 1 (FernAbsG)
»(1) Dieses Gesetz gilt für Verträge über die Lieferung von Waren oder über die Erbringung von Dienstleistungen, die zwischen einem Unternehmer und einem Verbraucher unter ausschließlicher Verwendung von Fernkommunikationsmitteln abgeschlossen werden, es sei denn, dass der Vertragsschluss nicht im Rahmen eines für den Fernabsatz organisierten Vertriebs- oder Dienstleistungssystems erfolgt (Fernabsatzverträge).
(2) Fernkommunikationsmittel sind Kommunikationsmittel, die zur Anbahnung oder zum Abschluss eines Vertrags zwischen einem Verbraucher und einem Unternehmer ohne gleichzeitige körperliche Anwesenheit der Vertragsparteien eingesetzt werden können, insbesondere Briefe, Kataloge, Telefonanrufe, Telekopien, E-Mails sowie Rundfunk, Tele- und Mediendienste.
(3) Dieses Gesetz findet keine Anwendung auf Verträge
1. über Fernunterricht (§ 1 Fernunterrichtsschutzgesetz),
2. über die Teilzeitnutzung von Wohngebäuden (§ 1 Teilzeit-Wohnrechtegesetz),
3. über Finanzgeschäfte, insbesondere Bankgeschäfte, Finanz- und Wertpapierdienstleistungen und Versicherungen sowie deren Vermittlung,
4. über die Veräußerung von Grundstücken und grund-

stücksgleichen Rechten, die Begründung, Veräußerung und Aufhebung von dinglichen Rechten an Grundstücken und grundstücksgleichen Rechten sowie über die Errichtung von Bauwerken,
5. über die Lieferung von Lebensmitteln, Getränken oder sonstigen Haushaltsgegenständen des täglichen Bedarfs, die am Wohnsitz, am Aufenthaltsort oder am Arbeitsplatz eines Verbrauchers von Unternehmern im Rahmen häufiger und regelmäßiger Fahrten geliefert werden,
6. über die Erbringung von Dienstleistungen in den Bereichen Unterbringung, Beförderung, Lieferung von Speisen und Getränken sowie Freizeitgestaltung, wenn sich der Unternehmer bei Vertragsabschluss verpflichtet, die Dienstleistungen zu einem bestimmten Zeitpunkt oder innerhalb eines genau angegebenen Zeitraums zu erbringen,
7. die geschlossen werden
a) unter Verwendung von Warenautomaten oder automatisierten Geschäftsräumen oder
b) mit Betreibern von Telekommunikationsmitteln aufgrund der Benutzung von öffentlichen Fernsprechern, soweit sie deren Benutzung zum Gegenstand haben.«

Unterrichtung des Verbrauchers

Wer per Katalog oder Homepage Produkte verkaufen möchte, hat gemäß § 2 FernAbsG eine umfangreiche Informationspflicht gegenüber dem Verbraucher:

§ 2 (FernAbsG)
»(1) Beim Einsatz von Fernkommunikationsmitteln zur Anbahnung oder zum Abschluss von Fernabsatzverträgen müssen der geschäftliche Zweck und die Identität des Unternehmers für den Verbraucher eindeutig erkennbar sein. Bei Telefongesprächen müssen sie zu Beginn des Gesprächs ausdrücklich offen gelegt werden. Weitergehende Einschränkungen bei der Verwendung von Fernkommunikationsmitteln auf Grund anderer Vorschriften bleiben unberührt.

(2) Der Unternehmer muss den Verbraucher rechtzeitig vor Abschluss eines Fernabsatzvertrags in einer dem eingesetzten Fernkommunikationsmittel entsprechenden Weise klar und verständlich informieren über:
1. seine Identität und Anschrift,
2. wesentliche Merkmale der Ware oder Dienstleistung, sowie darüber, wann der Vertrag zustande kommt,
3. die Mindestlaufzeit des Vertrags, wenn dieser eine dauernde oder regelmäßig wiederkehrende Leistung zum Inhalt hat,
4. einen Vorbehalt, eine in Qualität und Preis gleichwertige Leistung (Ware oder Dienstleistung) zu erbringen, und einen Vorbehalt, die versprochene Leistung im Falle ihrer Nichtverfügbarkeit nicht zu erbringen,
5. den Preis der Ware oder Dienstleistung einschließlich aller Steuern und sonstiger Preisbestandteile,
6. gegebenenfalls zusätzlich anfallende Liefer- und Versandkosten,
7. Einzelheiten hinsichtlich der Zahlung und der Lieferung oder Erfüllung,
8. das Bestehen eines Widerrufs- oder Rückgaberechts nach § 3,
9. Kosten, die dem Verbraucher durch die Nutzung der Fernkommunikationsmittel entstehen, sofern sie über die üblichen Grundtarife, mit denen der Verbraucher rechnen muss, hinausgehen,
10. die Gültigkeitsdauer befristeter Angebote, insbesondere hinsichtlich des Preises.
(3) Der Unternehmer hat die Informationen nach Absatz 2 Nr. 1 bis 8 dem Verbraucher alsbald, spätestens bis zur vollständigen Erfüllung des Vertrages, bei Waren spätestens bei Lieferung an den Verbraucher, auf einem dauerhaften Datenträger zur Verfügung stellen. Dabei muss der Verbraucher auf folgende Informationen in einer hervorgehobenen und deutlich gestalteten Form aufmerksam gemacht werden:
1. Informationen über die Bedingungen, Einzelheiten der Ausübung und Rechtsfolgen des Widerrufs- oder Rückgaberechts nach den §§ 3 und 4 sowie über den Ausschluss des Widerrufsrechts nach § 3 Abs. 2 Satz 3 Nr. 2 Buchstabe b,

2. die Anschrift der Niederlassung des Unternehmers, bei der der Verbraucher Beanstandungen vorbringen kann, sowie eine ladungsfähige Anschrift des Unternehmers und bei juristischen Personen, Personenvereinigungen oder -gruppen auch den Namen eines Vertretungsberechtigten,
3. Informationen über Kundendienst und geltende Gewährleistungs- und Garantiebedingungen,
4. die Kündigungsbedingungen bei Verträgen, die ein Dauerschuldverhältnis betreffen und für eine längere Zeit als ein Jahr oder für unbestimmte Zeit geschlossen werden.
Die Sätze 1 und 2 gelten nicht für Dienstleistungen, die unmittelbar durch Einsatz von Fernkommunikationsmitteln erbracht werden, sofern diese Leistungen in einem Mal erfolgen und über den Betreiber der Fernkommunikationsmittel abgerechnet werden. Der Verbraucher muss sich in diesem Fall aber über die Anschrift der Niederlassung des Unternehmers informieren können, bei der er Beanstandungen vorbringen kann.«

Aktuelles Urteil bezüglich mangelnder Unterrichtung

OLG Frankfurt entscheidet zu Pflichtangaben im Fernabsatz. Muss der Kunde bei der Bestellung erst über Links die Anschrift des anbietenden Unternehmens ermitteln oder erfährt er nicht auf der Bestellseite, sondern erst über Links etwas Näheres über das Widerrufsrecht, so reicht dies für eine »klare und verständliche« Unterrichtung nicht aus. Der Kunde muss die Pflichtangaben des FernAG nach Ansicht des Gerichts bei Bestellungen im Internet zwangsläufig aufrufen (Beschluss vom 17. 4. 01 – Az. 6 W37/01).
(Quelle: *www.versandhandelsrecht.de*)

Widerrufsrecht

Knackpunkt des Fernabsatzgesetzes ist das Widerrufsrecht des Kunden, bestellte Waren innerhalb einer Ansichtsfrist ohne Angabe von Gründen zurückgeben zu können: Versandhändler können dieses Widerrufsrecht gemäß § 3 (FernAbsG) nicht ausschließen:

§ 3 (FernAbsG)
»(1) Dem Verbraucher steht ein Widerrufsrecht nach § 361 a des Bürgerlichen Gesetzbuchs zu. Die Widerrufsfrist beginnt abweichend von § 361 a Abs. 1 Satz 3 des Bürgerlichen Gesetzbuchs nicht vor Erfüllung der Informationspflichten gemäß § 2 Abs. 3 und 4, bei der Lieferung von Waren nicht vor dem Tag ihres Eingangs beim Empfänger, bei der wiederkehrenden Lieferung gleichartiger Waren nicht vor dem Tag des Eingangs der ersten Teillieferung und bei Dienstleistungen nicht vor dem Tag des Vertragsabschlusses; die Widerrufsbelehrung bedarf keiner Unterzeichnung durch den Verbraucher und kann diesem auch auf einem dauerhaften Datenträger zur Verfügung gestellt werden. Das Widerrufsrecht erlischt
1. bei der Lieferung von Waren spätestens vier Monate nach ihrem Eingang beim Empfänger und
2. bei Dienstleistungen
a) spätestens vier Monate nach Vertragsschluss oder
b) wenn der Unternehmer mit der Ausführung der Dienstleistung mit Zustimmung des Verbrauchers vor Ende der Widerrufsfrist begonnen hat oder der Verbraucher diese selbst veranlasst hat.«

Zweiwochenfrist

Beispielsweise kann Ihr Kunde bei Kauf über Katalog oder Internet die Waren innerhalb von zwei Wochen nach Erhalt zurückschicken und damit den Vertrag (ohne Begründung) widerrufen.

§ 361 a BGB
»(1) ... der Widerruf muss keine Begründung enthalten und schriftlich, auf einem anderen dauerhaften Datenträger oder durch Rücksendung der Sache innerhalb von zwei Wochen erfolgen; zur Fristwahrung genügt die rechtzeitige Absendung. Die Frist beginnt mit dem Zeitpunkt, zu dem dem Verbraucher eine deutlich gestaltete Belehrung über sein Widerrufsrecht, die ihm entsprechend den Erfordernissen des eingesetzten Kommunikationsmittels seine Rechte deutlich

macht, auf einem dauerhaften Datenträger zur Verfügung gestellt worden ist, die auch Namen und Anschrift des Widerrufsempfängers und einen Hinweis auf den Fristbeginn und die Regelung des Satzes 2 enthält. Sie ist vom Verbraucher bei anderen als notariell beurkundeten Verträgen gesondert zu unterschreiben oder mit einer qualifizierten elektronischen Signatur zu versehen. Ist der Vertrag schriftlich abzuschließen, so muss dem Verbraucher auch eine Vertragsurkunde, der schriftliche Antrag des Verbrauchers oder eine Abschrift der Vertragsurkunde oder des Antrags ausgehändigt werden. Ist der Fristbeginn streitig, so trifft die Beweislast den Unternehmer.«

Teures Risiko trotz 40-Euro-Regelung

Für Sie als Versandhändler kann die Widerrufsregelung schon hinsichtlich des Aufwands für Verpackung und Porto ein sehr teures Abenteuer werden, obwohl Sie dem Kunden gemäß des neuen § 361 a, Abs. 2 (BGB), Porto- und Versandkosten bis zu einer Höhe von maximal 40 Euro berechnen dürfen.

§ 361 a BGB »(2)... dem Verbraucher dürfen bei einer Bestellung bis zu einem Betrag von 40 Euro die regelmäßigen Kosten der Rücksendung vertraglich auferlegt werden, es sei denn, dass die gelieferte Ware nicht der bestellten entspricht.«

Keine Ausweichmöglichkeit

Das Gesetz stellt zwingendes Recht dar, was bedeutet, dass man die Rechtsvorschriften auch nicht durch einen anders lautenden Versandvertrag umgehen kann.

§ 5 (FernAbsG) »Unabdingbarkeit, Umgehungsverbot
(1) Eine zum Nachteil des Verbrauchers von den Vorschriften dieses Gesetzes abweichende Vereinbarung ist unwirksam.
(2) Dieses Gesetz ist auch anzuwenden, wenn seine Vorschriften durch anderweitige Gestaltungen umgangen werden.«

Fazit!

Bevor Sie als Freiberufler oder Gewerbetreibender unter die Versandhändler gehen, sollten Sie sich genau über folgende Punkte informieren:

- Die Informationspflichten nach dem Fernabsatzgesetz,
- Preisangaben, Euro, Nettopreise, Versandkostenangaben,
- Einzelheiten der Zahlung und Lieferung,
- Gültigkeitsdauer befristeter Angebote,
- Datenschutz- und Datenverwendung,
- E-Mail-Werbung,
- Die 40-Euro-Grenze beim Widerrufsrecht,
- Pflichtformulierungen,
- Formulierungen zur Einräumung des Rückgaberechtes,
- Wie die Verpackung als Widerrufsvoraussetzung beschaffen sein muss,
- Ob und wann unfrankierte Sendungen angenommen werden müssen,
- Garantierücksendungen,
- Mögliche gesetzliche Ausnahmen vom Widerrufsrecht gemäß § 3 Abs. 2 (FernAbsG),
- Sonderregelungen bei finanzierten Verträgen gemäß § 4 (FernAbsG),
- Auslandsbestellungen,
- Kundenbindungs- und Motivationssysteme,
- Risiken bei Gesetzesverletzung,
- Internetverkaufsportale,
- Kreditkarten,
- Gewinnspiele im Internet,
- Sonderproblem Zugaben.

Infos!

- Gutes Internetportal rund um den Versandhandel: *www.fernabsatz-gesetz.de/*
- Buchtipp: Becker, Rolf: *Das neue Fernabsatzgesetz*. HighText Verlag, München 2001. Dieses Buch behandelt alle die genannten Punkte.

Heimarbeiter

Heimarbeit ist ein juristisch nach dem Heimarbeitsgesetz feststehender Begriff. Nicht jeder Homejobber, der von zu Hause aus arbeitet, ist deshalb Heimarbeiter. Das Besondere der Heimarbeit besteht in der Verknüpfung von Selbständigkeit und sozialer Mindestsicherung durch den Auftraggeber, worüber der Heimarbeitsausschuss und die Entgeltüberwachungsstelle der Gewerbeaufsichtsämter bzw. der staatlichen Ämter für Arbeitsschutz und Sicherheitstechnik wachen. Inwieweit der Heimarbeiterstatus durch das neue Scheinselbständigkeitsgesetz, § 7 Abs. 4 SGB IV, gefährdet ist, wird die Zukunft zeigen. Heimarbeiter im bisherigen Sinne des Heimarbeitsgesetzes ist, wer in einer selbst gewählten Arbeitsstätte (eigene Wohnung oder Werkstatt) allein oder mit seinen Familienangehörigen im Auftrag von Gewerbetreibenden oder Zwischenmeistern erwerbsmäßig arbeitet, jedoch die Verwertung der Arbeitsergebnisse dem unmittelbar oder mittelbar auftraggebenden Gewerbetreibenden überlässt. Die Heimarbeiter arbeiten dabei ohne Lohnsteuerkarte und bestimmen Ort, Zeitpunkt und Arbeitsweise weitgehend selbst. Jedoch kümmern sie sich nicht um den Vertrieb und die wirtschaftliche Nutzung ihrer Produkte. Typische Heimarbeiten sind Adressenschreiben, Montagetätigkeiten, Bastelarbeiten usw. Wenn Sie seriöse Tätigkeiten suchen, erkundigen Sie sich beim so genannten Heimarbeitsausschuss.

!

Vorsicht vor unseriösen Angeboten!

- Vorsicht, wenn keine deutsche Adresse bzw. nur eine Chiffrenummer des Heimverdienstanbieters angegeben ist.
- Hohe Verdienste sind mit Heimarbeit nie möglich.
- Keine Vorauszahlungen für Adressen und Geschäftskonzepte zahlen.
- Keinen Maschinen- und Materialverkauf aufdrängen lassen, seriöse Auftraggeber stellen die Materialien.

- Keine Lagerbestände auf Ihre Kosten übernehmen oder gar Produkte abkaufen.
- Keine Warenhaftung übernehmen, ggf. im Vertrag die dazugehörige Klausel streichen.
- Erkundigen Sie sich eventuell bei einer der Adressen im Anhang, bei der IHK oder bei Handwerkskammern nach seriösen Firmen, die Heimarbeit vergeben.

Infos!

- Örtliche Verbraucherschutzverbände, über: *www.verbraucherschutzverein.de* bzw. *www.vzbv.de* oder auch in den Gelben Seiten.
- Arbeitsamt, Hausbank (ggf. mit der Bitte, eine Bankauskunft einzuholen).
- Gewerbeaufsichtsamt und Ämter für Arbeitsschutz und Sicherheitstechnik, Abteilung Heimarbeitsausschuss und Entgeltüberwachungsstelle. Erkundigen Sie sich, ob das besagte Unternehmen registriert ist. Vielleicht sind negative Erfahrungen bekannt.
- Massow, Martin: *Home-Jobbing. Geld verdienen von zu Hause aus.* 3. Auflage, München 1999.

So schütze ich mich gegen Vermutung einer Scheinselbständigkeit

Gesetz zur »Förderung der abhängigen Beschäftigung«

Scheinselbständige werden Personen genannt, die vordergründig selbständige freie Mitarbeiter, Werkvertragstätige oder Dienstleister sind, aber nach der tatsächlichen Gestaltung ihrer Tätigkeit aus Sicht der Sozialversicherungsträger abhängige Beschäftigte sind. Da Selbständige grundsätzlich nicht sozialversicherungspflichtig in der Kranken-, Pflege-, Renten- und Arbeitslosenversicherung sind, entgehen den Sozialversicherungsträgern viele Sozialversicherungsbeiträge, wenn Arbeitnehmer zur Umgehung der Sozialabgaben als selbständige Mitarbeiter getarnt werden. Um hier einen Riegel vorzuschieben, hatte die Bundesregierung 1999 ein Gesetz zur Eindämmung dieser Scheinselbständigkeit verabschiedet, das praktisch einem Berufsverbot für freie Mitarbeiter gleichkam, sodass die Bundesregierung ihr Gesetz noch einmal überarbeiten musste und zum 1. 1. 2000 mit dem irreführenden Titel »Gesetz zur Förderung der Selbständigkeit« neu herausbrachte. Denn in Wirklichkeit fördert dieses Gesetz nicht die Selbständigkeit, sondern versucht die Zahl der sozialversicherungspflichtigen Beschäftigen zu erhöhen, indem es in § 7 Abs. 4 IV SGB einen Kriterienkatalog zur Aussiebung der vermuteten »Nichtselbständigen« aufgestellt hat. Derjenige, auf den drei dieser fünf Kriterien zutreffen, gilt potenziell als nicht selbständig, sondern wird, wenn die Vermutung des Angestelltenstatus' trotz Widersprüchen greift und sich als rechtswirksam herausstellt, – ggf. rückwirkend – als abhängig Beschäftigter eingestuft, mit allen Nachzahlungsrisiken bei Vorsatz bzw. Fahrlässigkeit und falls der Betreffende bislang nicht in anderer Form (z. B. durch eine private Versicherung) abgesichert war. Richtiger müsste das Rechtswerk »Gesetz zur Förderung der abhängigen Beschäftigung« heißen.

Denn zudem hat der Gesetzgeber nicht nur eine Hürde zur Verhinderung von Selbständigkeit aufgebaut, sondern gleich zwei. Wer nämlich belegen kann, dass er nicht scheinselbständig ist und somit der gesamten Sozialversicherungspflicht entgeht, den kann trotzdem noch die so genannte »kleine Sozialversicherungspflicht« treffen, d. h. die Versicherungspflicht innerhalb der gesetzlichen Rentenversicherung, geregelt im Sechsten Sozialgesetzbuch (SGB VI). Das trifft auf Selbständige zu, die keinen Mitarbeiter über der Geringfügigkeitsgrenze von 325 Euro beschäftigen und hauptsächlich nur für einen Auftraggeber arbeiten. Sie gelten in diesem Fall als »arbeitnehmerähnliche Selbständige« und sind gemäß §2 Satz 1 Nr. 9 SGB VI rentenversicherungspflichtig in der gesetzlichen Rentenversicherung.

Selbst, wenn diese sozialversicherungsrechtlichen Selbständigkeitshürden nicht gleich das Ende der Selbständigkeit darstellen müssen, haben diese Regelungen unter den Selbständigen viel Verunsicherung hervorgerufen, insbesondere auch bei Auftraggebern und Auftragnehmern, mit der Folge, dass sich Auftraggeber jetzt von jedem Freien oder Werkvertragstätigen schriftlich bescheinigen lassen, dass dieser wirklich selbständig ist, d. h. mehrere Auftraggeber oder eine entsprechende Statusfeststellung durch die Sozialversicherungsträger positiv überstanden hat.

Dieses Kapitel nennt nun die Eckpunkte der »Scheinselbständigkeitsregelungen« und zeigt Wege auf, wie Sie erfolgreich Widerspruch gegen unliebsame Entscheidungen bezüglich ihres Status' einlegen und sich von vornherein davor schützen können, als scheinselbständig oder arbeitnehmerähnlich eingestuft zu werden.

Kriterien der Scheinselbständigkeit

Das wichtigste Instrument zur Festlegung, ob ein Selbständiger nicht eigentlich ein abhängig Beschäftigter ist und nur zum Schein als freier Mitarbeiter beschäftigt wird, ist der aus fünf Merkmalen für abhängige Beschäftigung bestehende Kriterienkatalog des § 7 Abs. 4 SGB IV. Wenn drei dieser Merkmale auf Sie zutreffen, vermutet der Sozialversicherungsträger, dass Sie eigentlich abhängig beschäftigt und somit sozialversicherungspflichtig sind in allen Versicherungszweigen der gesetzlichen Krankenkassen, Pflegeversicherung, Rentenversicherung und Arbeitslosenversicherung.

Zunächst definiert § 7 IV des Vierten Sozialgesetzbuches, was (abhängige) Beschäftigung allgemein bedeutet, in Abs. 4 werden dann die einzelnen Merkmale in Form eines Abfragekatalogs konkretisiert:

§ 7 SGB IV
Beschäftigung
»(1) Beschäftigung ist die nichtselbständige Arbeit, insbesondere in einem Arbeitsverhältnis. Anhaltspunkte für eine Beschäftigung sind eine Tätigkeit nach Weisungen und eine Eingliederung in die Arbeitsorganisation des Weisungsgebers.
(2) und (3) ...
(4) Bei einer erwerbsmäßig tätigen Person, die ihre Mitwirkungspflichten nach § 206 des Fünften Buches Sozialgesetzbuch oder nach § 196 Abs. 1 des Sechsten Buches Sozialgesetzbuch nicht erfüllt, wird vermutet, dass sie beschäftigt ist, wenn mindestens drei der folgenden fünf Merkmale vorliegen:

- *Die Person beschäftigt im Zusammenhang mit ihrer Tätigkeit regelmäßig keinen versicherungspflichtigen Arbeitnehmer, dessen Arbeitsentgelt aus diesem Beschäftigungsverhältnis regelmäßig im Monat 325 Euro übersteigt.*
- *Sie ist auf Dauer und im Wesentlichen nur für einen Auftraggeber tätig.*

- *Ihr Auftraggeber oder ein vergleichbarer Auftraggeber lässt entsprechende Tätigkeiten regelmäßig durch von ihm beschäftigte Arbeitnehmer verrichten.*
- *Ihre Tätigkeit lässt typische Merkmale unternehmerischen Handelns nicht erkennen.*
- *Ihre Tätigkeit entspricht dem äußeren Erscheinungsbild nach der Tätigkeit, die sie für denselben Auftraggeber zuvor auf Grund eines Beschäftigungsverhältnisses ausgeübt hatte.*

Satz 1 gilt nicht für Handelsvertreter, die im Wesentlichen frei ihre Tätigkeit gestalten und über ihre Arbeitszeit bestimmen können. Die Vermutung kann widerlegt werden.«

Wenn drei der fünf Kriterien in Abs. 4 § 7 SGB IV zutreffen, wird vermutet, dass der Betreffende abhängig beschäftigt ist. Der als »abhängig Beschäftigte« ertappte Selbständige kann nun den Bescheid annehmen oder Widerspruch einlegen.

Beginn der Beitragspflicht bei Anerkennung des Bescheids

In den Fällen, in denen eine Krankenkasse im Rahmen des § 28 h Abs. 2 SGB IV, ein Rentenversicherungsträger im Rahmen der Betriebsprüfung nach § 28 p Abs. 1 Satz 5 SGB IV oder die Bundesversicherungsanstalt für Angestellte im Rahmen eines erst nach Ablauf eines Monats nach Aufnahme der Tätigkeit beantragten Anfrageverfahrens nach § 7 a Abs. 1 SGB IV feststellt, dass eine versicherungspflichtige Beschäftigung vorliegt, tritt nach § 7 b SGB IV eine Versicherungspflicht erst mit dem Tag der Bekanntgabe dieser Entscheidung ein. Der Beschäftigte muss dafür dem späteren Beginn der Sozialversicherungspflicht zugestimmt haben und für den Zeitraum zwischen Aufnahme der Beschäftigung und Bekanntgabe der Entscheidung eine Absicherung gegen das finanzielle Risiko von Krankheit und zur Altersvorsorge vorgenommen haben, die den Leistungen der gesetzlichen Krankenversicherung bzw. der gesetzlichen Rentenversicherung entsprechen. Außerdem muss bezeugt werden, dass Beschäftigte und Arbeitgeber weder vorsätzlich noch grob fahrlässig von einer selbständigen Tätigkeit ausgegangen sind.

Mitwirkungspflicht im Fall einer Betriebsprüfung

Durch die Aufnahme der Regelung des § 7 Abs. 4 in das Vierte Buch Sozialgesetzbuch – Gemeinsame Vorschriften – wird klargestellt, dass die Vermutung einer Beschäftigung bei fehlender Mitwirkung der Erwerbsperson für alle Zweige der Sozialversicherung gilt. Das führt grundsätzlich zur Versicherungspflicht in der Kranken-, Pflege-, Renten- und Arbeitslosenversicherung (§ 5 Abs. 1 Nr. 1 SGB V, § 20 Abs. 1 Satz 2 Nr. 1 in Verb. mit Satz 1 SGB XI, § 1 Satz 1 Nr. 1 SGB VI, § 25 Abs. 1 SGB III). Demzufolge gelten im Grundsatz alle versicherungs-, beitrags- und melderechtlichen Konsequenzen eines Beschäftigungsverhältnisses.

Widerspruch einlegen

Wer den Bescheid der Vermutung einer abhängigen Beschäftigung durch die Sozialversicherungsträger ungerechtfertigt findet und/oder unbedingt verhindern möchte/muss, dass er als Angestellter eingestuft wird, muss Widerspruch einlegen und ggf. bei dessen Abweisung den gerichtlichen Klageweg beschreiten.

Zu bedenken gilt, dass die Sozialversicherungsträger zunächst einmal vom geprüften Einzelfall ausgehen. Das bedeutet, Sie müssen primär zunächst bei dem von den Sozialversicherungsträgern bemängelten einzelnen Vertragsverhältnis nachweisen, dass es sich um ein »Selbständigkeitsvertragsverhältnis« handelt, und erst in zweiter Linie belegen, dass Sie generell selbständig tätig sind. Denn es könnte ja sein, dass Sie sowohl selbständig als auch in einem einzigen Vertragsverhältnis abhängig beschäftigt sind. Das heißt: Es nützt Ihnen im Einzelfall nicht viel, wenn Sie Ihre generelle Unternehmereigenschaft belegen, aber nicht im Einzelfall das Vorliegen einer abhängigen Beschäftigung aus dem Weg räumen können.

Zudem sollte der Widerspruch möglichst so formuliert werden, dass er nicht nur den »Bescheid der Vermutung einer abhängigen Beschäftigung« gemäß SGB IV widerlegt, sondern zugleich auch geeignet ist, einer möglichen zweiten Prüfung hinsichtlich einer Versicherungspflichtigkeit in der gesetzlichen Rentenversicherung als arbeitnehmerähnlicher Beschäftigter gemäß § 2 Nr. 9 SGB VI vorzubeugen. Es gilt also, dem Sozialversicherungsträger ggf. durch IHK-Gutachter deutlich darzulegen, dass die eigene Erwerbstätigkeit – selbst, wenn Sie auf den ersten Blick anhand einiger Merkmale wie z. B. »keine Mitarbeiter beschäftigen« und »hauptsächlich einen Auftraggeber« ein Beschäftigungsverhältnis vermuten lässt – auf alle Fälle und unstreitbar alle typischen Merkmale unternehmerischen Handelns aufweist, und dass dies insbesondere auch auf das vom Sozialversicherungsträger aktuell angezweifelte Vertragsverhältnis selbständiger Zusammenarbeit zutrifft.
Die typischen Merkmale unternehmerischen Handelns sind:

- keine Weisungsgebundenheit,
- freie Zeiteinteilung,
- freie Wahl des Arbeitsorts,
- selbständige Einteilung und Organisation der Aufgabenerledigung.

Nach dieser Einführung sollten Sie dann im Detail Ihre in typischer Weise zu verrichtenden Tätigkeiten beispielhaft skizzieren, um erkennbar zu machen,

- dass Sie nicht weisungsgebunden sind,
- dass Sie Ihre Zeit frei einteilen können und unabhängig von der Betriebsarbeitszeit Ihres Auftraggebers sind,
- dass Sie Ihren Arbeitsort frei wählen können,
- dass Sie Ihre Aufträge selbst akquirieren, die Arbeiten selbständig organisieren und nach eigener Maßgabe verrichten,
- dass Sie eine Rechnung schreiben müssen, um Ihr Honorar zu erhalten,
- dass Sie für Ihre Aufträge und Ihre selbständige Existenz das unternehmerische Risiko (Wagnis) tragen.

Um auch bei Erfolg Ihres Widerspruchs einer möglichen späteren Einstufung als arbeitnehmerähnlicher Selbständiger vorzubeugen, können Sie noch einen weiteren Punkt hinzufügen, nämlich, dass Sie derzeit über zusätzliche Aufträge mit weiteren Auftraggebern in Verhandlung sind. Oder sie versuchen, schnell weitere Aufträge zu erhalten. Dann können Sie darauf hinweisen, dass Sie neben Ihrem Hauptauftraggeber noch über weitere Auftraggeber verfügen.

Die Beweisführung, dass Ihre Behauptungen tatsächlich auch so stimmen, können Sie am besten durch Ihre Auftraggeber gewährleisten. Diese müssen Ihnen entweder Ihren Widerspruch durch Zustimmung mittels Unterschrift und Stempel bestätigen oder ihn durch eigene Darlegung der Vertragsbeziehungen der Zusammenarbeit erhärten.

Als Beweise können Sie auch Zulassungen, Konzessionen, eine Eintragung in die Handwerksrolle usw. sowie Zeugenaussagen aus Ihrem Bekannten- und Kundenkreis verwenden.

In Fällen, in denen die Künstlersozialkasse bereits eine selbständige künstlerische oder publizistische Tätigkeit festgestellt hat und seit dieser Feststellung keine Änderung in den tatsächlichen Verhältnissen eingetreten ist, gilt die Vermutung als widerlegt. Entsprechendes gilt, wenn ein Rentenversicherungsträger im Rahmen der Prüfung der Rentenversicherungspflicht nach §§ 2, 4 Abs. 2, 229 a Abs. 1 SGB VI oder anlässlich einer Betriebsprüfung eine Selbständigkeit festgestellt hat. Bezieht oder bezog der Auftragnehmer Fördermittel des Arbeitsamtes für Existenzgründer (Überbrückungsgeld nach §57 SGB III), reicht dies ebenfalls, um die gesetzliche Vermutung über das Vorliegen einer abhängigen Beschäftigung zu widerlegen.

Außerdem ist zu beachten, dass eine Versicherungspflicht in der Krankenversicherung nicht vorliegt, wenn das Beschäftigungsverhältnis zusätzlich zu einer hauptberuflich selbständigen Tätigkeit ausgeübt wird (§ 5 Abs. 5 SGB V).

Wenn Sie die Widerspruchskriterien anhand Ihrer Tätigkeitsbeschreibungen (Aufgabenerledigung, Arbeitsorganisation, Zeiteinteilung usw.) gut darlegen und belegen können, ist der »Vermutungsbescheid einer abhängigen Beschäftigung« vom Tisch.

Sozialgerichtsklage erheben

Wird Ihr Widerspruch abgewiesen, müssen Sie entscheiden, ob Sie es dabei belassen wollen und den Ihnen zugedachten Status als Arbeitnehmer akzeptieren oder ob Sie gemäß Sozialgerichtsgesetz innerhalb von drei Monaten Klage auf Erlass der Entscheidung einreichen möchten. Eine Entscheidung darüber und eine eventuelle Klage sollten Sie nicht ohne Anwalt vornehmen. Empfehlenswert ist es, schon für das Widerspruchsverfahren einen Anwalt hinzuzuziehen.
Widerspruch und Klage gegen die Entscheidung, dass eine Beschäftigung vorliegt, haben aufschiebende Wirkung. Sie müssen dann bis zum Urteil nicht die im Bescheid fälligen Sozialversicherungsbeiträge bezahlen. Unterliegen Sie jedoch, müssen Sie die Beiträge nachzahlen, wobei Sie den Sozialversicherungsträgern darlegen sollten, dass Sie und Ihr Auftraggeber gemäß § 7 b SGB IV weder vorsätzlich noch grob fahrlässig von einer selbständigen Tätigkeit ausgegangen sind.
Wenn Sie den Sozialversicherungsträger davon überzeugen können, haben Sie eine Chance, erst ab dem Moment der Feststellung einer versicherungspflichtigen Beschäftigung die Beiträge zur Sozialversicherung bezahlen zu müssen.

! **Tipp!**
Da auch bei Widerspruch und Klage zum Erlass der Entscheidung ein Ausgang über die Sozialversicherungspflichtigkeit ungewiss ist, sollte man – trotz aufschiebender Wirkung – ab Entscheidungsdatum monatlich die möglicherweise anfallenden Sozialbeiträge zurücklegen. Im Fall des Unterliegens kommt es somit nicht zu Liquiditätsengpässen.

Fälligkeit rückständiger Sozialbeiträge

Nach § 23 Abs. 1 SGB IV werden Gesamtsozialversicherungsbeiträge spätestens am 15. des Monats fällig, der dem Monat folgt, in dem die Beschäftigung, mit der das Arbeitsentgelt erzielt wird, ausgeübt worden ist oder als ausgeübt gilt. Sie sind bereits spätestens am 25. des Monats fällig, in dem die Beschäftigung ausgeübt wird oder als ausgeübt gilt, wenn das Arbeitsentgelt bis zum 15. dieses Monats fällig ist.

In § 7 a Abs. 6 Satz 2 SGB IV wird von dieser Fälligkeitsregelung in erheblichem Maße abgewichen. Hiernach wird die Fälligkeit des Gesamtsozialversicherungsbeitrags in den Fällen eines Anfrageverfahrens nach § 7 a Abs. 1 SGB IV auf den Zeitpunkt hinausgeschoben, zu dem die Statusentscheidung unanfechtbar wird.

Arbeitnehmerähnliche Selbständige

Der Begriff arbeitnehmerähnlicher Selbständiger hat mit Inkrafttreten des Gesetzes zu Korrekturen in der Sozialversicherung und zur Sicherung der Arbeitnehmerrechte (BGBl. I 1998 S. 3 843) am 1. 1. 1999 in § 2 Nr. 9 SGB VI neue, rentenversicherungsrechtliche Bedeutung erfahren. Bislang war der Begriff des arbeitnehmerähnlichen Selbständigen durch die einzige Definition in § 12 a Abs. 1 Ziffer 1 des Tarifvertragsgesetzes (TVG) und durch die Rechtsprechung bekannt, wie z. B. durch das Bundesarbeitsgericht. Demnach unterscheiden sich arbeitnehmerähnliche Personen von den Arbeitnehmern durch den Grad der persönlichen Abhängigkeit, wobei vor allem die Eigenart der jeweiligen Tätigkeit zu berücksichtigen ist. Arbeitnehmerähnliche Personen sind wegen ihrer fehlenden Eingliederung in eine betriebliche Organisation und aufgrund ihrer im Wesentlichen freien Zeitbestimmung nicht im gleichen Maße persönlich abhängig wie Arbeitnehmer. An die Stelle der persönlichen Abhängigkeit und Weisungsgebundenheit tritt das Merkmal

der »wirtschaftlichen Unselbständigkeit« (BAG, Beschlüsse vom 14. 1. 1997 – 5 AZB 22/96 sowie vom 11. 4. 1997 – 5 AZB 33/96). Als arbeitnehmerähnliche Selbständige galten deshalb insbesondere Heimarbeiter (siehe Heimarbeiter) und arbeitnehmerähnliche Handelsvertreter (selbständige Vertreter, die beispielsweise nur Produkte eines Auftraggebers vermitteln). Auf arbeitnehmerähnlich Selbständige ist das Arbeitsrecht nicht anwendbar, auch unterliegen sie nicht dem Kündigungsschutzgesetz.
Während bislang die Trennungslinie zwischen nicht versicherungspflichtigen und versicherungspflichtigen Vertragsverhältnissen der Unterscheidung von selbständiger und nicht selbständiger Tätigkeit entsprach, wurde seit Inkrafttreten des Gesetzes zu Korrekturen in der Sozialversicherung und zur Sicherung der Arbeitnehmerrechte (BGBl. I 1998 S. 3 843) am 1. 1. 1999 in § 2 Nr. 9 SGB VI die Versicherungspflicht in der Rentenversicherung auf verschiedene Gruppen von Selbständigen ausgedehnt. Hierzu zählen auch die arbeitnehmerähnlichen Selbständigen.
Seither wird der Begriff arbeitnehmerähnlicher Selbständiger vor allem durch § 2 Nr. 9 SGB VI wie folgt definiert:

§ 2 SGB VI Selbständig Tätige
»Versicherungspflichtig sind selbständig Tätige
1. bis 8. ...
9. Personen, die
a) im Zusammenhang mit ihrer selbständigen Tätigkeit regelmäßig keinen versicherungspflichtigen Arbeitnehmer beschäftigen, dessen Arbeitsentgelt aus diesem Beschäftigungsverhältnis regelmäßig 325 Euro im Monat übersteigt, und
b) auf Dauer und im Wesentlichen nur für einen Auftraggeber tätig sind.«

Durch diese Definition des Rentenversicherungsrechts im Sechsten Sozialgesetzbuch ist der Kreis der arbeitnehmerähnlichen Selbständigen gewaltig angewachsen, da nun ein Großteil aller Freelancer dazu gezählt wird, die hauptsäch-

lich von einem Hauptauftraggeber wirtschaftlich abhängig sind. Hierzu zählen viele freie Journalisten und Medienleute, IT- und Kreativkräfte.
Der eigentliche Knackpunkt der Aufregung hierbei ist jedoch, dass die genannte Gruppe von Selbständigen trotz erfolgreicher Widerlegung der Vermutungsregelung gemäß § 7 Abs. 4 SGB IV versicherungspflichtig in der gesetzlichen Rentenversicherung werden kann. Es geht also nicht nur darum, die Selbständigkeit zu belegen, sondern auch darum, aufzuzeigen, dass man von einem bestimmten Auftraggeber nicht allzu sehr wirtschaftlich abhängig ist.

Widerspruch einlegen

Gehen Sie ähnlich wie beim Widerspruch zur Abwehr der Vermutung einer abhängigen Beschäftigung vor. Bedenken Sie aber, dass es nicht darum geht, Ihre Selbständigkeit zu beweisen, sondern darum, Ihre wirtschaftliche Abhängigkeit als »Freelancer« von einem Auftraggeber zu widerlegen.
Wenn nun einmal feststeht, dass Sie keinen Mitarbeiter über der Geringfügigkeitsgrenze von 325 Euro Monatseinkommen beschäftigen und tatsächlich mehr als 5/6 Ihrer Umsätze mit einem Hauptauftraggeber machen, dann lohnt sich der Widerspruch für die zurückliegende Zeit nicht.
Interessant kann es aber sein, wenn Sie aufgrund des Verfahrens versuchen, weitere Auftraggeber zu gewinnen, mit denen Sie über 1/6 Ihres Jahresgesamtumsatzes machen. Gelingt Ihnen dies, können Sie zumindest mit Beginn der vertraglich vereinbarten Zusammenarbeit zwischen Ihnen und Ihren neuen Kunden die Rentenversicherungspflicht abwehren.
Für die zurückliegende Zeit müssen Sie nachzahlen, und zwar als Selbständiger die vollen Beiträge, da es ja keinen Arbeitgeber gibt, der die andere Hälfte übernehmen kann.

Befreiung von der Rentenversicherungspflicht

Besonders für Existenzgründer ist es wichtig, zu wissen, dass sie sich für die ersten drei Jahre von der Rentenversicherungspflicht befreien lassen können und somit ausreichend Zeit haben, sich genügend Auftraggeber zu suchen, wodurch sie nicht mehr unter den § 2 Satz 1 Nr. 9 fallen. Bei einer erneuten Existenzgründung können sich Gründer noch einmal für drei Jahre von der Versicherungspflicht in der gesetzlichen Rentenversicherung befreien lassen. Allerdings liegt eine zweite Existenzgründung nicht vor, wenn eine bestehende selbständige Existenz lediglich umbenannt oder deren Geschäftszweck gegenüber der vorangegangenen nicht wesentlich verändert worden ist.
Endgültig von der Rentenversicherungspflicht befreit werden auf Antrag hingegen Personen, die das 58. Lebensjahr vollendet haben und nach einer zuvor ausgeübten selbständigen Tätigkeit erstmals nach § 2 Satz 1 Nr. 9 SGB VI versicherungspflichtig werden.
Geregelt ist das in

§ 6 SGB VI Befreiung von der Versicherungspflicht
»(1) . . .
(1a) Personen, die nach § 2 Satz 1 Nr. 9 versicherungspflichtig sind, werden von der Versicherungspflicht befreit
1. für einen Zeitraum von drei Jahren nach erstmaliger Aufnahme einer selbständigen Tätigkeit, die die Merkmale des § 2 Satz 1 Nr. 9 erfüllt haben,
2. nach Vollendung des 58. Lebensjahres, wenn sie nach einer zuvor ausgeübten selbständigen Tätigkeit erstmals nach § 2 Satz 1 Nr. 9 versicherungspflichtig werden.
Satz 1 Nr. 1 gilt entsprechend für die Aufnahme einer zweiten selbständigen Tätigkeit, die die Merkmale des § 2 Satz 1 Nr. 9 erfüllt. Eine Aufnahme einer selbständigen Tätigkeit liegt nicht vor, wenn eine bestehende selbständige Existenz lediglich umbenannt oder deren Geschäftszweck gegenüber der vorangegangenen nicht wesentlich verändert worden ist.«

Nach der Übergangsregelung des § 231 Abs. 5 SGB VI können ferner Personen, die am 31. 12. 1998 eine selbständige Tätigkeit ausgeübt haben, in der sie nicht rentenversicherungspflichtig waren, und nach diesem Zeitpunkt gemäß § 2 Satz 1 Nr. 9 SGB VI rentenversicherungspflichtig werden, bei hinreichender privater Absicherung von der Rentenversicherungspflicht befreit werden.

Vorbeugen der Vermutung abhängiger Beschäftigung

Angesichts der Tatsache, dass die Sozialversicherungsträger im Schnitt alle vier Jahre bei Unternehmen Betriebsprüfungen vornehmen, müssen alle Freelancer und werkvertragsmäßig tätige Selbständige damit rechnen, dass ihre selbständig Erwerbstätigkeit dahingehend geprüft wird, ob es sich nicht doch um eine verschleierte abhängige Beschäftigung handelt. Da nach bereits erfolgter Betriebsprüfung der Sozialversicherungsträger es für den Selbständigen im Nachhinein sehr viel schwieriger ist, zu belegen, dass er »wirklich selbständig ist«, gilt es, falschen Vermutungen durch die Sozialversicherungsträger generell vorzubeugen.
Das kann geschehen durch:

- Statusabklärung im Rahmen des Anfrageverfahrens bei den gesetzlichen Sozialversicherungsträgern, durch die man sich Gewissheit und eine gegenüber Auftraggebern gültige Bescheinigung verschaffen kann, auch aus sozialversicherungsrechtlicher Perspektive selbständig zu sein.
- Umorganisation der Existenz mit anschließender Statusabklärung: Eine Statusabklärung wird man am besten erst dann selbst beantragen, wenn man die Verträge und die Zusammenarbeit mit einem Auftraggeber entsprechend angepasst hat, sodass eine Bestätigung der Selbständigkeit zu erwarten ist.
- Rechtzeitige strategische Planung im Vorfeld der Existenzgrün-

dung. Die Selbständigkeit wird entsprechend der Kriterien, was nach Rechtsprechung, Gesetzgebung und allgemeiner Verkehrsauffassung als selbständige und als nicht selbständige Tätigkeit gilt, umgesetzt. Dabei sind alle, die sich erst selbständig machen möchten, im Vorteil. Denn sie können ihre selbständige Existenz von Anfang an so aufbauen, dass die Vermutungskriterien einer abhängigen Beschäftigung gemäß § 7 Abs. 4 SGB IV nicht oder nicht in ausreichendem Maß greifen können (Siehe hierzu den Abschnitt »Wie man garantiert selbständig wird/bleibt.«)

Antragsverfahren zur Statusfeststellung

Am besten können Selbständige einer überraschenden Vermutung, abhängig beschäftigt zu sein, vorbeugen, indem sie von sich aus bei den Sozialversicherungsträgern ihren Erwerbsstatus feststellen lassen. Dazu hat der Gesetzgeber in § 7 a SGB IV eine rechtliche Möglichkeit geschaffen.

§ 7a SGB IV
»Anfrageverfahren
(1) Die Beteiligten können schriftlich eine Entscheidung beantragen, ob eine Beschäftigung vorliegt, es sei denn, die Einzugsstelle oder ein anderer Versicherungsträger hatte im Zeitpunkt der Antragstellung bereits ein Verfahren zur Feststellung einer Beschäftigung eingeleitet. Über den Antrag entscheidet abweichend von § 28 h Abs. 2 die Bundesversicherungsanstalt für Angestellte.
(2) Die Bundesversicherungsanstalt für Angestellte entscheidet aufgrund einer Gesamtwürdigung aller Umstände des Einzelfalles, ob eine Beschäftigung vorliegt.
(3) Die Bundesversicherungsanstalt für Angestellte teilt den Beteiligten schriftlich mit, welche Angaben und Unterlagen sie für ihre Entscheidung benötigt. Sie setzt den Beteiligten eine angemessene Frist, innerhalb der diese die Angaben zu machen und die Unterlagen vorzulegen haben. Bei der Fristsetzung weist sie darauf hin, dass sie die Vermutungsregelung des § 7 Abs. 4 nach Fristablauf anwenden kann.

(4) Die Bundesversicherungsanstalt für Angestellte teilt den Beteiligten mit, welche Entscheidung sie zu treffen beabsichtigt, bezeichnet die Tatsachen, auf die sie ihre Entscheidung stützen will, und gibt den Beteiligten Gelegenheit, sich zu der beabsichtigten Entscheidung zu äußern.
(5) Die Bundesversicherungsanstalt für Angestellte fordert die Beteiligten auf, innerhalb einer angemessenen Frist die Tatsachen anzugeben, die eine Widerlegung begründen, wenn diese die Vermutung widerlegen wollen.
(6) Wird der Antrag nach Absatz 1 innerhalb eines Monats nach Aufnahme der Tätigkeit gestellt und stellt die Bundesversicherungsanstalt für Angestellte ein versicherungspflichtiges Beschäftigungsverhältnis fest, tritt die Versicherungspflicht mit der Bekanntgabe der Entscheidung ein, wenn der Beschäftigte
1. zustimmt und 2. er für den Zeitraum zwischen Aufnahme der Beschäftigung und der Entscheidung eine Absicherung gegen das finanzielle Risiko von Krankheit und zur Altersvorsorge vorgenommen hat, die der Art nach den Leistungen der gesetzlichen Krankenversicherung und der gesetzlichen Rentenversicherung entspricht.
Der Gesamtsozialversicherungsbeitrag wird erst zu dem Zeitpunkt fällig, zu dem die Entscheidung, dass eine Beschäftigung vorliegt, unanfechtbar geworden ist.
(7) Widerspruch und Klage gegen Entscheidungen, dass eine Beschäftigung vorliegt, haben aufschiebende Wirkung. Eine Klage auf Erlass der Entscheidung ist abweichend von §88 Abs. 1 des Sozialgerichtsgesetzes nach Ablauf von drei Monaten zulässig.«

Antragsformulare erhält man bei jeder Krankenkasse oder bei den gesetzlichen Rentenversicherungsträgern BfA und LVA.
Muster für das Antragsformular können Sie auch im Internet erhalten unter:
www.vdak.de/download/anl5_19991220.pdf

Vermutungskriterien im Einzelnen

Bei der Überprüfung, ob die Vermutungskriterien einer abhängigen Beschäftigung vorliegen, gehen die Sozialversicherungsträger entsprechend des Kriterienkataloges gemäß § 7 Abs. 4 Satz 1 SGB IV systematisch vor. Das Bestehen einer Beschäftigung wird gesetzlich vermutet, wenn mindestens drei der nachstehend aufgeführten fünf Merkmale vorliegen:

1. Im Zusammenhang mit der Tätigkeit wird regelmäßig kein versicherungspflichtiger Arbeitnehmer beschäftigt, dessen Arbeitsentgelt aus diesem Beschäftigungsverhältnis regelmäßig im Monat 325 Euro übersteigt.
2. Die Erwerbsperson ist auf Dauer und im Wesentlichen nur für einen Auftraggeber tätig.
3. Der Auftraggeber oder ein vergleichbarer Auftraggeber lässt entsprechende Tätigkeiten regelmäßig durch von ihm beschäftigte Arbeitnehmer verrichten.
4. Die Tätigkeit der Erwerbsperson lässt typische Merkmale unternehmerischen Handelns nicht erkennen.
5. Die Tätigkeit der Erwerbsperson entspricht dem äußeren Erscheinungsbild nach der Tätigkeit, die sie für denselben Auftraggeber zuvor aufgrund eines Beschäftigungsverhältnisses ausgeübt hatte.

Um sich optimal vorzubereiten, sollte man wissen, wie die Sozialversicherungsanstalten die Merkmale abhängiger Beschäftigung auslegen. Definiert werden die fünf Merkmale abhängiger Beschäftigung des § 7 Abs. 4 SGB IV durch die Richtlinien der Sozialversicherungsträger vom 20. Dezember 1999 wie folgt:

- *1. wird regelmäßig kein versicherungspflichtiger Arbeitnehmer beschäftigt . . .*
  »**Beschäftigung von Arbeitnehmern.** Anders als ein Selbständiger kann ein abhängig Beschäftigter die von ihm zu erbringende Arbeitsleistung in der Regel nicht auf andere

Personen übertragen, sondern hat sie persönlich zu erbringen. Deshalb ist die Nichtbeschäftigung von versicherungspflichtigen Arbeitnehmern ein wichtiges Merkmal für das Vorliegen einer Beschäftigung.
Alle versicherungspflichtigen Arbeitnehmer, die im Zusammenhang mit der zu beurteilenden Tätigkeit regelmäßig beschäftigt werden, sind bei der Prüfung des ersten Vermutungsmerkmals zu berücksichtigen, es sei denn, das Arbeitsentgelt aus diesem Beschäftigungsverhältnis übersteigt nicht regelmäßig im Monat 325 Euro. Es kommt somit nicht alleine auf die Versicherungspflicht des Arbeitnehmers an, die sich bereits aufgrund der nach § 8 Abs 2 SGB IV vorzunehmenden Zusammenrechnung oder durch den Verzicht auf die Rentenversicherungsfreiheit nach § 5 Abs. 2 Satz 2 SGB VI ergeben kann, sondern auch auf die Höhe des aus dieser Beschäftigung erzielten Arbeitsentgelts. Als Arbeitnehmer gelten hierbei auch Personen, die berufliche Kenntnisse, Fertigkeiten oder Erfahrungen im Rahmen beruflicher Bildung erwerben. Die im Gesetz genannte Verdienstgrenze ist auch dann nicht überschritten, wenn die zu beurteilende Erwerbsperson mehrere Arbeitnehmer beschäftigt, deren Arbeitsentgelte zusammen 325 Euro monatlich übersteigen. Die Voraussetzung des ersten Merkmals der Vermutungsregelung wird dann ebenfalls erfüllt.
Die Beschäftigung dieser Arbeitnehmer durch die Erwerbsperson muss regelmäßig erfolgen; hierdurch sollen Manipulationen durch eine kurzfristige Beschäftigung von Arbeitnehmern verhindert werden. Von einer regelmäßigen Beschäftigung von Arbeitnehmern ist auszugehen, wenn unbefristete Beschäftigungsverhältnisse oder befristete Beschäftigungsverhältnisse mit kontinuierlicher Abfolge für die Erwerbsperson ausgeübt werden. Unterbrechungen innerhalb eines Jahres von bis zu zwei Monaten (z. B. nach Kündigung eines Arbeitnehmers) sind insoweit grundsätzlich unschädlich.
Die aufgrund des Gesetzes vom 19. 12. 1998 eingefügte Ausnahmeregelung für Familienangehörige entfällt zum 1. 4. 2000 (vgl. Art. 3 Abs. 1 des Gesetzes vom 20. 12. 1999).

Ab diesem Zeitpunkt sind Familienangehörige, die sich in einem Beschäftigungsverhältnis befinden, wie alle anderen Arbeitnehmer zu berücksichtigen.
Arbeitnehmer, die im Privathaushalt und somit nicht im Zusammenhang mit der zu beurteilenden Tätigkeit beschäftigt werden, bleiben bei der Beurteilung unberücksichtigt. Im Übrigen kommt es auf die Art der Tätigkeit, die die im Zusammenhang mit der zu beurteilenden Tätigkeit beschäftigten Arbeitnehmer ausüben, nicht an (z. B. Reinigungskräfte für Arbeits-/ Büroräume).«

- *2. auf Dauer und im Wesentlichen nur für einen Auftraggeber tätig ...*
  »**Bindung an einen Auftraggeber.** Die Bindung an einen Auftraggeber gilt stets in den Fällen einer vertraglichen Ausschließlichkeitsbindung. Es genügt jedoch auch eine faktische Bindung.
  Durch das Erfordernis, auf Dauer und im Wesentlichen nur für einen Auftraggeber tätig zu sein, soll Ausnahmefällen Rechnung getragen und insbesondere sichergestellt werden, dass eine Tätigkeit in nur unbedeutendem Umfang für einen oder auch mehrere andere Auftraggeber die Vermutung einer Beschäftigung gegen Arbeitsentgelt nicht ausschließt.
  Von einer Dauerhaftigkeit der Tätigkeit für einen Auftraggeber ist auszugehen, wenn die Tätigkeit im Rahmen eines Dauerauftragsverhältnisses oder eines regelmäßig wiederkehrenden Auftragsverhältnisses erfolgt. Hierbei sind neben den zeitlichen auch wirtschaftliche Kriterien zu beachten und branchenspezifische Besonderheiten zu berücksichtigen. Bei einer im Voraus begrenzten, lediglich vorübergehenden Tätigkeit für einen Auftraggeber (insbesondere bei projektbezogenen Tätigkeiten) wird grundsätzlich keine Dauerhaftigkeit dieser Tätigkeit für nur einen Auftraggeber vorliegen, wenn die Begrenzung innerhalb eines Jahres liegt; im Einzelfall kann auch bei längeren Projektzeiten keine dauerhafte Tätigkeit nur für einen Auftraggeber vorliegen. Hierfür ist zum Zeitpunkt der Aufnahme des Auftrages eine vorausschauende Betrachtung vorzunehmen.

Die Bindung an einen Auftraggeber besteht allerdings dann, wenn sich zeitlich begrenzte Auftragsverhältnisse mit demselben Auftraggeber regelmäßig wiederholen. Existenzgründer müssen nach ihrem Unternehmenskonzept die Zusammenarbeit mit mehreren Auftraggebern anstreben. Außerdem dürfen die tatsächlichen Umstände dem nicht entgegenstehen. Von einem Existenzgründer wird in der Regel in den ersten drei Jahren nach Aufnahme der zu beurteilenden Tätigkeit auszugehen sein. Eine dauerhafte Tätigkeit für mehrere Auftraggeber liegt auch dann vor, wenn der Auftragnehmer innerhalb eines bestimmten Zeitraums nacheinander für verschiedene Auftraggeber tätig ist. Das zweite Erfordernis, wesentlich nur für einen Auftraggeber tätig zu sein, ist als erfüllt anzusehen, wenn der Betroffene mindestens 5/6 seiner gesamten Einkünfte aus den zu beurteilenden Tätigkeiten alleine aus einer dieser Tätigkeiten erzielt.
Bei der Prüfung des § 7 Abs. 4 Satz 1 Nr. 2 SGB IV gelten Konzernunternehmen im Sinne des § 18 Aktiengesetz (AktG) sowie Kooperationspartner insoweit als ein Auftraggeber.
Als Auftraggeber können auch Franchisegeber in Betracht kommen.«

- *3. entsprechende Tätigkeiten regelmäßig durch von ihm beschäftigte Arbeitnehmer verrichten ...*
  »Entsprechende Tätigkeiten beschäftigter Arbeitnehmer. Das dritte Kriterium ist vor allem in jenen Fällen von Bedeutung, in denen ein Auftraggeber für entsprechende Tätigkeiten neben fest angestellten Personen auch freie Mitarbeiter beschäftigt. Lässt sich bei der Gesamtwürdigung der Tätigkeit des freien Mitarbeiters im Vergleich zu den fest angestellten Personen für entsprechende Tätigkeiten kein wesentlicher Unterschied feststellen, spricht dies für ein Beschäftigungsverhältnis. Dies gilt auch, wenn entsprechende Tätigkeiten bei einem vergleichbaren Auftraggeber von Arbeitnehmern verrichtet werden. Von einem vergleichbaren Auftraggeber ist auszugehen, wenn Branchen-

identität vorliegt oder die Tätigkeit durch gleiche Arbeitsinhalte gekennzeichnet ist.«

- *4. lässt typische Merkmale unternehmerischen Handelns nicht erkennen . . .*

  »**Typische Merkmale unternehmerischen Handelns.** Selbständig ist im Allgemeinen jemand, der unternehmerische Entscheidungsfreiheit genießt, ein unternehmerisches Risiko trägt sowie unternehmerische Chancen wahrnehmen und hierfür Eigenwerbung betreiben kann.

  Zu typischen Merkmalen unternehmerischen Handelns gehört u. a., dass Leistungen im eigenen Namen und auf eigene Rechnung statt im Namen und auf Rechnung des Auftraggebers erbracht werden, sowie die eigenständige Entscheidung über

- Einkaufs- und Verkaufspreise, Warenbezug,
- Einstellung von Personal,
- Einsatz von Kapital und Maschinen,
- die Zahlungsweise der Kunden (z. B. sofortige Barzahlung, Stundungsmöglichkeit, Einräumung von Rabatten),
- Art und Umfang der Kundenakquisition,
- Art und Umfang von Werbemaßnahmen für das eigene Unternehmen (z. B. Benutzung eigener Briefköpfe).

Auf den Katalog bestimmter Berufsgruppen zur Abgrenzung zwischen abhängiger Beschäftigung und selbständiger Tätigkeit sowie zur Bestimmung der Merkmale typischen unternehmerischen Handelns (Anlage 4) wird verwiesen.«

- *5. Erwerbsperson entspricht dem äußeren Erscheinungsbild nach der Tätigkeit, die sie für denselben Auftraggeber zuvor aufgrund eines Beschäftigungsverhältnisses ausgeübt hatte . . .*

  »**Äußeres Erscheinungsbild.** Mit diesem fünften Kriterium wird die Umwandlung eines Arbeitsverhältnisses in freie Mitarbeit ohne Änderung der tatsächlichen Verhältnisse in die Vermutungsregelung aufgenommen. Es handelt sich

hierbei um die Fälle des Outsourcing und des Outplacement. Bleibt das äußere Erscheinungsbild der Tätigkeit unverändert, so spricht dies für einen Fortbestand des bisherigen Beschäftigungsverhältnisses.«
(Quelle: BfA- Berlin, *www.bfa-berlin.de*)

Der Verfahrensablauf am Beispiel der BfA

Laut Auskunft der Bundesanstalt für Versicherte in Berlin, BfA, soll mit dem Anfrageverfahren den Beteiligten in den objektiven Zweifelsfällen Rechtssicherheit darüber verschafft werden, ob sie selbständig tätig oder abhängig beschäftigt sind. Beteiligte, die eine Statusfeststellung beantragen können, sind die Vertragspartner (z. B. Auftragnehmer und Auftraggeber), nicht jedoch andere Versicherungsträger. Jeder Beteiligte ist berechtigt, das Anfrageverfahren bei der Bundesversicherungsanstalt für Angestellte zu beantragen. Es ist nicht erforderlich, dass sich die Beteiligten für ein Anfrageverfahren einig sind. Aus Beweisgründen ist für das Anfrageverfahren bei der Bundesversicherungsanstalt für Angestellte die Schriftform vorgeschrieben.
Das Anfrageverfahren bei der Bundesversicherungsanstalt für Angestellte entfällt, wenn bereits durch eine Einzugsstelle außerhalb eines Statusfeststellungsverfahrens nach § 7 a SGB IV (z. B. im Rahmen einer Entscheidung über eine freiwillige Versicherung, eine Familienversicherung – Prüfung nach § 28 h Abs. 2 SGB IV) oder einen Rentenversicherungsträger (im Rahmen des § 28 p Abs. 1 SGB IV) ein Verfahren zur Feststellung des Status der Erwerbsperson durchgeführt oder eingeleitet wurde, z. B. durch Übersendung eines Fragebogens oder durch Ankündigung einer Betriebsprüfung. Hiervon sind auch die Verfahren betroffen, die vor Verkündung des Gesetzes zur Förderung der Selbständigkeit wegen der grundsätzlichen Zuständigkeit der Einzugsstellen nach § 28 h Abs. 2 SGB IV von den Krankenkassen bereits entschieden wurden bzw. in denen das Verwaltungsverfahren eingeleitet worden ist (Bestandsfälle). Diese Stellen führen dann das Sta-

tusfeststellungsverfahren einschließlich evtl. anschließender Rechtsstreitverfahren in eigener Zuständigkeit durch.

Für die im Rahmen eines Statusfeststellungsverfahrens nach § 7 a SGB IV erforderliche Prüfung, ob eine abhängige Beschäftigung nach § 7 Abs. 1 SGB IV vorliegt und deshalb Versicherungspflicht als Arbeitnehmer besteht, haben die Beteiligten einen Antrag auszufüllen. Die Verwendung des Antrags ist notwendig und geboten, damit das Gesamtbild der Tätigkeit ermittelt werden kann und weitgehend sichergestellt ist, dass die für die Entscheidung maßgeblichen Kriterien einheitlich erhoben werden.

Nach § 7 a Abs. 2 SGB IV hat die Bundesversicherungsanstalt für Angestellte – wie die Einzugsstelle im Rahmen des § 28 h Abs. 2 SGB IV und der Rentenversicherungsträger im Übrigen im Rahmen einer Betriebsprüfung nach § 28 p Abs. 1 SGB IV – auf der Grundlage ihrer Amtsermittlung (§ 20 SGB X) nach den von der Rechtsprechung entwickelten Abgrenzungskriterien im Rahmen einer Gesamtwürdigung aller Umstände des Einzelfalles zu entscheiden, ob eine abhängige Beschäftigung oder eine selbständige Tätigkeit vorliegt.

Unterlagen und Formularausfüllung zur Beweisführung

Die Angaben und Unterlagen, die die Bundesversicherungsanstalt für Angestellte für ihre Entscheidung benötigt, hat sie nach § 7 a Abs. 3 SGB IV schriftlich bei den Beteiligten (Auftragnehmer, Auftraggeber) unter Fristsetzung anzufordern. Hierbei hat sie auch auf die Anwendbarkeit der Vermutungsregelung des § 7 Abs. 4 Satz 1 SGB IV hinzuweisen, sodass den Beteiligten schon in diesem Stadium des Verfahrens die möglichen Konsequenzen fehlender Mitwirkung deutlich werden. Die Frist, innerhalb derer die erforderlichen Angaben zu machen und die Unterlagen vorzulegen sind, muss jeweils angemessen festgesetzt werden.

Widerspruch gegen und/oder Nachlegen von Argumenten

Nach Abschluss der Ermittlungen hat die Bundesversicherungsanstalt für Angestellte vor Erlass ihrer Entscheidung den Beteiligten Gelegenheit zu geben, sich zu der beabsichtigten Entscheidung zu äußern (Anhörung nach § 24 SGB X). Nach § 7 a Abs. 4 SGB IV teilt sie deshalb den Beteiligten mit, welche Entscheidung sie zu treffen beabsichtigt, und bezeichnet die Tatsachen, auf die sie ihre Entscheidung stützen will. Dies ermöglicht den Beteiligten, vor Erlass des Statusbescheids weitere Tatsachen und ergänzende rechtliche Gesichtspunkte vorzubringen. Einer Anhörung bedarf es nicht, soweit dem Antrag der Beteiligten entsprochen wird.

Statusmitteilung

Nach Abschluss des Anhörungsverfahrens erteilt die Bundesversicherungsanstalt für Angestellte den Beteiligten (Auftragnehmer und Auftraggeber) einen rechtsbehelfsfähigen begründenden Bescheid über den Status der Erwerbsperson und deren versicherungsrechtliche Beurteilung. Die zuständige Einzugsstelle erhält eine Durchschrift des Bescheids, wenn ein versicherungspflichtiges Beschäftigungsverhältnis festgestellt wird. Außerdem wird sie unverzüglich informiert, wenn gegen den Bescheid der Bundesversicherungsanstalt für Angestellte Widerspruch eingelegt worden ist; und über das weitere Verfahren wird die zuständige Einzugsstelle regelmäßig unterrichtet.

Zuständigkeit

Zuständige Einzugsstelle ist die Krankenkasse, die die Krankenversicherung durchführt. Wird die Krankenversicherung von einer landwirtschaftlichen Krankenkasse aufgrund eines anderen Tatbestandes, der gegenüber der Versicherungspflicht nach dem SGB V nachrangig ist, durchgeführt, ist die versicherungsrechtliche Feststellung bezüglich der zu beurteilenden Tätigkeit von der Krankenkasse vorzunehmen, die bei Eintritt von Versicherungspflicht als Arbeitnehmer zuständig ist. Für Personen, die zum Zeitpunkt des Verfahrens bei keiner Krankenkasse versichert sind, ist die Krankenkasse zuständig, der sie zuletzt angehörten, sofern sie nicht eine andere Krankenkasse wählen. Waren sie nicht oder zuletzt bei einer landwirtschaftlichen Krankenkasse versichert, können sie ebenfalls vom Krankenkassenwahlrecht Gebrauch machen.

Bestätigung des Selbständigenstatus

Mit der Statusbestätigung als Selbständiger haben Sie nun sozialversicherungsrechtlich hinsichtlich der gesetzlichen Sozialversicherungspflicht in der Krankenkasse, Pflegeversicherung und Arbeitslosenversicherung »Ruhe«.
Doch noch steht die Frage offen, ob Sie nicht versicherungspflichtig in der gesetzlichen Rentenversicherung sind: Denn entscheidet die Bundesversicherungsanstalt für Angestellte im Einzelfall auch auf eine selbständige Tätigkeit, hat sie dennoch zugleich zu prüfen, ob eine Rentenversicherungspflicht z. B. nach § 2 Satz 1 Nr. 9 SGB VI vorliegt, sofern entsprechende Anhaltspunkte vorliegen (bei Handwerkern Abgabe an die zuständige Landesversicherungsanstalt, bei Künstlern und Publizisten Abgabe an die Künstlersozialkasse).

Bestätigung als abhängig Beschäftigter

Aber auch, wenn der Sozialversicherungsträger im amtlichen Verfahren nicht auf eine selbständige Tätigkeit entscheidet, sondern eine abhängige Beschäftigung in Ihrer Tätigkeit sieht, ist es von Vorteil, wenn Sie dieses Prüfungsverfahren zur Statusabklärung selbst in Gang gesetzt haben. Denn durch das selbst betriebene Anfrageverfahren kann man für den Fall, dass eine abhängige Beschäftigung bescheinigt wird, einer möglichen Unterstellung entgegenwirken, Sie oder Ihr Arbeitgeber seien vorsätzlich oder grob fahrlässig von einer selbständigen Tätigkeit ausgegangen, wodurch mögliche strafrechtliche Konsequenzen verhindert werden können.

Umorganisation der Selbständigkeit mit anschließender Statusabklärung

Zum einen kann man auch für den Fall, dass die Selbständigkeit aberkannt wurde, die eigene Selbständigkeit derart neu organisieren, dass bei einer zweiten Statusanfrage der

Sozialversicherungsträger auf Selbständigkeit entscheiden muss. Besser noch: Bevor man eine Statusanfrage startet, empfiehlt es sich, selbst einmal den Erfolg einer solchen Anfrage zu hinterfragen, nämlich: »Wie wird mich der Sozialversicherungsträger einstufen? Wird er eine Selbständigkeit anerkennen oder muss ich damit rechnen, doch als Arbeitnehmer eingestuft zu werden?« Wenn Sie unbedingt verhindern möchten, als Arbeitnehmer geoutet zu werden und eventuell sogar wissen, dass Sie die Selbständigkeitskriterien nicht erfüllen, dann sollten Sie vor einer Antragstellung die Ausübung Ihrer Selbständigkeit so verändern, dass Ihre selbständige Existenz auch als solche eine Chance hat, anerkannt zu werden, zumindest für die Gegenwart und Zukunft.

Das heißt, Sie sollten prüfen, ob Sie bei der Ausübung Ihrer selbständigen Tätigkeit

- selbst entscheiden dürfen oder weitestgehend weisungsgebunden entscheiden. Falls ja: Überlegen Sie, wie Sie Ihre Weisungsgebundenheit ablegen können,
- Ihre Zeit frei einteilen und unabhängig von der Betriebsarbeitszeit Ihres Auftraggebers arbeiten. Falls nicht: Unternehmen Sie konkrete Schritte, dies zu verändern,
- Ihren Arbeitsort frei wählen können oder immer beim Auftraggeber erscheinen müssen. Wenn Sie an eine Arbeitsstelle gebunden sind, überlegen Sie, wie Sie diesen Zustand verändern können und Ihren Arbeitsort selbst bestimmen dürfen,
- Ihre Aufträge selbst akquirieren oder ob Sie von Ihrem Hauptauftraggeber immer wieder neue Aufgaben erhalten, ähnlich wie ein Arbeitnehmer. Falls dem so ist, sorgen Sie dafür, dass Sie neue Aufgaben möglichst nur nach neuem Angebot erhalten. Versuchen Sie, neben dem Hauptauftragsverhältnis noch weitere Aufträge selbst zu akquirieren,
- Ihr Honorar automatisch oder erst nach spezieller Rechnungsstellung überwiesen bekommen. Ändern Sie ggf. Ihr Verfahren dahingehend, dass Sie nicht ähnlich wie ein Arbeitnehmer monatlich ein Salär überwiesen bekommen, sondern jeweils Rechnungen schreiben müssen,
- für ihre Aufträge und die Gesamtexistenz das unternehmerische

Risiko tragen. Beschreiben Sie Ihr unternehmerisches Handeln bezüglich eigenen Kapitaleinsatzes, eigener Kalkulationen, Preisgestaltung, Werbung und Ablehnung von Aufträgen. Sollten bisher die Geschäftsgänge nicht das hergeben, um eine Selbständigkeit zu belegen, dann müssen Sie jetzt damit beginnen, entsprechende Vorgänge zu schaffen, die Sie dann als Beleg Ihrer Selbständigkeit beschreiben können,

- ein wasserdichter Vertrag der Zusammenarbeit zugrunde liegt. Falls nicht, sollten Sie Ihre alten Verträge noch einmal neu abschließen und bei künftigen Vereinbarungen darauf achten, dass Sie entsprechende Zusatzklauseln erhalten, die Ihr selbständiges Tun unterstreichen.

Verträge überprüfen und ggf. neu abfassen

Überprüfen Sie, ob die Verträge mit Ihrem Auftraggeber erkennen lassen, dass Sie tatsächlich selbständig tätig sind. Denn die BfA fordert Sie in Punkt 2.3 ihres Antrages auf, die Auftraggeber zu nennen und entsprechende Verträge beizufügen. Besorgen Sie sich daher bei der BfA oder LVA einen Antrag auf Feststellung des sozialversicherungsrechtlichen Status. Dort entnehmen Sie, worauf es dem Sozialversicherungsträger ankommt. Sie können dann, falls Ihre Verträge unglücklich formuliert sind, versuchen, mit Ihrem Auftraggeber die Vereinbarungen neu zu formulieren. Der erneuerte Vertrag soll dabei jedoch nicht die Wirklichkeit in Bezug auf Ihre Tätigkeit verschleiern, sondern lediglich eine selbständige Zusammenarbeit so herausstellen, dass diese nicht vom Sozialversicherungsträger voreilig in Frage gestellt werden kann. Dazu kann es sinnvoll sein, in Ihre Verträge jeweils folgende Zusatzklauseln unter die jeweiligen Hauptobliegenheiten der Zusammenarbeitsvereinbarung aufnehmen zu lassen:

- Der Auftragnehmer kann seinen Arbeitsort frei wählen und arbeitet nicht am Betriebssitz des Auftraggebers.
- Der Auftragnehmer kann seine Arbeitszeiten frei einteilen. Es besteht keine Arbeits- und Anwesenheitspflicht.
- Der Auftragnehmer ist weisungsungebunden. Ihm werden keinerlei Weisungen hinsichtlich der Ausführung (Art und Weise) seiner Tätigkeit erteilt.

- Der Auftragnehmer kann ohne Zustimmung des Auftraggebers sein Einsatzgebiet verändern.
- Der Auftragnehmer hat keinerlei Mit- oder Einspruchsrecht bei der Anstellung von Hilfskräften oder Vertretern durch den Auftraggeber.

Notfalls die Tätigkeit neu organisieren

Wenn Sie merken, dass mit etwas Kosmetik die Angelegenheit nicht zu bereinigen ist, dann müssen Sie, wenn Sie selbständig bleiben möchten, sofort damit beginnen, Ihre tatsächliche Denk- und Arbeitsweise so drastisch umzustellen, dass Ihre Erwerbstätigkeit auch sozialversicherungsrechtlich als Selbständigkeit anerkannt wird. Am besten versetzen Sie sich dazu in die Situation eines Markthändlers: Dieser steht mit einem Stand voller Waren auf dem Marktplatz und verkauft an jedermann. Er ist nicht weisungsgebunden, er entscheidet selbst, dass er dort zu diesem Termin stehen möchte und er hat mehr als nur einen Kunden. Wenn Sie sich dieses Marktverkäufer-Profil verinnerlichen und als Synonym für Ihre selbständige Tätigkeit nehmen und diese entsprechend auch umzusetzen versuchen, kann Sie niemand mehr als Scheinselbständiger abstempeln. Im Prinzip kann man nämlich alles »ähnlich wie Äpfel oder Brot« verkaufen, ob das Texte, Gutachten, Unterricht, Service, Beratung oder andere Dienstleistungen sind.

Unverzügliche Antragstellung auf Statusfeststellung

Sobald Sie Ihre Hausaufgaben gemacht haben, was zwei bis acht Monate dauern kann, sollten Sie unverzüglich selbst den Antrag auf Statusfeststellung stellen. Sie können dann relativ sicher sein, dass Ihnen der Status als Selbständiger bescheinigt wird. Eine mögliche Klage hat dann auch mehr Chancen auf Erfolg.

Wie man garantiert selbständig wird/bleibt!

Ob Sie eine freie Existenz gründen wollen oder schon länger dabei sind – um eine Rechtsformverfehlung bei der Qualifikation von Beschäftigungsverhältnissen zu vermeiden, ist es am sichersten, eine möglichst genaue Abgrenzung zwischen selbständiger und unselbständiger Tätigkeit vorzunehmen und seine Selbständigkeit exakt nach den in Rechtsprechung und Gesetz anerkannten Merkmalen auszuüben.
Die Schwierigkeit bei der Definition der exakten Abgrenzung zwischen selbständiger und unselbständiger Tätigkeit liegt in den fehlenden Legaldefinitionen und den wechselnden Rechtsprechungen zu diesem Thema. Dennoch hat sich im Laufe der Zeit ein Katalog mit rechtlich relativ gesicherten Merkmalen von abhängiger und selbständiger Erwerbstätigkeit herauskristallisiert.

Abhängige und selbständige Erwerbsarbeit

Merkmale abhängiger Beschäftigung	*Merkmale selbständiger Erwerbstätigkeit*
Weisungsgebundenheit, arbeitsbezogene und hierarchische Unterordnung	Keine Weisungsgebundenheit, Aufträge dürfen auch abgelehnt werden
Unternehmerrisiko trägt der Arbeitgeber	Unternehmerrisiko trägt der Auftragnehmer, z. B. Wagnis von Zeit- und Aufwandinvestition, Tragen des Kalkulationsrisikos, der Verantwortung für Preisgestaltung, Werbung etc., Ungewissheit über den wirtschaftlichen Erfolg und die Rentabilität des Aufwands
Die Arbeit wird in persönlicher und wirtschaftlicher Abhängigkeit erbracht. Arbeitnehmer beziehen ihr Arbeitseinkommen regelmäßig monatlich von einem Arbeitgeber	Die Arbeit wird in persönlicher und wirtschaftlicher Unabhängigkeit erbracht. Selbständige beziehen ihr Arbeitseinkommen unregelmäßig über eine Honorierung aus verschiedenen Verträgen nach Rechnungslegung

Merkmale abhängiger Beschäftigung	*Merkmale selbständiger Erwerbstätigkeit*
Feste Arbeitszeiten. Zeithoheit liegt im Rahmen der vertraglich vereinbarten Arbeitszeit beim Arbeitgeber	Freie Gestaltung der Arbeitszeit und Entscheidung darüber, wann und in welchen Zeitintervallen ein Auftrag erledigt wird
Arbeitsort ist die Betriebsstätte des Arbeitgebers oder ein von ihm genehmigter außerbetrieblicher Arbeitsplatz. Arbeitnehmer dürfen ihren Arbeitsort nicht eigenmächtig bestimmen	Eigenmächtige Bestimmung von Arbeitsorten
Es wird die Arbeitskraft und nicht der Arbeitserfolg geschuldet	Es wird die Dienstleistung oder ein Werkserfolg geschuldet
Feste Eingliederung im Betrieb des Dienstberechtigten (Arbeitgeber), in die Belegschaft, in Arbeitsabläufe, in den technischen Apparat	Keine Eingliederung in Personalpläne, Reiserouten sowie keinerlei Anwesenheitspflichten, beispielsweise zu regelmäßigen Meetings. Keine Schulungsverpflichtungen etc.
Fester Dienstvertrag mit Arbeitsrecht- und Tarifrechtunterwerfung	Freie Vertragsabsprachen mit Kunden. Verträge werden »unter Gleichen« abgeschlossen
Gleichbleibend feste Bezüge, Anspruch auf Sozialleistungen, Urlaub und Vergütung im Krankheitsfall	Unterschiedliches Einkommen, abhängig vom Geschäftsgang und den am Markt zu realisierenden Preisen
Kein Kapitaleinsatz	Sach- oder Kapitalinvestition
Zurverfügungstellung eines Arbeitsplatzes	Selbstbeschaffung und Finanzierung der Arbeitsstätte
Keine selbständige Teilnahme am Markt in Gewinnerzielungsabsicht	Selbständige Teilnahme am Markt in Gewinnerzielungsabsicht
Keine Werbung, keine PR-Arbeit, um Aufträge zu erhalten	Werbemaßnahmen, PR-Tätigkeit etc., um bei Kunden bekannt zu werden

Merkmale abhängiger Beschäftigung	*Merkmale selbständiger Erwerbstätigkeit*
Arbeit wird vom Arbeitgeber zugeteilt	Ständiges Bemühen, Aufträge zu akquirieren und abzuschließen, um den Fortbestand der Existenz zu sichern
Konkurrenzverbot	Konkurrenzgebot
Nebenjobbegrenzung, Einholung von Erlaubnis	Keine Funktions- und Tätigkeitsbegrenzung

Um die Theorie leichter in der Praxis umsetzen zu können, denken Sie an den bereits oben schon einmal erwähnten Markthändler. Dieser kann als Synonym für eine unternehmerische Tätigkeit dienen. Er baut sein Unternehmen unabhängig und in Eigenverantwortung auf, trägt das Risiko für seine Investitionen (Marktstand, Fahrzeug, Lager), stellt sich auf den Markt in Gewinnerzielungsabsicht, wendet sich an viele potenzielle Kunden, ist niemandem gegenüber weisungsverantwortlich und muss sich auch nicht an Zeit- oder Ortsvorgaben halten.
Wer als kleine Denkhilfe den Markthändler verinnerlicht hat, ist in der Lage, zu begreifen, dass man praktisch alle Produkte und Dienstleistungen ähnlich wie Gemüse an viele Kunden verkaufen kann. Gleichzeitig muss man sich von der Bequemheit trennen, möglichst mit nur einem großen Auftraggeber zusammenarbeiten zu wollen; denn das käme einem Angestellten gleich. Vielleicht muss man sich auch innerlich weigern, die ganze Arbeits-, Kreativ- und Verdienstkraft an einen Hauptauftraggeber zu binden. Das ist nicht nur viel zu riskant im Hinblick auf die immer bestehende Gefahr, mal den Auftrag zu verlieren, sondern auch, wie die Sozialgesetzgebung zeigt, im Hinblick darauf, als abhängiger Beschäftigter eingestuft zu werden. Wenn man erst einmal diesen gedanklichen Schritt vollzogen hat, gar nicht mehr einen Hauptauftraggeber finden zu wollen, ist

man auch in der Lage, potenziellen Auftraggebern, die die Arbeitskraft möglichst vollständig an sich binden wollen, zu sagen: »Entweder stellt Ihr uns richtig ein mit allen Sozialleistungen usw., oder ihr lasst uns die nötige Freiheit, damit unser Status als Selbständige nicht gefährdet wird.« Das bedeutet, dass man grundsätzlich jedes Konkurrenzverbot ablehnen muss, was beispielsweise Auftraggeber gerne Trainern, Dozenten, Journalisten, Sprachlehrern usw. in den Vertrag schreiben.

Ändern Sie ihren Rechtsstatus

Eine absolut sichere Methode, garantiert nicht als Beschäftigter seitens der Sozialversicherungsträger eingestuft zu werden, besteht darin, den allgemeinen Rechtsstatus als Einpersonen-Selbständiger zu ändern. Es geht nicht um die Unterscheidung Freiberufler oder Gewerbetreibender, sondern darum, eben nicht als freier Mitarbeiter hauptsächlich einem Auftraggeber zuzuarbeiten, sondern als vollwertige Firma am Markt gegenüber Kunden aufzutreten und dies entsprechend werbemäßig und durch einen geschäftsmäßigen Auftritt (auch im Internet) zu unterstreichen. Zudem können Einzelkämpfer prüfen, ob sie nicht parallel zu ihrer Dienstleistungs- oder Werkvertragstätigkeit noch eine Handelstätigkeit oder Handelsvertretertätigkeit aufnehmen oder gar eine GmbH gründen möchten. Diese Formen zusätzlicher Selbständigkeit wären dann ein unerschütterlicher Beleg dafür, offen am Markt in Gewinnerzielungsabsicht zu agieren und nicht nur arbeitnehmerähnlich auf einen Auftraggeber fixiert zu sein.

Wer beispielsweise als Graphiker sein Angebot an viele Werbeagenturen und Firmen richtet und Aufträge nur in Größenordnungen übernimmt, die ihm Gelegenheit lassen, auch noch für andere Kunden zu arbeiten, und obendrein noch einen Handel oder eine Handelsvertretung für Werbegeschenke betreibt – und vielleicht das Ganze noch in Form einer GmbH –, kann nicht mehr als abhängig Beschäftigter eingestuft werden.

Tipp!
Da der Hauptbeleg, nicht scheinselbständig zu sein, vom Auftraggeber kommen muss, sollte man im Vorfeld einer Zusammenarbeit ganz offen über die Situation sprechen und gemeinsam nach Wegen suchen, die Zusammenarbeit vertraglich und in der Praxis so zu gestalten, dass für die Vermutung einer Beschäftigung kein Raum bleibt.

Infos!
- Die Kammern und Berufsverbände sowie IHKn informieren zu diesem Thema.
- Krankenkassen und Rentenversicherungsträger geben Auskunft.
- Rechtsanwälte. Eine Liste mit Anwälten mit dem Fachgebiet Scheinselbständigkeit gibt es leider nicht, aber schauen Sie nach Fachanwälten für Arbeitsrecht.
- Deutscher Anwaltsverein e. V., Tel.: 02 28/2 60 70, *www.anwaltverein.de*
- Anwalt-Suchservice GmbH, Tel.: 01 80/5 25 45 55
- Bundesrechtsanwaltskammer, Tel.: 02 28/91 18 60
- Steuerberater.

Job- und Geschäftsideen für Freie und Kleingewerbetreibende

Übersicht über die im Buch genannten Job- und Geschäftsideen:

Achtung!

Bitte beachten Sie: Katalogberufe im Überblick nach Berufsgruppen, Seite 41

ABC der katalogähnlichen freien Berufe, Seite 44
Einstufungskriterium Tätigkeitsberufe, Seite 54

Das Spektrum der freien Berufe wie

- heilkundliche Berufe und Gesundheitsberufe, Seite 102
- Sozialberufe, Seite 107
- technische, IT- und naturwissenschaftliche Berufe, Seite 111
- Naturwissenschaftler, Seite 116
- Ingenieurstätigkeiten, Seite 117
- Umweltberufe, Seite 120
- rechts-, steuer- und wirtschaftsberatende Berufe, Seite 122
- Kulturberufe, Seite 127
- geisteswissenschaftliche Berufe, Seite 129
- Lehrer, Trainer und Dozenten, Seite 130
- darstellende Künstler und Dozenten, Seite 133
- bildende Künstler, Seite 136
- Publizisten, Medien-, Bild- und Filmschaffende, Seite 138

ABC gewerblicher Tätigkeiten, Seite 141

Sozialer Bereich/Nachbarschaft/Gesundheit/Esoterik

Die folgende Bewertung gibt an, ob die genannten Jobideen als freier Beruf, mit Gewerbeanmeldung, als freie Mitarbeit und/oder als abhängige Tätigkeit ausgeübt werden können. Dabei kann es Doppelungen geben, da man Tätigkeiten wie z. B. Grafiker als Angestellter, freier Mitarbeiter, freien Beruf oder auch als Gewerbe ausüben kann.

Die Job- und Geschäftsideen sind dem neuesten Jobber-Atlas entnommen. Hier findet man in den ca. 500 Jobprofilen jeweils Tätigkeitsbeschreibungen, Kunden, Zugangsvoraussetzungen, Angaben zu Investition, Rechtsgrundlage, Einkommen und sonstige wichtige Informationen.

Übersicht

Jobideen aus dem neuen www.Jobber-Atlas.de	freier Beruf	Gewerbe-anmel-dung	freie Mitarbeit	ab-hängige Tätigkeit
Abend- und Wochenendkindergarten	ja	ja		
Abendkindergärtnerin			ja	ja
Abendmutter				ja
Altenpflege im eigenen Haus		ja		
Altenpfleger				ja
Altenpflegeservice	ja	ja		
Antistresstrainer	ja			
Aromatherapeutin	ja			
Astroberatung		ja		
Astrocomputerhoroskope		ja		
Aurafotografie		ja	ja	
Babymassagetrainer	ja			
Babysitterservice		ja		
Babysitting				ja
Begleitservice		ja		
Behördengänger/-begleiter		ja		

Jobideen aus dem neuen www.Jobber-Atlas.de	freier Beruf	Gewerbe-anmel-dung	freie Mitarbeit	ab-hängige Tätigkeit
Betreuer	ja			
Bewerbungsberater		ja	ja	ja
Blind-date-Vermittlung		ja		
Bodybutler/Joggingmentor		ja		
Butler				ja
Coaching	ja	ja		
Drogentests		ja		
Eigentümerversammlungsservice		ja		
Elternstressberater		ja		
Erbenermittler		ja		
Erlediger		ja		
Flirtcoach		ja		
Fußmasseur		ja		
Fußpflege/-Relaxservice		ja		
Hundeberater		ja		
Hygieneberater	ja	ja		ja
Kinderfestanimateur	ja			
Kinderspiel- und Bastelservice		ja		
Kindespflegschaft/Pflegeeltern	ja			
Koffereinpackservice		ja		
Kultstättenreiseführer/-veranstalter		ja		
Lachtrainer	ja			
Lebens- und Sozialberater	ja			
Massageservice/Mobilmasseur	ja			
Meditationstrainer	ja			
Mietbutler		ja		
Miethausfrau		ja		
Mietpsychologe	ja			

Jobideen aus dem neuen www.Jobber-Atlas.de	freier Beruf	Gewerbe-anmel-dung	freie Mitarbeit	ab-hängige Tätigkeit
Mietseelsorger	ja			
Milbenjäger		ja		
Mobiler Sozialer Hilfsdienst		ja		
Mystery-Master	ja	ja		
Nachbarschaftshilfe	privat			
Nachlasspfleger		ja		
Paarberater für binationale Beziehungen	ja	ja	ja	ja
Paarberater für Schwule/Lesben	ja	ja	ja	ja
Pack- und Umräumservice		ja		
Partnervermittlung/Partnervermittler		ja		
Patientenbegleiter	ja			
Pflegetätigkeit, nebenberuflich				ja
Rattenbekämpfer		ja		ja
Schädlingsbekämpfer		ja		ja
Schadstoffprüfer (Schadstoffambulanz)	ja	ja		
Schlafberater		ja		ja
Seniorenfreizeithelfer	ja			
Sparberater		ja		
Sterbebegleiter	ja			ja
Tagesmutter	ja			ja
Tarotkarten- und Kartenlegen/Handlesen/Wahrsagen		ja		
Testperson			ja	
Tierbestattung		ja		
Trauerakademie		ja		
Trauerberater		ja		
Trauermusiker	ja			

Jobideen aus dem neuen www.Jobber-Atlas.de	freier Beruf	Gewerbe-anmel-dung	freie Mitarbeit	ab-hängige Tätigkeit
Trauerredner	ja			
Vaterschaftstestservice		ja		

Body/Fitness/Kosmetik/Erotik

Übersicht

Jobideen aus dem neuen www.Jobber-Atlas.de	freier Beruf	Gewerbe-anmel-dung	freie Mitarbeit	ab-hängige Tätigkeit
Aerobictrainer	ja			
Aktfotodesigner	ja			
Bauchtänzerin		ja	ja	
Bauchtanzlehrerin	ja			
Beauty-Center		ja		
Big-Body-Fitnessstudio		ja		
Big-Body-Fitnesstrainer	ja	ja	ja	ja
Biokosmetiker	ja			
Bodypainting/Bodyart	ja			
Dessousparty für Mollige		ja		
Dessousparty		ja		
Erotikakteur		ja		
Erotikautor	ja			
Erotikmodel- und Künstler-Vermittlung		ja		
Erotikmodel		ja		
Erotiktänzer	ja	ja		
Erotiktanzlehrer	ja			
Ethno- und Folkloretanztrainer/-Schule	ja			
Eventvisagist/in – Kinderschminken		ja		

Jobideen aus dem neuen www.Jobber-Atlas.de	freier Beruf	Gewerbeanmeldung	freie Mitarbeit	abhängige Tätigkeit
Farb-, Stil- und Imageberater		ja	ja	
Feuerlauflehrer	ja			
Fitnesstrainer	ja			
Kinderfitnesscenter		ja		
Kinderfitnesstrainer	ja			
Kosmetikberater		ja		
Mobile Friseurin		ja		
Mobiler Tanzlehrer	ja			
Model/Laienmodel		ja		ja
Mutter-Kind-Fitnesstrainer	ja			
Ökodrogerie/Naturkosmetik		ja		
Partnertanztrainer	ja			
Permanent-Make-up-Fachkraft		ja	ja	ja
Pornodarsteller		ja	ja	
Schönheitsfarmleiter				ja
Sonnenstudio		ja		
Sozialerotischer Dienst		ja		
Sportpartner		ja		
Stepdance-Trainer	ja			
Tanztraining für Dummis	ja			
Tätowierer		ja		
Tennispartner		ja		
Thairobictrainer	ja		ja	ja
Wellnesshelfer		ja	ja	

Bildung/Wissenschaft/Sprachen/Kommunikation

Übersicht

Jobideen aus dem neuen www.Jobber-Atlas.de	freier Beruf	Gewerbe-anmel-dung	freie Mitarbeit	ab-hängige Tätigkeit
Airbrushkurse	ja			
Antiquariatssuchdienst		ja		
Anwaltswerbeberatung		ja		
Babysittertrainer	ja			
Bewerbungstexter	ja			
Bibliothek/Archivservice		ja		
Buchpräsentator	ja	ja		
Computeranimateur	ja	ja		
Deutschlehrer für Ausländer	ja			
Dolmetscher	ja			
DTP-Helfer		ja		
Elternspielschule	ja			
Familienforschung (Genealogie)	ja			
Ghostreading	ja			
Ghostwriter	ja			
Graphologie	ja			
Haushaltsführungskurse	ja			
Infografiker		ja	ja	ja
Interviewer		ja		ja
Kinderzirkustrainer	ja			
Kleinkunsttrainer	ja			
Korrespondenzservice		ja		
Kunstgewerbeunterricht	ja			
Kunstschule	ja	ja		
Kunstunterricht/Malunterricht	ja			

Jobideen aus dem neuen www.Jobber-Atlas.de	freier Beruf	Gewerbe-anmel-dung	freie Mitarbeit	ab-hängige Tätigkeit
Lesungsberater		ja		
Liebesbriefautor	ja			
Liedermacher	ja			
Liedertexter	ja			
Märchenerzähler	ja			
Multimediajobs	ja	ja	ja	ja
Multimediatrainer	ja		ja	ja
Musikmacher	ja			
Musikunterricht	ja			
Nachhilfe	ja			
Nähdozentin	ja			
Nightlife-Journalist	ja			
Onlinejournalist	ja			
Patchworkkurse	ja			
Promoter		ja		ja
Redenschreiber	ja			
Reiseberichterstatter	ja			
Rezitator	ja			
Schreibatelier	ja	ja		
Seidenmalereikursusleiter	ja			
Seminarreferent	ja			
Sprachlehrer	ja			
Synchron- und Werbesprecher	ja			
Technischer Autor/Redakteur	ja			
Technischer Journalist	ja			
Trommelbaulehrer	ja			
Trommelkursusleiter	ja			
Übersetzer	ja			

Jobideen aus dem neuen www.Jobber-Atlas.de	freier Beruf	Gewerbe-anmel-dung	freie Mitarbeit	ab-hängige Tätigkeit
Vernissagenredner	ja			
Vorleseschule	ja			
Wappenkunde (Heraldik)	ja			
Werbetexter	ja			

E-Jobs/Computer/Software/Internet

EDV-Berater, freiberufliche Tätigkeit nur bei ingenieursähnlichen Tätigkeiten, z. B. bei der Entwicklung von Systemsoftware (siehe »ABC der finanzgerichtlich anerkannten katalogähnlichen Berufe ABC ähnlicher Berufe«, Seite 44) Ansonsten ist ein EDV-Berater im Bereich der Anwendersoftwareentwicklung gewerblich tätig (BFH vom 7. 12. 1989, BStBl. 1990 II S. 337 und vom 7. 11. 1991, BStBl. 1993 II S. 324); Gewerbetreibender ist auch ein EDV-Berater, der die Benutzer eines Softwareproduktes vor, bei und nach dem erstmaligen Einsatz betreut (BFH vom 24. 8. 1995, BStBl. II S. 888),

Übersicht

Jobideen aus dem neuen www.Jobber-Atlas.de	freier Beruf	Gewerbe-anmel-dung	freie Mitarbeit	ab-hängige Tätigkeit
Computerberatung		ja	ja	ja
Computergravuren		ja	ja	
Computernotdienst		ja	ja	
Computerreinigung		ja		
Computertrainer	ja		ja	ja
Computerurlaubsschulung	ja		ja	ja
Domain-Namenserfinder		ja		

Jobideen aus dem neuen www.Jobber-Atlas.de	freier Beruf	Gewerbe-anmeldung	freie Mitarbeit	abhängige Tätigkeit
E-Business-Berater		ja		
E-Commerce-Operator		ja	ja	ja
E-Learning-Berater		ja		
E-Shop/Online-Shop		ja		
Freelancer	ja	ja	ja	
Hotline-Aushilfe				ja
Internetberater	ja	ja		
Internetrechercheur	ja	ja		
Internettauschbörse		ja		
Internetverkauf, siehe E-Shop		ja		
Kindercomputerschule	ja	ja		
Kinder-PC-Trainer	ja		ja	ja
Multimediajobs	ja	ja	ja	ja
Multimedia-Trainer	ja		ja	ja
PC-Lotse		ja	ja	
PC-Store		ja		
Programmierer/Softwareentwickler	ja	ja	ja	ja
Senioren-Internettrainer	ja		ja	ja
Web-Notdienst		ja	ja	
Websitegestaltung	ja	ja	ja	ja

Verkauf/Handel/Transport/Verkehr

Übersicht

Jobideen aus dem neuen www.Jobber-Atlas.de	freier Beruf	Gewerbe-anmel-dung	freie Mitarbeit	ab-hängige Tätigkeit
Antiquariat		ja		
Ausflugschauffeur		ja		ja
Babykleidung-Online		ja		
Baby- und Kindermodenboutique/ Secondhand		ja		
Ballonboutique		ja		
Bauchladen		ja		
Biogemüseverkauf		ja/od. Landw.		
Bioladen		ja		
Blumenhandel		ja		
Blumenservice		ja		
Brautmodengeschäft		ja		
Bürogebrauchtmöbelhandel		ja		
Chauffeurdienste		ja		
Chauffeurvermittlungsservice		ja		
Dekoservice		ja		
Designermöbel Secondhand		ja		
Dessouspartys für Mollige		ja		
Dessousparty		ja		
Drogeriemarkt		ja		
Duftölverkauf		ja		
Edelsteinverkauf		ja		
Einkaufsgemeinschaft	privat			
Fahrende Händler (Wandergewerbe)		ja		
Fahrer		ja		ja

Jobideen aus dem neuen www.Jobber-Atlas.de	freier Beruf	Gewerbe-anmel-dung	freie Mitarbeit	ab-hängige Tätigkeit
Fahrradbauchladen		ja		
Fahrradhandel und -reparatur		ja		
Fahrradkurierdienst		ja		
Flugreisenbörse		ja		
Fotohandel		ja		
Homeshopverkäufer		ja		ja
Kleintransportfahrer (siehe Fahrer)		ja		
Klosterladen		ja		
Kräuterbonbonverkauf		ja		
Ladenaushilfen und Auffüller				ja
Leuchtartikel/-schmuckverkäufer		ja		ja
Luftballonmann		ja		
Mailordergeschäfte		ja		
Mama-Läden		ja		
Mobilshops		ja		
Modeschmuckverkauf		ja		
Motorradzubehörverkauf		ja		
Naturbaustoffverkäufer				ja
Naturkleiderladen		ja		
Naturkosmetikladen		ja		
Naturtextil-Mobilladen		ja		
Otto-Shop		ja		
Propagandist		ja		ja
Prospektverteiler				ja
Raucherbar auf Rädern		ja		
Salzkristallleuchten		ja		
Schlafbedarfverkäufer				ja
Secondhandladen		ja		

Jobideen aus dem neuen www.Jobber-Atlas.de	freier Beruf	Gewerbe-anmel-dung	freie Mitarbeit	ab-hängige Tätigkeit
Spieleladen		ja		
Stauberater		ja	ja	
Straßenverkauf		ja		
Süßigkeitenbar auf Rädern		ja		
Teddybärenverkauf		ja		
Tee-, Kräutertee- und Kaffeeversand		ja		
Tupperware-Beraterin		ja		
Übergrößenladen		ja		
Versandhandel		ja		
Vertreter/ Direktvertriebspartner		ja		
Zeitungsausträger				ja
Zeitungspacker				ja

Büro/Service/Vermittlung/Beratung

Übersicht

Jobideen aus dem neuen www.Jobber-Atlas.de	freier Beruf	Gewerbe-anmel-dung	freie Mitarbeit	ab-hängige Tätigkeit
Aktenlagerung		ja od. Vermie-tung		
Anzeigenverkäufer			ja	ja
Aufräumservice/Sortierdienst		ja		
Babysitterservice		ja		
Bewerbungsberater		ja		ja
Bibliothek/Archivservice	ja	ja		
Buchhaltungshelfer/Kontierer		ja		ja
Büroadresse		ja od. Ver-mietung		

Jobideen aus dem neuen www.Jobber-Atlas.de	freier Beruf	Gewerbeanmeldung	freie Mitarbeit	abhängige Tätigkeit
Büro-Center und -Service		ja		
Büro-Springerservice		ja	ja	
Call-Center-Agent				ja
Call-Center-Hotline-Telefonist			ja	ja
Call-Center-Inbound-Telefonist				ja
Call-Center-Outbound-Telefonist			ja	ja
Drehorgelverleih		ja		
Existenzgründungsberatung	ja (bei BWL-ern)	ja		ja
Gartenserviceagentur		ja		
Hauptversammlungsservice		ja		
Haushüteragentur		ja		
Hostess/Host		ja		ja
Immobilienmakler		ja		
Immobilienprivatverkaufsberater		ja		
Immobilienversteigerungsberater		ja		
Interkultureller Beratungsservice		ja		
Kanzleischreibdienst		ja		
Kontakter		ja		ja
Mahn- und Inkassoberater		ja		
Maklertippgeber		ja		
Mitfahranbieter	privat			
Mitwohnanbieter	privat			
Mitwohnzentrale (Home Company)		ja		
Mobile Aktenvernichtung		ja		
Modell- und Festtagskleidervermietung		ja		
Ökostaubsaugervertreter		ja		ja
Personalvermittlung/Arbeitsvermittler		ja		

Jobideen aus dem neuen www.Jobber-Atlas.de	freier Beruf	Gewerbe-anmel-dung	freie Mitarbeit	ab-hängige Tätigkeit
Praxisschreibdienst		ja		
Privatsekretär				ja
Prospektverteilung				ja
Rechnungsprüfer		ja		
Sachverständiger/Gutachter	ja			
Schreibbüro		ja		
Schreibkraft		ja	ja	ja
Sekretärin				ja
Sekretärinnenservice mobil		ja		
Versteigerer		ja		

Kreativ-künstlerischer Bereich/Entertainment

Übersicht

Jobideen aus dem neuen www.Jobber-Atlas.de	freier Beruf	Gewerbe-anmel-dung	freie Mitarbeit	ab-hängige Tätigkeit
Airbrushkünstler	ja			
Aktmodell		ja		ja
Alleinunterhalter	ja			
Antikfotostudio		ja		
Artisten (Turner)	ja (nach KSK)	ja (nach Finanz-amt)		
Autokunstdesigner	ja			
Ballonmodellieren	ja			
Bauchredner	ja			
Clown	ja			
Drehorgelspieler		ja		

Jobideen aus dem neuen www.Jobber-Atlas.de	freier Beruf	Gewerbe-anmeldung	freie Mitarbeit	abhängige Tätigkeit
Eventfotograf	ja	ja		
Feuerwerksfachmann/Pyrotechniker		ja		
Foto- und Videokurse	ja			
Fotodesign	ja			
Garagenmaler	ja			
Grimassenschneider		ja		
Großgruppenfotos – Fototainment		ja		
Jonglieren		ja		
Kleinkünstler/Jahrmarkt	ja	ja		
Komparse			ja	ja
Komponist	ja			
Kunsthostess		ja		ja
Lachzauberer	ja			
Liedermacher	ja			
Liedertexter	ja			
Maskenbaulehrer	ja			
Mittelalter-Kleinkünstler	ja	ja	ja	
Musikmachen	ja			
Rittertrainer und Ritterspielleiter		ja	ja	
Schrottdesigner	ja			
Seifenblasendesigner	ja			
Showzeichner	ja			
Statisten		ja	ja	
Straßenartisten	ja	ja		
Straßenporträt- und Pflastermalerei	ja			
Tierfotograf	ja	ja		

Jobideen aus dem neuen www.Jobber-Atlas.de	freier Beruf	Gewerbe-anmel-dung	freie Mitarbeit	ab-hängige Tätigkeit
Totenmaskenhersteller	ja (künst-lerische Art)	ja (hand-werkliche Art)		
Turnierritter (Miet-Ritter)		ja	ja	
Zauberer	ja			
Zirkusakrobat		ja		

Handwerk(ähn)liches/Basteln/Reinigung

Übersicht

Jobideen aus dem neuen www.Jobber-Atlas.de	freier Beruf	Gewerbe-anmel-dung	freie Mitarbeit	ab-hängige Tätigkeit
Abflussnotdienst		ja		
Ablaugerei		ja		
Ablaugservice		ja		
Änderungsschneiderei		ja		
Autoglasreparatur		ja		
Autolackierservice		ja		
Autoreparaturservice		ja		
Autoscheibentönung		ja		
Autoscheibenwäscher		ja		ja
Autowäscher und Komplettreinigung		ja		ja
Autowaschzentrum		ja		
Babyschuhveredler		ja		
Bärenschule		ja		
Bastelmaterialservice		ja		
Basteln		ja		

Jobideen aus dem neuen www.Jobber-Atlas.de	freier Beruf	Gewerbe-anmeldung	freie Mitarbeit	ab-hängige Tätigkeit
Bauern- und Herrgottmalereidienst/ Freskenmalerei	ja	ja		
Bauernmalerei	ja	ja		
Bilderrahmenservice		ja		
Bioputzfrau/-mann		ja		ja
Bodenverlegung		ja		
Brenn- und Kaminholzservice		ja		
Computergravuren		ja		
Computerreinigung		ja		
Dachrinnenreinigung		ja		
Do-it-yourself-Werkstatt		ja		
Encausticer	ja	ja		
E-Schrottentsorger		ja		
Fensterputzservice		ja		
Fenster- und Rollladenmontierer		ja		
Fotoentwicklungservice		ja		
Gardinennäherei		ja		
Gardinenwaschservice		ja		
Graffitifresser		ja		
Grundreinigungsputzdienst/Frühjahrs-hilfe		ja		ja
Handwerkerhilfskraft				ja
Handwerkskundenberater		ja		ja
Handy-Man (siehe Hausmeisterhilfs-service)		ja		
Hausmeisterhilfsservice		ja		
Heimwerkerberater		ja		
Heimwerkerkursusleiter	ja		ja	ja
Holz- und Bautenschutz		ja		

Jobideen aus dem neuen www.Jobber-Atlas.de	freier Beruf	Gewerbe-anmel-dung	freie Mitarbeit	ab-hängige Tätigkeit
Konzessionsträger		ja		
Küchenmontierer		ja		ja
Müllentsorger		ja		
Plakatkleber		ja	ja	
Privatputzdienst		ja		
Putzengehen				ja
Reinigungsservice		ja		
Requisitenservice		ja		
Rostfrei-Autoservice		ja		
Sandkastenreinigung		ja		
Schnellreinigung/Wäscherei		ja		
Schuhputzer		ja		
Staubsaugservice (Staubsaugmann)		ja		ja
Stofftaschendesigner	ja	ja		
Stricken		ja		
Teddybärenmacher		ja		
Trockenbauer		ja		
Trommelbauer		ja		

Haus/Sicherheit/Garten/Tier/Natur

Übersicht/

Jobideen aus dem neuen www.Jobber-Atlas.de	freier Beruf	Gewerbe-anmeldung	freie Mitarbeit	abhängige Tätigkeit
Balkonbepflanzungsdienst		ja		
Bauberater		ja	ja	ja
Baumdoktor		ja	ja	ja
Baustoffberater		ja	ja	ja
Biobauer		ja/Landw.		
Brandschutzanlagenservice		ja		
Brandschutzanlagenverkäufer				ja
Brenn- und Kaminholzservice		ja		
Erntehelfer				ja
Gartenservice		ja		
Gartenteichanleger		ja		ja
Gas-, Wasser- und Stromableser		ja	ja	
Gebrauchthaus- und Renovierungsberater		ja		
Grabpflegedienst		ja		
Haushüter/Homesitting		ja	ja	
Haustierhüter		ja	ja	
Hauswart		ja		
Heizkosten-/Warmwasserableser		ja	ja	
Hilfspolizist				ja
Holz- und Bautenschutzberater		ja	ja	ja
Holzbauberater		ja	ja	ja
Homesitting im Ausland		ja		ja
Hundeausführen		ja		
Hundeshampoonierhelfer		ja		ja
Immobilienmakler		ja		

Jobideen aus dem neuen www.Jobber-Atlas.de	freier Beruf	Gewerbe-anmel-dung	freie Mitarbeit	ab-hängige Tätigkeit
Immobilienprivatverkaufsberater		ja		
Immobilienversteigerungsberater		ja		
Kehrwochenservice		ja		ja
Kleingartenhelfer		ja		
Kontrolleur				ja
Kosmetikberatung		ja		
Maklertippgeber		ja		
Ökobauberater		ja		
Ökogartenservice		ja		
Pflanzenhüter		ja		
Pilzanbau		ja/Landw.		
Pilzsammeln	privat			
Rasenmähservice		ja		
Selbstbauberater		ja		
Sicherheitsanlagenverkäufer				ja
Sicherheitsmitarbeiter				ja
Sicherheitsservicemann		ja		
Sicherheitsunternehmen		ja		
Unkraut-Ex-Dienst		ja		
Ziergartenhelfer		ja		ja

Food/Party/Freizeit/Touristik

Übersicht

Jobideen aus dem neuen www.Jobber-Atlas.de	freier Beruf	Gewerbe-anmel-dung	freie Mitarbeit	ab-hängige Tätigkeit
Ambulanter Kochdienst		ja		
Animateur/Freizeitbetreuer	ja		ja	ja
Barkeeper				ja
Bed-and-Breakfast		ja		
Biogemüseverkauf		ja		
Biorestaurant		ja		
Bodenstewardess				ja
Coffeeshop		ja		
Cookies-Keks-Fastfood		ja		
Crêperie		ja		
Croupieraushilfe				ja
Diskjockey		ja	ja	ja
Diskjockey-Feuerwehr		ja	ja	
Eintopflokal		ja		
Eisverkauf		ja		ja
Erlebnisgastronomie		ja		
Esoterischer Reiseleiter		ja	ja	ja
Esoterischer Reiseveranstalter		ja		
Eventberater		ja	ja	
Eventvisagist		ja	ja	
Frühstücksdienst		ja		
Geschirrmobilverleih		ja		
Getränkeverkauf		ja		ja
Hochzeitsdienst		ja		
Hotdog-Mobil/Trike		ja		

Jobideen aus dem neuen www.Jobber-Atlas.de	freier Beruf	Gewerbe-anmel-dung	freie Mitarbeit	ab-hängige Tätigkeit
Hotdog-Stand		ja		
Hotel-Garni »mini«		ja		
Kaffeemobil/Mobile Cafébar		ja		
Kinderfestanimateur		ja		
Lichtjockey		ja		
McDonald's		ja		
Mietkoch/Springer		ja		
Mobildiskothek		ja		
Nachos		ja		
Naturkosmetikladen		ja		
Naturkostcatering/Partydienst		ja		
Partyservice		ja		
Partytainment		ja		
Philosophiecafé		ja		
Poffertjesbäckerei		ja		
Polterabenddienst		ja		
Popcornstand		ja		
Privatzimmervermietung		ja		
Reisebegleiter		ja	ja	
Reiseleiter		ja	ja	ja
Reiseveranstalter		ja		
Rikschadienst		ja		
Saftladen		ja		
Schnellrestaurant		ja		
ServicePlus-Reiseberater		ja	ja	
Spielbankpage				ja
Stehcafé/Kaffeedepot		ja		
Tanzbegleiter/Tanzboy		ja	ja	

Jobideen aus dem neuen www.Jobber-Atlas.de	freier Beruf	Gewerbe-anmeldung	freie Mitarbeit	abhängige Tätigkeit
Teddycafé		ja		
Tiefkühlfahrer		ja		ja
Touristen- und Burgenführer				ja
Vegetarierrestaurant		ja		
Waffelbäckerei		ja		
Zuckerwattestand		ja		

Anhang

Publikationen

- Hans-Eduard Hille: *Freie Mitarbeit und andere Formen freier Zusammenarbeit*, Bonn 2000
- Frank Hohmeister, Susanne Goretzki: *Verträge über freie Mitarbeit. Arbeits-, Sozialversicherungs- und Steuerrecht.* Heidelberg 2000
- Michael Streit: *Heidelberger Musterverträge*, H.93, Freie Mitarbeit, Heidelberg 2000
- Zeitschrift: »der freie beruf« Dienstleistungs- und Verlags GmbH, Herbert-Lewin-Str. 3, 50931 Köln, Tel.: 02 21/8 20 42 40, Fax: 02 21/8 20 42 44

Wichtige Adressen/Ansprechpartner

Bundesverband der Freien Berufe,
Postfach 04 03 20
10062 Berlin
Tel.: 0 30/28 44 40
Fax: 0 30/2 84 44 40
E-Mail: info-bfb@freie-berufe.de, *www.freie-berufe.de*
Über die Homepage gelangen Sie zu allen 16 Landesverbänden der freien Berufe.

Institut für freie Berufe (IFB) an der Friedrich-Alexander-Universität, Erlangen/Nürnberg,
Abteilung Gründungsberatung,
Marienstr. 2,
90402 Nürnberg
Tel.: 09 11/2 35 65 26/-23/-0
Fax: 09 11/2 35 65 52
E-Mail: ifb@rzmail.uni-erlangen.de, *www.ifb-gruendung.de* und *www.ifb.uni-erlangen.de*

Forschungsinstitut freie Berufe (FFB)
Universität Lüneburg
Professur Statistik und freie Berufe
Prof. Dr. Joachim Merz
Campus, Geb. 5
Scharnhorststraße 1
21332 Lüneburg
Tel.: 0 41 31/78-20 51
Fax: 0 41 31/78-20 59
E-Mail: FFB@ffb.uni-lueneburg.de
www.uni-lueneburg.de/fb2/ffb/

Berufsständische Versorgungswerke freier Berufe

Arbeitsgemeinschaft Berufsständischer Versorgungseinrichtungen
Geschäftsstelle Köln
Marienburger Str. 2
50968 Köln
u: Büro Berlin, Albrechtstr. 9
10117 Berlin
Tel.: 0 30/80 90 30 87
Fax: 0 30/80 90 30 88
www.abv.de/abv.html

Über die ABV-Homepage, *www.abv.de/abv.html*, gelangt man über »Mitgliedseinrichtungen« nach Bundesländern geordnet zu allen berufsständischen Versorgungswerken für:

- Ärzte
- Apotheker
- Architekten
- Tierärzte
- Zahnärzte
- Notare
- Rechtsanwälte
- Steuerbevollmächtigte
- Wirtschaftsprüfer/vereid. Buchprüfer

Künstlersozialkasse
Langeoogstraße 12
26384 Wilhelmshaven
Tel.: 0 44 21/30 80
Fax: 0 44 21/30 82 06
E-Mail: presse@kuenstlersozialkasse.de, *www.kuenstlersozialkasse.de*

Freie heilkundliche Berufe

Bundesärztekammer (Arbeitsgemeinschaft der Deutschen Ärztekammern)
Postfach 41 02 20
50862 Köln
E-Mail: baek@dgn.de
www.bundesaerztekammer.de

HARTMANNBUND – Verband der Ärzte Deutschlands e. V.
Godesberger Allee 54
53175 Bonn
E-Mail: hb-info@hartmann-bund.de, *www.hartmann bund.de*

Kassenzahnärztliche Bundesvereinigung (Körperschaft des öffentl. Rechts)
Postfach 41 01 69
50861 Köln
E-Mail: info@kzbv.de
www.kzbv.de

Bundesverband der Knappschaftsärzte e. V.
Uechtinger Str. 128
45881 Gelsenkirchen
E-Mail:
knappschaftsaerzte@t-online.de

Verband der Privatärztlichen Verrechnungsstellen e. V.
Tieckstraße 37
10115 Berlin
E-Mail: info@pvs.de
www.pvs.de

Ludwig Sievers Stiftung – Stiftung zur Förderung d. wissenschaft. Forschung über Wesen und Bedeutung d. freien Berufe –
Herbert-Lewin-Str. 3
50931 Köln

Bundeszahnärztekammer Arbeitsgemeinschaft der Deutschen Zahnärztekammern e. V.
Postfach 41 01 68
50861 Köln
E-Mail: info-z@kzbv.de
www.bzaek.de

Kassenärztliche Bundesvereinigung (Körperschaft des öffentl. Rechts)
Herbert-Lewin-Str. 3
50931 Köln
E-Mail: dgn@kbv.de
www.kbv.de

Bundesverband praktischer Tierärzte e. V.
Hahnstraße 70
605298 Frankfurt
E-Mail: bpt-ev@t-online.de
www.tieraerzteverband.de

Deutsche Veterinärmedizinische Gesellschaft e. V. (DVG)
Frankfurter Straße 89
35392 Gießen
E-Mail: geschaeftsstelle@dvg.net
www.dvg.net

ABDA – Bundesvereinigung Deutscher Apothekerverbände
Postfach 57 22
65732 Eschborn
E-Mail: abda@abda.de
www.abda.de

Deutscher Verband für Physiotherapie
Zentralverband der Physiotherapeuten/Krankengymnasten (ZVK) e. V.
Postfach 21 02 80
50528 Köln
E-Mail: info@zvk.org
www.zvk.org

Bundesverband selbständiger PhysiotherapeutInnen – IFK e. V.
Königsallee 178 a
44799 Bochum
E-Mail: ifk.bundesverband@t-online.de
www.physio.de/ifk

Deutscher Bundesverband für Logopädie e. V.
Augustinusstr. 11 a
50226 Frechen
E-Mail: info@dbl-ev.de
www.dbl-ev.de

Bundesverband der Berufsbetreuer/-innen e. V.
BdB e. V.
Behnstr. 69
22767 Hamburg
E-Mail bdb@bdb-ev.de
www.bdb-ev.de

Deutscher Verband der Ergotherapeuten (Besch.- und Arbeitstherapeuten) e. V.
Postfach 22 08
76303 Karlsbad
E-Mail: dve.office@t-online.de
www.ergotherapie-dve.de

Deutscher Psychotherapeutenverband (DPTV) e. V.
Bundesallee 213–214
10719 Berlin
E-Mail: DPTVBGST@aol.com
www.dptv.de

Deutscher Berufsverband der MotopädInnen/MototherapeutInnen DBM e. V.
Hörder Bahnhofstraße 6
44263 Dortmund

Gemeinschaft Fachärztlicher Berufsverbände GFB
Zermatter Str. 21/23
28325 Bremen

Freie rechts- und wirtschaftsberatende Berufe

Deutscher Steuerberaterverband e. V.
Littenstraße 10
10179 Berlin
E-Mail: dstv.berlin@dstv.de
www.dstv.de

Bundesrechtsanwaltskammer (Körperschaft des öffentl. Rechts)
Littenstraße 9
10179 Berlin
E-Mail: brak-bonn@t-online.de
www.brak.de

Deutscher Anwaltverein e. V. (DAV)
Littenstraße 11
10179 Berlin
E-Mail: dav@anwaltverein.de
www.anwaltverein.de

Bundesverband der Rentenberater e. V.
Postfach 26 01 50
50514 Köln
E-Mail: info@rentenberater.de
www.rentenberater.de

Patentanwaltskammer (Körperschaft des öffentl. Rechts)
Postfach 26 01 08
80058 München
www.patentanwalt.de

Bundesverband Deutscher Patentanwälte e. V.
Postfach 10 22 41
50462 Köln
E-Mail: mail@dompatent.de
www.dompatent.de

Bundesnotarkammer (Körperschaft des öffentl. Rechts)
Burgmauer 53
50667 Köln
E-Mail: bnotk@bnotk.de
www.bnotk.de

Wirtschaftsprüferkammer (Körperschaft des öffentl. Rechts)
Postfach 30 18 82
10746 Berlin
E-Mail: admin@wpk.de
www.wpk.de

Bundessteuerberaterkammer (Körperschaft des öffentl. Rechts)
Postfach 02 88 55
10131 Berlin
E-Mail: zentrale@bstbk.de
www.bstbk.de

Bundesverband der Steuerberater e. V.
Ludwigstraße 2
50667 Köln
E-Mail: bv.steuerberater@t-online.de

HLBS Hauptverband der landwirtschaftl. Buchstellen und Sachverständigen e. V.
Postfach 20 47

53743 Sankt Augustin
E-Mail: verband@hlbs.de
www.hlbs.de

Bundesverband der Wirtschaftsberater BVW e. V.
Lerchenweg 14
53909 Zülpich
E-Mail: info@bvw-ev.de
www.bvw-ev.de

Bundesverband Deutscher Unternehmensberater BDU e. V.
Zitelmannstraße 22
53113 Bonn
E-Mail: info@bdu.de
www.bdu.de

Deutscher Notarverein
Kronenstraße 73/74
10117 Berlin
E-Mail: dnotv@t-online.de

Vereinigung d. unabhängigen freiberufl. Aktuare e. V.
Deutsche Sektion der I.A.C.A.
Kanalstraße 44
22085 Hamburg
E-Mail: iaca.de@t-online.de

Berufsverband Deutscher Psychologinnen und Psychologen e. V.
Heilsbachstr. 22–24
53123 Bonn
E-Mail: verwaltung@bdp-verband.org, *www.bdp-verband.org*

Bundesverband der vereidigten Buchprüfer e. V. (BvB)
Tersteegenstr. 14
40474 Düsseldorf
E-Mail: office@bvb.org
www.bvb.org

Freie Kulturberufe

Bundesverband für Tanztherapie Deutschland e. V.
Hofstr. 16 – Marienburg
40789 Monheim

Dt. Institut für tiefenpsychologische Tanz- und Ausdruckstherapie e. V. (DITAT)
Rilkestr. 103
53225 Bonn
E-Mail: ditat@t-online.de
www.tanztherapie.de

Berufsverband Deutscher Diplom-Pädagogen und Diplom-Pädagoginnen e. V. (BDDP)
Postfach 34 70 67
28339 Bremen
E-Mail: bddpbremen@t-online.de

Bundesverband der Dolmetscher und Übersetzer e. V. (BDÜ) – Berufsgruppe Freiberufler –

Rüdigerstr. 79 a
53179 Bonn
E-Mail: bdue-bgs@t-online.de
www.bdue.de

Internationaler Verband der Konferenzdolmetscher (AIIC)
Regionalgruppe
Deutschland
Gummersberger Str. 8
60435 Frankfurt
E-Mail: Rainer.Karchowski@t-online.de

Bundesverband Deutscher Schriftsteller-Ärzte e. V.
Carl-Oelemann-Weg 7
61231 Bad Nauheim

Deutscher Verband Freiberuflicher Restauratoren e. V. (DVFR)
Geschäftsstelle
Hauptstraße 81
89195 Staig
E-Mail: prau81@aol.com
www.kossann.de/dvfr

Deutscher Restauratoren Verband e. V. (DRV)
Bischofsgartenstr. 1
50667 Köln
E-Mail: info@restauratoren.de
www.restauratoren.de

Deutsche Ocularistische Gesellschaft (DOG) e. V.
Heumarkt 52
50667 Köln

Deutscher
Museumsbund e. V. (DMB)
Lingnerplatz 1
01069 Dresden
E-Mail: office@museumsbund.de, *www.museumsbund.de*

Kulturpolitische Gesellschaft e. V.
Weberstraße 59 a
53113 Bonn
E-Mail: post@kupoge.de
www.kupoge.de

Freie technische und naturwissenschaftliche Berufe

Bund Deutscher Architekten
BDA Bundessekretariat
Köpenicker Str. 48/49
10179 Berlin
E-Mail: bda.bs.b@baunetz.de
www.bda.baunetz.de

Vereinigung Freischaffender Architekten Deutschlands e. V.
VFA
Oxfordstr. 20–22
53111 Bonn
E-Mail: vfa.bgst@t-online.de
www.architekturbuero.com/vfa

Bund Deutscher Landschafts-Architekten e. V. BDLA
Köpenicker Straße 48/49
10179 Berlin

E-Mail: info@bdla.de
www.bdla.de

Bundesarchitektenkammer/
Bundesgemeinschaft d. Architektenkammern (KdöR)
Askanischer Platz 4
10963 Berlin
E-Mail: info@bak.de
www.bak.de

Bund Deutscher Innenarchitekten e. V. BDIA
Königswinterer Str. 675
53227 Bonn
E-Mail: bdia@architekt.de
www.architekt.de/bdia

Verband Beratender Ingenieure VBI e. V.
Budapester Straße 31
10787 Berlin
E-Mail: vbi@vbi.de
www.vbi.de

Verband Selbständiger Ingenieure VSI e. V.
Schinkelstr. 7
45138 Essen

Bund der Öffentlich bestellten Vermessungsingenieure e. V. (BDVI)
Lindenstr. 14
50674 Köln
E-Mail: bdvi@gebig.com
www.bdvi.de

Bundesvereinigung der Prüfingenieure für Bautechnik e. V.
Ferdinandstr. 47
20095 Hamburg
E-Mail: info@bvpi.de
www.bvpi.de

Bundesverband freiberuflicher Sicherheitsingenieure und überbetrieblicher Dienste e. V. BFSI
Straße am Heizhaus 1
10318 Berlin
E-Mail: info@bfsi.de
www.bfsi.de

Verband unabhängig beratender Ingenieure und Consultants e. V. (VUBIC)
Wallstr. 23/24
10179 Berlin
E-Mail: info@vubic.de
www.vubic.de

AHO Ausschuss der Ingenieurverbände und Ingenieurkammern für die Honorarordnung e. V.
Spandauer Damm 73
14059 Berlin
E-Mail: aho@planet-interkom.de
www.aho.de

Bundesverband öffentlich bestellter und vereidigter sowie qualifizierter Sachverständiger e. V.
Lindenstraße 76
10969 Berlin
E-Mail: bvs-ev@t-online.de
www.bvs-ev.de

TOS Technische Organisation von Sachverständigen e. V.
Ferdinandstraße 47
20095 Hamburg
E-Mail: wsp.lab@t-online.de
www.tos-ev.de

Bundeslotsenkammer (Körperschaft des öffentl. Rechts)
Nikischstr. 8
22761 Hamburg
E-Mail: blkgak@aol.com

Fachgruppe »Freiberufliche Chemiker und Inhaber Freier Unabhäng. Laboratorien« in Gesellschaft Dt. Chemiker
Varrentrappstr. 40–42
60486 Frankfurt
E-Mail: fg@gdch.de
www.gdch.de

Verband Deutscher Biologen e. V.
Corneliusstr. 6
24105 Kiel
E-Mail: vdbiol.zentrale @lrz.uni-muenchen.de
www.vdbiol.de

Bundesingenieurkammer
Kochstraße 22
10969 Berlin
E-Mail: krug-bingk@t-online.de, *www.bundesingenieurkammer.de*

Gesellschaft für Informatik e. V.
– Fachgruppe Selbständige –
Ahrstraße 45
53175 Bonn
E-Mail: gs@gi-ev.de
www.gi-ev.de

Berufsvertretung Deutscher Biologen e. V.
Adolfplatz 8
24105 Kiel
E-Mail: webmaster@biologenverband.de
www.biologenverband.de

Berufsverband Deutscher Geowissenschaftler e. V. (BDG)
Oxfordstraße 20–22
53111 Bonn
E-Mail: BDGBonn@t-online.de
www.geoberuf.de

Bund der Ingenieure für Wasserwirtschaft, Abfallwirt. und Kulturbau e. V. (BWK)
Pappelweg 31
40489 Düsseldorf
E-Mail: BWK.SCHELP@t-online.de
www.welcome.to/BWK

Berufsspezifische Internetadressen – Kammern etc.

Berufsspezifische Internet-Adressen	
Bundesrechtsanwaltskammer	www.brak.de
Deutscher Anwaltverein (DAV)	www.uni-duesseldorf.de/WWW/Jura/anwaltverein
zm-Internet	www.kzbv.de bzw. www.bzaek.de
Deutsche Unternehmensberater	www.bdu.de
Deutsche Ingenieurkammern	www.ingenieure.de
Kassenärztliche Bundesvereinigung	www.kbv.de
Bundesärztekammer	www.ourworld.compuserve.com/homepages/beakpresse
Hartmannbund	www.hartmannbund.de
NAV Virchow-Bund	www.medi-netz.com/nav.htm
Marburger Bund	www.medi-netz.com/marburger-bund
Deutsche Medizinische Online-Zeitung	www.io.mto.de/dmoz
Ärztezeitung Online	www.aerztezeitung.de
Ärzte-Links im Internet	www.aerzte.com
Internetservice für Ärzte	www.aerzte.com
Bundeszahnärztekammer	www.bzaek.de
Bundestierärztekammer	www.vetline.de
Bundesapothekerkammer	www.abda.de
ABDA – Bundesvereinigung Deutscher Apothekerverbände	www.abda.de
Apotheke Online	www.sisco.nord.de/apotheke-online/index.html
Verband Deutscher Makler	www.vdm.de

Internet-Adressen von Berufsorganisationen	
Bundesverband der freien Berufe	www.freie-berufe.de
Übersicht Verbände, Kammern	www.dino-online.de/seiten/go13b.htm
Deutscher Steuerberater-Verband	www.dstv.de
Wirtschaftsprüferkammer	www.wpk.de
Industrie und Handelstag	www.aachen.ihk.de
Deutscher Anwaltverein (DAV)	www.uni-duesseldorf.de/www/jura/anwaltverein
IHK Aachen	www.aachen.ihk.de
IHK Ulm	www.ulm.ihk.de
Statistik	
Statistisches Bundesamt	www.statistik-bund.de
Wissenschaft	
Institut für Arbeitsmarkt- und Berufsforschung (IAB)	www.arbeitsamt.de/iab
Forschungsinstitut freie Berufe (FFB)	www.uni-lueneburg.de/fb2/ffb/
Ifo-Institut für Wirtschaftsforschung	www.ifo.de
Institut für freie Berufe (IfFB)	www.uni-erlangen.de/ifb
Recht	
juris GmbH Saarbrücken	www.telnet://juris-sb.de bzw. www.telnet://juris.de
Bundesgesetzblatt	www.jura.uni-sb.de/BGBL/index.html
»Recht & Praxis Digital«	www.vrp.de
Such-Service für deutsches Recht »Fahnder«	www.vrp.de/search/fahnder.htm
Forum deutsches Recht	www.recht.de

Bibliotheken	
Jason-WWW (Zeitschriften-recherche)	www.ub.uni-bielefeld.de/netahtml/jaso1.html
Deutsches Bibliotheksinstitut	www.dbix01.dbi-berlin.de:8163/wais-db/query-zd.html
Sondersammelgebietsbibliotheken	www1.ub.uni-siegen.de/buecher/ssg.html
Karlsruher Virtueller Katalog	www.ubka.uni-karlsruhe.de/kvk.html
Universität Wien	www.bibgate.univie.ac.at/BIBOS-2/Search.html
Südwestdeutscher Bibliotheks-verbund	www.swbv.uni-konstanz.de
Fachinformationszentrum Technik	www.fiz-technik.de
ABC Bücherdatenbank	www.telebuch.de
Stellenmarkt	
Bundesanstalt für Arbeit	www.arbeitsamt.de
Die Zeit: Suchmaschine für Stellenangebote im Internet	www.zeit.de/robot
Online Stellenmarkt	www.stellenanzeigen.de
Andere Adressen	
Presse- und Informationsamt der Bundesregierung (BPA)	www.bundesregierung.de bzw. www.government.de
Junge Unternehmer	www.bju.de
Verband Deutscher Renten-versicherungsträger (VDR)	www.vdr.de
Deutsches Agrarinformationsnetz (DAINET)	www.dainet.de
Existenzgründerpool (»Die Region Nürnberg e. V.«)	www.existenzgruenderpool.de

freie Berufe	www.freiberufler.de
Deutscher Verband freiberuflicher Restauratoren e. V. (DVFR)	www.kossann.de/dvfr

Register

40-Euro-Regelung 339

Abend- und Wochenendkindergarten 376
Abendkindergärtnerin 376
Abendmutter 376
Abflussnotdienst 391
Ablaugerei 391
Ablaugservice 391
Abnahmezwang bei Mängeln 296 f.
Abschlagszahlungen 296
Abschlagszahlungen, Recht auf 210
Absicherung 84 f.
Adobe 248 ff.
Adressen 399 f.
Aerobiclehrer 44, 102, 379
Agraringenieur 118, 120
Airbrushkünstler 389
Airbrushkurse 381
Aktenlagerung 387
Aktfotodesigner 379
Aktmodell 389
Alleinunterhalter 389
Altenpflege 102, 376
Altersvorsorge, Gewerbebetrieb als 238 f.
Ambulante Krankenpflege 44, 102
Ambulanter Kochdienst 396
An- und Verkauf 155 f.
Änderungsschneiderei 391
Angebote, unseriöse 341 f.
Angestellte 70 ff.
Animateur 396
Anlageberater 142
Ansprechpartner 399 f.
Antikfotostudio 389
Antiquariat 385
Antiquariatssuchdienst 381
Antistresstrainer 376
Anwaltswerbung 381
Anzeigenverkäufer 387
Apotheken-Inventurbüro 142
Apothekenrezeptabrechner 142
Apotheker 117, 142
Arbeitsamt 188
Arbeitsamthilfe bei Existenzgründung 227 ff.
Arbeitslosenversicherung 85, 187
Arbeitsrecht 185 ff., 314 f.
Arbeitsstunden 233
Arbeitstage 233
Arbeitsvermittler 388
Arbeitsvertrag 185
Archäologe 116
Architekt 111, 118, 142
Aromatherapeutin 376
Artist 142, 389
Arzt 102, 264

Ärztepropagandist 142
Astroberatung 376
Astrocomputerhoroskope 376
Astrologe 116
Astronom 116
Atemlehrer 107
Atomphysiker 116
Aufräumservice/Sortierdienst 387
Auftragspreiskalkulation 234
Aufwand-/Leistungsrelation 196 ff.
Aufzeichnungspflicht (Kleingewerbetreibende) 180
Augenprotetiker 105
Aurafotografie 376
Ausdruckstherapeut 108
Ausflugschauffeur 385
Aushilfen, Beschäftigung von 189 ff.
Aushilfsmusiker 44, 133
Auskunfteien 156
Autoglasreparatur 391
Autoglasscheibentönung 391
Autokunstdesigner 389
Autolackierservice 391
Autor 138, 306
Autoreparaturservice 391
Autoscheibenwäscher 391
Autowäscher und Komplettreinigung 391
Autowaschzentrum 391

Baby- und Kindermodenboutique/Secondhand 385
Babykleidung-Online 385
Babymassagetrainer 376
Babyschuhveredler 391
Babysitterservice 376, 387
Babysittertrainer 381
Babysitting 376
Bademeister, medizinischer 49, 102, 104, 144
Balkonbepflanzungsdienst 394
Ballettmeister 135
Ballonboutique 385
Ballonmodellieren 389
Bärenschule 391
Barkeeper 396
Bastelmaterialservice 391
Basteln 391
Bauberater 142, 394
Baubetreuer 142, 155
Bauchladen 385
Bauchredner 389
Bauchtänzerin 379
Bauchtanzlehrerin 379
Bauern- und Herrgottmalereidienst 392
Bauernmalerei 392
Bauingenieure 118
Bauleiter 44, 113 f., 142
Baumdoktor 394
Bausachverständiger 44, 113
Baustatiker 113
Baustoffberater 394
Bauträger 155
Beauty-Center 379
Bed-and-Breakfast 396
Begleitservice 376
Behindertenpädagoge 130
Behördengänger/-begleiter 377
Beitragspflicht 346
Beratung 387 ff.
Beratungsstellenleiter eines Lohnsteuerhilfevereins 143
Bergführer 44

Berufs- und Erwerbsunfähigkeitsversicherung 93
Berufsbetreuer 69
Berufsgenossenschaft 93 f.
Berufssportler 143
Berufsständische Versorgungswerke freier Berufe 400
Beschäftigung, Vorbeugen der Vermutung abhängiger 355 f.
Beschäftigungs- und Ausdruckstherapeut (Ergotherapeut) 44
Beschäftigungstherapeut 108
Bescheinigung über Selbständigkeit 192 f.
Besonderheiten, standes- und berufsrechtliche 67 ff.
Betreuer 108, 377
Betreuungslehrer 130
Betriebsprüfung 347
Bewachungsgewerbe 155
Bewachungsgewerbe 157
Bewerbungsberater 377, 387
Bewerbungstexter 381
Bezirksschornsteinfegemeister 143
Bibliothek/Archivservice 387
Bibliotheks-/Archivservice 381
Big-Body-Fitnessstudio 379
Big-Body-Fitnesstrainer 379
Bilanzregeln 214
Bildende Künstler 136 ff., 306
Bilderrahmenservice 392
Bildhauer 44, 136
Bildschaffende 138 ff.
Bildung 380 ff.
Biobauer 394
Biochemiker 116, 120 f.
Biogemüseverkauf 385, 396
Biokosmetiker 379
Bioladen 385
Biologe 112, 116, 120
Bioputzfrau/-mann 392
Biorestaurant 396
Biotechnologie 118
Blind Date Vermittlung 377
Blumenhandel 385
Blumenservice 385
Blutgruppengutachter 44, 102
Bodenstewardess 396
Bodenverlegung 392
Body 379 ff.
Bodyart 379
Bodybuilder 45, 103
Bodybuildingstudio 45, 103, 143
Bodybutler 377
Bodypainting 379
Branchenüberblick »freie Berufe« 20 f.
Brandschutzanlagenservice 394
Brandschutzanlagenverkäufer 394
Brautmodengeschäft 385
Brenn- und Kaminholzservice 392, 394
Buchautor 306
Buchführung, doppelte und einfache 181 f.
Buchführungshelfer 143
Buchhalter 143
Buchhaltungshelfer/Kontierer 387
Buchhaltungshilfe 183
Buchhaltungspflicht (Gewerbetreibende) 179

Buchhaltungssoftware 184
Buchmacher 143
Buchpräsentator 381
Buchprüfer 122
Bühnenvermittler 143
Bundesverband der freien Berufe BFB 20
Bürgschaften und Bürgschaftsbanken 224 f.
Büro 387 ff.
Büroadresse 387
Büro-Center und -Service 388
Bürogebrauchtmöbelhandel 385
Büro-Springerservice 388
Butler 377

Call-Center-Agent 388
Call-Center-Hotline-Telefonist 388
Call-Center-Inbound-Telefonist 388
Chauffeurdienste 385
Chauffeurvermittlungsdienste 385
Chemieingenieure 118
Chemiker 112, 116
Choreograph 133
Chorsänger 134
Clown 389
Coaching 377
Coffeeshop 396
Computer 383 ff.
Computeranimateur 381
Computerberatung 383
Computergravuren 383, 392
Computernotdienst 383
Computerreinigung 383, 392
Computertrainer 383
Computerurlaubsschulung 383
Conférencier 45, 133
Cookies-Keks-Fastfood 396
Crêperie 396
Croupieraushilfe 396

Dachrinnenreinigung 392
Darstellende Künstler 133 ff.
Dekoservice 385
Designer 45, 127, 136, 143, 306
Designermöbel Secondhand 385
Dessousparty 379, 385
Dessousparty für Mollige 379, 385
Detekteien 156
Detektiv 143
Deutschlehrer für Ausländer 381
Diätassistent 103
Dienstleistungsgewerbe, Kostenerfassungsschema für das 232
Dienstleistungshaftung 95
Dienstleistungsvertrags-Tätigkeit 283 ff.
Dienstvertrag (Muster) 286 f.
Dienstvertrag oder Werkvertrag 301 f.
Dienstvertrag, freier 266 ff., 273 ff.
Dienstvertragsmitarbeit 33
Diplom-Pädagoge 108
Diplom-Psychologen 103
Dirigent 45
Disagiofalle 221
Disjockey-Feuerwehr 396
Diskjockey 396

Dispacheur 143
Do-it-jourself-Werkstatt 392
Dolmetscher 127, 381
Domain-Namenserfinder 383
Doppelzahlungen 212
Dozent für Musikberufe 130 f.
Dozenten 130 ff., 265 ff.
Drehorgelspieler 389
Drehorgelverleih 388
Drogentests 377
Drogeriemarkt 385
DTP-Helfer 381
Duftölverkauf 385

E-Business-Berater 384
E-Commerce-Operator 384
Edelsteinverkauf 385
EDV-Berater 112 f.
EDV-Berater 45, 143
Ehevermittler 143
Eigenkapital 205 ff.
Eigentümerversammlungsservice 377
Einkaufsgemeinschaft 385
Einkommensteuer 73 ff.
Einkünfte aus Gewerbebetrieb 171 ff.
Einmann-GmbH 151
Einnahme-Überschuss-Rechnung 74 ff.
Einstiegskosten bei Gründung 198 f.
Eintopflokal 396
Einzelunternehmer 151
Eisverkauf 396
E-Jobs 383 ff.
E-Learning-Berater 384
Elektronigenieur 118
Elektronik 118
Elektrotechnik 118
Elektrotechniker 45, 113
Elternspielschule 381
Elternstressberater 377
Encaustier 392
Entbindungshelfer 103
Entbindungspfleger 91
Entertainment 389 ff.
Erbenermittler (Erbensucher) 143, 377
Erfinder 45, 112
Ergotherapeut 45, 103, 108
Erlebnisgastronomie 396
Erlediger 377
Ernährungsberater 103
Erntehelfer 394
Erotik 379 ff.
Erotikakteur 379
Erotikautor 379
Erotikmodel 379
Erotiktänzer 379
Erotiktanzlehrer 380
Erwachsenenbildner 131
Erwerbsarbeit, abhängige und selbständige 370 ff.
Erzieher 45, 108
Erzprobennehmer 46, 113
E-Schrottentsorger 392
E-Shop/Online-Shop 384
Esoterik 376 ff.
Esoterische Reiseleiter 396
Esoterische Reiseveranstalter 396
EstG 28, 35 ff.
Ethnologe 129
Ethnotanztrainer/-schule 380
EU-Nachweisgesetz (Vertragsniederschrift) 185 ff.
Eventberater 396
Eventfotograf 390
Eventvisagist 380, 396

Existenzgründungsberatung 388
Exportberater 143

Fachlehrer an allgemeinbildenden Schulen 131
Fahrende Händler (Wandergewerbe) 385
Fahrer 269, 385
Fahrlehrer 46, 132
Fahrradbauchladen 386
Fahrradhandel und -reparatur 386
Fahrradkurierdienst 386
Fahrschule 143
Fahrschulinhaber 46, 132
Familienforschung (Genealogie) 381
Familienhelfer 270
Farb-, Stil- und Imageberater 380
Fenster- und Rollladenmontierer 392
Fensterputzservice 392
FernAbsG 333 ff.
Fernmeldetechnik 119
Fernsehansager 46, 138
Fertigstellungsbescheinigung 298 ff.
Feuerlauflehrer 380
Feuerwerksfachmann/Pyrotechniker 390
Film- und Videojournalist 46, 138
Filmdarsteller 138
Filmer 306
Filmhersteller 46, 143
Filmschaffende 138 ff.
Finanz- und Kreditberater 143
Finanzamt 189
Finanzanalyst 142
Finanzbedarfsermittlung 198 f.
Finanzierung 82, 193
Finanzierungsgrundsätze 213
Finanzierungsquellen 205
Finanzplan 198 ff., 203 f.
Fitness 379 ff.
Fitness-Studio 143
Fitnesstrainer 380
Fleischbeschauer 46
Flirtcoach 377
Flugreisenbörse 386
Folkloretanzlehrer/-schule 380
Food 396 ff.
Forderungseinzug 208 f.
Forstingenieure 118
Forstwirtschaft 121
Foto- und Videokurse 390
Fotodesign 390
Fotodesigner 46, 139
Fotoentwicklungsservice 392
Fotograf 46, 139, 143, 306
Fotohandel 386
Fotomodell 143
Fototainment 390
Frachtenprüfer 46
Frachtenprüfer 123
Freelancer 24 ff., 30, 263 ff., 384
Freelancer/Freiberufler 24 ff.
Freiberufler, gewerblicher 141 ff.
Freiberufler/Freelancer, gewerbesteuerpflichtige 176 f.
Freiberuflicher Mitarbeiter 30 f.
Freiberuflichkeit 17 ff.
Freiberuflichkeit, haupt- oder nebenberuflich 33 f.

Freie heilkundliche Berufe 401 f.
Freie Kulturberufe 404 f.
Freie rechts- und wirtschaftsberatende Berufe 403 f.
Freie technische und naturwissenschaftliche Berufe 405 ff.
Freie Versandhändler 333 ff.
Freier Handelsvertreter 310 ff.
Freier Mitarbeiter 29, 263 ff.
Freiwillig Versicherte 87
Freizeit 396 ff.
Freizeitbetreuer 271 ff.
Freizeitsportlehrer 108
Fremdenführer 143
Fremdfinanzierungsarten 215
Fremdkapital 212 f.
Freskenmalerei 392
Frühstücksdienst 396
Führerschein-EU-Klassen 157
Fußmasseur 377
Fußpfleger 143
Fußpfleger, medizinischer 144
Fußpflegeservice 377

Garagenmaler 390
Gardinennäherei 392
Gardinenwaschservice 392
Gartenbau 162 f.
Gartenbauingenieur 120
Gartenbauingenieure 118
Gartenservice 394
Gartenserviceagentur 388
Gartenteichanleger 394
Gas-, Wasser- und Stromableser 394
Gastronomie 144
Gaststätten 155
Gaststättengewerbe 156
Gebärdensprachdolmetscher 109
Gebäude-Restaurator 46, 127
Gebietsschutz 316 ff.
Gebrauchthaus- und Renovierungsberater 394
Gefährdungshaftung 94 f.
Geisteswissenschaftler 261 ff.
Geisteswissenschaftliche Berufe 127, 129 f.
Geldzurückhaltung, Schutz vor bei Subunternehmeraufträgen 211 f.
Geodäsie 121
Geograph 116
Geologe 120
Geophysiker 112, 120
Geowissenschaften 121
Geowissenschaftler 117
Germanist 129
Gesangspädagogik 131
Geschäftsgründung 194 ff.
Geschäftsrisiken 94 f., 239 ff.
Geschirrmobilverleih 396
Gesellschaft bürgerlichen Rechts (GbR) 151
Gesellschaft mit beschränkter Haftung (GmbH) 151
Gesetz zur »Förderung der abhängigen Beschäftigung« 343 f.
Gesetzlicher Mindesturlaub 186
Gestalter 136
Gesundheit 376 ff.
Gesundheitsberufe 102 ff.

Gesundheitsingenieure 120
Getränkeverkauf 396
Gewährleistung 332
Gewährleistungspflicht 289 f.
Gewebetreibender, freier Mitarbeiter 31
Gewerbe (Definition) 146 f.
Gewerbe, erlaubnispflichtige mit besonderer Rechtsgrundlage 156 f.
Gewerbe, erlaubnispflichtige und erlaubnisfreie 153 ff.
Gewerbe, stehendes und wanderndes 152 f.
Gewerbe, überwachungsbedürftige 155 f.
Gewerbeanmeldung 147 f.
Gewerbesteuer 174 ff.
Gewerbesteuerbefreiung 77
Gewerbesteuerdurchführungsverordnung 174 f.
Gewerbetätigkeit (steuerrechtliche Sicht) 170 ff.
Gewerbetreibende 70 ff.
Gewerbetreibende und Mitarbeiter 184 f.
Gewerbetreibender 28 f.
Gewinnermittlung 74 ff.
Ghostreading 381
Ghostwriter 381
Glücksspiele 154
GmbH & Co. KG 151
Grabpflegedienst 394
Graffitifresser 392
Grafiker 46, 136, 144, 306
Grafischer Zeichner 136
Graphologie 381
Grimassenschneider 390
Großgruppenfotos 390
Großküchen, Planer von 50, 114
Grundreinigungsputzdienst/ Frühjahrshilfe 392
Gründungshilfen der DtA 226
Gruppentänzer 135
Gutachter 144
Gutachter 389
Güterbesichtiger 46, 123
Gymnastiklehrer 109

Haftung 289 ff.
Haftungsausschluss 293 f.
Halbtagsjob, Einstieg in die Selbständigkeit mit 201
Handel 385 ff.
Handelsregistereintragung 149 f.
Handelsvertertervertrag, Muster 323 ff.
Händler 328 ff.
Handlesen 378
Handwerk im Marktverkehr 164
Handwerk mit Meisterpflicht 158
Handwerk ohne Meisterbrief 158 ff.
Handwerk(ähn)liches/ Basteln/ Reinigung 391 ff.
Handwerk, ehrenamtliches 164
Handwerke, künstlerisch betriebene 162
Handwerker 92
Handwerkerhilfskraft 392
Handwerkkundenberater 392
Handwerklicher Hilfsbetrieb 163
Handyman siehe Hausmeisterhilfsservice 392
Hard- und Software 242 ff.

Hauptversammlungsservice 388
Haus/Sicherheit/Garten/Tier/Natur 394
Hausgewerbetreibende 91
Haushaltsführungskurse 381
Haushüter/Homesitting 394
Haushüteragentur 388
Hausmeisterhilfsservice 392
Haustierhüter 394
Hauswart 394
Havariesachverständiger 47, 123, 144
Hebamme 47, 91, 103
Hebammen 103
Heilberufe 276 f.
Heilerziehungspfleger 109
Heileurythmist 144
Heilkundliche Berufe 102 ff.
Heilmasseur 47
Heilpädagoge 109
Heilpraktiker 104
Heimarbeiter 176 f.
Heimarbeiter 341 f.
Heimwerkerberater 392
Heimwerkerkursleiter 392
Heizkosten-/Warmwasserableser 394
Hellseher 144
Herstellen und Vertreiben spezieller diebstahlsbezogener Öffnungswerkzeuge 156
Hersteller künstlicher Menschenaugen 144
Hilfspolizist 394
Hippotherapeut 106
Historiker 129
Hochbautechniker 47, 114
Höchstarbeitszeit 186
Hochzeitsdienst 396
Holz- und Bautenschutz 392
Holz- und Bautenschutzberater 394
Holzbauberater 394
Homejobber ohne Halbtagsjob 202 f.
Homeshopverkäufer 386
Homesitting im Ausland 394
Homöopath 104
Honorarkraft 31
Honorarregelung 322 f.
Hostess/Host 388
Hot-dog-Mobil/Trike 396
Hot-dog-Stand 397
Hotel-Garni »mini« 397
Hotline-Aushilfe 384
Hundeausführen 394
Hundeberater 377
Hundeshampoonierhelfer 394
Hydrologe, Dipl.-Ing. 121
Hygieneberater 377

Immobilienmakler 388, 394
Immobilienprivatverkaufsberater 388
Immobilienversteigerungsberater 388
Immobilienversteigerungsberater 395
Immoblienprivatverkaufsberater 395
Industriedesigner 47, 137
Industriepropagandist 144
Infografiker 381
Informatiker 112
Informationsbegleiter 132
Informationsbegleiter 47,
Informationsfahrtenbegleiter 47
Ingenieurinformatik 119
Ingenieurstätigkeiten 117 ff.

Inkassobüro 144
Innenarchitekt 111
Insolvenzverwalter 123
Instrumentalpädagogik 131
Interkultureller Beratungsservice 388
Internet 383 ff.
Internetadressen 408 ff.
Internetaustauschbörse 384
Internetberater 384
Internetrechercheur 384
Internet-Software 245 ff.
Internetverkauf siehe E-Shop
Interviewer 270 f., 381
Inventurbüro 144
IT-Serviceman 116

Jahrmarkt 390
Joggingmentor 377
Jonglieren 390
Journalist 69, 139, 278 f., 306
Juristischer Informationsdienst 47

Kaffeeemobil/Mobile Cafébar 397
Kameramann 47
Kammerberufe 68 f.
Kanzleischreibdienst 388
Kapitalbedarf 201 ff.
Kartograf 47
Katalogähnliche Berufe 42 ff.
Katalogberufe 40 ff.
Kaufmann 148 ff.
Kaufrecht 294
Kaufvertrag 328 ff.
Kehrwochenservice 395
Kenntnis des Käufers 332
Kfz-Sachverständiger 47, 114, 144
Kfz-Service, mobiler 196
Kindercomputerschule 384
Kinderfestanimateur 377, 397
Kinderfitnesscenter 380
Kinderfitnesstrainer 380
Kinderheimbetrieb 109
Kinderheimbetrieb 48
Kinder-PC-Trainer 384
Kinderschminken 380
Kinderspiel- und Bastelservice 377
Kinderzirkustrainer 381
Kindespflegschaft/Pflegeeltern 377
Klavierstimmer 144
Kleingartenhelfer 395
Kleingewerbehandwerk 161
Kleingewerbetreibender 148 ff.
Kleinkünstler 390
Kleinkunststrainer 381
Kleintransportfahrer siehe Fahrer
Klinischer Chemiker 48, 114
Klosterladen 386
Koffereinpackservice 377
Kommanditgesellschaft (KG) 151
Kommunikation 380 ff.
Komparse 390
Kompasskomensierer auf Seeschiffen 114
Kompasskompensierer auf Seeschiffen 48
Komponist 390
Konkurrenzverbot 316
Konstrukteur 48, 114, 144
Kontakter 388
Kontrolleur 395
Konzessionsträger 393
Korrespondenzservice 381

Kosmetik 379 ff.
Kosmetikberater 380
Kosmetikberatung 395
Kostenerfassung 231 ff.
Kraftfahrzeughaftpflicht 95
Krankengymnast siehe Physiotherapeut
Krankenkasse 187 f., 190
Krankenpflegehelfer 144
Krankenschwester/Krankenpfleger 48, 69, 104
Krankenversicherung 86 ff.
Kräuterbonbonverkauf 386
Kreativ-künstlerischer Bereich 389 ff.
Kreditantrag 217 ff.
Kreditberater 144
Kreditfallen 221 ff.
Kreditrisiken 223
Kreditsicherheiten 223 f.
Kriterien zur Einstufung der Freiberuflichkeit 61
Küchenmontierer 393
Kükensortierer 144
Kultstättenreiseführer/-veranstalter 377
Kulturberufe 127 ff.
Kulturpädagoge 127
Kündigungsmöglichkeit nach Kleinbetriebsklausel 187
Kunstdozent 132
Kunstgewerbeunterricht 381
Kunsthandwerker 48, 137
Kunsthostess 390
Künstler 69 f., 91
Künstleragenturen 144
Künstlermanager 144
Künstlervermittlung 379
Kunstmaler/Kunstzeichner 137
Kunstsachverständiger 123
Kunstschule 381
Kunsttherapeut 109
Kunstunterricht/Malunterricht 381
Kursmakler 144, 146
Küstenfischer 91 f.
Küstenschiffer 91 f.

Lachtrainer 377
Lachzauberer 390
Ladenaushilfen und Auffüller 386
Land- und Forstwirtschaftshandwerk 162 f.
Landschaftsarchitekten 121
Landschaftsgärtner 144
Landschaftspflege 121
Layouter 48, 137
Lebens- und Sozialberater 377
Lebensmittelchemie 118
Lebensversicherung 92 f.
Lehrer 48, 130 ff.
Lehrer und Erzieher 91
Lehrkräfte, freie 265 ff.
Lehrkraft-Fußpflege 133
Lesungsberater 382
Leuchtartikel/-schmuckverkäufer 386
Lexikograph 48, 139
Lichtjockey 397
Lichttechnik 119
Liebesbriefautor 382
Liedermacher 382, 390
Liedertexter 382, 390
Lizenzvertrag 307 ff.
Logopäde 49, 104
Lohnhöhe 186 f.
Lohnsteuer 189
Lotsen 112
Lotterien 154
Luftballonmann 386

Mac 244
Magier 49, 134
Mahn- und Inkassoberater 388
Mailordergeschäfte 386
Makler 144, 155, 312 f.
Makler- und Baugewerbe 156
Maklertippgeber 388, 395
Maler 49
Mama-Läden 386
Mängel, Rechte des Bestellers bei 290
Mängelansprüche, Verjährung der 292 f.
Mangelselbstbeseitigungsanspruch 291 f.
Märchenerzähler 382
Marionettenspieler 134
Marketingberater 49, 123 f.
Markscheider 49, 114
Marktforscher 49, 124
Marktforschungsberater 144
Marktveranstalter 169 f.
Marktverkehrsgewerbe 153
Marktverkehrstreibender 169
Maschinenbauingenieure 119
Maschinenbautechniker 49
Maskenbaulehrer 390
Massageservice/Mobilmasseur 377
Masseur 49, 104, 144
Mathematiker 117
McDonald's 397
Medienpädagogen 128
Medienschaffende 138 ff.
Medientechnik 119
Meditationstrainer 377
Mediziner 117
Medizinsch-technischer Assistent 49 f., 105
Mehrfreizeit bei Überdeckung 236
Meister 163
Meisterpflicht 158
Meteorologe 117
Mietbutler 377
Miethausfrau 377
Mietkoch/Springer 397
Mietpsychologe 378
Mietseelsorger 378
Mikroelektronik 119
Milbenjäger 378
Minderung 292, 331
Mineralogen 112, 120
Mitarbeiter 81
Mitfahranbieter 388
Mittelalter-Kleinkünstler 390
Mitwohnanbieter 388
Mitwohnzentrale (Home Company) 388
Mobildiskothek 397
Mobile Aktenvernichtung 388
Mobile Friseurin 380
Mobiler Sozialer Hilfsdienst 378
Mobiler Tanzlehrer 380
Mobilshops 386
Modedesigner siehe Modeschöpfer
Model/Laienmodel 380
Modell- und Festtagskleidervermietung 388
Modeschmuckverkauf 386
Modeschöpfer 50
Motopäden 105
Motorradzubehörverkauf 386
Müllentsorger 393

Multimediajobs 382, 384
Multimedia-Spezalisten 306
Multimediatrainer 382, 384
Museumspädagoge 128
Musical-Darsteller 134
Musiker 50, 306
Musikmachen 390
Musikmacher 382
Musikunterricht 382
Mutter-Kind-Fitnesstrainer 380
Mystery Master 378

Nachbarschaft 376 ff.
Nachbarschaftshilfe 378
Nacherfüllung 330 f.
Nacherfüllungsanspruch 290 f.
Nachhilfe 382
Nachlasspfleger 378
Nachos 397
Nachschlagewerke 254 ff.
Nähdozentin 382
Naturbaustoffverkäufer 386
Naturheilkundearzt 105
Naturkleiderladen 386
Naturkostcatering/Partydienst 397
Naturkosmetikladen 386, 397
Naturtextil-Mobilladen 386
Naturwissenschaftler 116 f., 261 ff.
Nebenjob 84
Netzplantechniker 50, 114
Nightlife-Journalist 382
Notar 124
Notebook 243 f.

Ocularisten 105
Offene Handelsgesellschaft (OHG) 151 f.
Öffentliche Hilfen für Selbständige und Freiberufler 225
Ökobauberater 395
Ökodrogerie/Naturkosmetik 380
Ökogartenservice 395
Ökokstaubsaugervertreter 388
Ökotrophologe 117
Onlinejournalist 139, 382
Optotechnik 119
Orthopist 50, 105
Otto-Shop 386

Paarberater für binationale Beziehungen 378
Paarberater für Schwule/Lesben 378
Pack- und Umräumservice 378
Pädagoge 109, 130
Parodist 134
Partnerschaftsgesellschaft (PartnG) 151
Partnertanztrainer 380
Partnervermittlung 378
Party 396 ff.
Partyservice 397
Partytainment 397
Patchworkkurse 382
Patentanwalt 124
Patentberichterstatter 50, 124
Patientenbegleiter 378
PC-Lotse 384
PC-Store 384
Peepshow 154
Permanent-Make-up-Fachkraft 380
Personalberater 144
Personalvermittlung 388

Pfandleihgewerbe 155
Pflanzenarzt 121
Pflanzenhüter 395
Pflastermalerei 390
Pflegepersonen 91
Pflegetätigkeit, nebenberuflich 378
Pflegeversicherung 86 ff., 187
Pharmaberater 145
Pharmakologe 117
Pharmatechnik 118
Pharmazeutische Chemie 118
Philosoph 109, 130
Philosophencafé 397
Physiker 117
Physik-Ingenieure 119
Physiotherapeut 50, 106
Phytomedizin 118
Pilzanbau 395
Pilzsammeln 395
Plakatkleber 393
Podologe siehe med. Fußpfleger
Poffertjesbäckerei 397
Politologe 130
Polterabenddienst 397
Popcornstand 397
Pornodarsteller 380
Praxisschreibdienst 389
Preisfindung 82 f., 229 ff., 235 ff.
Preiskalkulation 234
Privatkrankenanstalten 154
Privatputzdienst 393
Privatsekretär 389
Privatzimmervermietung 397
Probennehmer für Erze, Metalle und Hüttenerzeugnisse 145
Produkthaftung 95
Programmierer (Softwareentwickler 384
Projektierer 145
Promoter 382
Propagandist 145, 386
Prospektverteiler 386
Prospektverteilung 389
Provision 316 ff.
Provisionsstandard 320 ff.
Prozessagent 50, 124
Psychoanalytiker 50, 106
Psychologe 50, 106, 276
Psychologe und Psychotherapeut 50, 106
Public-Relations-Berater 145
Publikationen 399
Publizisten 91, 138 ff.
Putzengehen 393

Quizmaster 45, 125

Rasenmähservice 395
Rätselhersteller 50
Rattenbekämpfer 378
Raucherbar auf Rädern 386
Raumgestalter 50, 115
Rechnungsprüfer 389
Rechstbeistand 50
Rechtsanwalt 124, 278
Rechtsbeistand 145, 124 f.
Rechtsberatende Berufe 122 ff.
Rechtsformen des Unternehmens 150 ff.
Rechtsstatus, Ändern des 373 f.
Recyclingingenieur 122
Redenschreiber 382
Referendar 51, 125
Regisseur 134
Reinigungsservice 393

Reisebegleiter 397
Reiseberichterstatter 382
Reisegewerbe 153, 166 ff.
Reisegewerbekarte 166 ff.
Reisegewerbetreibende 176
Reisehandwerker 164 ff.
Reiseleiter 397
Reisender 313 f.
Reiseveranstalter 397
Reitlehrer 51
Relaxservice 377
Religionspädagoge 110
Rentenberater 51, 110, 125
Rentenversicherung 90 ff., 187
Rentenversicherungspflicht 91 f., 354 f.
Requisitenservice 393
Restaurator 51, 128, 138
Rettungsassistent 51, 106
Rezeptabrechner für Apotheken 145
Rezitator 382
Rikschadienst 397
Risiko 339
Risikovorsorge 83, 237 f.
Rittertrainer und Ritterspielleiter 390
Rostfrei-Autoservice 393
Rundfunkermittler 145
Rundfunksprecher 51, 145

Sachmangel 329 f.
Sachverständiger 51, 115, 145, 389
Saftladen 397
Salzkristallleuchten 386
Sandkastenreinigung 393
Sänger 134
Schadenseinschätzer 113
Schadensregulierer 145
Schädlingsbekämpfer 378
Schadstoffambulanz 378
Schadstoffprüfer 378
Schauspieler 51, 134
Schaustellungen von Personen 154
Scheinselbständigkeit 343 ff.
Scheinselbständigkeits-Anfangsverdacht 314
Scheinselbständigkeitsfalle 191 ff.
Schiffseichaufnehmer 51, 115
Schiffssachverständiger 145
Schlafbedarfverkäufer 386
Schlafberater 378
Schnellreinigung/Wäscherei 393
Schnellrestaurant 397
Schönheitsberater 145
Schönheitsfarmleiter 380
Schönheitssalon 145
Schreibatelier 382
Schreibbüro 389
Schreibkraft 389
Schriftsteller 51, 139
Schrottdesigner 390
Schuhputzer 393
Schuldrechtsänderung, Erstes Gesetz zur 97 ff.
Schuldrechtsreform 288 f.
Schuster, orthopädischer 154
Schwarzarbeit 166
Screendesigner 306
Secondhandladen 386
Seelotsen 91
Seidenmalereikursleiter 382
Seifenblasendesigner 390
Sekretariatswissen 255
Sekretärin 389
Sekretärinnenservice mobil 389
Selbständige, arbeitnehmerähnliche 351
Selbstausbeutungsgefahr 236

Selbstbauberater 395
Seminarleiter 133
Seminarreferent 382
Seniorenfreizeithelfer 378
Senioren-Internettrainer 384
Service 387 ff.
ServicePlus-Reiseberater 397
Showmaster 45, 125
Showzeichner 390
Sicherheitsanlagenverkäufer 395
Sicherheitsberater 51, 115
Sicherheitsmitarbeiter 395
Sicherheitsservicemann 395
Sicherheitstechnik 120
Sicherheitsunternehmen 395
Software 383 ff.
Software-Entwickler 112, 306
Softwareentwicklung 239 f.
Software-Spezialist 279 f.
Solotänzer 135
Sonnenstudio 380
Souffleur 135
Sozialarbeiter 110
Sozialarbeiter/-pädagogen siehe Psychotherapeut
Sozialbeiträge, Fälligkeit rückständiger 351
Sozialberufe 107 ff.
Sozialbetreuer 110
Sozialer Bereich 376 ff.
Sozialerotischer Dienst 380
Sozialgerichtsklage 350
Sozialpädagoge 110
Sozialversicherungen 187 f.
Sozialversicherungspflicht 84
Sozialwissenschaftler 261 ff.
Soziologe 110, 129
Sparberater 378
Spielbanken 154
Spielbankpage 397
Spieleladen 387
Spielgeräte mit Gewinnmöglichkeiten 154
Spielhallen 154
Sportlehrer 52, 106
Sportpartner 380
Sprachen 380 ff.
Sprechlehrer 107, 382
Standerlaubnis 167
Statisten 390
Statusfeststellung, Antragsverfahren zur 356 ff.
Stauberater 387
Staubsaugservice (Staubsaugermann) 393
Stehcafé/Kaffeedepot 397
Steinmetz 52
Stepdance-Trainer 380
Sterbebegleiter 378
Steuerberatende Berufe 122 ff.
Steuerberater 125, 279
Steuerberatung, mobile 195
Steuerfalle bei Lebensversicherungen 222 f.
Steuern 72
Stimmlehrer 107
Stofftaschendesigner 393
Straßenartisten 390
Straßenporträtmalerei 390
Straßenverkauf 387
Stricken 393
Stundensatzkalkulation 229 ff.
Stundenschnellkalkulation 234 f.

Stundenverrechnungssatz 233
Subunternehmer 32
Süßigkeiten auf Rädern 387
Synchronsprecher 52, 135, 382
Systemanalytiker 52, 115

Tagesmutter 378
Tairobictrainer 380
Tanzbegleiter/Tanzboy 397
Tänzer 135
Tanzlehrer 52, 110, 128
Tanzlustbarkeiten 154
Tanzmusiker 52, 135
Tanztherapeut 110
Tanztraining für Dummis 380
Tarifvertragshöhe 186 f.
Tarotkarten- und Kartenlegen 378
Tätigkeit, gemischte freiberufliche und gewerbliche 64 ff.
Tätigkeit, leitende und eigenverantwortliche 62 f.
Tätigkeiten, erzieherische 57 f.
Tätigkeiten, gewerbliche 142 ff.
Tätigkeiten, künstlerische 56
Tätigkeiten, reisegewerbekartenfreie 168 f.
Tätigkeiten, schriftstellerische 56 f.
Tätigkeiten, unterrichtende 57 f.
Tätigkeiten, wissenschaftliche 55 f.
Tätigkeitsberufe 54 ff.
Tätowierer 380
Technischer Autor/Redakteur 382
Technischer Journalist 382
Teddybärenmacher 393
Teddybärenverkauf 387
Teddycafé 398
Tee-, Kräutertee und Kaffeeversand 387
Telearbeiter 280 f.
Telefonberater-/verkäufer 281 f.
Tennispartner 380
Terminologe 48
Testperson 378
Textilentwerfer 52, 138
Textverarbeitung 245 ff.
Theater 154
Theaterberufe 128
Theaterpädagoge 128
Tiefkühlfahrer 398
Tierarzt 106 f.
Tierbestattung 378
Tierfotograf 390
Tonkünstler 52, 128, 135
Tontechniker 52, 135
Touristen- und Burgenführer 398
Touristik 396 ff.
Trainer 195 f.
Trainer 52, 130 ff., 195 f.
Transport 385 ff.
Trauerakademie 379
Trauerberater 379
Trauermusiker 379
Trauerredner 52, 129, 379
Treuhänder 52, 125
Treuhänderische Tätigkeit eines Rechtsanwaltes für Bauherrengemeinschaften 145
Trockenbauer 393
Trommelbauer 393
Trommelbaulehrer 382
Trommelkursleiter 382
Tupperware-Beraterin 387

Übergrößenladen 387
Übersetzer 129, 382
Übersetzungsbüroinhaber 145
Umsatzsteuer 77 f., 80 f., 177 f.
Umschuldungsfalle 221 f.
Umweltberufe 120 ff.
Umweltgutachter/-auditor 122
Umwelthaftung 94 f.
Umweltjurist 122
Umweltsachverständiger 122
Umweltschutz 121
Umweltschutzingenieure 120
Unfallversicherung 93 f.
Unkraut-Ex-Dienst 395
Unterhaltungsmusiker 52, 135
Unternehmensberater 52, 125 f., 146
Unternehmensform 240 f.
Unterrichtstätigkeit 266 ff.
Urheberrechtsvertrag 305
UST-Ermäßigungen und Befreiungen 79 f.
UST-Pflichtgrenze 78
UST-Wegfall 78

Varieté-Betrieb 154
Vaterschaftstestservice 379
Vegetarierrestaurant 398
Verbraucher, Unterrichtung der 335 ff.
Vereidigte Sachverständige 111
Verjährung 289 ff.
Verkauf 385 ff.
Verkehr 385 ff.
Verkehrsgewerbe 155, 157
Vermessungsingenieur 112, 118
Vermittler von Eheschließungen, Partnerschaften und Bekanntschaften 156
Vermittlung 387 ff.
Vermögensschäden 95 f.
Vernissagenredner 383
Versandhandel 387
Verschuldenshaftung 95 ff.
Versicherungen 97 f.
Versicherungs- und Wirtschaftsmathematiker 52, 115
Versicherungsvertreter 146
Versteigerer 146, 389
Versteigerungsgewerbe 155
Verträge 100, 261 ff., 368 f.
Vertragsgestaltung nach Handelsgesetzbuch 319 f.
Vertragsrecht 314 f.
Vertragsregelungen 316 ff.
Vertreter/Direktvertriebspartner 387
Vertretung 326 ff.
Vertrieb und Einbau von Gebäudesicherheitseinrichtungen 156
Verzugszinsen, Recht auf 210 f.
Visagist 53, 135
Vojtatherapeut 106
Vorfälligkeitsentschädigungsfalle 222
Vorleseschule 383
Vorschüsse 208 f.
Vortragswerber 145 f.

Waffelbäckerei 398
Wahrsagen 378
Wappenkunde (Heraldik) 383

Web-Gestaltungs-Software 253 ff.
Webmaster 306
Web-Notdienst 384
Websitegestaltung 384
Weinanalytiker 122
Weisungsgebundenheit 315 f.
Wellnesshelfer 380
Werbeberater 146
Werbefilmdarsteller 53
Werbefotograf 53, 139
Werber für Lieferfirmen 144
Werbeschriftsteller 53, 140
Werbesprecher 382
Werbetexter 53, 140, 383
Werklieferungsvertrag 294 f.
Werkstatt, stationäre 196
Werkstofftechnik 118
Werkvertrag, Annahme- und Zahlungspflicht bei 295
Werkvertrag, Muster 302 ff.
Werkvertragsmitarbeiter 31 f.
Werkvertragstätigkeit 288 ff.
Widerrufsrecht 337
Widerspruch gegen Vermutung der abhängigen Beschäftigung 347 ff., 353
Wirtschaftsberatende Berufe 122 ff.
Wirtschaftsberater 53, 126
Wirtschaftsingenieure 119
Wirtschaftsprüfer 126
Wirtschaftswissenschaftler 146
Wissenschaft 380 ff.
Wissenschaftler 53, 116, 282 f.

Zahlungspflicht trotz Mängelunterstellung 211
Zahlungsrückhalt bei Mängeln 297 f.
Zahnarzt 107
Zahnpraktiker 53
Zahntechniker 146
Zahntechnisches Labor 146
Zauberer 53
Zauberkünstler 49, 53, 134
Zeitungsausträger 387
Zeitungspacker 387
Ziergartenhelfer 395
Zinsberechnung 217
Zuckerwattestand 398
Zugangsregelungen 67 ff.
Zweiwochenfrist 338 f.